浙江省高职院校"十四五"重点立项建设教材

云ERP产供销一体化管理

王雪敏　主　编

贾祥素　蒋力　陈元明　仇新轲　副主编

清华大学出版社

北京

内 容 简 介

本书为浙江省高职院校"十四五"重点立项建设教材。本书以金蝶云星空 V8.0 为教学平台,参考了多家典型制造型企业的云 ERP 应用与实施项目,基于"数据仿真、流程仿真、角色仿真",构建以云 ERP 产供销一体化项目实施与应用为背景的协同化学习情景。教学内容以仿真业务场景为切入点,将云 ERP 企业管理思想、云 ERP 软件应用实施、企业云 ERP 业务数据管理融为一体。本书共有 12 个项目,包括概述、云 ERP 系统管理、基础资料管理与初始化、购销存云管理、BOM 物料管理、计划与产供销云管理、车间数字化管理、跨组织业务云管理、审批流和工作流、套打设计、个性化设置和综合实训项目。本书配套提供微课视频、在线测试、备份账套等丰富的数字化资源。

本书适合本科、高职高专等信息类、经管类、计算机应用等专业学生学习使用,也适合企业信息化岗位相关工作人员参考使用。

图书在版编目(CIP)数据

云 ERP 产供销一体化管理 / 王雪敏主编. -- 北京:清华大学出版社,2025.8. -- ISBN 978-7-302-69617-9

Ⅰ. F274-39

中国国家版本馆 CIP 数据核字第 2025HX3197 号

责任编辑:左卫霞
封面设计:傅瑞学
责任校对:袁　芳
责任印制:丛怀宇

出版发行:清华大学出版社
　　　　网　　　址:https://www.tup.com.cn,https://www.wqxuetang.com
　　　　地　　　址:北京清华大学学研大厦 A 座　　邮　　编:100084
　　　　社 总 机:010-83470000　　　　　　　　邮　　购:010-62786544
　　　　投稿与读者服务:010-62776969,c-service@tup.tsinghua.edu.cn
　　　　质量反馈:010-62772015,zhiliang@tup.tsinghua.edu.cn
　　　　课件下载:https://www.tup.com.cn,010-83470410
印 装 者:北京同文印刷有限责任公司
经　　销:全国新华书店
开　　本:185mm×260mm　　　印　　张:19.5　　　字　　数:496 千字
版　　次:2025 年 9 月第 1 版　　　　　　　　印　　次:2025 年 9 月第 1 次印刷
定　　价:59.80 元

产品编号:108312-01

前　言

《"十四五"数字经济发展规划》提出要大力推进产业数字化转型，加快企业数字化转型升级，引导企业强化数字化思维，提升员工数字技能和数据管理能力，全面系统推动企业研发设计、生产加工、经营管理、销售服务等业务的数字化转型。云 ERP 依托云端部署的优势，助力企业迅速构建数字化管理平台，它通过提供跨区域、跨部门乃至跨公司的实时信息整合服务，赋能企业管理信息化，帮助企业实现数字化转型。

本书精准对接企业数字化转型发展趋势，针对云 ERP 产供销一体化管理领域应用与实施人才的紧迫需求而精心编纂，旨在培养符合数字化转型时代需要的云 ERP 复合型技术技能型人才。全书依据中小型制造企业云 ERP 产供销一体化管理项目，分为云 ERP 项目实施和云 ERP 项目应用两部分，其中云 ERP 项目实施包括云 ERP 环境搭建、系统管理、基础设置、公共基础资料、工程数据管理、车间基础资料管理、系统初始化、审批流和工作流、套打等内容；云 ERP 项目应用包括销售管理、采购管理、库存管理、生产管理、计划管理、车间管理、委外管理和组织间交易业务等。具体编排时，项目实施和项目应用部分没有明显划分，审批流和工作流设置的内容相对独立，套打设置需要额外用到套打设计平台，本书将这两部分内容放到后面，最后还介绍了云 ERP 企业数字化管理平台的个性化设置。本书每个项目精心设计了即测即评的客观测试题和配套的实操练习，确保学生能够即时检验学习成果，同步提升实际操作能力。此外，本书还提供了综合实训项目，旨在深化理论与实践结合，助力学生全面提升专业技能。

本书共有 12 个项目，包括概述、云 ERP 系统管理、基础资料管理与初始化、购销存云管理、BOM 物料管理、计划与产供销云管理、车间数字化管理、跨组织业务云管理、审批流和工作流、套打设计、个性化设置和综合实训项目。本书基于典型业务场景精心设计，每个业务首先通过"任务导入"环节介绍必要的背景知识，随后引入"业务场景"，仿真模拟云 ERP 在产供销一体化项目中的应用与实施过程。本书预设了仿真业务数据，通过"业务实施"直观演示业务在系统中的操作流程。本书"注意事项"部分汇总了云 ERP 应用实施过程中常见的问题及解决策略。

本书紧跟云 ERP 数字化发展趋势，校企协作，积极开发信息化资源，岗课融合，体现做中学、学中做的学习理念，特色及创新如下。

1. 将党的二十大、"十四五"数字经济发展规划精神有机融入教材

习近平总书记在党的二十大报告中指出"加快发展数字经济，促进数字经济和实体经济深度融合"。本书紧紧围绕云 ERP 企业数字化转型和数字化管理展开，每个项目对应特定的数字化转型或数字化管理业务情景，让学生通过角色扮演完成项目实战，通过项目实战激发学生促进数字经济和实体经济深度融合的使命感，知行合一。

2. 校企双元育人、岗课融合特色明显

本书立足我国企业数字化建设,对接企业云 ERP 应用与实施岗位新技术,与企业建立紧密合作,组建校企双元的教材编写团队,根据岗位工作任务设计教学项目,岗课融合特色明显。

3. 填补云 ERP 教材空白

目前市场上云 ERP 教材较为稀缺,特别是在云 ERP 车间管理、审批流和工作流设置、套打设置及云 ERP 个性化设置方面的专业教材尚属空白。本书立足云 ERP 产供销一体化应用与实施人才培养需求,旨在培养既懂技术又懂管理的复合型数字化技术人才。

4. 手段多样,资源丰富

本书提供了丰富的教学资源,书中插入的二维码包括微课视频、即测即评、安装文件等数字化资源。以本书为基础的"云 ERP 产供销一体化管理"课程已在超星学习通上线,便于学生在网络上自主学习,扫描本页下方的二维码即可在线学习该课程。本书设计了任务导入、业务场景、业务分析、业务实施、注意事项、在线自测、实操练习等教学材料,特别是从准职业人的身份出发,安排了各种实操环境的截图、表格等,使学生有身临工作场景之感。同时本书提供授课 PPT、练习题答案等教学资料。

5. 体现做中学、学中做的教育理念

本书是基于工作手册式、融媒体、立体交互的智能化教学资源体。全书贯穿项目实战,配备完整的演示视频和教学资源,学生可以做中学;教材浸润云 ERP 管理理念,课后配有实战练习,使学生强化实践操作,实现学中做。

本书由浙江纺织服装职业技术学院王雪敏担任主编,浙江纺织服装职业技术学院贾祥素、宁波财经学院蒋力、丽水学院陈元明、浙江金网信息产业股份有限公司仇新轲担任副主编。具体分工如下:项目一至项目三由王雪敏撰写,项目四和项目五由贾祥素撰写,项目六和项目七由蒋力撰写,项目八由陈元明撰写,项目九至项目十二由仇新轲撰写;王雪敏和仇新轲负责全书修改、统稿。本书由宁波大学商学院丁元耀教授审稿。

本书在编写过程中博采众长,参阅、借鉴了国内外专家、学者的诸多相关教材、网站文章、期刊论文,未能一一列举,在此一并表示诚挚的谢意。

由于编者水平有限,本书难免有不足之处,殷切希望同行、专家和读者批评、指正,以便后期进一步修改完善。

编　者

2025 年 3 月

云 ERP 产供销一体化管理在线课程

目录

概 述

任务一 云 ERP 概述

一、云 ERP 的定义

云 ERP(enterprise resource planning,企业资源规划)是指可以通过互联网访问的企业资源规划软件。这种软件通过 SaaS(software as a service,软件即服务)模式为企业提供搭建数字化管理平台所需的网络基础设施及软、硬件平台(图 1-1)。

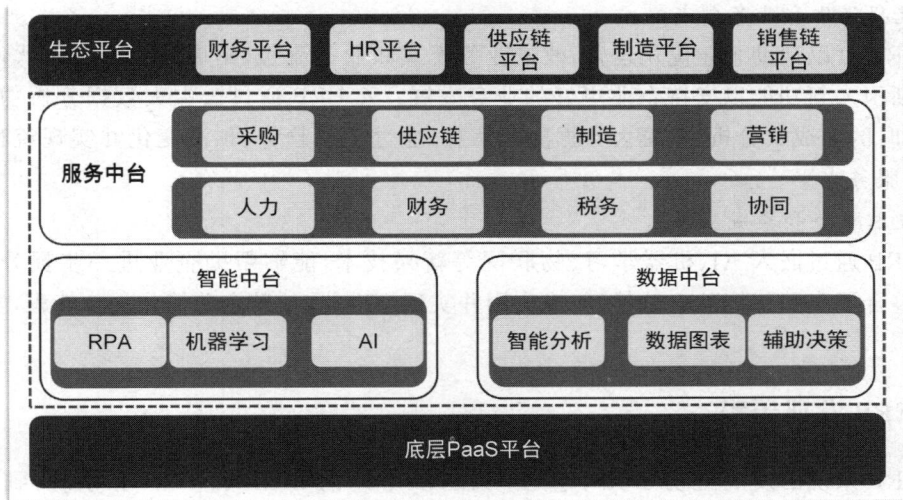

图 1-1 云 ERP 系统架构图

云 ERP 由底层 PaaS(platform as a service,平台即服务)平台作为底座,智能中台、数据中台和服务中台作为中层平台,生态平台作为顶层平台构成。底层 PaaS 平台作为整个平台的统一底座,包括开发服务、集成服务、移动社交服务、云原生技术等功能,对整个云 ERP 系统实现整体赋能。服务中台主要提供一些 SaaS 服务,主要包括采购、供应链、制造、营销、人力、财务、税务和协同等模块,为企业业务赋能,帮助企业构建一站式数字化升级方案,提升企业竞争力;智能中台包括 RPA(robotic process automation,机器人流程自动化)、机器学习、AI(artificial intelligence,人工智能)等,帮助企业实现流程智能化,简化和自动化核心业务流程,协助所有人员用更少的资源完成更多的任务,提高组织效率,释放关键员工;数据中台包括智能分析、数据图表、辅助决策等,通过对准确的数据进行实时分析,协助决策者做出决策。生态平台作为云 ERP 顶层,能够连接其他平台,帮助云 ERP 和财务、HR(human resources,人力资源)、供应链等平台相连接,创建一致的基础业务架构。

二、云 ERP 的优势

相对于本地部署的 ERP 系统,云 ERP 系统通常包括财务管理、制造管理、供应链管理以及专业服务管理等集成模块,在企业数字化转型中扮演着至关重要的角色,有效支撑了云时代的企业数字化转型。其优势主要体现在以下几个方面。

1. 快速部署与可扩展性能

云 ERP 系统能够快速上线并创造价值,相较于传统的本地部署的 ERP 系统,云 ERP 简化了系统维护、升级、备份和安全管理等流程,无须承担硬件成本,从而实现新功能的快速部署,降低总体拥有成本。云 ERP 支持多种部署方式,包括公有云、私有云和混合云模式,打破地理和物理限制,实现全球范围内的灵活部署和高扩展性。企业可以根据自身需求调整用户容量、功能模块和存储空间,提高运营效率和灵活性。云 ERP 厂商通过持续升级,不断发布产品、优化版本,为客户优化功能、改进应用,同时,如果客户在使用过程中有新的需求,也可以给云 ERP 厂商提出改进建议;云 ERP 还可借助 SaaS 解决方案,在企业快速发展时,进行储存容量拓展等。

2. 流程优化和业务创新

云 ERP 可以帮助企业优化运营,改进业务模式和业务流程,拓展到业务合作伙伴和业务网络,不断引入新功能以支持企业更好的业务发展;云 ERP 通过云端大数据分析功能,提供给客户实时的集成式分析,挖掘大数据隐藏信息,通过了解趋势、预测变化并实现流程自动化提升客户服务水平。

3. 技术融合和集成应用

云 ERP 通过嵌入 AI、机器学习、物联网等新兴技术,能够帮助企业进一步提升生产力;云 ERP 整合了多种传统独立软件,集成应用并实现标准化,帮助企业简化工作流程,实现流程自动化。

三、云 ERP 发展历程

云 ERP 系统的发展经历了几个重要阶段,从早期的 MRP 和 MRP Ⅱ 系统,到 20 世纪 90 年代的 ERP 系统,再到云 ERP 系统。21 世纪 10 年代以来,伴随着云计算发展,云 ERP 系统成为发展主流。

1. 20 世纪 60 年代:早期的 MRP 系统

20 世纪 60 年代,制造企业库存暴涨,库存管理变得越来越困难,因此需要一种方法来管理、跟踪和控制库存增长。作为解决方案,物料需求计划(material requirements planning,MRP)应运而生。MRP 系统的核心理念是通过精确计算物料需求,来实现生产过程中的原材料采购和库存管理,从而减少浪费、降低库存成本、提高生产效率。MRP 系统首先通过销售预测来推算生产计划,并基于此计划来计算所需原材料的数量和采购时间。这一系统的出现为解决库存问题提供了有效的工具,成为许多制造企业进行生产管理的必备工具。

2．20 世纪 80 年代：发展的 MRP 系统（MRPⅡ）

20 世纪 80 年代中期，制造业竞争加剧，制造企业需要能够处理其所有需求的软件，包括调度和生产活动。于是，制造资源计划（manufacturing resource planning，MRPⅡ）应运而生。MRPⅡ不仅是对 MRP 系统的扩展，它进一步整合了更多的功能，不仅包括物料需求计划，还包括生产调度、车间管理、设备管理和人力资源管理等。这使得企业能够在更高层次上对生产过程进行优化，实现从原材料采购到生产完成的全过程管理。此外，MRPⅡ系统通过数据共享和信息传递，使得各个部门之间的信息沟通更加顺畅，有效提升了企业的整体运营效率。

3．20 世纪 90 年代：ERP 系统出现

20 世纪 90 年代，MRP 和 MRPⅡ系统受到了更多行业关注，有些行业并不需要制造监督，但需要对销售和会计等职能部门实现自动化，于是这些系统朝着更加多元化的方向发展，在整合了 MRPⅡ、人力资源、项目会计和最终用户报告等功能后，Gartner 将这个新平台命名为企业资源规划（ERP）系统。ERP 系统通过整合企业各个职能部门的数据和资源，提供了一个统一的平台来实现跨部门的信息流和工作流协同。ERP 不仅包括了 MRP 和 MRPⅡ的功能，还扩展到了财务管理、销售管理、人力资源管理、项目管理等领域。随着 ERP 系统的出现，企业的资源管理变得更加全面、自动化，企业内部的信息孤岛问题得到了有效的解决。特别是一些大型企业，借助 ERP 系统实现了全球化的资源管理，进一步提升了市场竞争力。

在这个阶段，Gartner 等分析公司对 ERP 系统进行了详细的定义和分类，并将其划分为多个版本和模块，逐渐形成了如今广泛应用的 ERP 系统行业标准。ERP 系统开始成为全球企业数字化转型的核心工具，助力企业优化资源配置、提升管理效率和决策水平。

4．21 世纪 10 年代：云 ERP 系统诞生

进入 21 世纪，随着互联网的飞速发展，新的开发工具不断涌现，ERP 系统迎来革新，基于云的 ERP 管理软件问世，这种 ERP 云管理系统凭借其灵活性、安全性掀起了 ERP 领域的颠覆性变革，并进一步拓展了解决方案的功能和覆盖范围。

云计算技术的引入为 ERP 系统带来了前所未有的变革。云 ERP 系统不再依赖企业本地的硬件设备和 IT 基础设施，而是通过云端提供服务，用户可以通过互联网随时随地访问系统。这种基于云计算的 ERP 系统，通常以 SaaS 模式提供，企业只需按需订阅使用，免去了一次性购买和维护硬件的高昂成本。云 ERP 系统不仅保留了传统 ERP 系统的各项核心功能，还具备了更强的灵活性和可扩展性。企业可以根据自身的需求，灵活选择所需的模块，并随时根据业务变化进行扩展或调整。这种高度的灵活性，使得云 ERP 适用于各类规模的企业，从初创公司到跨国企业都可以在云平台上找到合适的解决方案。云 ERP 系统的诞生和发展，标志着 ERP 领域的一次重要变革。它不仅满足了企业日益增长的灵活性和智能化需求，还推动了企业从传统管理模式向数字化、智能化转型的进程。未来，云 ERP 将继续引领企业管理技术的创新，成为各行各业数字化转型的重要基石。

四、国内外云 ERP 软件供应商

金蝶国际软件集团有限公司成立于 1993 年，总部位于中国深圳，是中国领先的企业管理软件与云服务提供商。金蝶国际软件集团有限公司（以下简称"金蝶"）是香港联交所主板上市公司（股票代码：0268.HK）。金蝶旗下的多款云服务产品获得标杆企业的青睐，包括金蝶云苍穹（新一代企业级 PaaS 平台）、金蝶云星瀚（大型企业 SaaS 解决方案）、金蝶云星空（中型企业 SaaS 解决方案）、金蝶云星辰（小微企业 SaaS 解决方案）、云之家（智能协同云）、管易云（企

业电商云服务平台)、车商悦(汽车经销行业云)及我家云(建筑房地产及物业行业云)等。截至 2024 年 12 月,金蝶通过管理软件与云服务,已为世界上超过 750 万家企业和政府组织提供服务。

用友网络科技股份有限公司(以下简称"用友")总部位于北京,成立于 1988 年。2001 年 5 月在上海证券交易所 A 股上市,股票代码为 600588;2014 年 6 月,用友旗下畅捷通信息技术股份有限公司(以下简称"畅捷通")在香港 H 股主板上市,股票代码为 01588。畅捷通在营销、采购、制造、供应链、金融、财务、人力、协同服务等领域为客户提供数字化、智能化、全球化、社会化、生态化、平台化、高弹性、安全可信的企业云服务产品与解决方案。

浪潮集团通用软件有限公司总部位于山东济南,创立于 1994 年,现已发展成为具有一定规模的企业管理软件、分行业 ERP 解决方案与咨询服务供应商,是我国中高端企业信息化应用的领导厂商之一。

SAP 公司成立于 1972 年,总部位于德国沃尔多夫市,是全球知名的企业管理软件及协同商务解决方案供应商,也是全球第三大独立软件供应商。

甲骨文(Oracle)公司成立于 1977 年,总部位于美国加州,是全球最大的企业级软件公司、世界领先的信息管理软件开发商、全球第二大独立软件供应商。

任务二　金蝶云星空系统介绍

当前,新一轮科技革命和产业变革正蓬勃发展,数字化转型已经是大势所趋,受内外部多重因素影响,我国数字经济发展面临的形势正在发生深刻变化。《中华人民共和国国民经济和社会发展第十四个五年规划和 2035 年远景目标纲要》第五篇里指出,"迎接数字时代,激活数据要素潜能,推进网络强国建设,加快建设数字经济、数字社会、数字政府,以数字化转型整体驱动生产方式、生活方式和治理方式变革";"充分发挥海量数据和丰富应用场景优势,促进数字技术与实体经济深度融合,赋能传统产业转型升级,催生新产业新业态新模式,壮大经济发展新引擎";"推进产业数字化转型,实施'上云用数赋智'行动,推动数据赋能全产业链协同转型"。《"十四五"数字经济发展规划》提出,"大力推进产业数字化转型,加快企业数字化转型升级。引导企业强化数字化思维,提升员工数字技能和数据管理能力,全面系统推动企业研发设计、生产加工、经营管理、销售服务等业务的数字化转型。支持有条件的大型企业打造一体化数字平台,全面整合企业内部信息系统,强化全流程数据贯通,加快全价值链业务协同,形成数据驱动的智能决策能力,提升企业整体运行效率和产业链上下游协同效率。实施中小企业数字化赋能专项行动,支持中小企业从数字化转型需求迫切的环节入手,加快推进线上营销、远程协作、数字化办公、智能生产线等应用,由点及面向全业务全流程数字化转型延伸拓展。鼓励和支持互联网平台、行业龙头企业等立足自身优势,开放数字化资源和能力,帮助传统企业和中小企业实现数字化转型"。

金蝶云星空在金蝶集团新模式、新战略的指导下,秉承"帮助客户成功"的宗旨,基于对上述变化的深刻洞察,利用云计算、大数据、移动互联网、人工智能等技术,打造了面向数字经济时代的企业管理服务开放云平台,为企业提供财务云服务、供应链云服务、全渠道营销云服务,以及智能制造云服务,并联手生态资源伙伴,帮助企业从新模式、新业态、新生态进行全面转型与升级,使企业落地实现数字化营销新生态的重构、面向价值网络的供应协同以及管理的重构,确保企业数字化能力的全面提升。

金蝶云星空是数字经济时代的新型 ERP,是基于 Web 2.0 与云计算、大数据、物联网、人工智能技术的新时代企业管理服务平台。整个产品采用 SOA(service-oriented architecture,面向服务架构),完全基于 BOS(business operation system,业务操作系统)平台组建而成,业务架构上贯穿流程驱动与角色驱动思想,结合中国管理模式与中国管理实践积累,精细化支持企业数字化管理重构,涵盖企业财务管理、供应链管理、生产制造管理、电商与分销管理、PLM 管理等核心云服务。在技术架构上,该产品采用平台化构建,支持跨数据应用,支持公有云及私有云部署方式,同时还在公有云上开放了中国第一款基于 ERP 的协同开发云平台。任何使用金蝶云星空产品的企业,其拥有的是包含金蝶在内的众多基于同一平台提供服务的 IT 服务伙伴。金蝶云星空以其独特的"开放、标准、社交"三大特性为企业提供开放的云 ERP 平台,支撑企业数字化转型升级的全生命周期管理需求,是中国企业管理云服务知名品牌。

一、产品特性

金蝶云星空旨在为中小企业提供全面的 ERP 解决方案,帮助企业实现数字化转型和智能化管理。金蝶云星空系统结合了最新的云计算技术、大数据分析和人工智能,为用户提供了一个高效、灵活且成本效益高的企业管理工具,具有以下突出的特性。

1. 社交化的 ERP 系统

金蝶云星空与云之家深度集成,并与微信账号对接,基于社交网络技术,借助企业员工网络、客户网络、供应商网络,实现企业内外部业务协作,突破组织边界、资源与时空限制。

2. 多组织运营协同

金蝶云星空顺应中国企业管理创新理念,从组织、角色、数据、业务流程等多角度出发,构建多地点、多工厂、多事业部的动态业务模型,实现企业内部多业务单元的运营与考核。通过简约的组织间业务关系定义与隶属关系定义,支持多组织企业内各公司或事业部之间的协同作业,尤其是上下级组织间的战略协同以及业务汇总。通过组织角色授权方式,灵活处理企业内部多组织下的用户权限体系,全面升级用户体验。

3. 业务流程驱动

金蝶云星空通过流程管理实现企业业务管理流程的固化及优化;通过基于角色的全流程业务驱动,实现企业业务的规范化运转;通过以事找人的工作方式,加之移动审批轻应用,用户可以通过任务处理的方式完成业务全过程的处理,提升工作效率。

4. 多维管理考核体系

金蝶云星空通过建立多个核算体系,支持法人账、利润中心账并行核算,解决多工厂、多法人经营下,多角度利润核算与分析体系,优化了多层次会计主体的财务核算流程。通过阿米巴报表,实现了基于业务信息的阿米巴经营考核的报表输出。

5. 智能会计平台

金蝶云星空提供开放的记账平台,支持用户自行设置记账的规则与维度;提供开放的成本核算配置平台:支持用户自行配置核算维度、业务范围、核算方法;通过弹性域技术方案,支持多维度核算,满足多角度核算与考核分析要求。

6. 全程协同供应链

金蝶云星空单据类型与弹性域结合,业务流程与业务维度可自由扩充,构建灵活供应链平台。简约一屏式录入,正常情况下无须翻屏,无须切换页签即可完成数据录入,相关信息系统自动分类展示。提供标准接口,可与各种外部系统轻松对接,实现外部供应、营销、服务三大体系业务协同。

7. 协同制造,精细制造

金蝶云星空可实现以产品创新设计为核心的全生命周期管理,通过与 PLM(product lifecycle management,产品生命周期管理)云的对接,打通从产品研发到生产的全过程管理。多版本多用途 BOM(bill of material,物料清单)设计、灵活易用;支持多种业务模式的组合替代;支持阶梯用量、辅助属性、联副产品管理;能够很好地支撑行业特性扩展;提供基于多工厂、精细化的生产管理解决方案,协同生产、委外加工;提供生产领退料、倒冲、在制品管控的精细化生产管理。

8. 开放的产业生态链

金蝶云星空通过公有云应用,聚合产业链上下游合作方;通过云协同开发平台,整合各类应用开发商资源,满足多样化需求。

9. 个性化的云开发平台

金蝶云星空以 BOS 为核心的协同云开发平台,快速获得个性化应用;一键式开发环境部署,在线的成果体验,方便二次开发;基于客户需求的应用商城,随需选用。

二、整体业务架构

金蝶云星空结合当今先进管理理论和数百万家国内客户最佳应用实践,面向多事业部、多地点、多工厂等运营协同与管控型企业及集团公司,提供通用的 ERP 服务平台。金蝶云星空支持的协同应用包括但不限于集中销售、集中采购、多工厂计划、跨工厂领料、跨工厂加工、工厂间调拨、内部交易及结算等。

金蝶云星空系统整体业务架构如图 1-2 所示。

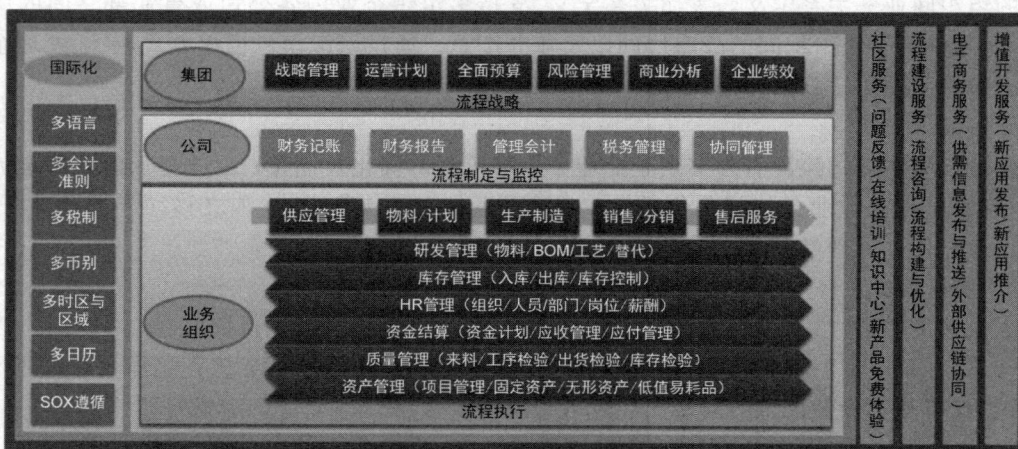

图 1-2 金蝶云星空系统整体业务架构

金蝶云星空管理系统涵盖了企业管理的方方面面,本书的实践环境采用金蝶云星空 V8.0。

云ERP系统管理

知识目标

（1）了解企业数字化转型方案；

（2）理解金蝶云 ERP 的系统架构；

（3）理解组织机构、用户、角色和权限之间的关系；

（4）理解基础资料控制策略的作用、系统权限设置的原理；

（5）熟悉企业基础资料控制的几种类型；

（6）了解系统管理员的主要职责。

能力目标

（1）会安装数据库系统，部署金蝶云星空系统；

（2）会创建企业数据中心并对数据中心进行管理；

（3）会根据企业组织架构在系统中创建组织机构并设置组织间业务关系；

（4）会根据企业背景设置企业基础资料控制类型和控制策略；

（5）会根据常见几种管理需要设置相应的角色，为员工创建用户并设置权限；

（6）掌握常见系统管理员的工作技能。

素养目标

（1）激发推动数字经济和实体经济深度融合的使命感；

（2）激发创新思维，提升学习能力。

思维导图

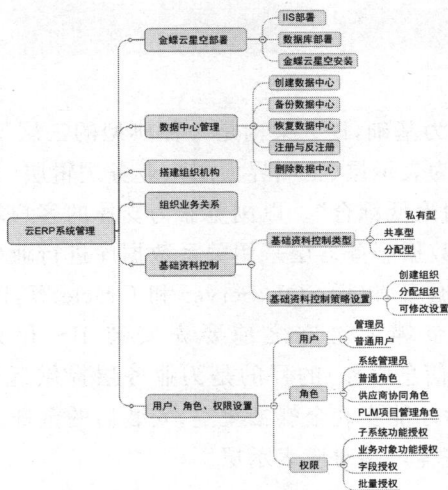

任务一　金蝶云星空部署

任务导入

爱运动集团(化名)坐落在美丽的海滨城市——宁波市,是集研发、生产、销售和配套服务于一体的专业自行车制造企业。公司倡导科技创新,提高生活休闲水平。爱运动集团自成立以来一直以市场为导向、以客户满意为标准、以绩效为价值体现、以创造效益为目的。本着"客户、员工、企业共同发展共同繁荣"的经营理念,以"制造优质环保产品,改善人类生存环境"为己任,以"服务无止境,满意至上"为服务宗旨,不断提高企业的综合竞争实力,提升产品优势。

爱运动集团主要产品分为山地自行车、旅行自行车和公路自行车,依靠强大的设计实施能力强化市场应用,为用户设计具有世界先进水准的产品,每辆车子无不彰显"爱运动"品牌的年轻时尚、低碳环保和无限活力。

随着企业的不断扩张和发展,原有的组织结构已经演变为集团型企业架构。在这一过程中,企业面临的业务流程复杂度、管理幅度和决策层级都显著增加,原有的 ERP 系统在功能性、可扩展性、集成度和数据处理能力等方面已无法满足企业发展的新需求。

业务场景

随着云计算、大数据、人工智能等技术的发展,云 ERP 系统逐渐嵌入了这些新兴技术,使其功能更加丰富和智能化。为了适应市场竞争,提高运营效率,满足客户需求,宁波爱运动集团决定启动一项全面的云 ERP 数字化转型项目。该项目旨在通过整合先进的信息技术和管理理念,推动企业业务模式、组织结构、运营流程等方面的深刻变革,以实现企业的可持续发展。经过深入的市场调研和对比分析,爱运动集团最终选择了金蝶云星空作为集团供应链和制造管理数字化转型升级的核心平台。本次实施的 ERP 管理系统包括采购管理子系统、销售管理子系统、计划管理子系统、生产管理子系统、车间管理子系统、库存管理子系统、流程管理、套打设计等。

为方便系统前期调试演示,信息部门按要求安装金蝶云星空 Cloud V8.0 企业版。运行环境要求为:Microsoft Windows 10 Professional 版本及以上、数据库 SQL Server 2016 版本及以上、内存 8GB 及以上。

业务分析

金蝶云星空以 B/S 架构为基础,B/S 架构是一种典型的三层架构。通常意义上的三层架构就是将整个业务应用划分为表示层(也叫界面层)、业务逻辑层、数据访问层,如图 2-1 所示。区分层次的目的是实现"高内聚低耦合"。以浏览器为支撑的客户端负责与用户交互。业务服务器层进行业务逻辑处理。数据服务器层采用关系数据库进行业务数据的持久化存储。

金蝶云星空支持多种数据库,包括 SQL Server 和 Oracle 等,以满足不同企业的数据处理和业务运营需求。在安装金蝶云星空之前要先安装 IIS 和数据库,安装 IIS(Internet information services,互联网信息服务)的目的是为业务层提供运行环境,安装数据库是为数控访问层提供运行环境,最后才能安装金蝶云星空,安装后的金蝶云星空管理中心对应三层架构的业务逻辑层,金蝶云星空客户端对应表示层。

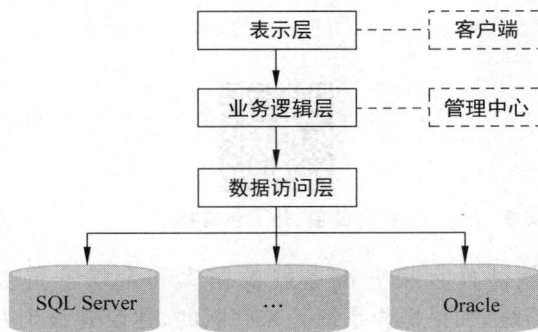

图 2-1　三层架构示意图

在企业应用环境方面,推荐按不低于表 2-1 的要求进行配置。

表 2-1　硬件与操作系统软件环境

项　目	硬　件	操作系统和数据库软件
客户端	内存 4GB 以上 CPU 双核 2.0GHz 以上 系统盘 200MB 以上本地空余存储空间	浏览器模式只要任一操作系统支持 HTML 5 即可。 专用客户端需要 Windows 7 SP1 或以上版本,并安装.NET Framework 4.0/4.5 以上环境
数据服务器	内存 32GB 以上 CPU 8 核 2.4GHz 以上 SAS 内储,15K,RAID 10 磁盘 100GB 以上	操作系统: Windows Server 2008＋SP1 或以上版本 数据库: Windows Server 2008 R2 或以上版本
应用服务器	内存 16GB 以上 CPU 8 核 2.0GHz 以上 SAS 内储,15K,RAID 1/5 磁盘 100GB 以上	操作系统: Windows Server 2008＋SP1 或以上版本
网络配置	服务器之间采用千兆以太网连接 客户端有效带宽:最低 256kb/s,推荐 1.0Mb/s 或以上 服务器出口带宽:(并发客户端数/5)×1.0Mb/s	

金蝶云星空演示版和正式激活的版本在功能上是一样的,但是演示版对数据记录有数量限制,对于学习者来说,使用演示版基本不受影响,后面的学习任务均是基于演示版开展的。

业务实施的软硬件环境如下。

操作系统:Windows 10 企业版或 Windows 10 专业版。

数据库:SQL Server 2016 Enterprise。

金蝶版本:K3 Cloud V8.0。

金蝶补丁:PT-146915。

如果学习者的计算机不满足安装环境,也可以尝试使用虚拟机,教程资源中提供了直接可用的虚拟机环境。

业务实施

数据库、金蝶系统安装　　　安装包、补丁包链接　　　虚拟机安装包

（1）检查计算机的软硬件环境并准备好数据库和金蝶安装包软件。云星空不支持Windows家庭版的操作系统，如果操作系统是家庭版的，建议升级到专业版，升级到专业版需要序列号。

（2）安装IIS。Windows 10专业版以上版本可以不用安装。

（3）安装SQL Server数据库软件。

（4）安装金蝶云星空。根据导航提示一步步完成，先进行环境检测→自动修复（图2-2）→安装，安装目录建议放到D盘。

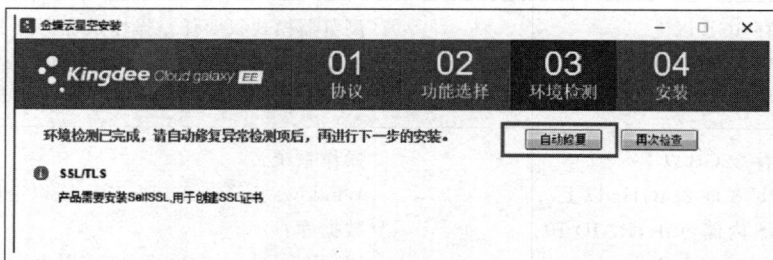

图2-2　环境检测与修复

（5）创建管理中心数据库文件。数据库服务器中输入"."表示连接本地服务器，数据库管理员和数据库连接用户登录名均为sa，密码为安装数据库时设置的密码，单击"测试连接"可进行连接测试，在数据库文件中可根据自己喜好设置数据库实体名称和文件路径，如图2-3所示。

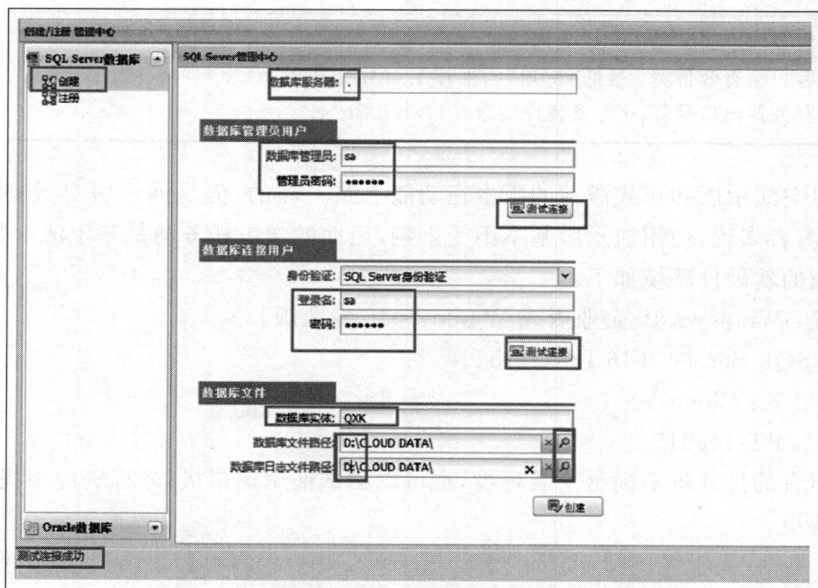

图2-3　创建管理中心

（6）安装金蝶补丁,安装补丁后软件版本为 8.0.0.202206,如图 2-4 所示。

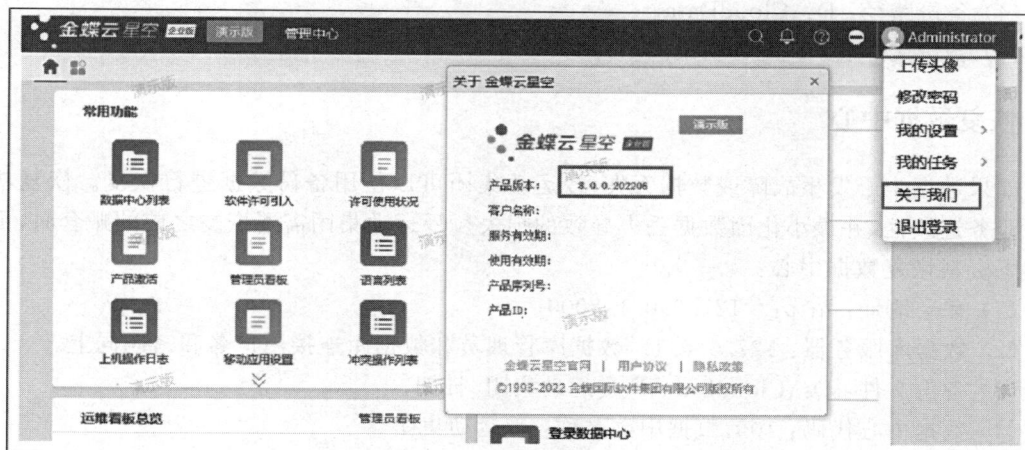

图 2-4　管理中心界面

任务二　数据中心管理

任务导入

金蝶数据中心管理是一个用于创建和维护数据中心的综合性管理平台,主要用于创建业务数据中心、导入许可、查看许可使用情况,并进行备份和运维数据等日常运维工作。

业务场景

一、创建数据中心

爱运动集团将于 2023 年 10 月正式使用金蝶云星空系统,需要先按以下要求在金蝶云管理中心创建数据中心。

（1）登录地址：http://127.0.0.1:8000。

（2）数据库服务器：127.0.0.1。数据库管理员和数据库连接用户名为自己安装数据库时设置的用户名,密码是自己安装数据库时设置的密码。

（3）数据中心代码：100,数据中心名称：爱运动集团。

（4）数据库文件和数据日志文件路径：D:\CloudData。

（5）允许执行计划任务。

（6）不创建日志中心。

二、备份数据中心

爱运动集团需要定期对账套进行备份,确保在发生故障时能够恢复数据。按以下资料进行备份。

（1）登录地址：http://127.0.0.1:8000。

（2）数据库管理员用户名和密码同上。

（3）备份对象：爱运动集团。

（4）备份路径：D:\CloudData。

（5）备份文件名：F爱运动集团_日期。

三、恢复数据中心

如果数据中心发生故障或数据丢失，爱运动集团可以使用备份数据进行恢复。恢复功能确保业务连续性，并最小化因数据丢失导致的损失。爱运动集团需要恢复之前的账套时，可以按以下资料恢复数据中心：

（1）登录地址：http://127.0.0.1:8000。

（2）数据库服务器：127.0.0.1。数据库管理员和数据库连接用户名和密码同上。

（3）备份文件：D:\CloudData\F爱运动集团_日期。

（4）数据中心代码：100，数据中心名称：爱运动集团。

（5）数据库文件和数据日志文件路径：D:\CloudData。

业务分析

新建数据中心是指在金蝶云星空数据中心管理平台中创建一个新的数据中心实例，支持SQL Server 和 Oracle 两种数据库类型。备份数据中心是指将数据中心的数据和配置信息保存到安全的位置，以防数据丢失或损坏。恢复数据中心是指将备份的数据和配置信息恢复到指定的数据中心实例中，以恢复数据中心的运行状态。

除了业务场景中提到的新建、备份和恢复数据中心外，还有注册和反注册数据中心。注册数据中心是指将数据中心实例注册到金蝶云星空的应用服务器上，以便在应用服务器上进行管理和使用。反注册数据中心是指将数据中心实例从金蝶云星空的应用服务器上注销，不再在应用服务器上进行管理和使用，反注册不会删除数据库实体。

删除数据中心是指从金蝶云星空数据中心管理平台中彻底移除数据中心实例及其相关数据和配置信息，删除数据中心前需要先对数据中心进行备份，以防止意外删除重要数据。

业务实施

一、新建数据中心

创建数据中心

（1）登录管理中心。打开浏览器，在地址栏输入"http://127.0.0.1:8000"，输入用户名"Administrator"，密码设置为"888888"，首次登录需要修改登录密码，本教材账套的管理中心的"Administrator"密码统一修改为"a.123456"。

（2）打开数据中心列表。操作路径："数据中心"→"数据中心管理"→"数据中心列表"，如图2-5所示。

（3）打开创建数据中心的窗口。单击工具栏"创建"→"创建 SQL Server 数据中心"选项。

（4）输入数据库服务器。在窗口中输入数据库服务器的地址。

（5）输入数据库管理员用户。输入数据库管理员用户名和管理员密码，单击"测试连接"，显示连接成功提示。

（6）输入数据库连接用户。输入数据库连接用户名和密码，单击"测试连接"，如图2-6所示，显示连接成功提示。单击"下一步"。

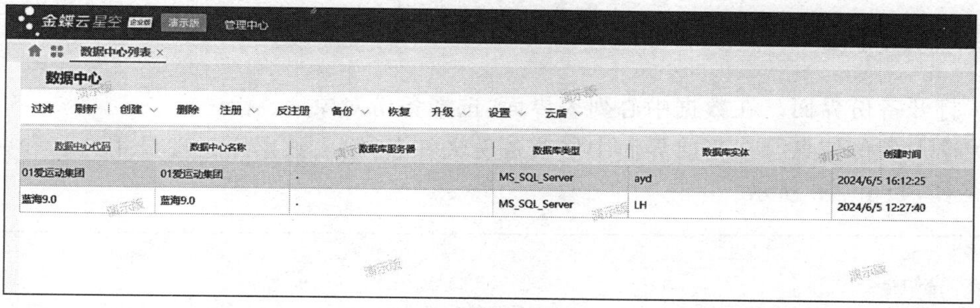

图 2-5 数据中心列表

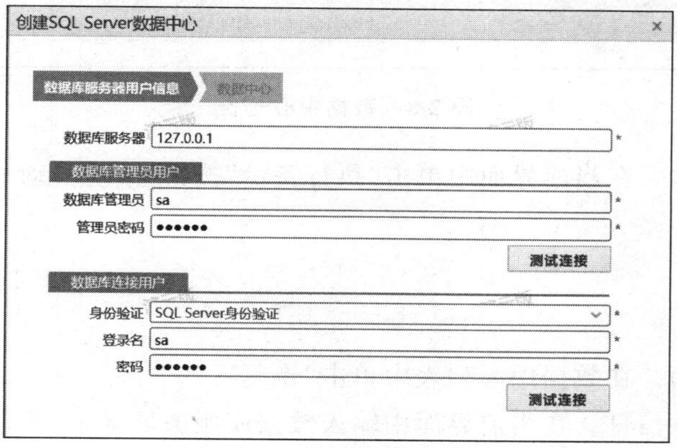

图 2-6 数据库服务器用户信息

（7）输入数据中心信息。进入数据中心信息录入界面，输入数据中心代码、数据中心名称，选择数据库文件路径，自动填写数据库日志文件路径，勾选"允许执行计划任务"复选框，取消勾选"创建日志中心"复选框，如图 2-7 所示。

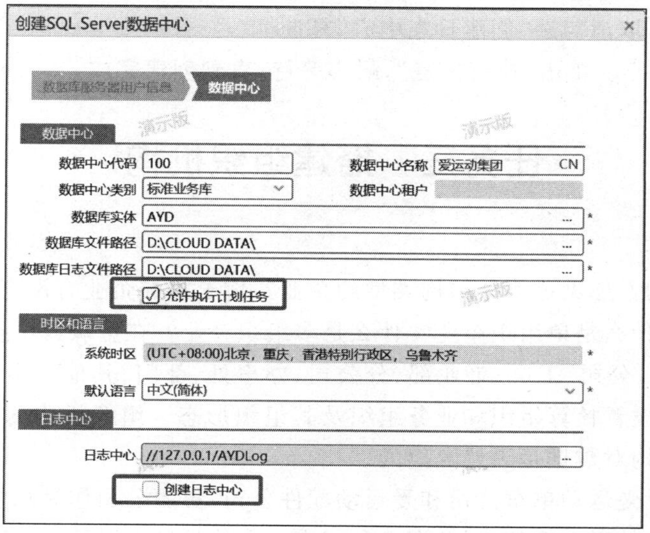

图 2-7 数据中心信息

（8）创建数据中心。单击"创建"，耐心等待，直到创建完成。

二、备份数据中心

（1）打开备份界面。在数据中心列表界面，选择备份对象。

（2）输入备份信息。在当前界面中修改备份文件名，输入数据库管理员用户名和密码，选择备份路径，如图 2-8 所示。

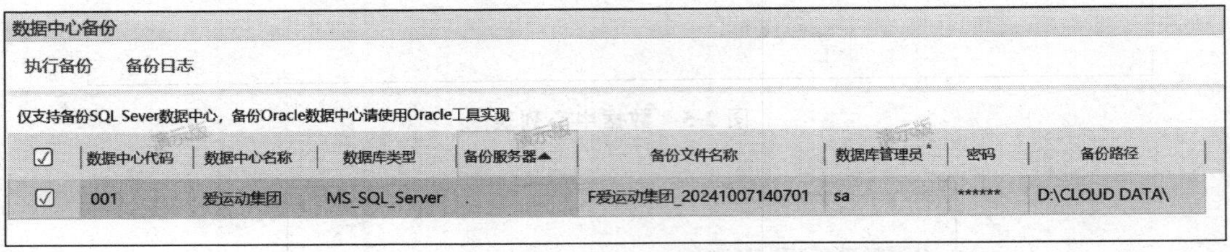

数据中心代码	数据中心名称	数据库类型	备份服务器▲	备份文件名称	数据库管理员*	密码	备份路径
001	爱运动集团	MS_SQL_Server		F爱运动集团_20241007140701	sa	******	D:\CLOUD DATA\

数据中心备份　执行备份　备份日志　仅支持备份SQL Sever数据中心，备份Oracle数据中心请使用Oracle工具实现

图 2-8　数据中心备份

（3）创建备份文件。在当前界面中单击"执行备份"按钮，系统自动显示备份进度条，完成后提示备份成功。

三、恢复数据中心

（1）打开恢复界面。在数据中心列表中单击"恢复"。

（2）输入备份文件信息。在当前界面中输入数据库服务器地址、数据库管理员用户名、密码，选择备份文件名，单击"测试连接"，显示连接成功信息。

（3）输入数据库连接用户。输入数据库连接用户名和密码，单击"测试连接"，显示连接成功提示。

（4）输入恢复数据中心信息。单击"下一步"，进入数据中心信息录入界面，输入数据中心代码、数据中心名称，选择数据库文件路径，自动填写数据库日志文件路径，取消勾选"允许执行计划任务"复选框，取消勾选"创建日志中心"复选框。

（5）恢复数据中心。单击"执行恢复"，耐心等待，直到创建完成。

任务三　搭建组织机构

任务导入

什么是组织机构？你见过哪种结构类型的企业？你了解的企业有没有关联公司、子公司、母公司、兄弟公司？什么是单组织企业？什么是多组织企业？在金蝶云星空中，组织机构有以下几种形态：总公司、公司、工厂、事业部、分公司、办事处、部门、其他。实施过程中需要根据企业实际情况，合理设置核算组织和业务组织及其组织形态。组织机构的搭建是多组织应用模型的基石，组织机构对数据是天然隔离的。

爱运动集团下设爱运动单车公司和爱运动配件公司，集团公司作为总管控公司，主要负责整个集团及下属公司的资金管理，保证资金利用率；爱运动单车公司作为整车生产公司，负责整车生产、采购、销售；爱运动配件公司主要负责产品配件的生产，供货给爱运动单车公司。爱运动集团采用"分级管理、充分授权"的管理方式，针对集团基础信息，统一由爱运动集团管理,根据业务情况给不同的公司分配不同的信息。

各组织主要业务职能如表2-2所示。

表 2-2　组织业务职能

组　织	职　责	组织业务职能
爱运动集团	集团公司法人,不参与企业的具体业务,主要负责集团的资金管理,负责下属子公司合并业务核算,出具合并报表	结算职能 资产职能 资金职能 收付职能 服务职能
爱运动单车公司	爱运动单车公司法人,负责爱运动单车的生产、销售、采购等具体业务,独立核算,追求企业利润最大化	销售职能 采购职能 库存职能 工厂职能 质检职能 结算职能 资产职能 资金职能 收付职能 营销职能 服务职能 共享中心
爱运动配件公司	爱运动配件公司法人,负责爱运动单车配件的生产、销售、采购等具体业务,独立核算,追求企业利润最大化	销售职能 采购职能 库存职能 工厂职能 质检职能 结算职能 资产职能 资金职能 收付职能 营销职能 服务职能 共享中心

业务场景

创建好数据中心后,需要根据爱运动集团的组织架构在系统中搭建组织机构。

爱运动集团有爱运动单车公司和爱运动配件公司两家子公司,各组织机构信息如表2-3所示,实际设置系统的组织机构信息时应勾选所有业务组织。

表 2-3　组织机构信息

组织形态	编　码	名　　称	核算组织	业务组织
总公司	100	爱运动集团	法人	所有业务组织
公司	100.01	爱运动单车公司	法人	所有业务组织
公司	100.02	爱运动配件公司	法人	所有业务组织

业务分析

　　金蝶云星空支持多组织的应用架构,包括总公司、公司、工厂、事业部、分公司、办事处、部门等多种形态,企业可以根据实际情况选择合适的组织形态。系统支持建立多个核算体系,不同核算体系下的业务组织可以独立核算,满足企业复杂的管理需求。多组织架构体系既可以按组织进行数据的隔离,包括基础资料、业务政策、数据及用户权限等,确保数据的安全性和准确性,又可以支持组织间业务协同,自动生成结算清单,便于财务核算与业务管理,提升整体运营效率。

业务实施

　　(1)以系统管理员身份登录客户端。打开客户端,选择数据中心,输入用户名"Administrator",密码"a.123456",登录系统。

创建组织

　　(2)启用多组织。操作路径:"系统管理"→"组织机构"→"启用多组织",勾选"启用多组织"复选框,保存。启用后重新登录。

　　(3)打开组织机构列表。操作路径:"系统管理"→"组织机构"。

　　(4)新增组织机构。录入组织机构编码、名称,选择形态,核算组织默认选择"法人",组织根据业务场景进行勾选,保存,提交,审核,如图2-9所示。

图 2-9　新增组织机构

　　(5)关闭所有页签。完成后的所有组织机构如图2-10所示。

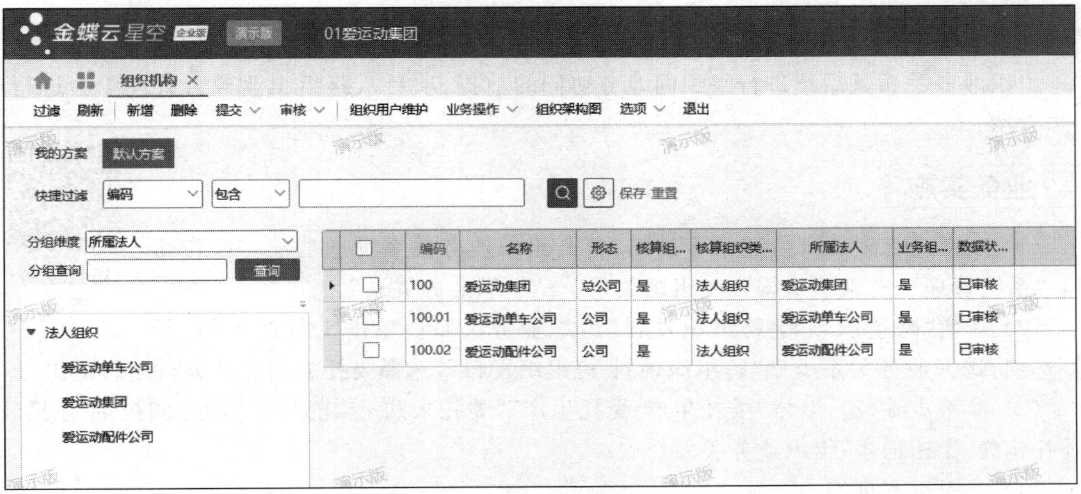

图 2-10　组织机构列表图

任务四　组织业务关系

任务导入

金蝶云星空系统中启用多组织功能后,各组织的数据是天然隔离的,但是由于各个组织之间是协同合作的,它们之间就会产生各种业务上的联系和互动。这些业务关系包括跨组织领料发料、跨组织生产计划协同、跨组织销售采购、跨组织调拨等,为此需要在系统中事先设置组织间的业务关系。

业务场景

爱运动集团由爱运动单车公司和爱运动配件公司组成,爱运动单车公司和爱运动配件公司统筹计划,在生产、采购、销售、存货收发调拨等方面都存在组织间业务关系。根据表 2-4 在系统中设置组织业务关系。

表 2-4　组织业务关系

业 务 关 系	委 托 方	受 托 方
跨组织领料-跨组织发料	爱运动单车公司	爱运动配件公司
	爱运动配件公司	爱运动单车公司
委托生产-受托生产	爱运动单车公司	爱运动配件公司
	爱运动配件公司	爱运动单车公司
委托采购-受托采购	爱运动单车公司	爱运动配件公司
	爱运动配件公司	爱运动单车公司
库存调拨-库存接收	爱运动单车公司	爱运动配件公司
	爱运动配件公司	爱运动单车公司
委托销售-受托销售	爱运动单车公司	爱运动配件公司
	爱运动配件公司	爱运动单车公司

📜 **业务分析**

组织业务关系是后续进行组织间业务协同的前提,项目八跨组织业务云管理中会进行进一步介绍。

🔳 **业务实施**

（1）以系统管理员身份登录客户端,打开组织业务关系管理功能。操作路径：“系统管理”→“组织机构”→“组织关系”→“组织业务关系”。

组织业务关系

（2）新增“跨组织领料-跨组织发料”组织业务关系。单击工具栏中的“新增”选项,选择业务关系类型“跨组织领料-跨组织发料”,选择委托方与受托方,保存,退出。

（3）参考步骤（2）,新增“委托生产-受托生产”“委托采购-受托采购”“库存调拨-库存接收”“委托销售-受托销售”组织业务关系。

（4）关闭所有页签。

任务五　基础资料控制

📚 **任务导入**

在前面的任务中,搭建了组织机构,介绍了组织之间的数据是天然隔离的。然而对于基础数据,由于它们是 ERP 系统中的核心数据,又是其他业务数据的基础和依赖。基础数据要求准确、完整、易用、安全,还要保持唯一性、一致性、规范性、可维护性。对于多组织架构的企业要从全局出发,合理设置基础资料控制类型和控制策略,这关系到信息系统能否顺利实施和可持续运行。

金蝶云星空中的基础资料控制类型主要分为三种：私有型、共享型和分配型。

（1）私有型：私有型的基础资料只能在创建组织内部进行维护和使用,其他组织无法访问或修改。这种类型适用于高度敏感或专有的数据,确保数据的安全性和保密性。

（2）共享型：共享型的基础资料可以在定义的创建组织内部进行维护和使用,同时其他组织也可以访问和使用这些数据,但无法进行维护。这种类型适用于需要在多个组织间共享,但不需要修改的数据。

（3）分配型：分配型的基础资料在创建组织内部进行维护,并可以通过分配操作将基础资料分配到指定的目标组织。在目标组织内部,用户可以对这些基础资料进行受限的维护和使用。这种类型提供了更高的灵活性和数据控制权,允许组织根据业务需求进行数据的分配和管理。

📚 **业务场景**

搭建完组织机构后,企业需要根据真实管控情况设置基础资料的共享和隔离关系。

爱运动集团的绝大部分基础资料均由爱运动集团公司创建,再分配给爱运动单车公司和爱运动配件公司使用,爱运动集团的如下基础资料控制类型与系统默认类型不同,需要修改,需要修改的基础资料控制类型如表 2-5 所示。

表 2-5 基础资料控制类型

基础资料名称	原类型	修改后类型
部门	私有型	分配型
工作日历	私有型	共享型
汇报类型	私有型	共享型

爱运动集团的基础资料控制策略如表 2-6 所示。

表 2-6 基础资料控制策略

基础资料名称	创建组织	分配组织	可修改字段项
岗位信息	爱运动集团	爱运动单车公司	
		爱运动配件公司	
供应商	爱运动集团	爱运动单车公司	
		爱运动配件公司	
客户	爱运动集团	爱运动单车公司	
		爱运动配件公司	
物料	爱运动集团	爱运动单车公司	存货类别、配额方式、配额管理
		爱运动配件公司	存货类别、配额方式、配额管理
物料清单	爱运动集团	爱运动单车公司	供应类型、供应组织、子项 BOM 版本、发料组织、货主类型、货主
		爱运动配件公司	供应类型、供应组织、子项 BOM 版本、发料组织、货主类型、货主
部门	爱运动集团	爱运动单车公司	
		爱运动配件公司	
内部账户	爱运动集团	爱运动单车公司	
		爱运动配件公司	
银行账号	爱运动集团	爱运动单车公司	
		爱运动配件公司	
其他往来单位	爱运动集团	爱运动单车公司	
		爱运动配件公司	
税务规则	爱运动集团	爱运动单车公司	
		爱运动配件公司	
排程模型	爱运动配件公司	无	
工艺路线	爱运动配件公司	无	
作业	爱运动配件公司	无	
设备	爱运动配件公司	无	
工作中心	爱运动配件公司	无	
资源	爱运动配件公司	无	

业务分析

部门、工作日历、汇报类型,系统默认的基础资料控制类型是私有型的,为了方便实操,修改成分配型,另外对于物料和物料清单这两项基础资料,不同的组织对应的部分,其属性或字段是有差别的,因此需要在基础资料控制策略中设置可修改字段项。基础资料控制类型需要在系统上线时谨慎考虑,一旦基础资料被使用,基础资料控制类型通常无法修改。

业务实施

（1）打开基础资料控制类型管理窗口。操作路径："系统管理"→"组织机构"→"基础资料控制"→"基础资料控制类型"。

（2）修改"部门"的策略类型。双击"部门"所在行，修改策略类型为"分配"，保存，退出。

（3）修改"工作日历"的策略类型。双击"工作日历"所在行，修改策略类型为"共享"，保存，退出。

（4）修改"汇报类型"的策略类型。双击"汇报类型"所在行，修改策略类型为"共享"，保存，退出，如图 2-11 所示。

基础资料
控制类型、
策略

	业务领域	编码	子系统	名称	策略类型	资料类型	描述	不可修改	创建人
☐	生产制造	PRD_REPORTTYP	生产管理	汇报类型	共享	基础资料		否	Administrat
☐	生产制造	ENG_WorkCal	工程数据管理	工作日历	共享	基础资料		否	Administrat
☐	基础管理	BD_Department	基础资料	部门	分配	主档资料		否	Administrat
☐	生产制造	SFC_FileImportIn	车间管理	文件导入实现方法	共享	基础资料		否	Administrat
☐	生产制造	SFC_EncryptionS	车间管理	HMI加密设置	共享	基础资料		否	Administrat
☐	生产制造	SFC_EncryptionC	车间管理	HMI加密设置配置	共享	基础资料		否	Administrat
☐	供应链	SAL_LogisticsInf	销售管理	销售物流信息	共享	基础资料		否	Administrat

图 2-11　基础资料控制类型列表

（5）打开基础资料控制策略窗口。操作路径："系统管理"→"组织机构"→"基础资料控制"→"基础资料控制策略"。

（6）新增基础资料控制策略。单击工具栏中的"新增"选项，选择基础资料，核对创建组织，分配目标为所有组织，按要求调整右方的不可修改属性，保存。

（7）依次新增所有基础资料控制策略。

（8）关闭所有页签。

任务六　用户、角色、权限设置

任务导入

本任务可以帮助大家初步熟识金蝶云星空系统中预设的角色类型；了解子系统功能授权、业务对象功能授权、字段授权、全功能批量授权、业务领域批量授权、子系统批量授权、业务对象批量授权等多种授权方式；理解角色在权限设置中的作用并会进行权限设置的相关操作。在做任务前，大家先弄清楚以下几点内容。

一、用户、组织、角色和权限之间的关系

在金蝶云星空系统中，用户、组织、角色和权限的关系如图 2-12 所示。

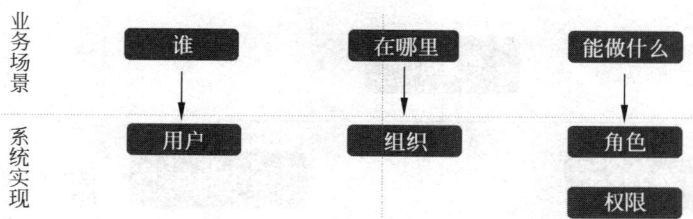

图 2-12　用户、组织、角色和权限之间的关系

用户对应着实际业务场景中的每一个操作员或员工。每个员工在金蝶云星空系统中都会有一个对应的用户账号,用于登录系统并执行相关操作。组织对应着实际业务场景中的企业内部结构,如总公司、分公司、事业部、工厂等。金蝶云星空系统支持多组织应用架构,可以根据企业的实际需求,灵活地设置不同的组织结构和层级。

角色对应着实际业务场景中的不同职位或岗位,如财务经理、采购员、销售员等。每个角色都代表了一组特定的权限和功能集合。角色能够作为权限分配的基础单元,将特定的权限和功能赋予对应的用户。通过角色管理,企业可以灵活地控制不同用户访问系统资源和执行业务操作的权限范围。

权限对应着实际业务场景中的操作权限和数据访问权限。它决定了用户能够执行哪些业务操作以及能够访问哪些业务数据。

二、用户

云星空用户有管理员、普通用户两种,管理员不能开展业务,只能做部分公共资料输入、系统参数设置、用户权限管理等操作。用户分类如图 2-13 所示。

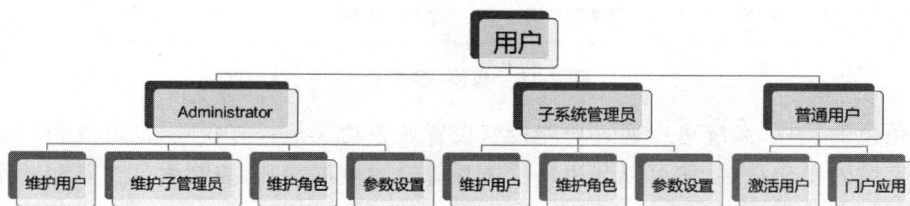

图 2-13　用户分类

普通用户权限只能通过分配角色进行设置,一个普通用户在一个组织下可以有多个角色,用户权限取多个角色权限的并集。

三、角色

角色类型有系统管理员、普通类型、供应商协同角色、PLM 项目管理角色。系统管理员一般授权给公司子系统管理员使用,子系统管理员可以在授权范围内给角色进行授权。角色分类如图 2-14 所示。

四、权限与授权

金蝶云星空系统中不能直接对用户授权,我们可以对角色授权,通过对用户分配角色达到给用户授权的效果,下面的授权均是对角色进行授权。

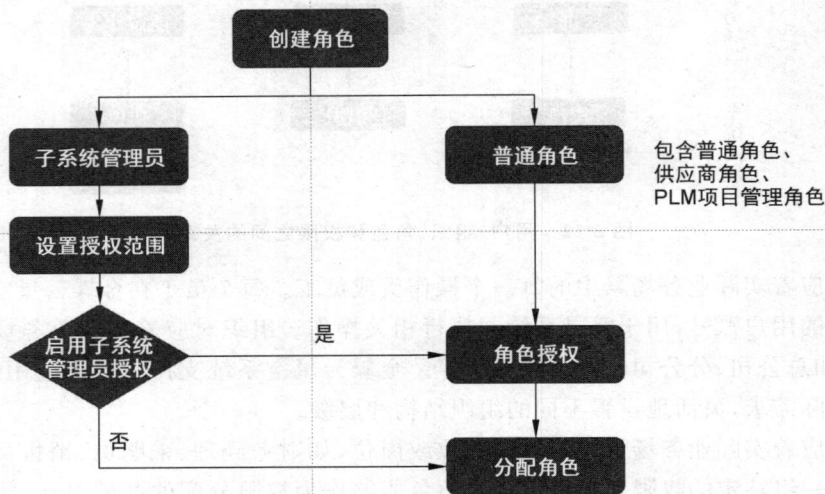

图2-14 角色分类

系统支持子系统功能授权、业务对象功能授权、字段授权、第三方系统登录授权、全功能批量授权、业务领域批量授权、子系统批量授权、业务对象批量授权等多种授权方式。权限、授权功能如图2-15所示。

图2-15 权限、授权功能

对于角色的授权,系统可以通过功能授权设置业务功能是否有权限,也可以利用字段授权控制敏感字段的操作权限,还可以利用岗位体系等设置数据规则,控制角色查看和操作的数据范围。具体权限分类如图2-16所示。

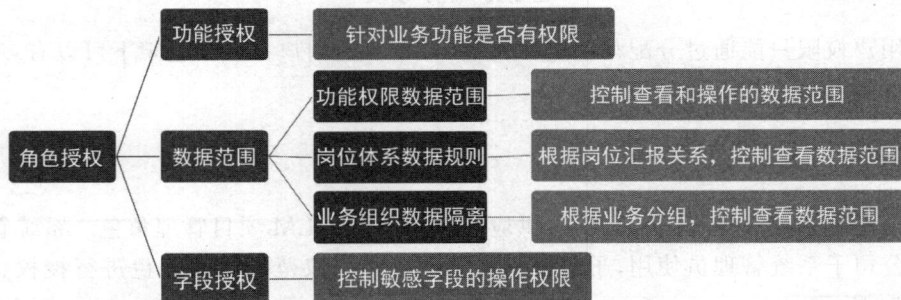

图2-16 角色授权分类

系统用户权限的设置是ERP系统中重要的一环,合理的权限设置能提高系统的安全性、数据的保密性,提高用户的工作效率和满意度。

业务场景

为保护企业信息安全使用，需要对金蝶云星空的用户进行权限管理。

（1）修改"销售主管"角色的权限，新增"会计"和"全功能角色1"角色并授权，如表 2-7 所示。

表 2-7　角色权限维护

角 色 名 称	权 限 范 围	操 作
销售主管	拥有销售管理模块全部权限	修改
会计	拥有财务会计模块全部权限	新增
全功能角色 1	系统所有模块功能全部权限	新增

（2）新增用户，分配角色和设置密码，如表 2-8 所示。

表 2-8　用户信息

名　　称	密　码	用户说明	角　色	注册用户许可分组	组织范围
信息主管	a.123456	信息主管	全功能角色 1	全选	集团、爱运动单车公司、爱运动配件公司
单车公司总务	a.123456	总经办	全功能角色 1	全选	集团、爱运动单车公司、爱运动配件公司
配件公司总务	a.123456	总经办	全功能角色 1	全选	集团、爱运动单车公司、爱运动配件公司
单车公司财务	a.123456	财务部	会计	全选	爱运动单车公司
配件公司财务	a.123456	财务部	会计	全选	爱运动配件公司
单车公司销售	a.123456	销售部	销售主管	全选	爱运动单车公司
配件公司销售	a.123456	销售部	销售主管	全选	爱运动配件公司
单车公司采购	a.123456	采购部	采购主管	全选	爱运动单车公司
配件公司采购	a.123456	采购部	采购主管	全选	爱运动配件公司
单车公司研发	a.123456	技术研发部	工程主管	全选	爱运动单车公司
单车公司仓管	a.123456	仓库	仓库主管	全选	爱运动单车公司
配件公司仓管	a.123456	仓库	仓库主管	全选	爱运动配件公司
单车公司品管	a.123456	品质部	质检员	全选	爱运动单车公司
配件公司品管	a.123456	品质部	质检员	全选	爱运动配件公司
单车公司生管	a.123456	生产管理部	生产主管	全选	爱运动单车公司
单车公司装配	a.123456	装配车间	车间主管	全选	爱运动单车公司
配件公司装配	a.123456	装配车间	车间主管	全选	爱运动配件公司
单车公司加工	a.123456	加工车间	车间主管	全选	爱运动单车公司
配件公司加工	a.123456	加工车间	车间主管	全选	爱运动配件公司
单车公司注塑	a.123456	注塑车间	车间主管	全选	爱运动单车公司

（3）通过设置功能权限的数据规则，使采购员只能看到自己创建的采购订单。

（4）运用字段授权设置仓库主管不能看到采购入库单的价格、金额和成本相关的信息。

业务分析

业务场景（1）中的"会计"和"全功能角色1"是两个新增的角色，"全功能角色1"角色通过全功能授权赋予角色权限，"会计"通过功能模块授权赋予角色权限。新增的用户通过分配相应的角色获得了相应的权限。业务场景（2）中为方便记忆，除了"信息主管"，其他用户的名称均设置为"组织名称＋岗位简称"，用户密码统一设置为"a.123456"。业务场景（3）是利用数据规则控制角色查看和操作的数据范围。业务场景（4）是利用字段授权限制敏感字段金额的查看等权限。

业务实施

用户、角色、权限

一、修改现有"销售主管"角色的权限

（1）打开子系统批量授权。操作路径："系统管理"→"系统管理"→"批量授权"→"子系统批量授权"。

（2）修改"销售主管"角色的权限。选择授权角色"销售主管"，授权模式"权限组"，找到"销售管理"子系统。勾选权限组全部有权，然后单击"授权"按钮。

二、新增角色并设置角色权限

（1）打开角色列表。操作路径："系统管理"→"系统管理"→"角色管理"→"查询角色"。

（2）新增角色"会计"和"全功能角色1"。单击工具栏中的"新增"选项，输入编码、名称，保存，退出。

（3）打开子系统批量授权。操作路径："系统管理"→"系统管理"→"批量授权"→"子系统批量授权"。

（4）给新增的角色"会计"授权。选择授权角色"会计"，授权模式"子系统"，找到"财务会计"业务领域。勾选和财务会计业务领域有关的所有子系统，全部选择"有权"，然后单击"授权"按钮，如图2-17所示。

图2-17　子系统批量授权

（5）打开全功能批量授权窗口。操作路径："系统管理"→"系统管理"→"批量授权"→"全功能批量授权"。

（6）给角色"全功能角色1"授权。授权角色选择"全功能角色1"，授权模式选择"全功能"，授权状态选择"有权"，单击"授权"按钮，退出，如图2-18所示。

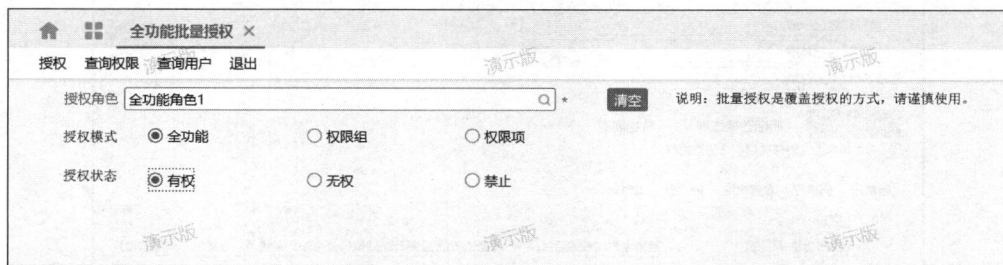

图2-18　全功能批量授权

三、新增用户并给用户分配角色和设置密码

（1）打开创建用户。操作路径："系统管理"→"系统管理"→"用户管理"→"创建用户"。

（2）新增用户并为用户添加组织和角色。输入用户账号、用户名称、组织编码、角色编码，勾选全部许可分组。保存后继续新增所有用户，如图2-19所示。

图2-19　新增用户并为用户添加组织和角色

（3）系统默认用户密码为888888，可在用户第一次登录系统时将密码设置成a.123456，也可以在密码策略中将系统默认密码修改为a.123456。

四、通过数据规则设置采购员只能看到自己创建的采购订单

（1）打开业务对象功能授权。操作路径："系统管理"→"系统管理"→"权限基础设置"→"数据规则列表"。

（2）新增数据规则。在数据规则列表窗口单击"新增"，系统弹出"数据规则-新增"窗口，新增名称为"自己单据"的数据规则，"字段"选择"基本信息-采购

数据授权、字段授权

员"，"比较"选择"当前用户对应的业务员ID（匹配单据上业务员基础资料使用如：销售员、仓管员、采购员等）"，并保存数据规则，如图 2-20 所示。

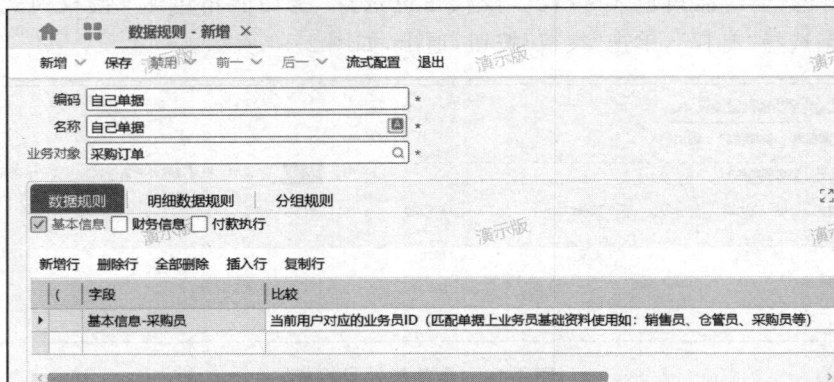

图 2-20　新增数据规则

（3）打开业务对象功能授权。操作路径："系统管理"→"系统管理"→"授权"→"业务对象功能授权"。

（4）设置数据规则。在业务对象功能授权界面的授予角色选择"采购主管"，业务对象选择"采购订单"，将"查询""修改""删除""审核""反审核"权限名称行的数据范围都选择"自己单据"的数据规则，并单击"授权"，如图 2-21 所示。

图 2-21　数据范围授权

五、运用字段授权设置仓库主管不能看到敏感信息

（1）打开字段授权。操作路径："系统管理"→"系统管理"→"授权"→"字段授权"。

（2）设置仓库主管的字段权限。在授予角色选择"仓库主管"，业务对象选择"采购入库单"，字段名称过滤搜索"价"字，然后在查看和编辑的禁止权限项上勾选和价格、金额、税额有

关的字段；字段名称过滤搜索"额"字，然后在查看和编辑的禁止权限项上勾选和价格、金额、税额有关的字段；字段名称过滤搜索"成"字，然后在查看和编辑的禁止权限项上勾选和成本有关的字段，并单击"授权"，如图 2-22 所示。

图 2-22　部分数据授权

（3）关闭所有页签。

【岗课赛证融通专题训练】

实操练习

（1）下载数据库安装包和金蝶云星空软件安装包，在自己计算机上搭建金蝶云星空系统。

（2）在搭建的金蝶云星空管理中心中新建一个金蝶云星空数据中心，记下数据库文件的存储地址，创建完成后，进入数据库文件的存储地址，验证数据库文件是否存在。

项目二
即测即评

（3）在管理中心中备份数据中心，完成备份后找到备份文件所在的存储位置。

（4）根据步骤（3）备份的备份文件，恢复一个数据中心，恢复完成后，查看恢复产生数据库文件所在的存储位置。

（5）对管理中心里某个数据中心进行反注册。

（6）将步骤（5）反注册的数据中心重新注册回管理中心列表。

（7）删除步骤（4）中恢复的数据中心。

（8）对比步骤（4）恢复数据中心和步骤（6）注册数据中心的异同。

（9）通过字段授权设置仓库管理员不能看到外购入库单的金额信息。

（10）假设爱运动单车公司新进一名员工，入职销售员岗位，系统管理员需要在系统中做哪些工作？

项目三

基础资料管理与初始化

知识目标

（1）理解基础资料的重要性及其在云 ERP 中的核心作用；

（2）掌握基础资料的分类与构成；

（3）理解会计核算体系的作用；

（4）熟悉主档资料的重要字段内容；

（5）理解基础资料控制类型和控制策略对基础资料管理的影响；

（6）理解供应链初始化的步骤。

能力目标

（1）能对基础资料进行有效的整理、分类和归档，确保资料的完整性和准确性；

（2）掌握在金蝶云星空中新增、修改、删除、导入各项基础资料的方法；

（3）掌握供应链管理模块的启用、导入初始数据并结束初始化的流程和方法。

素养目标

（1）养成认真仔细对待每一项基础资料、确保资料准确无误的职业素养；

（2）培养数据驱动和数据安全意识；

（3）培养跨部门协作与沟通能力。

思维导图

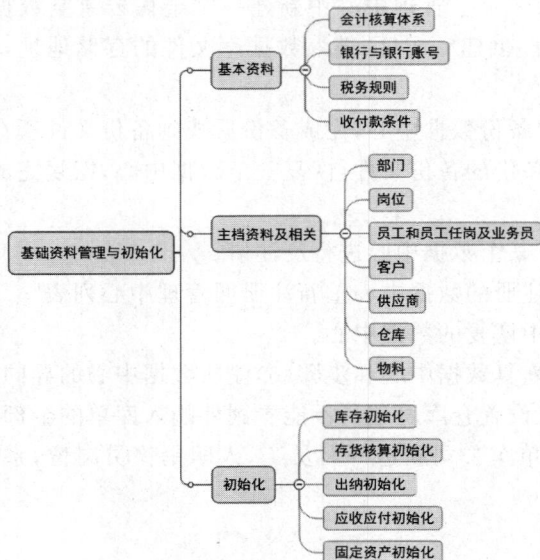

　　在现代企业管理和云 ERP 项目实施中,基础资料管理的地位至关重要。云 ERP 系统通过提供一个集中式的平台,使企业能够对基础资料进行统一管理和实时更新。这意味着各部门都可以访问和使用最新的数据,避免了数据不一致性和重复工作的问题。云 ERP 系统还提供了数据安全性和可靠性的保障,确保基础资料的保密性和完整性,从而增强了企业信息管理的可信度。高效的基础资料管理是企业信息化的根基所在,直接影响着企业的运作效率和业务流程的顺畅性。

　　金蝶云星空的基础资料类型有主档资料、辅助资料和基本资料。

　　(1) 主档资料:主数据,包括物料、供应商、客户、部门、员工等。

　　(2) 辅助资料:业务应用上简单的基础资料,如变更原因、付款性质、交货方式、离职原因等。

　　(3) 基本资料:除主档资料和辅助资料外的资料,主要是常用的公共资料以及业务基础资料。

　　基础资料是业务开展的基础,在实际业务开展前需要根据企业需求完成各项基础资料的初始化工作。基础资料的初始化一般遵循先辅助资料、再基本资料、最后主档资料的顺序;基本资料根据支持业务的顺序进行初始化工作,并需要关注其相关性;主档资料的顺序通常按照部门、员工、供应商、客户、物料的顺序进行。

　　基础资料创建后,还需要进行初始化,初始化包括期初单据维护、期初库存维护、存货核算初始数据录入等。

任务一　基本资料

任务导入

　　基本资料就是除主档资料和辅助资料外的资料,主要是常用的公共资料以及业务基础资料。跨组织应用的公共资料有币别、费用项目、岗位信息、联系对象、员工任岗明细、业务员、业务组、计量单位组、计量单位、存货类别、物料模板、物料单位换算、工作日历模板、工作日历、班制、班次、成本中心。另外,还有其他业务模块涉及的业务基础资料,如财务模块的汇率体系、会计日历、会计核算体系、银行、银行账号、结算方式等,如图 3-1 所示。

　　系统提供了很多预设的基本资料信息,有些用系统默认的基本资料即可,有些需要根据企业情况进行相应设置,接下来的任务中,我们需要设置会计核算体系、银行和银行账号、税务规则和收付款条件,另外由于岗位信息、员工任岗与主数据员工、部门关系密切,仓库和物料信息关系密切,又需要用到默认仓管员信息,因此我们将这几项基础资料的设置任务放到了任务二"主档资料及相关"里。

一、会计核算体系

　　ERP 产供销一体化管理在字面上和会计核算体系好像没有任何关系,但实际上关系较大。因为在金蝶云星空中,每个数据中心都要确保存在一个有效的默认核算体系,即系统已经控制一个数据中心必须有且仅有一个默认核算体系。所有业务组织都应该在该体系中出现,否则,业务系统无法通过业务组织取到其在默认体系中默认会计政策的币别、默认汇率等重要信息。

图 3-1　基础资料系统总体概览

　　什么是会计核算体系？会计核算体系是从不同视角和管理维度，对会计主体进行不同划分。一般来说，会计核算体系可以根据企业不同的财务核算需求，划分为法人核算体系和利润中心核算体系。在法人核算体系下，按照法人设置核算组织，用来核算并出具对外的财务报告。在利润中心核算体系下，可以按照法人/利润中心来设置核算组织，用来提供管理需要的利润中心考核报表。在系统中，可以同时存在多个会计核算体系（个数没有限制），并可以在后期业务过程中随时增加核算体系。核算体系之间相互独立。在一个会计核算体系下，一个业务组织只能从属于一个核算组织。

　　另外，核算组织即会计主体，是会计记账、财务报告的主体。核算组织分法人或利润中心两个类型。需要进行财务核算的组织都需要在系统中设置成"核算组织"。法人设置成公司法人，其他则可设置成利润中心。业务组织是核算组织的下级组织。一个核算组织可以包含多个业务组织。业务组织记录业务的发生。通过会计核算体系下业务组织与核算组织的从属关系，可以确定该笔业务的账务归属。

业务场景

　　爱运动集团建立数据中心后，系统已经存在一个默认核算体系，检查默认核算体系下是否已经包含所有业务组织。爱运动集团的会计核算体系如表 3-1 所示。

表 3-1　会计核算体系

编　　码	KJHSTX01_SYS	名　　称	财务会计核算体系
核算组织	适用会计政策	默认会计政策	下级组织
爱运动集团	中国准则会计政策	中国准则会计政策	爱运动集团
爱运动单车公司	中国准则会计政策	中国准则会计政策	爱运动单车公司
爱运动配件公司	中国准则会计政策	中国准则会计政策	爱运动配件公司

业务分析

爱运动集团目前只有一个会计核算体系,即默认核算体系,后续可以根据核算需要增加其他会计核算体系,数据中心建立后,系统会根据核算组织爱运动集团创建默认核算体系,需要在核算体系下增加核算组织爱运动单车公司和爱运动配件公司,否则核算组织爱运动单车公司和爱运动配件公司无法获取默认体系中默认会计政策的币别、默认汇率等重要信息。

业务实施

(1)用"信息主管"账号登录系统,打开会计核算体系。操作路径:"基础管理"→"基础资料"→"会计核算体系"。

(2)双击打开默认的会计核算体系,在"核算组织"下新增行,选择"爱运动单车公司"和"爱运动配件公司",选择"中国准则会计政策",然后选择对应的下级组织,保存,退出。

会计核算体系

(3)关闭所有页签。

二、银行与银行账号

银行和银行账号都属于财务会计的基础资料,在金蝶云星空系统中很多地方都需要用到银行和银行账号这两项基础资料。比如:

(1)在出纳管理初始化时需要录入每个银行账户的期初余额。

(2)企业在收款和付款时需要设置"我方银行账号"信息,后续可以根据银行账号自动匹配银行流水账和企业账户流水账,提高银行对账的准确性和效率;可以与财务业务无缝对接,如根据银行账号核销付款、回款确认等,提高应收应付款管理的效率和准确性。

(3)产供销环节中,采购和销售的最后环节是向供应商付款和向客户收款。绝大多数企业目前都是要求产供销业财一体,因此,银行和银行账号是必要的基础资料。如果不考虑收付款业务以及应收单、应付单的确认环节,也可以不考虑启动应收应付款管理系统和出纳管理系统。

企业的银行账号有多种类型,通常有以下几种。

(1)基本存款账户:用于企业的日常资金收付,可以进行存款、取款、转账等操作。

(2)一般结算账户:用于企业与供应商、客户之间的结算,包括支付供应商货款、收取客户货款等。

(3)支票账户:用于企业发放支票进行支付,通常用于大额支付和交易对账目的。

(4)电子账户:用于企业通过电子支付平台进行支付,如支付宝、微信支付等。

(5)外汇账户:用于企业进行外币交易、外汇结算等国际业务的账户。

(6)投资账户:用于企业进行投资和理财操作,包括购买理财产品、股票、债券等。

注意:具体账户类型和名称可能会因不同银行和地区而有所差异。企业在选择账户类型时,应根据自身需求和银行提供的产品来进行选择。

业务场景

根据爱运动集团的银行开户信息维护银行和银行账号基础资料。爱运动集团的银行信息和银行账号信息如表 3-2 和表 3-3 所示。

表 3-2　银行信息

编码	名　　　称
001	宁波银行庄市支行

表 3-3　银行账号信息

账　　号	创建组织	开　户　行	账户名称	账户收支属性	分配组织
86328000	爱运动集团	宁波银行庄市支行	爱运动集团人民币账户	收支	
86328001	爱运动集团	宁波银行庄市支行	爱运动单车公司人民币账户	收支	爱运动单车公司
86328002	爱运动集团	宁波银行庄市支行	爱运动单车公司美元账户	收支	爱运动单车公司
86328003	爱运动集团	宁波银行庄市支行	爱运动单车公司港币账户	收支	爱运动单车公司
86328006	爱运动集团	宁波银行庄市支行	爱运动配件公司人民币账户	收支	爱运动配件公司

业务分析

爱运动集团的基本存款账户在宁波银行开设,爱运动单车公司除了人民币账户,还有美元账号和港币账号。银行账号也是分配型基础资料,由爱运动集团公司创建,分配给爱运动单车公司和爱运动配件公司。

业务实施

(1)用"信息主管"账号登录系统,打开银行。操作路径:"基础管理"→"基础资料"→"银行"。

(2)新增银行信息。在"爱运动集团"组织下单击"新增",输入编码和名称,其他保持默认。保存,提交,审核,退出。

银行、银行账号

(3)打开银行账号。操作路径:"基础管理"→"基础资料"→"银行账号"。

(4)新增银行账号信息。在"爱运动集团"组织下单击"新增",输入银行账号、开户银行、账户名称,选择账户属性,如表 3-3 所示,其他保持默认。保存,提交,审核。依次新增所有银行账号。

(5)分配银行信息。勾选"86328001""86328002""86328003"三个银行账号,单击"业务操作"→"分配",勾选分配的目标组织"爱运动单车公司",并勾选"分配后自动审核",单击"确定"进行分配。再将银行账号"86328006"分配给配件公司。

(6)关闭所有页签。

注意事项

首次使用分配的方式新增了基础资料,系统中会出现多个名称重复的基础资料,此时需要关注基础资料中"使用组织"的信息。

三、税务规则

税务规则的设置主要用于定义销售和采购业务中使用的缺省税率或税组合,以及进一步确定税率、税组合应用于业务的范围。这一功能对于处理复杂税收制度下的业务至关重要,可以确保企业在进行税务处理时,能够准确、高效地应用相应的税率和税组合。

业务场景

设置爱运动集团的税务规则。修改税务规则"销售业务税率-物料"的名称为"销售业务税率-客户",修改结果来源于"客户的税率",并将税务规则"销售业务税率-客户"和"采购业务税率-供应商"分配给爱运动单车公司和爱运动配件公司。爱运动集团的税务规则如表 3-4 和表 3-5 所示。

表 3-4　销售业务税率-客户

编码	SWGZ01_SYS		税种制度	中国税制
生效日期	1993/8/8		失效日期	9999/12/31
名称	销售业务税率-客户			
决定性因素分类	决定性因素名称	运算符	值/范围	
业务类型	单据	范围	应收单、销售合同、B2C 订单、销售增值税专用发票、销售普通发票、寄售结算单、发货通知单、销售快速下单、期初销售出库单、销售出库单、销售报价单、退货通知单、销售退货单、销售订单、销售订单新变更单	
结果	客户的税率			

表 3-5　采购业务税率-供应商

编码	SWGZ02_SYS		税种制度	中国税制
生效日期	1993/8/8		失效日期	9999/12/31
名称	采购业务税率-供应商			
决定性因素分类	决定性因素名称	运算符	值/范围	
业务类型	单据	范围	应付单、要货申请单、采购增值税专用发票、采购普通发票、采购快速下单、采购退料单、采购价目表、采购订单、收料通知单、期初采购入库单、采购入库单	
结果	供应商的税率			

业务分析

考虑到国际化企业的应用需要,税务规则出厂预置为分配型的基础资料,若企业仅在单一国家运营,各组织的税务规则均是一样的,则可在实施时将税务规则设置为共享型。

设置税务规则可以分解为以下几个步骤。

(1)根据企业实际情况确定或修改系统预设的税务规则并审核。

(2)新增、修改基础资料控制策略。

(3)进行税务规则的分配、审核。

如果后续在实践过程中遇到新增采购或者销售业务单据时,系统提示"未找到匹配的税务规则,税率取数不成功",这时就需要检查该组织机构是否有匹配的税务规则。

业务实施

(1)打开税务规则列表。用"信息主管"账号登录系统,操作路径:"基础管理"→"基础资料"→"税务规则列表"。

（2）打开"销售业务税率-物料"。修改"销售业务税率-物料"，单击"反审核"，修改名称为"销售业务税率-客户"，参照表3-4核对"决定性因素分类""决定性因素名称""运算符""值/范围"，在结果中选择"客户的税率"。保存，提交，审核，退出。

税务规则

（3）依次修改或核对所有税务规则。

（4）分配税务规则。勾选"客户的税率"和"供应商的税率"，单击"业务操作"→"分配"，勾选分配的目标组织"爱运动单车公司"和"爱运动配件公司"，并勾选"分配后自动审核"，单击"确定"，以进行分配。

（5）关闭所有页签。

四、收付款条件

为了确保和客户、供应商之间的交易顺利进行，并保护双方的权益，通过明确的支付时间和金额，避免支付延迟、拖欠或欺诈行为，建立起彼此之间的信誉和信任，企业可以在信息系统中设置收付款条件。设置收付款条件可以帮助企业管理现金流，让企业根据收付款时间来制订自己的资金计划，以满足业务和生产的需要。

业务场景

新增"下月5日结算"和"信用天数60天"两种付款条件，新增"100％预收""30％预收70％月结60天"和"70％预收30％月结30天"三种收款条件。收付款条件如表3-6至表3-10所示。

表3-6　付款条件1

编码	001	名称	下月5日结算
到期日计算日期	应付单业务日期	付款方式	按到期日付款
多到期日设置标准	按比例		
到期日确定方式	比例/％	到期日确认方式描述	
固定日	100	月数＝0；天数＝5；固定日1＝5；固定日2＝0；固定日3＝0；固定日匹配方式＝向后	

表3-7　付款条件2

编码	002	名称	信用天数60天
到期日计算日期	应付单业务日期	付款方式	按到期日付款
多到期日设置标准	按比例		
到期日确定方式	比例/％	到期日确认方式描述	
×天后	100	月数＝0；天数＝60；月底＝否；距离月底天数＝0	

表3-8　收款条件1

编码	001		名称	100％预收	
到期日计算日期	应收单业务日期		收款方式	按到期日收款	
多到期日设置标准	按比例				
到期日确定方式	比例/％	预收	到期日确认方式描述		控制环节
	100	是			发货

表 3-9 收款条件 2

编码	002		名称	30％预收 70％月结 60 天	
到期日计算日期	应收单业务日期		收款方式	按到期日收款	
多到期日设置标准	按比例				
到期日确定方式	比例/％	预收	到期日确认方式描述		控制环节
	30	是			发货
月结	70		账单结算日=31；月数=0；天数=60；月底=否；距离月底天数=0		

表 3-10 收款条件 3

编码	003		名称	70％预收 30％月结 30 天	
到期日计算日期	应收单业务日期		收款方式	按到期日收款	
多到期日设置标准	按比例				
到期日确定方式	比例％	预收	到期日确认方式描述		控制环节
	70	是			发货
月结	30		账单结算日=31；月数=0；天数=30；月底=否；距离月底天数=0		

业务分析

系统预设了几种收付款条件，企业可以根据实际需要新增收付款条件，收付款条件的设置对到期日的计算、核销结果等都会产生影响。若客户或供应商基础资料绑定了对应的收款条件或者付款条件，则新增订单或者应收应付单中的收付款条件会根据客户或供应商的信息自动携带。

业务实施

（1）打开付款条件。操作路径："财务会计"→"应付款管理"→"付款条件"。

（2）在"爱运动集团"组织下单击"新增"，输入编码、名称、到期日计算日期、付款方式、比例（％）、是否预付、到期日确定方式，其他保持默认。保存，提交，审核，退出。

（3）打开收款条件。用"信息主管"账号登录系统，操作路径："财务会计"→"应收款管理"→"收款条件"。

（4）在"爱运动集团"组织下单击"新增"，输入编码、名称、到期日计算日期、收款方式、比例（％）、是否预收、到期日确定方式，其他保持默认。保存，提交，审核，退出。

任务二 主档资料及相关

任务导入

主档资料又称主数据，是跨业务领域的基础资料，包括部门、员工、客户、供应商和物料，是最重要的资料。另外，由于岗位信息中需要部门信息，员工任岗和业务员信息需要岗位和员工的信息，这几项基础资料也穿插在这一任务中。

一、部门

部门作为 ERP 系统的一项核心基础资料,在系统中扮演着至关重要的角色,其广泛渗透并支撑着众多功能模块与业务流程的运作。它不仅是一项基础性的数据结构,更是连接各个业务环节的桥梁,在多种应用场景下均发挥着不可替代的作用。

(1)人力资源管理。部门信息可用于管理和分配人员,如确定每个员工所属的部门,分配工作任务和责任,进行绩效评估和薪资管理等。在金蝶云星空中,岗位信息包含所属部门,员工信息则包含员工任岗信息,于是也间接地确定了员工和部门的关系。这里需要注意,一个员工可以有多个任岗信息,也就是员工和部门可能是一对多的关系。

(2)采购管理。部门信息可用于确定采购的责任和权力,如确定特定部门负责采购的特定物品或服务,并确定相应的采购需求、审批和收料等流程。在金蝶云星空中,采购订单中会有采购部门、需求部门、收料部门等信息。

(3)销售管理。部门信息可用于确定销售团队的组成和责任,具体包括分配销售机会、客户和销售订单给特定的部门或销售代表,管理销售过程中各部门的责任和义务。在金蝶云星空中,有销售业务员信息,销售订单需要指定销售业务员,销售订单的销售部门通常取业务员所在部门,系统可以根据业务员统计整体销售业绩。

(4)财务管理。部门信息可用于归集各个部门的成本和支出,管理每个部门的预算和财务绩效等。在金蝶云星空中,部门可以被设置为科目的核算维度,这样可以在会计核算过程中归集各个部门的成本、费用、收入等数据,在预算管理中,可以将预算分配给各个部门,帮助管理层制订预算计划并进行预算控制,通过对实际数据和预算数据进行对比,管理层可以及时发现偏差并采取措施进行调整。

(5)报告和分析。部门信息可用于生成各种报告、指标和分析,如对不同部门进行绩效评估、比较和分析,帮助管理层做出战略决策等。在金蝶云星空中,通过将核算维度设置为部门,可以对不同部门的财务数据进行详细的记录和分析,以更好地了解每个部门的财务状况和业绩。

总之,部门信息是一项非常重要的基础资料,在 ERP 系统的很多模块和应用中都是必不可少的,可以与会计科目相关联作为一个辅助核算项目进行核算以及费用归集,同时也是采购系统、销售系统、仓存系统和存货核算中各种单据的组成部分。可用于实现任务分配、流程管理、财务核算、成本控制、分析和决策等多项功能。

部门属性影响财务核算,设置时务必谨慎。目前系统预置了 6 个部门属性,包括管理、研发、销售、采购、辅助生产、基本生产。

(1)管理:一般是企业管理费用的承担部门。

(2)研发:一般是企业研发费用的承担部门。

(3)销售:一般是企业销售费用的承担部门。

(4)采购:一般是企业采购费用的承担部门。

(5)辅助生产:一般是企业生产业务中发生的辅助生产费用对应的承担部门,如燃料动力、水费、电费等。

(6)基本生产:一般是企业生产业务中发生的生产费用对应的承担部门,如车间生产 A 产品所耗用的直接人工、工资等。

业务场景

爱运动集团的组织架构如图 3-2 所示,请在系统中设置部门资料信息。

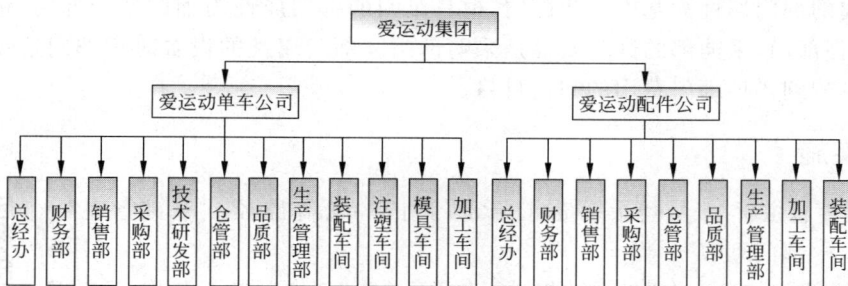

图 3-2 爱运动集团的组织架构

公司各部门职责如表 3-11 所示。

表 3-11 公司各部门职责

部 门	部 门 职 责
总经办	统筹公司行政管理工作
财务部	负责业务规范、数据收集、财务核算、财务记账、编制报表等事务
销售部	负责销售报价、接单、订单跟踪、联系发货等事务
采购部	负责采购询价、下单、订单催货、收料、退货、采购结算等事务
生产部	负责企业的生产计划安排、MRP 运算、生产单据制作下达
技术研发部	负责物料资料、产品 BOM 和工艺路线的维护工作
品质部	负责各项检验事务
仓管部	办理所有出入库、调拨及仓库盘点事务
注塑车间	负责注塑件的生产
加工车间	负责加工件的加工
装配车间	负责产品的组装
模具车间	负责模具的设计、制造和维护

爱运动集团的部门信息如表 3-12 所示。

表 3-12 爱运动集团的部门信息

代 码	名 称	部门属性	创建组织	分 配 组 织
自动生成	总经办	管理部门	爱运动集团	爱运动单车公司、爱运动配件公司
自动生成	财务部	管理部门	爱运动集团	爱运动单车公司、爱运动配件公司
自动生成	销售部	销售部门	爱运动集团	爱运动单车公司、爱运动配件公司
自动生成	采购部	采购部门	爱运动集团	爱运动单车公司、爱运动配件公司
自动生成	技术研发部	研发部门	爱运动集团	爱运动单车公司
自动生成	仓管部	管理部门	爱运动集团	爱运动单车公司、爱运动配件公司
自动生成	品质部	管理部门	爱运动集团	爱运动单车公司、爱运动配件公司
自动生成	生产管理部	管理部门	爱运动集团	爱运动单车公司、爱运动配件公司
自动生成	模具车间	辅助生产部门	爱运动集团	爱运动单车公司
自动生成	装配车间	基本生产部门	爱运动集团	运动单车公司、爱运动配件公司
自动生成	加工车间	基本生产部门	爱运动集团	运动单车公司、爱运动配件公司
自动生成	注塑车间	基本生产部门	爱运动集团	爱运动单车公司

业务分析

总经办、财务部、仓管部、品质部和生产管理部的部门属性为管理部门,装配车间、加工车间、注塑车间的部门属性为基本生产部门,模具车间的部门属性为辅助生产部门,销售部的部门属性是销售部门,采购部的部门属性是采购部门。部门属性的设置对于部门这项基础资料尤为重要,影响到各项部门费用的归集科目。

业务实施

(1)用"信息主管"账号登录系统,打开部门列表。操作路径:"基础管理"→"基础资料"→"部门列表"。

(2)新增部门信息。在"爱运动集团"组织下单击"新增",输入名称、生效日期为"2023/10/1"、部门属性,其他保持默认。保存,提交,审核,退出。

部门

(3)依次新增所有部门。

(4)分配部门信息。参考表 3-12,勾选需要分配的部门,单击"业务操作"→"分配",勾选分配的目标组织并勾选"分配后自动审核",单击"确定"进行分配。

(5)依次分配所有需要分配的组织。

(6)关闭所有页签。

注意事项

在爱运动集团公司下已经新建了部门信息,如果在分配时提示无法分配,原因可能是部门的基础资料控制类型没有改成分配型,或者已经修改了部门的基础资料控制类型,但是没有建立部门的基础资料控制策略,可以参考项目二任务五基础资料控制策略,检查原因并解决问题。

二、岗位

岗位是指在组织或企业中为实现特定目标而设立的职位或工作角色。岗位定义了工作的职责、任务和权限,并确定了该职位与其他职位之间的协作关系。每个岗位都有其特定的职责和工作内容,以满足组织的工作需求和组织结构的要求。通过设置清晰的岗位,能够更好地组织和管理人力资源,使各岗位的职责和任务明确,提高工作效率和绩效。要设置一个岗位,可以按照以下步骤进行。

(1)确定工作目标和需求:明确该岗位的工作目标和所需的技能、知识、经验和能力。了解该岗位在组织中的位置和角色,明确该岗位与其他岗位之间的关系。

(2)编写岗位描述和职责:详细描述该岗位的职责、任务和工作内容,包括岗位所需的技能、知识和能力,并明确该岗位对其他部门或岗位的协作要求。

(3)设定岗位要求和资格:确定该岗位所需的教育背景、工作经验、专业技能、语言能力等要求,包括必要的资格证书或培训。

(4)制定岗位级别和薪酬体系:根据该岗位的职责和要求,划分适当的岗位级别,以便评估该岗位的价值和薪酬水平,并与组织的薪酬体系相匹配。

(5)完善岗位设置申请:管理者或人力资源部门应编制完整的岗位设置申请,包括岗位描述、职责、要求、级别和预算等信息,并提交给相关审批部门。

（6）审批和调整：经过内部审批程序，包括对组织层级、人力资源和财务的审批，确保岗位设置符合组织和部门的需求和预算。

（7）岗位发布和招聘：根据岗位需求，将该岗位发布到内部或外部渠道，开展招聘活动，并筛选合适的候选人进行面试和评估，最终选择合格的员工填补该岗位。

（8）培训和融入：新员工入职后，为其提供必要的岗位培训和指导，帮助其适应岗位，熟悉工作流程和组织文化。

（9）定期评估和调整：定期对岗位进行评估，了解岗位的工作效果和绩效表现，根据情况调整岗位职责、要求或级别，以及薪酬水平，保持岗位的有效性和适应性。

请注意，在实际设置岗位时，可能还需要根据组织的具体情况和流程进行调整和完善。

业务场景

根据爱运动集团的实际岗位信息，在系统中新增岗位信息。爱运动集团的岗位信息如表 3-13 所示。

表 3-13 爱运动集团的岗位信息

编 码	岗 位	所属部门	创建组织	分配组织
自动生成	总经理	总经办	爱运动集团	爱运动单车公司、爱运动配件公司
自动生成	信息主管	总经办	爱运动集团	爱运动单车公司、爱运动配件公司
自动生成	财务主管	总经办	爱运动集团	爱运动单车公司、爱运动配件公司
自动生成	财务人员	财务部	爱运动集团	爱运动单车公司、爱运动配件公司
自动生成	总账会计	财务部	爱运动集团	爱运动单车公司、爱运动配件公司
自动生成	成本会计	财务部	爱运动集团	爱运动单车公司、爱运动配件公司
自动生成	往来会计	财务部	爱运动集团	爱运动单车公司、爱运动配件公司
自动生成	出纳	财务部	爱运动集团	爱运动单车公司、爱运动配件公司
自动生成	销售主管	销售部	爱运动集团	爱运动单车公司、爱运动配件公司
自动生成	销售专员	销售部	爱运动集团	爱运动单车公司、爱运动配件公司
自动生成	采购主管	采购部	爱运动集团	爱运动单车公司、爱运动配件公司
自动生成	采购专员	采购部	爱运动集团	爱运动单车公司、爱运动配件公司
自动生成	研发人员	技术研发部	爱运动集团	爱运动单车公司
自动生成	技术人员	技术研发部	爱运动集团	爱运动单车公司
自动生成	仓管主管	仓管部	爱运动集团	爱运动单车公司、爱运动配件公司
自动生成	仓管员	仓管部	爱运动集团	爱运动单车公司、爱运动配件公司
自动生成	品质主管	品质部	爱运动集团	爱运动单车公司、爱运动配件公司
自动生成	品质人员	品质部	爱运动集团	爱运动单车公司、爱运动配件公司
自动生成	生产主管	生产管理部	爱运动集团	爱运动单车公司、爱运动配件公司
自动生成	装配车间主任	装配车间	爱运动集团	爱运动单车公司、爱运动配件公司
自动生成	装配人员	装配车间	爱运动集团	爱运动单车公司、爱运动配件公司
自动生成	加工车间主任	加工车间	爱运动集团	爱运动单车公司、爱运动配件公司
自动生成	加工人员	加工车间	爱运动集团	爱运动单车公司、爱运动配件公司
自动生成	注塑车间主任	注塑车间	爱运动集团	爱运动单车公司
自动生成	注塑人员	注塑车间	爱运动集团	爱运动单车公司

业务分析

在岗位信息中维护基本页签信息是必不可少的,必录字段有名称和所属部门,岗位如果有上下级汇报关系或者限定角色,则需要在其他页签里维护对应信息。

业务实施

(1)用"信息主管"账号登录系统,打开"岗位信息"。操作路径:"基础管理"→"基础资料"→"岗位信息"。

(2)在"爱运动集团"组织下单击"新增",输入名称、所属部门,生效日期为"2023/10/1",其他保持默认。保存,提交,审核,退出。

岗位信息、员工、员工任岗、业务员

(3)依次新增所有岗位信息。

(4)勾选需要分配的岗位信息,单击"业务实施"→"分配",勾选分配的目标组织并勾选"分配后自动审核",单击"确定"进行分配。

(5)依次分配所有需要分配的岗位信息到对应的使用组织。

(6)关闭所有页签。

注意事项

(1)在爱运动集团下新增岗位时选择基础资料部门信息,发现无法找到部门信息,原因可能是"爱运动集团"下相应的部门信息没有建立,或者是部门已经建立但是数据状态是"创建"或者"重新审核",需要审核部门信息。

(2)爱运动集团将岗位资料分配给爱运动单车公司和爱运动配件公司后,分配后岗位信息中的部门资料空缺,原因可能是爱运动单车公司和爱运动配件公司的部门缺失或者没有审核,部门信息缺失的原因可能是部门信息没有分配,或者部门的基础资料控制策略缺失导致无法分配。

三、员工和员工任岗及业务员

员工是企业的重要资源,他们是组织中的核心部分,并且对企业的发展和成功有着重要作用。员工在企业和组织中担任各种角色,在各个岗位承担着一系列的责任和任务。在企业实际工作中,经常会有新员工入职和老员工离职,每个员工依据工作岗位性质的不同在系统中有不同的权限。

(一)员工任岗

在金蝶云星空中,员工预设是共享型的主档基础资料,某个员工担任了某个部门的某个岗位,就形成了员工任岗信息。一个员工可以担任多个岗位,员工任岗信息又会反写员工信息表。组织、部门、岗位和员工任岗的逻辑关系如图3-3所示。

(二)员工业务角色

在金蝶云星空中,系统提供的业务员类型有销售员、采购员、仓管员、计划员、财务人员、质检员、服务人员、驾驶员、程序员。业务员是一种业务角色,不直接等同于 HR 的员工岗位。例如,销售员是从事销售业务的员工,不是销售岗位的员工也可以设置为销售员。系统预设的销售订单里必须指定销售员,没有销售员将无法保存销售订单。一个岗位的员工可以是多种

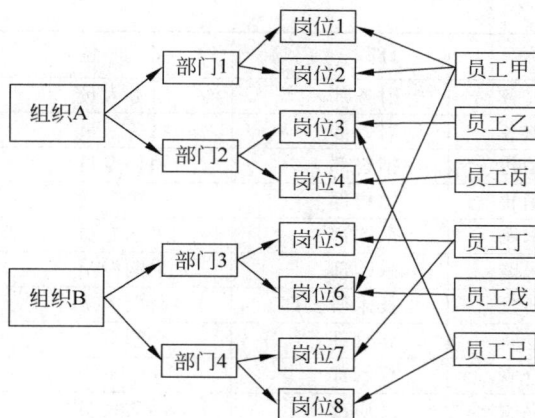

图 3-3　组织、部门、岗位和员工任岗的逻辑关系

类型的业务员,也就是说某个岗位的员工既可以是销售业务员,也可以是质检员。

(三)员工资料日常管理

每个系统用户会设置一定权限范围,用户的权限设置与基础资料员工没有直接联系,但是可以在系统中将用户和基础资料员工进行关联。

如果员工有入职、离职、调岗情况,系统管理员需要及时做出相应处理。

(1)新员工入职,要及时在系统中新增员工信息,设置任岗信息,同时为该员工开设信息系统用户,设置相应权限。

(2)员工离职,要及时禁用用户和员工信息。

(3)如果员工出现调岗的情况,只需要禁用旧任岗记录,再新增该员工的新任岗记录即可。

另外,员工信息可以与会计科目相连并参与财务处理,是人力资源、工资系统中最重要的基础资料,同时也是采购系统、销售系统、仓存系统和存货核算系统中各种单据的组成部分。

📚 业务场景

根据爱运动集团的员工信息表新增维护员工信息,设置员工任岗信息以及业务员信息,员工及任岗信息以及业务员信息如表 3-14 和表 3-15 所示。

表 3-14　员工及任岗信息

编　码	名　　　称	部　门	岗　位	工 作 组 织
1001	信息主管	总经办	信息主管	爱运动集团
		总经办	信息主管	爱运动单车公司
		总经办	信息主管	爱运动配件公司
2001	单车公司总务	总经办	财务主管	爱运动集团
		总经办	财务主管	爱运动单车公司
		总经办	财务主管	爱运动配件公司
3001	配件公司总务	总经办	财务主管	爱运动集团
		总经办	财务主管	爱运动单车公司
		总经办	财务主管	爱运动配件公司

续表

编　码	名　　称	部　门	岗　位	工 作 组 织
2002	单车公司财务	财务部	财务人员	爱运动单车公司
3002	配件公司财务	财务部	财务人员	爱运动配件公司
2003	单车公司销售	销售部	销售专员	爱运动单车公司
3003	配件公司销售	销售部	销售专员	爱运动配件公司
2004	单车公司采购	采购部	采购专员	爱运动单车公司
3004	配件公司采购	采购部	采购专员	爱运动配件公司
2005	单车公司研发	技术研发部	研发人员	爱运动单车公司
2006	单车公司仓管	仓管部	仓管员	爱运动单车公司
3005	配件公司仓管	仓管部	仓管员	爱运动配件公司
2007	单车公司品管	品质部	品质人员	爱运动单车公司
3006	配件公司品管	品质部	品质人员	爱运动配件公司
2008	单车公司生管	生产管理部	生产主管	爱运动单车公司
2009	单车公司装配	装配车间	装配人员	爱运动单车公司
3007	配件公司装配	装配车间	装配人员	爱运动配件公司
2010	单车公司加工	加工车间	加工人员	爱运动单车公司
3008	配件公司加工	加工车间	加工人员	爱运动配件公司
2011	单车公司注塑	注塑车间	注塑人员	爱运动单车公司

表 3-15　业务员信息

名　　称	业务员类型	组织范围
单车公司财务	财务人员	爱运动单车公司
配件公司财务	财务人员	爱运动配件公司
单车公司销售	销售员	爱运动单车公司
配件公司销售	销售员	爱运动配件公司
单车公司采购	采购员	爱运动单车公司
配件公司采购	采购员	爱运动配件公司
单车公司仓管	仓管员	爱运动单车公司
配件公司仓管	仓管员	爱运动配件公司

2023 年 10 月 20 日,新员工丘小可入职爱运动单车公司销售专员岗位;2023 年 12 月 30 日,丘小可调换岗位,担任爱运动配件公司财务人员岗位;2024 年 3 月,丘小可离职。

业务分析

员工信息是共享型的主档基础资料,可以在任何一个组织下新增员工信息,企业通常会根据实际需要设置特定的员工编码,一个员工可以在多个部门的不同岗位上任岗,员工选择任岗信息保存后自动产生员工任岗明细;员工禁用后,对应产生的员工任岗明细自动禁用。为方便记忆并简化实践练习,业务数据中员工和用户的名称均以"组织+岗位"命名的,实际工作中,员工信息中的员工名称通常就是员工的姓名,而用户的名称不一定是用户姓名。

业务实施

请查看视频"岗位信息、员工、员工任岗、业务员"的员工、员工任岗、业务员部分。

（一）员工、任岗及业务员信息初始化

（1）用"信息主管"账号登录系统，打开"员工"。操作路径："基础管理"→"基础资料"→"员工"。

（2）新增员工并同时设置任岗信息。在"爱运动集团"组织下单击"新增"，输入员工编号和员工姓名，在员工任岗信息页签下增加工作组织、所属部门、就任岗位，任岗开始日期为"2023-10-01"，其他保持默认。保存，提交，审核，退出，如图3-4所示。

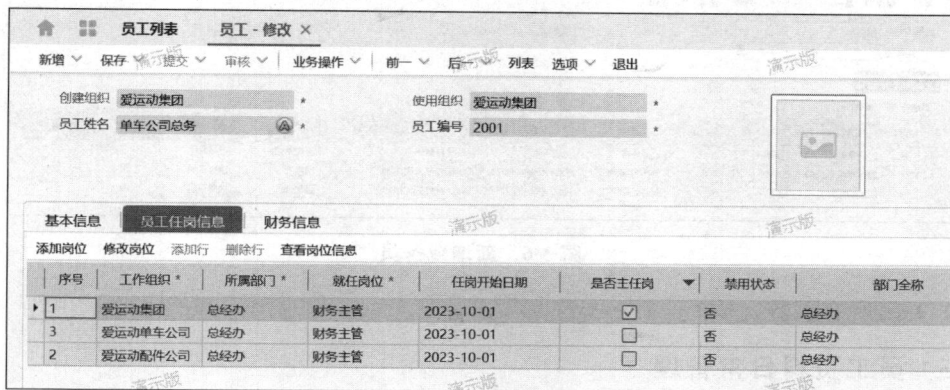

图3-4 员工任岗信息

（3）依次新增所有员工及任职岗位。

（4）查看员工列表信息和员工任岗明细。员工和任岗信息初始化完成后，员工信息列表中共有20条记录，员工任岗明细中共有26条任岗明细。部分员工任岗明细如图3-5所示。

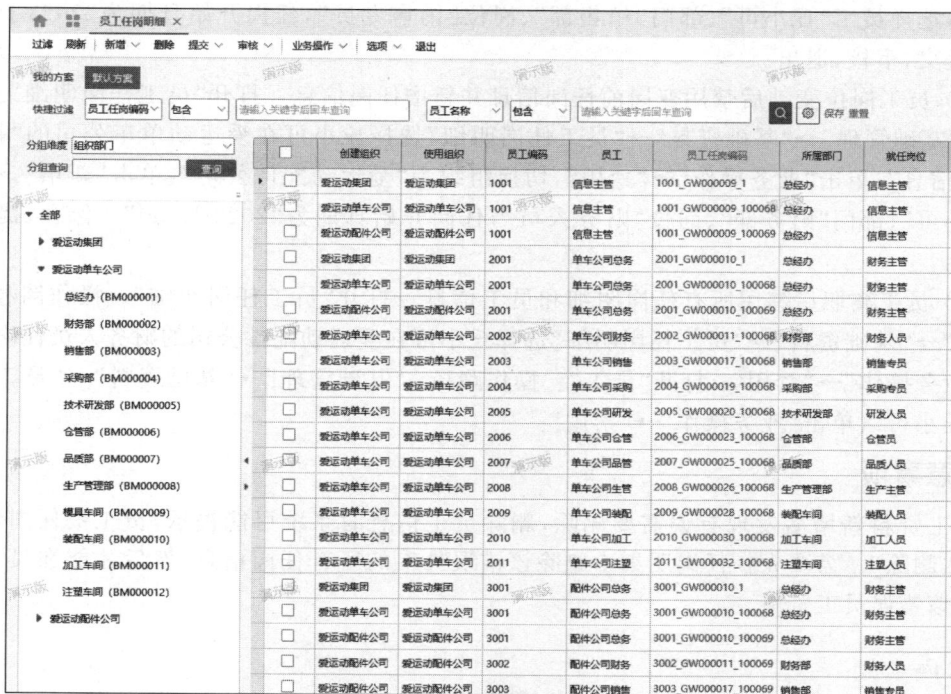

图3-5 部分员工任岗明细

（二）员工业务角色设置

（1）打开业务员列表。操作路径："基础管理"→"基础资料"→"业务员列表"。

（2）新增业务员。单击"新增"，选择"业务员类型"，然后在业务员分录中选择对应的组织和对应的职员。保存，切换"业务员类型"后继续新增其他的业务员信息。销售员的信息如图3-6所示。

图3-6　新增业务员

（3）关闭所有页签。

（三）员工资料日常管理

（1）新员工丘小可入职，新增该员工信息。用"信息主管"账号登录系统，打开"员工"。操作路径："基础管理"→"基础资料"→"员工"，单击"新增"，输入员工编号"2024"和员工姓名"丘小可"。

（2）设置丘小可首次任岗信息。用"信息主管"账号登录系统，打开"员工任岗明细"。操作路径："基础管理"→"基础资料"→"员工任岗明细"，切换组织为"爱运动单车公司"，单击"新增"，选择员工"丘小可"、部门"销售部"、岗位"销售专员"，任岗开始日期为"2023-10-20"。保存，提交，审核，退出。

（3）员工岗位变动后禁用变岗前任岗信息并新增任岗信息。打开"员工任岗明细"。操作路径："基础管理"→"基础资料"→"员工任岗明细"选择丘小可在爱运动单车公司的"销售专员任岗信息"，单击"业务操作"→"禁用"，切换组织为"爱运动配件公司"，单击"新增"，选择员工"丘小可"、部门"财务部"、岗位"财务人员"，任岗开始日期为"2023-12-30"。保存，提交，审核，退出。

（4）员工离职后禁用所有任岗明细和员工信息。打开"员工任岗明细"。操作路径："基础管理"→"基础资料"→"员工任岗明细"选择丘小可在爱运动配件公司的财务人员任岗信息，单击"业务操作"→"禁用"；打开"员工"。操作路径："基础管理"→"基础资料"→"员工"选择员工"丘小可"，单击"业务操作"→"禁用"。

➡ 注意事项

员工资料新增后发现有误需要删除，删除员工信息时系统可能提示"员工被任岗信息使用，无法删除"。需要先在任岗明细中删除该错误员工的所有任岗信息，然后才能在员工列表中删除该错误员工资料。

四、客户

客户在金蝶云星空中是一项重要的主档基础资料，客户的基础资料包括基本信息、联系人、商务信息、银行信息、地址信息和其他信息等。业务部门和销售人员可以通过客户资料及时了解客户信息,利用客户信息开展相关业务工作,更好地满足客户需求。例如,通过将客户资料与销售订单和收款流程相关联,销售人员可以了解客户的历史订单、付款记录和交货要求,从而更好地处理订单和交货过程。

设置客户管理不仅是销售管理的重要组成部分,也是应收款管理、信用管理、价格管理所不可或缺的基本要素,因此用户对客户资料的设置应给予高度重视。

业务场景

根据企业的实际情况讨论并确定客户资料编码规则,整理客户资料信息,在系统中录入或导入客户信息,如表 3-16 和表 3-17 所示。

表 3-16　客户分组信息

分组编码	分组名称
01	浙江
02	江苏
09	内部客户

表 3-17　客户信息

代码	名　称	客户类别	分组	销售员	收款条件	对应组织	分配组织
01001	宁波万里达销售有限公司	普通销售客户	01	单车公司销售员 配件公司销售员	月结 30 天		爱运动单车公司 爱运动配件公司
01002	杭州迪卡乐销售有限公司	普通销售客户	01	单车公司销售员 配件公司销售员	100%预收		爱运动单车公司 爱运动配件公司
01003	台州太行销售有限公司	普通销售客户	01	单车公司销售员 配件公司销售员	货到收款		爱运动单车公司 爱运动配件公司
02001	南京金铃商贸有限公司	普通销售客户	02	单车公司销售员 配件公司销售员	货到收款		爱运动单车公司 爱运动配件公司
02002	苏州启运商贸有限公司	普通销售客户	02	单车公司销售员 配件公司销售员	30 天后收款		爱运动单车公司 爱运动配件公司
02003	无锡智慧科技有限公司	寄售客户	02	单车公司销售员 配件公司销售员	月结 30 天		爱运动单车公司 爱运动配件公司
09001	爱运动单车公司	内部结算客户	09	配件公司销售员		爱运动单车公司	爱运动配件公司
09002	爱运动配件公司	内部结算客户	09	单车公司销售员		爱运动配件公司	爱运动单车公司

业务分析

根据爱运动集团的实际情况,客户根据"分组编码 2＋流水号 3"的规则编码,由爱运动集团创建客户资料,分配给爱运动单车公司、爱运动配件公司使用。在客户的财务信息页签中维护客户的收款条件后,新增销售订单选择客户信息时,系统会自动带出客户的收款条件,不用再手工维护,客户信息中的销售员需要在客户信息分配后到对应组织里维护。

业务实施

（1）设置客户编码规则。搜索"编码规则"，打开编码规则列表，"基础管理"→"基础资料"→"客户"，按照编码规则对现有的编码规则进行修改后保存，如图 3-7 所示。

收款条件、客户

图 3-7　客户编码规则

（2）打开客户列表。操作路径："基础管理"→"基础资料"→"客户列表"。

（3）新增客户分组。单击"新增分组"，输入编码和名称，依次新增所有客户分组。

（4）新增客户信息。在"爱运动集团"组织下单击"新增"，输入名称、客户类别（内部结算客户需要选择对应的组织）、客户分组、收款条件、默认税率，其他保持默认。保存，提交，审核，退出。

（5）依次新增所有客户。

（6）分配客户信息。根据表 3-17 的信息，勾选需要分配的客户，单击"业务操作"→"分配"，勾选分配的目标组织及"分配后自动审核"，单击"确定"进行分配。

（7）批量修改销售员信息。切换到组织"爱运动单车公司"，勾选使用组织为"爱运动单车公司"的客户，单击"业务操作"→"批改"，选择"销售员"字段，填入对应的销售员"单车公司销售员"进行批改。同理，修改爱运动配件公司客户的销售员为"配件公司销售员"。

（8）关闭所有页签。

注意事项

（1）批改销售员时如果选不到销售员，需检查业务员资料中是否创建了销售员。

（2）在批改使用组织的客户资料时，主界面上的组织也需要切换成对应的使用组织，例如，修改单车公司的客户时，主界面组织也需要选择单车公司。

（3）批改销售员时如果销售员名称与批改的组织对应不上，如批改单车公司销售员信息时系统带出来的是配件公司销售员，应按以下步骤处理。首先检查业务员列表中销售员对应的业务组织是否选择正确，如单车公司销售员对应的业务组织为单车公司才正确，检查有误则需要删除错误的销售员并重新建立正确的销售员信息；其次检查销售员对应的员工任岗组织是否正确，如单车公司销售员任岗信息的创建组织和使用组织需要都为单车公司，如果有误，需要先删除对应的销售员，然后删除错误的任岗明细信息，并重新创建正确的任岗信息后再新增正确的销售员。

五、供应商

供应商在金蝶云星空中是一项重要的主档基础资料，是采购管理系统运行的重要业务资料。供应商基础资料包括基本信息、联系人、商务信息、财务信息、组织信息和其他信息等。ERP 系统可以将供应商资料与采购订单、付款流程相关联。

业务场景

根据企业的实际情况讨论并确定供应商资料编码规则，整理供应商资料信息，在系统中录入或导入供应商信息，如表 3-18 和表 3-19 所示。

表 3-18 供应商分组信息

分组编码	分组名称	分组编码	分组名称
01	采购类	04	设备供应商
02	委外类	09	内部供应商
03	服务类		

表 3-19 供应商信息

代码	名称	供应商类别	分组	采购负责人员	付款条件	对应组织	分配组织
01001	宁波帕洛斯塑料有限公司	采购	01	单车公司采购 配件公司采购	月结 30 天		爱运动单车公司 爱运动配件公司
01002	温州思迪钢材有限公司	采购	01	单车公司采购 配件公司采购	货到付款		爱运动单车公司 爱运动配件公司
01003	苏州拜克配件有限公司	采购	01	单车公司采购 配件公司采购	月结 30 天		爱运动单车公司 爱运动配件公司
01004	南京斯丹达制造有限公司	综合	01	单车公司采购 配件公司采购	月结 30 天		爱运动单车公司 爱运动配件公司
02001	宁波金属科技有限公司	委外	02	单车公司采购 配件公司采购	月结 30 天		爱运动单车公司 爱运动配件公司
02002	宁波塑料制品有限公司	委外	02	单车公司采购 配件公司采购	月结 30 天		爱运动单车公司 爱运动配件公司
03001	国家电网	服务	03				爱运动单车公司 爱运动配件公司
03002	中国邮政	服务	03				爱运动单车公司 爱运动配件公司
03003	设备维修公司	服务	03				爱运动单车公司 爱运动配件公司
04001	自动化设备有限公司	采购	04		月结 30 天		爱运动单车公司 爱运动配件公司
09001	爱运动配件公司	采购	09	单车公司采购	30 天后付款	爱运动配件公司	爱运动单车公司
09002	爱运动单车公司	采购	09	配件公司采购	30 天后付款	爱运动单车公司	爱运动配件公司

业务分析

爱运动集团的供应商信息代码根据"分组编码 2＋流水号 3"的规则编码,供应商类别分为:01 采购类、02 委外类、03 服务类、04 设备供应商、09 内部供应商,供应商类型有采购类、委外类和服务类。供应商资料由爱运动集团创建,分配给爱运动单车公司、爱运动配件公司使用。供应商的采购负责人是各组织的员工,需要在供应商信息分配后,在分配组织下再进行修改。此外,爱运动单车公司和爱运动配件公司互为内部结算供应商,需要设置对应组织。在供应商财务信息页签维护供应商的付款条件后,新增采购订单选择供应商信息时,系统会自动带出供应商的付款条件,不用再手工维护。

业务实施

(1) 修改供应商编码规则。搜索"编码规则",打开编码规则列表,"基础管理"→"基础资料"→"供应商",按照编码规则对现有的编码规则进行修改后保存,如图 3-8 所示。

付款条件、
供应商

图 3-8　供应商编码规则

(2) 打开供应商列表。操作路径:"基础管理"→"基础资料"→"供应商列表"。

(3) 新增供应商分组。单击"新增分组",输入编码和名称。依次新增所有供应商分组。

(4) 新增供应商。在"爱运动集团"组织下单击"新增",输入名称、供应商类别、客户分组、付款条件、默认税率,其他保持默认(内部供应商需要选择对应组织)。保存,提交,审核,退出。依次新增所有供应商。

(5) 分配供应商。根据表 3-19 勾选需要分配的供应商,单击"业务操作"→"分配",勾选分配的目标组织并勾选"分配后自动审核",单击"确定"进行分配。

(6) 批改供应商负责人。分配后,切换系统组织为"爱运动单车公司",勾选使用组织为"爱运动单车公司"的供应商,单击"业务操作"→"批改",选择"负责人"字段,填入对应的采购员"单车公司采购"进行批改,按照相同方法修改"爱运动配件公司"供应商的负责人。

(7) 关闭所有页签。

➡ **注意事项**

（1）批改负责人时如果选不到采购员，请参考客户资料注意事项。

（2）批改负责人时如果采购员名称与已改的组织对应不上，如批改单车公司的负责人是配件公司的采购员，请参考客户资料注意事项。

（3）列表过滤不出负责人（显示隐藏列中没有这个字段），在过滤框条件页签下勾选"基本信息"，然后显示隐藏列中就会显示负责人字段。

六、仓库

仓库属性分为普通仓库、车间仓库、供应商仓库、客户仓库、第三方仓储，可根据仓库使用方式的不同来区分。例如：对于正常出入库的物料涉及的仓库可以设置为普通仓库；存放生产车间领用的物料、生产产品的仓库可以设置为车间仓库；委外管理中收到的供应商物料需要设置委外仓库，仓库属性需要设置为供应商仓库；寄售业务中，需要将存货调拨到客户仓库由客户保管物料，等卖出后根据结算清单对账后才正式出库，这里的客户仓就需要设置仓库属性为客户仓库。

📚 **业务场景**

根据爱运动集团的实际情况，分析统计现有仓库信息、仓库属性、仓库负责人等信息，在系统中录入或导入。仓库相关信息如表 3-20 所示。

表 3-20　仓库相关信息

代码	名称	仓库属性	客户/供应商	仓库负责人	创建/使用组织
001	单车公司原材料仓库	普通仓库		单车公司仓管	爱运动单车公司
002	单车公司半成品仓库	普通仓库		单车公司仓管	爱运动单车公司
003	单车公司成品仓库	普通仓库		单车公司仓管	爱运动单车公司
004	单车公司不良品仓库	普通仓库		单车公司仓管	爱运动单车公司
999	无锡智慧科技公司仓	客户仓库	无锡智慧科技有限公司		爱运动单车公司
005	配件公司原材料仓库	普通仓库		配件公司仓管	爱运动配件公司
006	配件公司半成品仓库	普通仓库		配件公司仓管	爱运动配件公司
007	配件公司成品仓库	普通仓库		配件公司仓管	爱运动配件公司
008	配件公司不良品仓库	普通仓库		配件公司仓管	爱运动配件公司

📜 **业务分析**

仓库基础资料是私有型基础资料，由每个业务组织创建自己的仓库自己使用。无锡智慧科技有限公司是寄售客户，对应的仓库属性也设置为客户仓库，其他的仓库属性均为普通仓库。

仓库

业务实施

（1）打开仓库列表。用"信息主管"账号登录系统，操作路径："基础管理"→"基础资料"→"仓库列表"。

（2）新增仓库。在"爱运动单车公司"组织下单击"新增"，输入编码、名称、仓库属性、仓库负责人，其他保持默认（客户仓库需要选择对应的客户）。保存，提交，审核，退出。按相同步骤在"爱运动配件公司"新增仓库。

（3）关闭所有页签。

注意事项

注意仓库属性、对应的供应商/客户信息，如果客户仓属性选择错误或未选择对应客户，会导致后续寄售业务选不到客户仓。

七、物料

物料是原材料、半成品、产成品等企业生产经营资料的总称，是企业经营运作、生存获利的物质保障，物料资料的设置也成为设置系统基本业务资料最基本、最重要的内容。

在金蝶云 ERP 系统中，物料包括基本、库存、销售、采购、计划、生产等页签。每一个页签分别保存与某一个主题相关的信息。例如，计划标签页用于保存 MRP 计划运算需要使用到的物料资料，采购页签用于保存采购管理需要使用到的物料资料。

下面我们就金蝶云星空物料标签页中保存的物料资料，有选择地说明如下。

（1）编码。编码是企业根据物料的性质设定的代码，主要是为了便于企业的库存、生产和销售的管理。通常由产品的类别、尺寸、组成等特性元素组成。物料的编码是必须录入的项目，且必须具有唯一性，不允许重复。

（2）规格型号。物料的详细信息，通常包括物料的尺寸、型号、使用范围等用户关注的基础信息。

（3）物料属性。物料属性通常指物料的来源、用途、使用范围等特性。通常包括自制、委外、虚拟、外购、配置件、特征件、资产、服务、费用等，物料属性在物料中是一个必须录入的项目。

（4）控制。我们可通过"允许采购""允许销售""允许生产""允许委外""允许资产""允许库存"等字段，控制物料的使用用途。

业务场景

爱运动集团作为制造型企业，涉及的物料种类繁多，随着企业业务的不断发展和产品线的扩展，物料管理会日益复杂。为了确保 ERP 系统能够准确、高效地支持企业的物料管理需求，需要对物料进行分类和编码，实现物料信息的标准化和规范化，收集、整理并清洗物料数据后，录入或导入 ERP 系统，以支持生产、采购、销售、计划等业务流程。根据企业的材料特性，按大类分为原材料、外购件、半成品、产成品和其他，各大类下又分几个小类，物料分组信息如表 3-21 所示，整理后的物料汇总信息如表 3-22 所示。

表 3-21 物料分组信息

分组编码	分组名称	分组编码	分组名称	分组编码	分组名称
1	原材料	201	标准件	401	通勤自行车
101	管材	3	半成品	402	越野自行车
102	钢圈	301	车架	9	其他
103	轮胎	302	车轮	901	直运
109	其他	303	遮泥板	902	资产
2	外购件	4	产成品	903	费用

表 3-22 物料汇总信息

代码	名称	规格型号	分组	属性	存货类别	单位	固定提前期	默认仓库	生产车间	生产类型	使用组织	控制
101001	碳素钢管	φ5.2	101	外购	原材料	米	2	单车公司原材料仓库 配件公司原材料仓库			爱运动单车公司 爱运动单车配件公司	全部设置成 允许采购、销售和库存
101002	合金钢管	φ5.2	101	外购	原材料	米	2	单车公司原材料仓库 配件公司原材料仓库			爱运动单车公司 爱运动单车配件公司	全部设置成 允许采购、销售和库存
102001	钢圈	通勤 28 英寸（男式 28 英寸）	102	外购	原材料	Pcs	2	单车公司原材料仓库 配件公司原材料仓库			爱运动单车公司 爱运动单车配件公司	全部设置成 允许采购、销售和库存
102002	钢圈	通勤 26 英寸（女式 26 英寸）	102	外购	原材料	Pcs	2	单车公司原材料仓库 配件公司原材料仓库			爱运动单车公司 爱运动单车配件公司	全部设置成 允许采购、销售和库存
102003	钢圈	山地 28 英寸	102	外购	原材料	Pcs	2	单车公司原材料仓库 配件公司原材料仓库			爱运动单车公司 爱运动单车配件公司	全部设置成 允许采购、销售和库存
102004	钢圈	山地 26 英寸	102	外购	原材料	Pcs	2	单车公司原材料仓库 配件公司原材料仓库			爱运动单车公司 爱运动单车配件公司	全部设置成 允许采购、销售和库存

续表

代码	名称	规格型号	分组	属性	存货类别	单位	固定提前期	默认仓库	生产车间	生产类型	使用组织	控制
103001	轮胎	通勤28英寸	103	外购	原材料	Pcs	2	单车公司原材料仓库 配件公司原材料仓库			爱运动单车公司 爱运动单车配件公司	全部设置成允许采购、销售和库存
103002	轮胎	通勤26英寸	103	外购	原材料	Pcs	2	单车公司原材料仓库 配件公司原材料仓库			爱运动单车公司 爱运动单车配件公司	全部设置成允许采购、销售和库存
103003	轮胎	山地28英寸	103	外购	原材料	Pcs	2	单车公司原材料仓库 配件公司原材料仓库			爱运动单车公司 爱运动单车配件公司	全部设置成允许采购、销售和库存
103004	轮胎	山地26英寸	103	外购	原材料	Pcs	2	单车公司原材料仓库 配件公司原材料仓库			爱运动单车公司 爱运动单车配件公司	全部设置成允许采购、销售和库存
109001	钢条	$\phi 0.8 \times 32 \text{cm}$	109	外购	原材料	Pcs	2	单车公司原材料仓库 配件公司原材料仓库			爱运动单车公司 爱运动单车配件公司	全部设置成允许采购、销售和库存
109002	PA		109	外购	原材料	千克	2	单车公司原材料仓库			爱运动单车公司	全部设置成允许采购、销售和库存
201001	车把手		201	外购	原材料	Pcs	2	单车公司原材料仓库			爱运动单车公司	全部设置成允许采购、销售和库存
201002	车座		201	外购	原材料	Pcs	2	单车公司原材料仓库			爱运动单车公司	全部设置成允许采购、销售和库存
201003	链条		201	外购	原材料	Pcs	2	单车公司原材料仓库			爱运动单车公司	全部设置成允许采购、销售和库存

续表

代码	名称	规格型号	分组	属性	存货类别	单位	固定提前期	默认仓库	生产车间	生产类型	使用组织	控制
201004	脚蹬部件		201	外购	原材料	Pcs	2	单车公司原材料仓库			爱运动单车公司	全部设置成允许采购、销售和库存
201005	飞轮	多级飞轮	201	外购	原材料	Pcs	2	单车公司原材料仓库			爱运动单车公司	全部设置成允许采购、销售和库存
201006	飞轮	单级飞轮	201	外购	原材料	Pcs	2	单车公司原材料仓库			爱运动单车公司	全部设置成允许采购、销售和库存
301001	车架	28英寸（碳素）	301	自制	单车公司：自制半成品 配件公司：产成品	Pcs	3	单车公司半成品仓库 配件公司成品仓库	加工车间	汇报入库-普通生产	爱运动单车公司 爱运动单车配件公司	全部设置成允许采购、销售、生产、委外和库存
301002	车架	26英寸（碳素）	301	自制	单车公司：自制半成品 配件公司：产成品	Pcs	3	单车公司半成品仓库 配件公司成品仓库	加工车间	汇报入库-普通生产	爱运动单车公司 爱运动单车配件公司	全部设置成允许采购、销售、生产、委外和库存
301003	车架	28英寸（合金）	301	自制	单车公司：自制半成品 配件公司：产成品	Pcs	3	单车公司半成品仓库 配件公司成品仓库	加工车间	汇报入库-普通生产	爱运动单车公司 爱运动单车配件公司	全部设置成允许采购、销售、生产、委外和库存
301004	车架	26英寸（合金）	301	自制	单车公司：自制半成品 配件公司：产成品	Pcs	3	单车公司半成品仓库 配件公司成品仓库	加工车间	汇报入库-普通生产	爱运动单车公司 爱运动单车配件公司	全部设置成允许采购、销售、生产、委外和库存

续表

代　码	名　称	规格型号	分组	属性	存货类别	单位	固定提前期	默认仓库	生产车间	生产类型	使用组织	控　制
302001	车轮	山地 28 英寸	302	自制	单车公司：自制半成品 配件公司：产成品	Pcs	3	单车公司半成品仓库 配件公司成品仓库	加工车间	汇报入库-普通生产	爱运动单车公司 爱运动单车配件公司	全部设置成允许采购、生产、销售、委外和库存
302002	车轮	男式 28 英寸	302	自制	单车公司：自制半成品 配件公司：产成品	Pcs	3	单车公司半成品仓库 配件公司成品仓库	加工车间	汇报入库-普通生产	爱运动单车公司 爱运动单车配件公司	全部设置成允许采购、生产、销售、委外和库存
302003	车轮	女式 26 英寸	302	自制	单车公司：自制半成品 配件公司：产成品	Pcs	3	单车公司半成品仓库 配件公司成品仓库	加工车间	汇报入库-普通生产	爱运动单车公司 爱运动单车配件公司	全部设置成允许采购、生产、销售、委外和库存
303001	遮泥板	山地	303	自制	自制半成品	Pcs	3	单车公司半成品仓库	注塑车间	汇报入库-普通生产	爱运动单车公司	全部设置成允许采购、生产、销售、委外和库存
303002	遮泥板	普通	303	自制	自制半成品	Pcs	3	单车公司半成品仓库	注塑车间	汇报入库-普通生产	爱运动单车公司 （采购页签勾选 配额管理，配额 方式：固定比例）	全部设置成允许采购、生产、销售、委外和库存
401001	通勤男式自行车	28 英寸	401	自制	产成品	Pcs	5	单车公司成品仓库	装配车间	汇报入库-普通生产	爱运动单车公司	全部设置成允许采购、生产、销售、委外和库存

续表

代码	名称	规格型号	分组	属性	存货类别	单位	固定提前期	默认仓库	生产车间	生产类型	使用组织	控制
401002	通勤女士自行车	26英寸	401	自制	产成品	Pcs	5	单车公司成品仓库	装配车间	汇报入库-普通生产	爱运动单车公司	全部设置成允许采购、生产、销售、委外和库存
402001	越野28自行车	山地28英寸	402	自制	产成品	Pcs	5	单车公司成品仓库	装配车间	汇报入库-普通生产	爱运动单车公司	全部设置成允许采购、生产、销售、委外和库存
402002	越野26自行车	山地26英寸	402	自制	产成品	Pcs	5	单车公司成品仓库	装配车间	汇报入库-普通生产	爱运动单车公司	全部设置成允许采购、生产、销售、委外和库存
901001	直运销售自行车	公路26英寸	901	外购	产成品	Pcs	5	单车公司成品仓库			爱运动单车公司	全部设置成允许采购、销售和库存
902001	注塑自动线	ZS001	902	资产	资产	Pcs					爱运动单车公司 爱运动配件公司	全部设置成允许采购
903001	邮政快递费		903	费用	服务	Pcs					爱运动单车公司 爱运动配件公司	全部设置成允许采购
903002	电费		903	费用	服务	Pcs					爱运动单车公司 爱运动配件公司	全部设置成允许采购
903003	设备维修服务		903	费用	服务	Pcs					爱运动单车公司 爱运动配件公司	全部设置成允许采购

业务分析

为考虑物料编码的规范统一,确定爱运动集团的编码规则为"分组编码3＋流水号3",3位分组编码由1位大类码和2位小类码组成。根据基础资料控制策略由爱运动集团公司创建物料基础资料,分配给爱运动单车公司和爱运动配件公司。存货类别、默认仓库、加工车间、配额方式、配额管理这几个字段是可修改字段,在分配后可进入对应组织修改。表3-22中灰色背景字段和加粗显示文字内容需要分配到对应使用组织后修改。

业务实施

(1)设置物料编码规则。搜索"编码规则",打开编码规则列表,"基础管理"→"基础资料"→"物料"按照编码规则对现有的编码规则进行修改后保存,如图3-9所示。

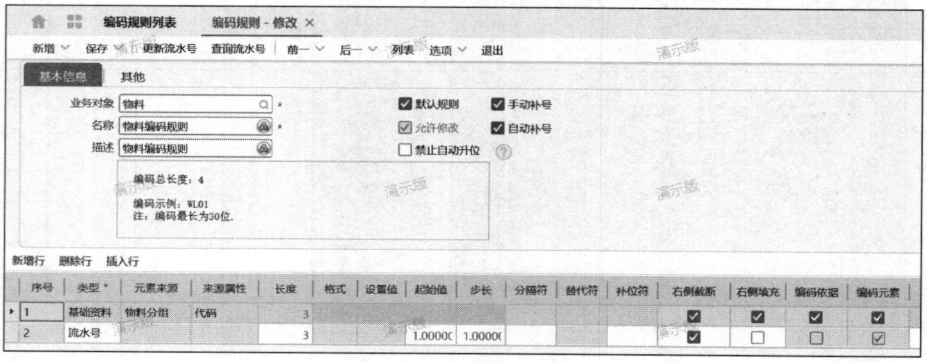

物料

图3-9　物料编码规则

(2)打开物料列表。用"信息主管"账号登录系统,操作路径:"基础管理"→"基础资料"→"物料列表"。

(3)新增物料分组。单击"新增分组",输入编码和名称,注意分组对应的上级分组。依次新增所有物料户分组,如图3-10所示。

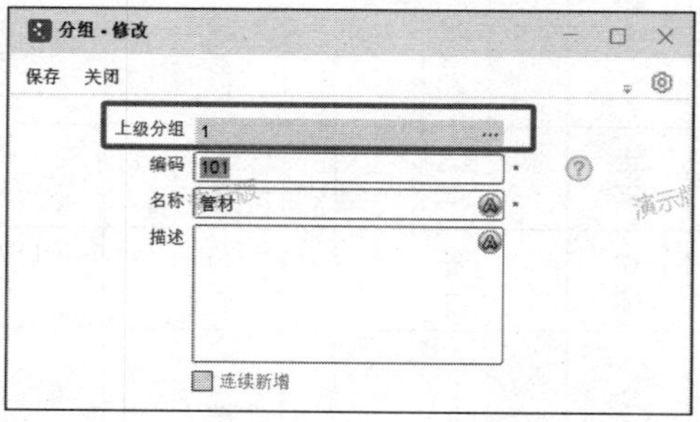

(4)新增物料。在"爱运动集团"组织下单击"新增",输入名称、规格型号、物料属性、基本单位、存货类别、固定提前期,自制件需要选择生产类型,其他保持默认。保存,提交,审核,退出。

(5)依次新增所有物料。

(6)分配物料。根据表3-22,勾选需要分配

图3-10　新增物料分组

的物料,单击"业务操作"→"分配",勾选"分配的目标组织",勾选"分配后自动审核",单击"确定"进行分配。

(7)批量修改物料有关字段。分配后,切换组织为"爱运动单车公司",根据表3-22勾选使用组织为"爱运动单车公司"的对应物料,单击"业务操作"→"批改",批改对应的仓库、存货类别、生产车间。其中,爱运动单车公司的303002遮泥板物料需要勾选"配额管理","配额方式"固定比例。按照相同方法修改"爱运动配件公司"物料的仓库、存货类别、生产车间。部分

物料列表如图 3-11 所示。

（8）关闭所有页签。

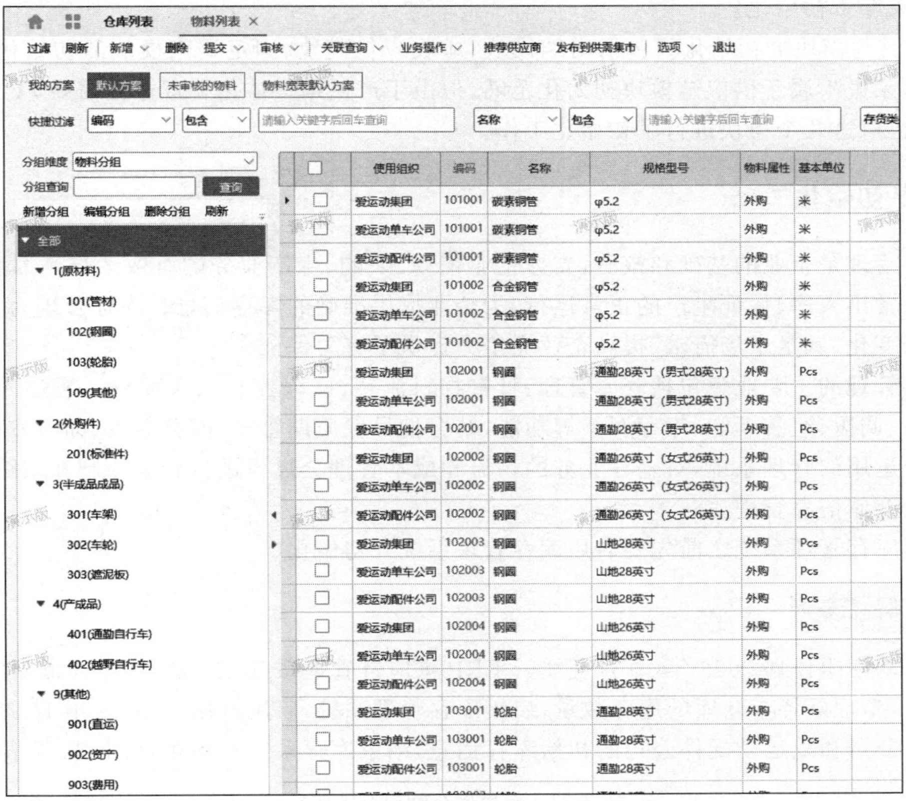

图 3-11　部分物料列表

任务三　初　始　化

任务导入

供应链系统初始化是指在企业供应链管理系统上线之前进行的一系列准备工作，在各项基础资料录入维护后，还需要对各项期初单据、存货的初始数值进行录入，旨在确保系统能够准确、高效地支持企业的供应链业务运作。具体可能包括以下几个方面的初始化。

（1）销售初始化。销售系统是业务系统，不需要设置启用或反启用。系统上线初期，如果有未完成的销售业务，可以选择系统外跟进，也可以选择录入系统中跟进后续的流程。系统提供了三种期初单据的跟踪：期初销售订单、期初销售出库单、期初销售退货单。期初销售出库单和期初销售退货单录入系统，不更新库存，目的是为了后期下推应收单；可以根据业务需要来选择使用。

（2）采购初始化。采购系统也是业务系统，不需要设置启用或反启用。系统上线初期，如果有未完成的采购业务，可以选择系统外跟进，也可以选择录入系统中跟进后续的流程。系统提供了三种期初单据的跟踪：期初采购订单、期初采购入库单、期初采购退料单。期初采购入库单和期初采购退料单录入系统，不更新库存，目的是为了后期下推应付单。

（3）库存初始化。启用库存管理，建立仓库仓位，做初始库存录入，结束库存初始化。

（4）存货初始化。维护会计核算体系，设置存货核算范围，启用存货核算，维护初始核算数据，结束存货初始化。

（5）其他模块的初始化。包括出纳模块、应收应付模块、固定资产模块的初始化，这几个模块严格来说不属于供应链模块初始化范畴，但由于产供销一体化管理业务需要，下面的任务中，我们也对这几个模块进行了初始化工作。

一、库存初始化

库存管理是企业的基础和核心，支撑企业销售、采购、生产业务的有效运作。库存管理控制物料日常出入库、保证生产的正常运行，为企业提供准确的库存信息。库存管理为企业快速响应市场变化、满足市场需求、提高企业竞争力提供了有力保证。

库存管理的主要业务包括仓库管理、日常物料流转、库存控制三大部分。通过入库业务、出库业务、调拨、组装拆卸、库存调整等功能，结合批号保质期管理、库存盘点、即时库存管理等功能综合运用的管理系统，对仓存业务的物流和成本管理全过程进行有效控制和跟踪，实现完善的企业仓储信息管理。

使用库存管理系统之前先要启用库存管理系统并初始化。

业务场景

爱运动集团计划 2023 年 10 月上线云 ERP 供应链管理系统，上线前各组织需对库存进行详细盘点，整理好各个仓库的库存数量，启用库存管理系统，启用日期为 2023 年 10 月，录入爱运动单车公司和爱运动配件公司的初始库存信息，结束库存系统初始化（表 3-23 至表 3-25）。

表 3-23　启用库存管理系统信息

启 用 系 统	启 用 组 织	启 用 日 期
库存管理系统	爱运动单车公司	2023 年 10 月
	爱运动配件公司	2023 年 10 月

表 3-24　爱运动单车公司期初库存数据

库存组织		爱运动单车公司			
代　码	名　　称	规 格 型 号	计量单位	仓　　库	数　量
109002	PA		千克	单车公司原材料仓库	20 000
201002	车座		Pcs	单车公司原材料仓库	600
201006	飞轮	单级飞轮	Pcs	单车公司原材料仓库	120
301003	车架	28 英寸（合金）	Pcs	单车公司半成品仓库	300
301001	车架	28 英寸（碳素）	Pcs	单车公司半成品仓库	50
301002	车架	26 英寸（碳素）	Pcs	单车公司半成品仓库	250
302001	车轮	山地 28 英寸	Pcs	单车公司半成品仓库	20
402001	越野自行车	山地 28 英寸	Pcs	单车公司成品仓库	280
401001	男式自行车	28 英寸	Pcs	单车公司成品仓库	320
401002	女士自行车	26 英寸	Pcs	单车公司成品仓库	50

表 3-25　爱运动配件公司期初库存数据

库存组织		爱运动配件公司			
代　码	名　称	规 格 型 号	计量单位	仓　库	数　量
101001	碳素铜管	$\phi 5.2$	米	配件公司原材料仓库	50
101002	合金钢管	$\phi 5.2$	米	配件公司原材料仓库	300
102003	钢圈	山地 28 英寸	Pcs	配件公司原材料仓库	85
102001	钢圈	通勤 28 英寸（男式 28 英寸）	Pcs	配件公司原材料仓库	1 200
102002	钢圈	通勤 26 英寸（女式 26 英寸）	Pcs	配件公司原材料仓库	300
103001	轮胎	通勤 28 英寸	Pcs	配件公司原材料仓库	1 000
103002	轮胎	通勤 26 英寸	Pcs	配件公司原材料仓库	200
109001	钢条	$\phi 0.8 \times 32cm$	Pcs	配件公司原材料仓库	250
301003	车架	28 英寸（合金）	Pcs	配件公司成品仓库	500
301001	车架	28 英寸（碳素）	Pcs	配件公司成品仓库	350
301002	车架	26 英寸（碳素）	Pcs	配件公司成品仓库	1 200
302001	车轮	山地 28 英寸	Pcs	配件公司成品仓库	80
302002	车轮	男式 28 英寸	Pcs	配件公司成品仓库	250
302003	车轮	女式 26 英寸	Pcs	配件公司成品仓库	250

业务分析

　　库存初始化流程主要包括库存管理模块的启用和初始库存录入两部分，完成两个部分内容，就可以结束库存的初始化。在物料未录入库存时启用日期可以更改，启用后录入库存导致即时库存有数据和库存结束初始化后将不能再更改启用日期。已关账的库存组织无法再进行反初始化，若需要反初始化需要将库存进行反关账到初始日期。

业务实施

　　（1）用"信息主管"账号登录系统，打开"启用库存管理"。操作路径："供应链"→"库存管理"→"启用库存管理"。

　　（2）启用库存管理系统。勾选"爱运动单车公司"和"爱运动配件公司"，输入启用库存日期"2023/10/1"，保存，退出。

库存初始数据

　　（3）打开初始库存列表。操作路径："供应链"→"库存管理"→"初始库存列表"。

　　（4）录入初始库存。单击"新增"，选择库存组织、仓库、物料编码，期初数量，其他保持默认，保存，提交，审核，退出。

　　（5）依次按库存组织和仓库新增所有初始库存。

　　（6）打开库存管理结束初始化。操作路径："供应链"→"库存管理"→"库存管理结束初始化"。

　　（7）结束库存管理初始化。勾选"爱运动单车公司"和"爱运动配件公司"，单击"结束初始化"。

　　（8）关闭所有页签。

注意事项

　　（1）库存初始数据录入发现选不到物料，可先查看对应物料是否已经分配到使用组织中，然后查看分配的物料是否在使用组织中已经审核。如果未分配可按照项目三任务二中的物料操作部分进行分配；如果未审核请过滤对应使用组织的物料列表然后进行审核。

（2）物料携带出来的单位不正确。需要先取消分配错误的物料，然后在集团物料列表下仅审核后修改物料的基本计量单位，然后重新审核分配。

二、存货核算初始化

存货核算系统是一个专为满足企业存货核算需求而设计的系统。金蝶云星空存货核算系统以支持多工厂、多组织、多会计核算制度，灵活准确地核算存货成本为目标，通过与供应链、生产制造、应收应付、资产管理、总账等系统的无缝集成，为企业成本管理提供精确的成本分析数据。

业务场景

爱运动集团计划 2023 年 10 月上线云 ERP 供应链管理系统，上线前各组织已经对库存进行了详细盘点，整理好了各个仓库的库存数量。库存管理系统启用日期为 2023 年 10 月，该系统只是对库存的期初数量进行了初始化。为了满足后续核算需求，还需要对初始库存的核算金额进行初始化，即存货核算系统初始化。

存货核算初始化过程可以分为以下几个步骤。

（1）存货核算范围如表 3-26 所示。划分依据"货主＋库存组织"；核算体系为"财务会计核算体系"；会计政策为"中国准则会计政策"；计价方法为"加权平均法"。

表 3-26   存货核算范围

核算范围编码	核算范围名称	核算组织	核算范围
001	爱运动单车公司核算范围	爱运动单车公司	货主：爱运动单车公司 库存组织：爱运动单车公司 、爱运动配件公司
002	爱运动配件公司核算范围	爱运动配件公司	货主：爱运动配件公司 库存组织：爱运动单车公司 、爱运动配件公司

（2）存货核算管理系统的启用日期如表 3-27 所示。

表 3-27   存货核算管理系统启用日期

启用系统	启用组织	启用日期
存货核算系统	爱运动单车公司	2023 年 10 月
	爱运动配件公司	2023 年 10 月

（3）爱运动单车公司的期初存货数据如表 3-28 所示。

表 3-28   爱运动单车公司的期初存货数据

核算组织		爱运动单车公司					
代 码	名 称	规 格 型 号	计量单位	仓 库	数量	单价	金 额
109002	PA		千克	单车公司原材料仓库	20 000	7	140 000
201002	车座		Pcs	单车公司原材料仓库	600	14	8 400
201006	飞轮	单级飞轮	Pcs	单车公司原材料仓库	120	100	12 000

续表

代　码	名　称	规格型号	计量单位	仓　库	数量	单价	金　额
301003	车架	28 英寸（合金）	Pcs	单车公司半成品仓库	300	52	15 600
301001	车架	28 英寸（碳素）	Pcs	单车公司半成品仓库	50	30	1 500
301002	车架	26 英寸（碳素）	Pcs	单车公司半成品仓库	250	35	8 750
302001	车轮	山地 28 英寸	Pcs	单车公司半成品仓库	20	40	800
402001	越野自行车	山地 28 英寸	Pcs	单车公司成品仓库	280	400	112 000
401001	男式自行车	28 英寸	Pcs	单车公司成品仓库	320	260	83 200
401002	女士自行车	26 英寸	Pcs	单车公司成品仓库	50	250	12 500

（4）爱运动配件公司的期初存货数据如表 3-29 所示。

表 3-29　爱运动配件公司的期初存货数据

核算组织		爱运动配件公司					
代　码	名　称	规格型号	计量单位	仓　库	数量	单价	金　额
101001	碳素铜管	φ5.2	米	配件公司原材料仓库	50	30	1 500
101002	合金钢管	φ5.2	米	配件公司原材料仓库	300	22	6 600
102003	钢圈	山地 28 英寸	Pcs	配件公司原材料仓库	85	20	1 700
102001	钢圈	通勤 28 英寸（男式 28 英寸）	Pcs	配件公司原材料仓库	1 200	18	21 600
102002	钢圈	通勤 26 英寸（女式 26 英寸）	Pcs	配件公司原材料仓库	300	15	4 500
103001	轮胎	通勤 28 英寸	Pcs	配件公司原材料仓库	1 000	25	25 000
103002	轮胎	通勤 26 英寸	Pcs	配件公司原材料仓库	200	20	4 000
109001	钢条	φ0.8×32cm	Pcs	配件公司原材料仓库	250	0.15	37.5
301003	车架	28 英寸（合金）	Pcs	配件公司成品仓库	500	39	19 500
301001	车架	28 英寸（碳素）	Pcs	配件公司成品仓库	350	22.5	7 875
301002	车架	26 英寸（碳素）	Pcs	配件公司成品仓库	1 200	26.25	31 500
302001	车轮	山地 28 英寸	Pcs	配件公司成品仓库	80	30	2 400
302002	车轮	男式 28 英寸	Pcs	配件公司成品仓库	250	26.25	6 562.5
302003	车轮	女式 26 英寸	Pcs	配件公司成品仓库	250	26.25	6 562.5

业务分析

存货核算初始化过程可以分为以下几个步骤。

（1）设置存货核算范围。

（2）启用存货核算管理系统。

（3）从库存管理系统中引入初始库存数据数量，录入初始单价。

（4）结束初始化。

执行初始化前，系统会进行如下合法性检查：①是否已启用存货核算系统；②核算范围是否覆盖了对应核算组织的所有货主组织及仓库；③初始核算数据库存数量与取数来源是否一致。若以上三项检查均无问题，则成功结束初始化。结束初始化后，初始核算数据维护只能查看，若要修改，需要先进行反初始化操作。

■■ **业务实施**

（1）用"信息主管"账号登录系统，打开核算范围。操作路径："成本管理"→
"存货核算"→"核算范围"。

（2）新增核算范围。单击"新增"，输入核算范围编码、核算范围名称、核算
组织编码、会计政策编码、计价方法、划分依据、货主编码、库存组织编码。保存，提交，审核，退
出。依次新增所有核算范围，如图3-12所示。

	核算范围编码	核算范围名称	核算组织名称	划分依据	计价方法	货主编码	货主名称	库存组织编码	库存组织名称
□	001	爱运动单车公司核算范围	爱运动单车公司	货主+库存组织	加权平均法	100.01	爱运动单车公司	100.02	爱运动配件公司
□						100.01	爱运动单车公司	100.01	爱运动单车公司
□	002	爱运动配件公司核算范围	爱运动配件公司	货主+库存组织	加权平均法	100.02	爱运动配件公司	100.01	爱运动单车公司
□						100.02	爱运动配件公司	100.02	爱运动配件公司
□	HSFW000001_SYS	默认核算范围	爱运动集团	货主	加权平均法	100	爱运动集团		

图 3-12 核算范围列表

（3）打开"启用存货核算系统"。操作路径："成本管理"→"存货核算"→"启用存货核算
系统"。

（4）启用存货核算系统。勾选"爱运动单车公司"和"爱运动配件公司"，输入启用会计年
度"2023"、启用会计期间"10"，启用，退出。

（5）初始核算数据录入。操作路径："成本管理"→"存货核算"→"初始核算数据录入"。
单击"新增"，选择核算组织，单击"业务操作"→"获取库存期初数据"，输入对应的期初单价，保
存，退出。依次新增所有初始核算数据。

（6）存货核算结束初始化。操作路径："成本管理"→"存货核算"→"存货核算初始化"。
勾选"爱运动单车公司"和"爱运动配件公司"，单击"结束初始化"。

（7）关闭所有页签。

➜ **注意事项**

若核算范围选不到核算组织或者划分依据无法修改。可查看系统默认存在的一条核算范
围的核算组织是不是集团组织，如果不是，可删除后再去创建对应组织的核算范围。导致默认
存在的核算范围不是集团的原因是之前修改了组织名称，把账套默认的第一个组织改成了非
集团组织。

三、出纳初始化

出纳是任何一个企业中不可或缺的岗位。出纳岗位的工作，就是按照有关规定和制度，进
行票据、货币资金和有价证券的收付、保管、核算等工作，即管理企业的货币资金、票据、有价证
券的进进出出。

业务场景

为便于集团进一步实施业财一体化管理,同时启用出纳管理系统,启用日期为 2023 年 10 月,启用前各组织需对库存现金和银行存款进行详细盘点,根据盘点结果录入爱运动单车公司和爱运动配件公司的现金期初金额和银行存款期初金额,然后结束出纳管理系统初始化(表 3-30 至表 3-32)。

表 3-30　出纳启用日期

启 用 系 统	启 用 组 织	启 用 日 期
出纳管理系统	爱运动单车公司	2023 年 10 月
	爱运动配件公司	2023 年 10 月

表 3-31　现金期初

收 款 组 织	币 别	期初金额
爱运动单车公司	人民币	18 850
爱运动配件公司	人民币	24 500

表 3-32　银行期初

收 款 组 织	银 行	银行账号	币 别	企业方/银行方期初余额
爱运动单车公司	宁波银行庄市支行	86328001	人民币	5 220 810
爱运动配件公司	宁波银行庄市支行	86328006	人民币	1 200 800

业务分析

在供应链管理业务中,与往来单位的收付款业务是必不可少的,例如预收款销售业务和预付采购业务,均需要制作付款单和收款单,需要启用出纳系统才能进行收付款业务。

出纳管理系统初始化的步骤如下。

(1) 启用出纳管理系统。

(2) 录入现金期初。

(3) 录入银行期初。

(4) 结束初始化。

业务实施

(1) 用"信息主管"账号登录系统,打开"出纳管理""启用日期设置"。操作路径:"财务会计"→"出纳管理"→"启用日期设置"。

(2) 启用出纳管理。勾选"爱运动单车公司"和"爱运动配件公司",输入启用日期"2023/10/1",单击"启用",退出。

出纳初始化

(3) 录入现金期初金额。操作路径:"财务会计"→"出纳管理"→"现金期初"。单击"新增",选择收款组织、币别,输入期初余额,保存,提交,审核,退出。依次新增所有现金期初。完成后如图 3-13 所示。

(4) 录入银行期初金额。操作路径:"财务会计"→"出纳管理"→"银行存款期初"。单击

图 3-13　现金期初列表

"新增",选择收款组织、银行账号、币别,输入企业方期初余额、银行方期初余额,保存,提交,审核,退出。依次新增所有银行存款期初。完成后如图 3-14 所示。

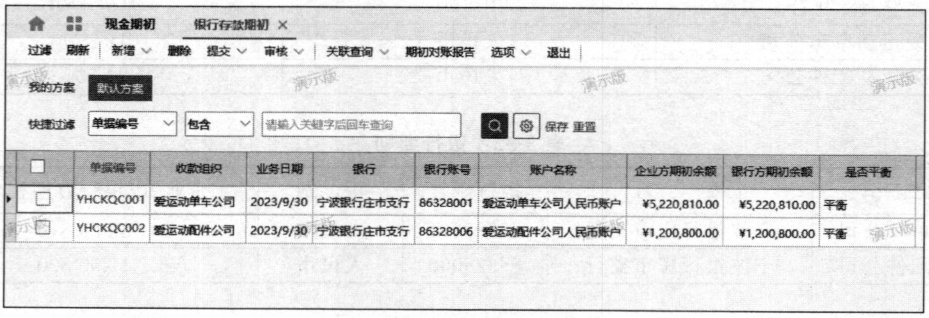

图 3-14　银行存款期初列表

(5)出纳管理结束初始化。操作路径:"财务会计"→"出纳管理"→"出纳管理结束初始化"。勾选"爱运动单车公司"和"爱运动配件公司",单击"结束初始化"。

(6)关闭所有页签。

➡ 注意事项

若银行期初金额录入时选不到银行账号,可以查看银行账号是否分配或者查看分配后是否审核了对应的银行账号信息。如果未分配可以按照项目三任务一银行与银行账号部分的操作进行分配;如果分配后未审核,可以过滤对应使用组织的银行账号并进行审核操作。

四、应收应付初始化

企业的两大主要业务循环是销售与应收款循环以及采购与应付款循环。这两个循环是企业日常运营中至关重要的部分,它们与企业的现金流、收入和支出直接相关。

📚 业务场景

为便于集团进一步实施业财一体化管理,爱运动集团同时启用应收和应付款管理系统,启用日期为 2023 年 10 月,启用前各组织需要清查各往来单位的应收应付款项,根据清查结果录入各组织的应收应付期初金额,之后结束应收和应付管理系统初始化(表 3-33 至表 3-36)。

表 3-33　应收款启用日期

启 用 系 统	启 用 组 织	启 用 日 期
应收款管理系统	爱运动单车公司	2023 年 10 月
	爱运动配件公司	2023 年 10 月

表 3-34　应收款管理参数设置

组织机构	爱运动单车公司、爱运动配件公司
退货单审核时自动生成应收单	√
其他参数	默认不变

表 3-35　应付款启用日期

启 用 系 统	启 用 组 织	启 用 日 期
应付款管理系统	爱运动单车公司	2023 年 10 月
	爱运动配件公司	2023 年 10 月

表 3-36　应付款管理参数设置

组织机构	爱运动单车公司、爱运动配件公司
退料单审核时自动生成应付单	√
其他参数	默认不变

业务分析

在供应链管理业务中,与往来单位的收付款业务是必不可少的,需要启用应收与应付款管理系统进行收付款管理。

应收款管理系统初始化的步骤如下。

(1) 启用应收款管理系统。

(2) 录入期初应收单(没有期初应收单就不用录)。

(3) 结束初始化。

应付款管理系统初始化步骤和应收款系统初始化类似,步骤如下。

(1) 启用应付款管理系统。

(2) 录入期初应付单(没有期初应付单就不用录)。

(3) 结束初始化。

业务实施

应收款初始化　　　　　　　应付款初始化

(1) 用"信息主管"账号登录系统,启用"应收款管理系统"。操作路径:"财务会计"→"应收款管理"→"启用日期设置",勾选"爱运动单车公司"和"爱运动配件公司",输入启用日期"2023/10/1",单击"启用",退出。

（2）应收款管理系统结束初始化。操作路径："财务会计"→"应收款管理"→"应收款结束初始化"，勾选"爱运动单车公司"和"爱运动配件公司"，单击"结束初始化"。

（3）修改应收款管理系统参数。操作路径："财务会计"→"应收款管理"→"应收款管理参数"。选择组织机构，勾选"退货单审核时自动生成应收单"，保存。依次修改其他组织的该参数，如图 3-15 所示。

图 3-15　应收款管理参数

（4）用"信息主管"账号登录系统，启用"应付款管理系统"。操作路径："财务会计"→"应付款管理"→"启用日期设置"。勾选"爱运动单车公司"和"爱运动配件公司"，输入启用日期"2023/10/1"，单击"启用"，退出。

（5）应付款管理系统结束初始化。操作路径："财务会计"→"应付款管理"→"应付款结束初始化"。勾选"爱运动单车公司"和"爱运动配件公司"，单击"结束初始化"。

（6）修改应付款管理系统参数。操作路径："财务会计"→"应付款管理"→"应付款管理参数"。选择组织机构，勾选"退料单审核时自动生成应付单"，保存。依次修改其他组织的参数，如图 3-16 所示。

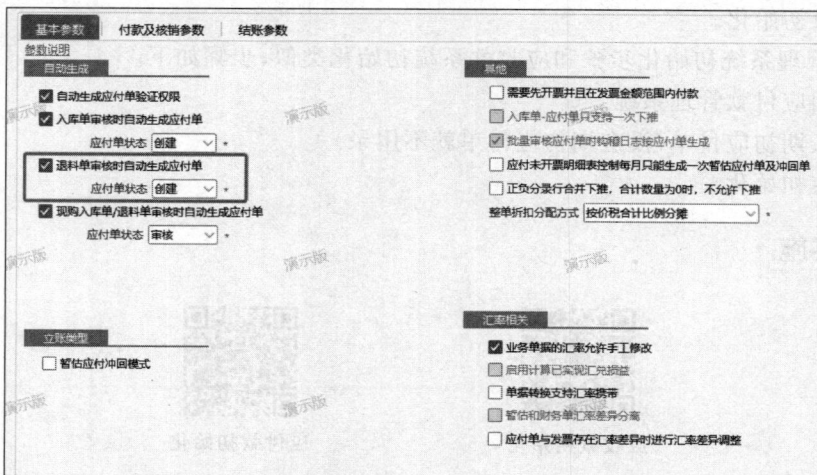

图 3-16　应付款管理参数

（7）关闭所有页签。

五、固定资产初始化

业务场景

启用固定资产管理系统(表 3-37)。

表 3-37　固定资产启用日期

启 用 系 统	启 用 组 织	启 用 日 期
固定资产管理	爱运动单车公司	2023 年 10 月
	爱运动配件公司	2023 年 10 月

业务分析

企业的固定资产可以通过购置的方式进行新增,购置的固定资产要作为固定资产卡片进行管理。

业务实施

(1) 用"信息主管"账号登录系统,打开"启用固定资产系统"。操作路径:"资产管理"→"固定资产"→"启用固定资产系统"。

(2) 启用固定资产系统。勾选"爱运动单车公司"和"爱运动配件公司",输入启用会计年度"2023"、启用会计期间"10",启用,退出,如图 3-17 所示。

资产初始化

序号	选择	资主组织编码	资主组织名称	会计政策编码	会计政策名称	会计日历	启用年度	启用期间	是否启用
过滤...		过滤条件	过滤条件	过滤条件	过滤条件	过滤条件	过滤条件	过滤条件	过滤条件
1		100	爱运动集团	KJZC01_SYS	中国准则会计政策	系统预设会计日历	2024	9	否
2		100.01	爱运动单车公司	KJZC01_SYS	中国准则会计政策	系统预设会计日历	2023	10	是
3		100.02	爱运动配件公司	KJZC01_SYS	中国准则会计政策	系统预设会计日历	2023	10	是

图 3-17　固定资产系统启用

(3) 关闭所有页签。

【岗课赛证融通专题训练】

爱运动集团-基础资料

项目三即测即评

实操练习

(1) 进入管理中心,恢复账套"爱运动集团-基础资料. bak",插入下载链接:https://pan.baidu.com/s/1IgRC_tkTvhpkwdUABw2RWQ?pwd=4v7s。

(2) 爱运动集团新增一家新厂,新厂落成后,需要尽快搭建新厂云 ERP 信息化管理系统,请帮新厂完成基础的云 ERP 系统设置和基础资料的快速搭建。

① 系统管理员（Administrator）登录系统，新建组织机构，组织机构编码"100.03"，组织机构名称"新厂＋学员姓名"（以下简称"演练组织"），其他设置参考爱运动单车公司的设置。新增"信息主管"在"演练组织"的全功能角色权限。

② 系统管理员（Administrator）登录系统，修改基础资料岗位信息、供应商、客户、物料、物料清单、部门、内部账户、银行账号、其他往来单位、税务规则的基础资料控制策略，在分配目标组织中新增"演练组织"，可修改字段参考前文表 2-6；新增排程模型、工艺路线、作业、设备、工作中心、资源的基础资料控制策略，创建组织为"演练组织"。

③ 信息主管登录系统，在默认会计核算体系下添加演练组织，以下任务均是信息主管登录系统完成。

④ 在集团公司下新建演练组织的银行账号，并分配给演练组织，账号信息如表 3-38 所示。

表 3-38　银行账号信息

账　　号	创建组织	开　户　行	账户名称	账户收支属性	分配组织
86328007	爱运动集团	宁波银行庄市支行	演练组织人民币账户	收支	演练组织

⑤ 将集团公司的税务规则、部门、岗位、客户、供应商、物料分配给演练组织。

⑥ 参考表 3-39 新建演练组织的员工信息，并设置员工任岗信息，设置演练组织的销售员信息，参考表 3-40 新建演练组织仓库。

表 3-39　员工和任岗信息

编码	名　　　称	部　　门	岗　位	工　作　组　织
1001	信息主管	总经办	信息主管	演练组织
4003	学员姓名＋销售	销售部	销售专员	演练组织
4004	学员姓名＋采购	采购部	采购专员	演练组织
4005	学员姓名＋研发	技术研发部	研发人员	演练组织
4006	学员姓名＋仓管	仓管部	仓管员	演练组织
4007	学员姓名＋品管	品质部	品质人员	演练组织
4008	学员姓名＋生管	生产管理部	生产主管	演练组织
4009	学员姓名＋装配	装配车间	装配人员	演练组织
4010	学员姓名＋加工	加工车间	加工人员	演练组织
4011	学员姓名＋注塑	注塑车间	注塑人员	演练组织

表 3-40　仓库信息

代码	名　　　称	仓库属性	仓库负责人	创建/使用组织
009	演练组织原材料仓库	普通仓库	学员姓名＋仓管	演练组织
010	演练组织半成品仓库	普通仓库	学员姓名＋仓管	演练组织
011	演练组织成品仓库	普通仓库	学员姓名＋仓管	演练组织
012	演练组织不良品仓库	普通仓库	学员姓名＋仓管	演练组织

（3）对演练组织进行库存管理系统和应收应付管理系统的启用和初始化。

① 启用库存管理系统，启用日期为 2023 年 10 月，录入初始库存，所有初始库存数量除 PA 均为 1 000，其中 PA 期初数量为 10 000，并结束初始化。

② 启用应收款管理系统和应付款管理系统，启用日期为 2023 年 10 月，并结束初始化。

购销存云管理

知识目标

（1）理解企业日常销售、采购和仓存业务模式；

（2）了解企业销售管理、采购管理和仓存管理各岗位人员的职责和工作内容。

能力目标

（1）会进行销售管理、采购管理系统参数的设置；

（2）会进行销售价格管理，包括报价、价目表设置、调价和价格折扣设置等；

（3）会进行标准销售、销售退货、寄售等业务的操作；

（4）会进行采购价格的管理，包括采购价目表和采购折扣的管理；

（5）会进行标准采购、采购退料、采购变更、配额采购、资产采购、费用采购、直运采购业务的操作；

（6）会根据情况对库存进行批号序列号管理，进行杂收杂发、调拨、组装拆卸、盘点等仓存业务的操作。

素养目标

（1）培养良好的沟通协调能力；

（2）提升分析问题和解决问题的能力；

（3）增强团队协作精神。

思维导图

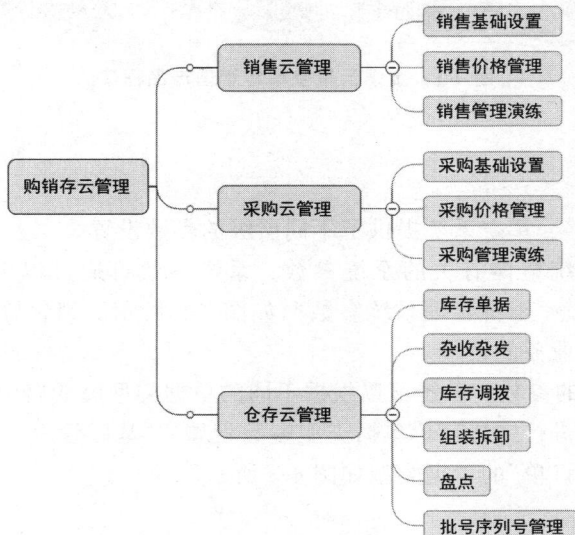

购销存云管理是云 ERP 系统中至关重要的一环,它涵盖了采购、销售和库存管理等关键活动,通过有效的规划和协调,实现了供应链各环节的优化和协同。这一管理领域的核心在于实现采购、销售和库存管理的集中化和自动化,提高了数据的准确性和实时性,降低了人工错误和信息不一致的风险,最大限度地降低库存成本、提高交付效率,推动了企业的数字化转型和业务流程优化。

任务一　销售云管理

任务导入

金蝶云星空销售管理系统,是对销售报价、销售订货、仓库发货、销售退货处理、客户管理、价格及折扣管理、订单管理、信用管理等功能综合运用的管理系统,通过对销售全过程进行有效控制和跟踪,实现缩短产品交货期、降低成本、提升企业经济效益的目标。金蝶云星空销售管理产品框架如图 4-1 所示。

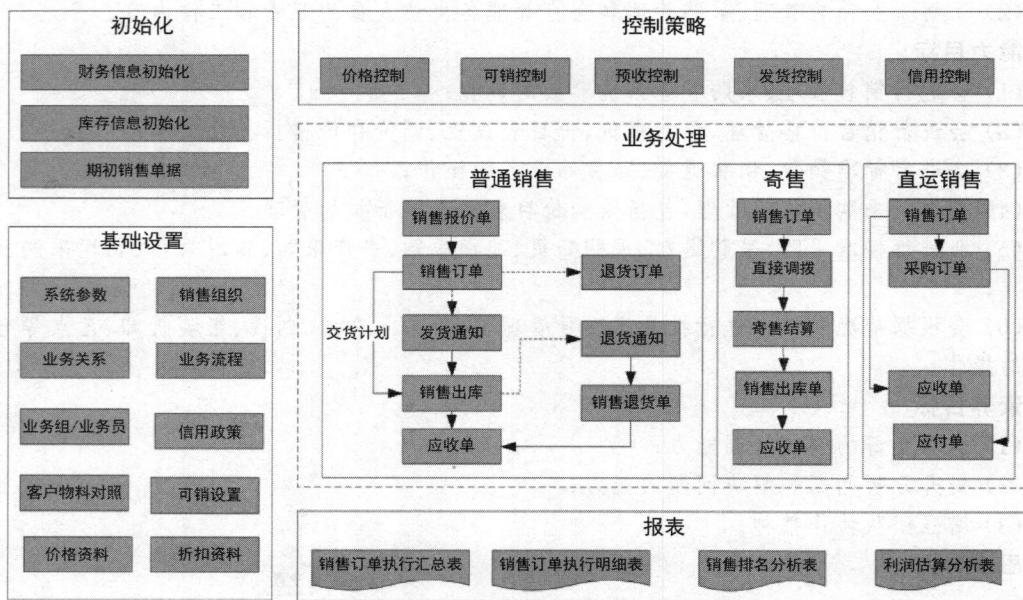

图 4-1　金蝶云星空销售管理产品框架

一、销售基础设置

针对销售管理,金蝶云星空系统提供了不同层级的参数设置。

（1）与销售管理系统整体有关的系统参数。系统参数可通过以下操作路径进行设置:"供应链"→"销售管理"→"销售管理系统参数",如图 4-2 所示。销售管理系统参数的设置会影响整个组织机构销售业务的运作。

（2）单据类型层级的参数。系统可以根据不同的单据类型灵活启用并配置相应的参数设置。进入以下操作路径进行销售订单单据类型参数设置:"基础管理"→"基础资料"→"单据类型列表"。选择"销售订单"的单据类型如图 4-3 所示。

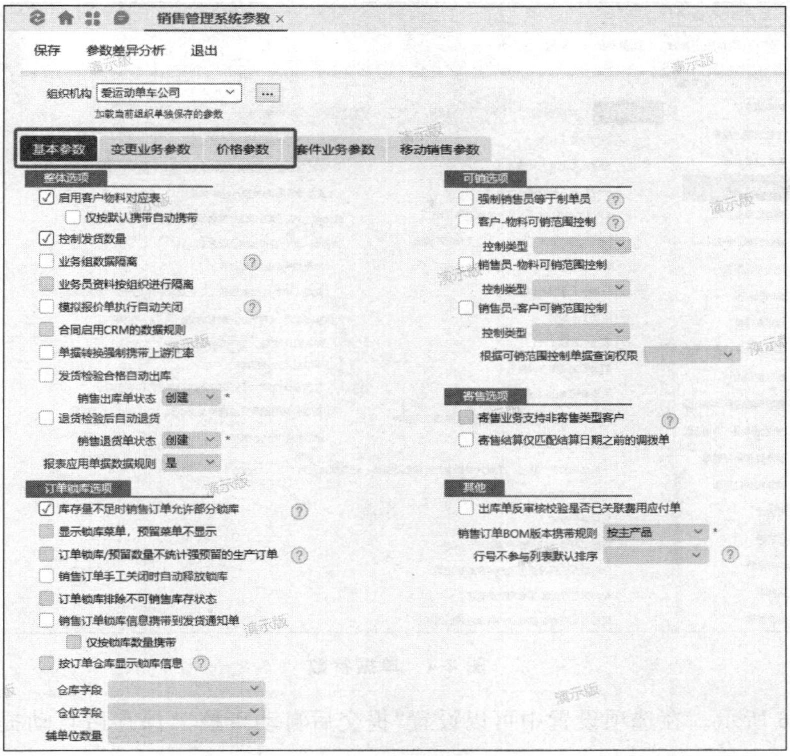

图 4-2 销售管理系统参数

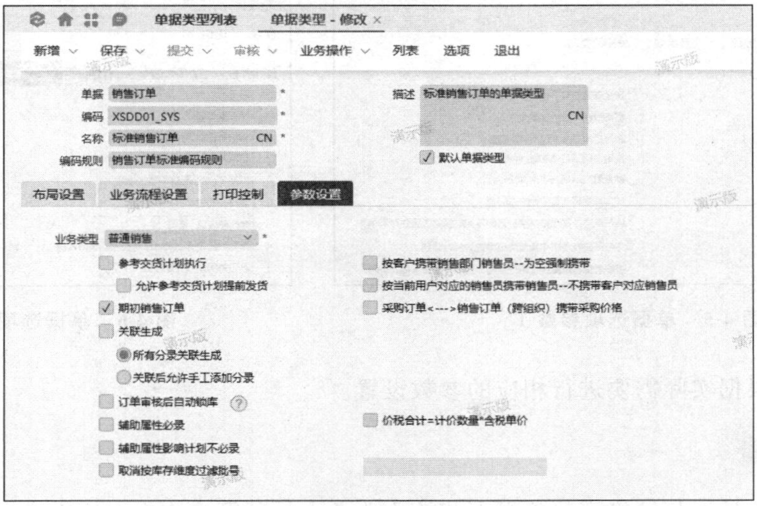

图 4-3 销售订单单据类型参数

（3）单据参数。单据参数设置需要用管理员 Administrator 登录系统，打开单据参数配置操作路径："基础管理"→"公共设置"→"单据参数设置"，如图 4-4 所示。在系统管理单据参数配置中设置"控制反审核人与审核人一致"等。

（4）操作相关的参数。这些参数通常在单据列表或界面的"选项"下设置，以销售订单选项参数为例，打开单据选项参数路径："供应链"→"销售管理"→"销售订单列表"→"选项"，如

图 4-4　单据参数

图 4-5 和图 4-6 所示。在选项设置中可以设置"提交后自动审核""保存后自动提交""BOM 版本必录"等。

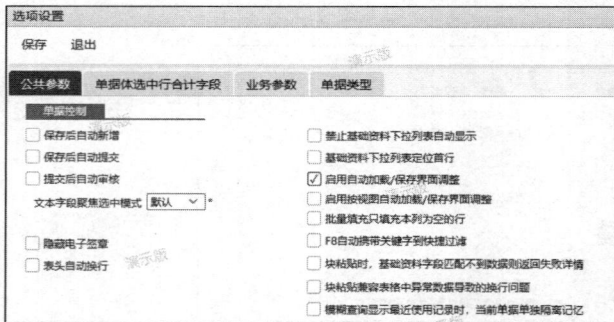

图 4-5　单据选项参数 1

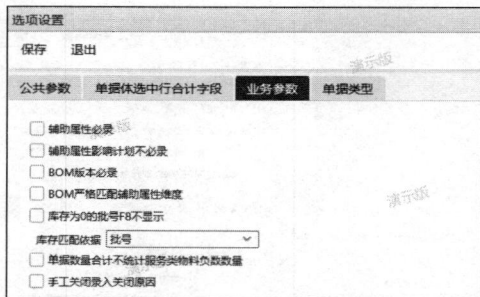

图 4-6　单据选项参数 2

企业可以根据实际需要进行相应的参数设置。

业务场景

项目实施人员经与销售部门负责人和核心业务人员就客户物料对应需求、订单变更、版本管理、销售价格管理等销售管理方面存在的问题进行深入交流讨论后,确定系统需要改进以下管理方面的问题。

（1）解决同一物料在客户 ERP 系统和自身 ERP 系统的数据不一致问题。

（2）销售出库的数量必须严格限制在销售订单所规定的数量范围内,确保出库量不超过订单限额。

（3）所有订单变更操作需纳入系统管理流程,以确保变更信息的准确性和可追溯性。

（4）销售订单的价格应直接从预设的价目表中提取，以实现价格管理的标准化和自动化。

项目实施人员根据企业销售管理需求对销售管理系统参数做出相应配置，如表4-1所示。客户物料对应表如表4-2所示。

表4-1 销售参数信息

组织机构	爱运动单车公司			
基本参数				
启用客户物料对应表	√	控制发货数量		√
变更业务参数				
启用订单新变更单	√	启用版本管理		√
订单变更单审核后立即生效		√		
价格参数				
单据名称	单据类型	控制时点	限价控制强度	检查价格来源
销售订单	全部	保存	禁止交易	来源价目表定价

注：表格中未标出的参数都保持默认。

表4-2 客户物料对应表

销售组织		爱运动单车公司				
客户		宁波万里达销售有限公司				
客户物料编码	客户物料名称	物料编码	物料名称	物料规格	启用	默认携带
WLD001	28寸男式自行车	401001	通勤男式自行车	28英寸	√	√
WLD002	26寸女式自行车	401002	通勤女士自行车	26英寸	√	√
WLD003	28寸越野山地车	402001	越野28自行车	山地28英寸	√	√

业务分析

上述项目实施人员与销售部门的沟通涉及价格控制、发货控制、订单变更管理和客户物料管理，通过设置销售管理系统参数和客户物料对应表实施设置。

业务实施

（1）用"信息主管"账号登录系统，打开销售管理系统参数。操作路径："供应链"→"销售管理"→"销售管理系统参数"。

（2）修改基本参数。组织机构选择"爱运动单车公司"，在基本参数中勾选"启用客户物料对应表"和"控制发货数量"复选框，如图4-7所示。

销售系统参数、客户物料对应表

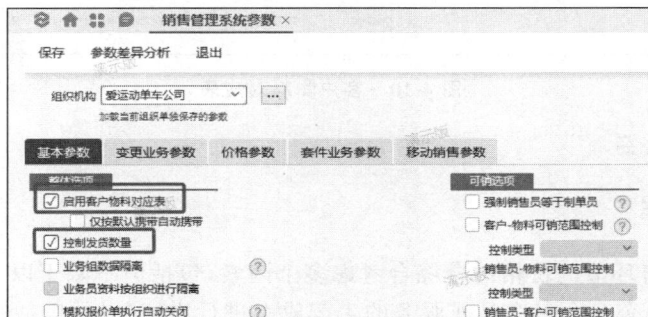

图4-7 销售管理系统参数设置1

（3）修改变更业务参数。在变更业务参数页签勾选"启用订单新变更单"复选按钮、"启用版本管理"和"订单变更单审核后立即生效"复选框，如图4-8所示。

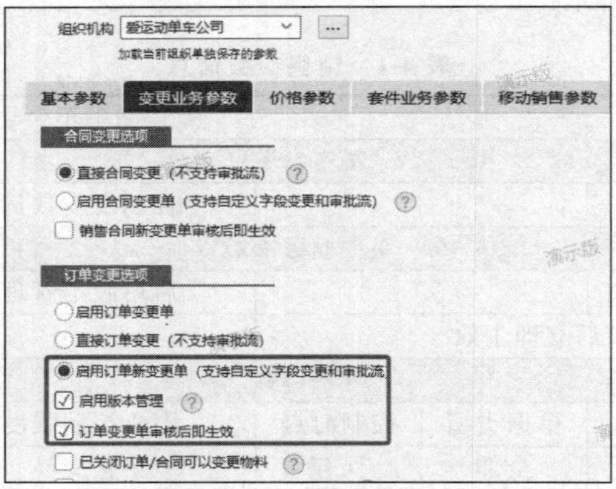

图4-8　销售管理系统参数设置2

（4）修改价格参数。在价格参数页签选择单据名称"销售订单"，单据类型"全部"，控制时点"保存"，限价控制强度"禁止交易"，检查价格来源"来源价目表定价"，保存，退出，如图4-9所示。

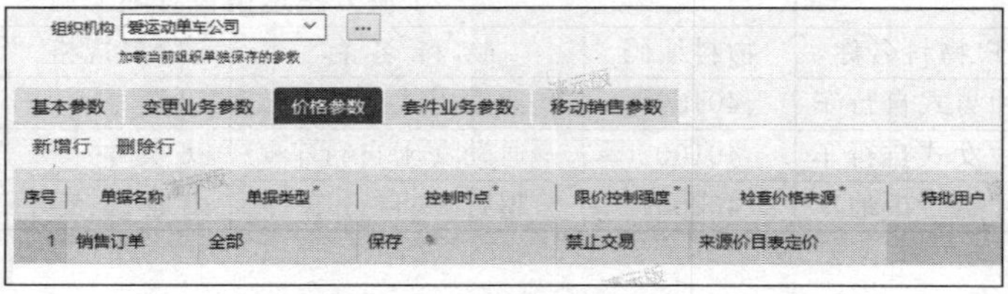

图4-9　销售管理系统参数设置3

（5）新增客户物料对应表。操作路径："供应链"→"销售管理"→"客户物料对应表"。单击"新增"，选择销售组织为"爱运动单车公司"、填入名称、客户、物料编码，客户物料编码、客户物料名称、勾选"启用"、勾选"默认携带"，其他保持默认，保存，退出，如图4-10所示。

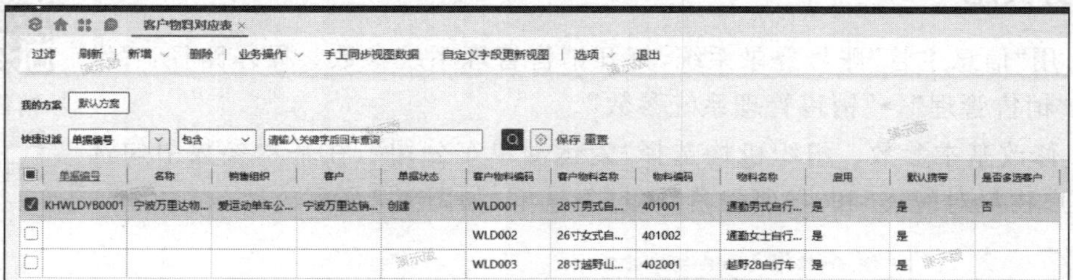

图4-10　客户物料对应表

（6）关闭所有页签。

二、销售价格管理

企业在确定销售环节的价格时会综合考虑多个因素，包括但不限于以下几个方面。

（1）成本分析。企业会对产品或服务的生产成本进行详细分析，包括原材料成本、人力成本、设备成本、运输成本等，以确定最低销售价格的底线。

（2）竞争分析。企业会调研竞争对手的价格策略，以了解市场行情和竞争态势，从而在制定销售价格时对竞争对手保持一定的竞争力。

（3）市场需求。企业会研究目标市场的需求情况，包括消费者对产品或服务的价格敏感度、购买力等因素，以确定价格在市场上是否具有吸引力，以及能否满足市场需求。

（4）价值定位。企业会对产品或服务的独特卖点和价值进行分析，确定定位策略，并根据产品或服务的附加价值来决定价格水平。

（5）营销目标。企业会考虑销售环节的价格对于实现企业的市场份额、利润目标等营销目标的影响，以确定一个能够支持企业整体发展的销售价格。

综合考虑以上因素，企业会制定一个适合市场的销售价格，同时也要根据市场的反馈进行调整和优化。

金蝶云星空可以通过销售价目表设置价格信息，并通过分发功能实现价格资料的共享和同步更新，实现灵活的价格控制。

销售折扣表用于设定销售折扣信息，提供整单折扣和单行折扣，基于数量、单价和金额的折扣等多种折扣方式。调价方案设置用于调整价格信息，生效后将调整结果更新价目表对应价格或最低限价、有效期等。

业务场景

销售部门有关人员综合考虑产品的成本、市场需求、竞争对手价格等多种因素，根据客户订单和物料情况制定了相应的销售价目表。价目表经过部门经理审核无误后，在销售业务发生前录入销售管理系统中，如表4-3至表4-7所示，以确保后续销售活动的规范性与高效性。

根据实际需要可以通过销售折扣表或销售调价表对销售价格进行相应调整，如表4-8和表4-9所示。

表 4-3　销售价目表 1

编码	自动生成		销售组织		爱运动单车公司	
名称	宁波万里达销售价目表					
客户	宁波万里达销售有限公司					
是否含税	是		币别		人民币	
是否默认价目表			是			
产品代码	产品名称	产品规格	含税单价	最低限价	生效日期	失效日期
402001	越野28自行车	山地28英寸	580	580	2023/10/1	2100/1/1
401001	通勤男式自行车	28英寸	450	450	2023/10/1	2100/1/1
401002	通勤女士自行车	26英寸	450	450	2023/10/1	2100/1/1

表 4-4　销售价目表 2

编码	自动生成		销售组织		爱运动单车公司	
名称	杭州迪卡乐销售价目表					
客户	杭州迪卡乐销售有限公司					
是否含税	是		币别		人民币	
是否默认价目表			是			
产品代码	产品名称	产品规格	含税单价	最低限价	生效日期	失效日期
402001	越野28自行车	山地28英寸	570	570	2023/10/1	2100/1/1
401001	通勤男式自行车	28英寸	450	390	2023/10/1	2100/1/1
401002	通勤女士自行车	26英寸	450	450	2023/10/1	2100/1/1

表 4-5　销售价目表 3

编码	自动生成		销售组织	爱运动单车公司		
名称	苏州启运商贸销售价目表					
客户	苏州启运商贸有限公司					
是否含税	是		币别	人民币		
是否默认价目表			是			
产品代码	产品名称	产品规格	含税单价	最低限价	生效日期	失效日期
402001	越野 28 自行车	山地 28 英寸	580	580	2023/10/1	2100/1/1
401001	通勤男式自行车	28 英寸	450	450	2023/10/1	2100/1/1
401002	通勤女士自行车	26 英寸	450	450	2023/10/1	2100/1/1

表 4-6　销售价目表 4

编码	自动生成		销售组织	爱运动单车公司		
名称	南京金铃商贸销售价目表					
客户	南京金铃商贸有限公司					
是否含税	是		币别	人民币		
是否默认价目表			是			
产品代码	产品名称	产品规格	含税单价	最低限价	生效日期	失效日期
402001	越野 28 自行车	山地 28 英寸	570	570	2023/10/1	2100/1/1
401001	通勤男式自行车	28 英寸	450	450	2023/10/1	2100/1/1
401002	通勤女士自行车	26 英寸	450	450	2023/10/1	2100/1/1

表 4-7　销售价目表 5

编码	自动生成		销售组织	爱运动单车公司		
名称	无锡智慧科技销售价目表					
客户	无锡智慧科技有限公司					
是否含税	是		币别	人民币		
是否默认价目表			是			
产品代码	产品名称	产品规格	含税单价	最低限价	生效日期	失效日期
301003	车架	28 英寸(合金)	150	150	2023/10/1	2100/1/1
901001	直运销售自行车	28 英寸	400	400	2023/10/1	2100/1/1

表 4-8　销售折扣表

编码	自动生成	销售组织	爱运动单车公司
名称	苏州启运商贸销售折扣表		
客户	苏州启运商贸有限公司		
适用价目表	苏州启运商贸销售价目表		
币别	人民币		
是否默认折扣表	是		

产品代码	产品名称	产品规格	折扣类型	折扣依据	从	至	计算方式	折扣率	单价折扣	生效日期	失效日期	应用折扣
401001	通勤男式自行车	28 英寸	折扣	数量折扣	10	99	折扣率	12%		2023/10/1	2100/1/1	√
401002	通勤女士自行车	26 英寸	折扣	金额折扣	4 500	999 999	单价折扣		20	2023/10/1	2100/1/1	√

表 4-9 销售调价表

方案名称	迪卡乐调价		销售组织	爱运动单车公司
日期	2023/10/1		价目表	杭州迪卡乐销售价目表
价目表生效日期	2023/10/1		价目表失效日期	2100/1/1
计划生效日期			2023/10/1	
物料范围(从)	物料范围(至)	调价类型	调价方法	调价幅度
401001	401001	单价	数额	5
402001	402001	单价	数额	10

业务分析

在系统中录入销售价目表,并设置为默认价目表后,后续在系统中录入相应客户的销售订单就会自动带出销售价格,如果有调价表或者折扣表的话,相应的调价或折扣也会直接影响价格。

业务实施

(1)打开销售价目表列表。用"信息主管"账号登录系统,切换系统组织为"爱运动单车公司",打开销售价目表列表。操作路径:"供应链"→"销售管理"→"销售价目表列表"。

(2)新增销售价目表。单击"新增",选择销售组织为"爱运动单车公司",填入名称,选择限定客户为"客户",选择适用客户,勾选默认价目表,生效日期设置为"2023/10/1",设置物料编码、价格、最低限价,其他保持默认,保存,提交,审核,退出。

(3)依次新增所有销售价目表。

(4)打开销售折扣表列表。操作路径:"供应链"→"销售管理"→"销售折扣表列表"。

(5)新增销售折扣表。单击"新增",选择销售组织为"爱运动单车公司",填入名称,选择适用价目表,生效日期设置为"2023/10/1",设置物料编码、折扣类型、从、至、计算方式、折扣率或单价折扣,勾选自动应用折扣,其他保持默认,保存,提交,审核,退出。

(6)打开销售调价方案列表。操作路径:"供应链"→"销售管理"→"销售调价方案列表"。

(7)新增销售调价方案。单击"新增",选择销售组织为"爱运动单车公司",填入名称、日期、价目表、物料范围(从),计划生效日期设置为"2023/10/1",设置调价类型、调价方法、调价幅度,其他保持默认,保存,提交,审核,退出。

(8)关闭所有页签。

销售价目
表、调价表、
折扣表

注意事项

若在新增价目表过程中录入物料时,"客户物料编码"和"客户物料名称"未显示,原因可能是销售管理参数中未勾选"启用客户物料对应表"或客户物料对应表中未勾选"启用"和"默认携带"。

三、销售管理演练

(一)普通销售

业务场景

2023 年 10 月 1 日,爱运动单车公司销售员接到了来自宁波万里达销售有限公司的订单,订单内容包括 402001 越野自行车 10 辆,含税单价 580 元,税率 13%。销售员仔细核对库存后,制作发货通知单。第二天爱运动单车公司仓管根据发货通知单完成货物出库,并制作销售出库单。系统根据审核的销售出库单自动生成销售应收单,爱运动单车公司财务审核销售应收单,确认无误后,开具了相应的销售增值税发票(表 4-10 至表 4-14)。

表 4-10　销售订单

销售组织	爱运动单车公司			日期		2023/10/1
销售员	单车公司销售			客户		宁波万里达销售有限公司
币别	人民币			收款条件		月结 30 天
价目表			宁波万里达销售价目表			
产品代码	产品名称	产品规格	数量	税率/%	要货日期	含税单价	客户物料编码
402001	越野自行车	山地 28 英寸	10	13	2023/10/5	580	WLD003

表 4-11　发货通知

销售组织	爱运动单车公司			日期		2023/10/1
销售员	单车公司销售			发货组织		爱运动单车公司
客户			宁波万里达销售有限公司			
产品代码	产品名称	产品规格	数量	仓 库	要货日期	客户物料编码
402001	越野自行车	山地 28 英寸	10	单车公司成品仓	2023/10/5	WLD003

表 4-12　销售出库

销售组织	爱运动单车公司			日期		2023/10/2	
销售员	单车公司销售			发货组织		爱运动单车公司	
客户			宁波万里达销售有限公司				
产品代码	产品名称	产品规格	数量	仓库	库存状态	库存组织	客户物料编码
402001	越野自行车	山地 28 英寸	10	单车公司成品仓	可用	爱运动单车公司	WLD003

表 4-13　应收单

结算组织	爱运动单车公司			业务日期		2023/10/2
销售员	单车公司销售			到期日		2023/11/30
币别	人民币			客户		宁波万里达销售有限公司
产品代码	产品名称	产品规格	数量	含税单价	税率/%	价税合计	税额
402001	越野自行车	山地 28 英寸	10	580	13	5 800	667.26

表 4-14　销售增值税专用发票

结算组织	爱运动单车公司			业务日期		2023/10/3
开票方式	手工			发票日期		2023/10/5
币别	人民币			发票号		NBWLD01
客户			宁波万里达销售有限公司			
产品代码	产品名称	产品规格	计价数量	含税单价	税率/%	价税合计	税额
402001	越野自行车	山地 28 英寸	10	580	13	5 800	667.26

业务分析

本业务是标准的销售操作流程,旨在协助客户准确记录销售业务信息,并与仓库部门实现高效协同。通过本流程,销售人员能够迅速将销售动态传达至仓库,确保库存的即时调配与出库。在此过程中,应收单据用于核实客户的应收账款情况,而销售出库单则用于核算销售成本。从订单接收到发货、出库,再到应收账款确认的完整流程如图 4-11 所示。

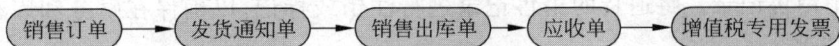

销售订单 → 发货通知单 → 销售出库单 → 应收单 → 增值税专用发票

图 4-11 标准销售流程

业务实施

普通销售

(1)打开销售订单列表。用"信息主管"账号登录系统,切换系统组织为"爱运动单车公司",打开销售订单列表。操作路径:"供应链"→"销售管理"→"销售订单列表"。

(2)新增销售订单。单击"新增",选择单据类型为"标准销售订单"、销售组织为"爱运动单车公司",填入日期、选择"客户",核对自动带出的结算币别、价目表、收款条件、销售部门、销售员,填入物料编码、销售数量,检查从价目表带出的含税单价,输入要货日期,其他保持默认,保存,提交,审核。

(3)生成发货通知单。从销售订单单击"下推",生成发货通知单。修改发货通知单的日期,检查仓库、要货日期等其他字段信息是否正确,保存,提交,审核。

(4)生成销售出库单。从发货通知单单击"下推",生成销售出库单。修改销售出库单的日期,检查仓库等其他字段信息是否正确,保存,提交,审核。

(5)打开应收单列表。操作路径:"财务会计"→"应收款管理"→"应收单列表"。

(6)修改应收单信息。双击打开刚刚系统自动生成的"应收单",修改应收单的业务日期,检查到期日等其他字段信息是否正确,保存,提交,审核。

(7)生成销售增值税专用发票。从应收单单击"下推"生成销售增值税专用发票。修改销售增值税专用发票的业务日期、发票日期和发票号,检查数量、金额等其他字段信息是否正确,保存,提交,审核。

(8)关闭所有页签。

注意事项

若销售出库单制作有误想删除时,系统提示无法删除。原因通常是销售出库单审核后系统会自动生成销售应收单,因为有下游单据所以提示无法删除,需要先删除对应的应收单后才能删除销售出库单。

(二)销售退货

销售退货是指商品由于质量问题、运输损坏、发运错误等原因,客户需要将货物退回的业务处理。

销售退货的处理方式主要分为以下几种。

(1)退款。将客户退还的货款金额全额或部分退还给客户,根据退货原因和退货政策确定退款比例和方式。

（2）退货换货。将客户退还的产品更换为同等价值的产品或相同产品的其他货品,以满足客户的需求。

（3）补偿赔偿。如果产品存在质量问题或不能正常使用,可以根据客户的意愿和实际情况补偿或赔偿客户,可能包括退款、免费修理、赠送其他产品等。

（4）退货处理费。根据退货政策和实际情况,公司可能会收取一定的退货处理费用来覆盖公司的相关成本,如检验、重新包装等费用。

（5）注销销售记录。将退货的销售记录进行注销或标记,以确保在财务和库存管理中准确反映退货情况。

在处理销售退货时需要遵循公司的退货政策和流程,确保对客户负责并维护良好的客户关系。同时,及时记录和分析退货原因可以帮助企业改进产品和流程,提高客户满意度和销售效率。

业务场景

2023年10月1日,爱运动单车公司销售员接到南京金铃商贸有限公司的订单,对方请求购买402001越野自行车5辆和401001通勤男式自行车10辆,价格按照双方事先商定的价目表执行,要货日期为10月8日。销售员当日下达销售订单,通知仓库部门准备发货事宜。

10月2日,单车公司仓管根据发货通知单,高效准确地完成了发货工作。

10月8日,南京金铃商贸有限公司发现产品规格型号等存在问题,随即提出了退换货的请求,希望直接退回402001越野自行车1辆,401001通勤男式自行车2辆,要求先退货再补货。经过双方的友好沟通与协商,最终一致同意按照此方案执行退换货业务(表4-15至表4-24)。

表 4-15　销售订单

销售组织	爱运动单车公司		日期		2023/10/1	
销售员	单车公司销售		客户		南京金铃商贸有限公司	
币别	人民币		收款条件		货到收款	
价目表	南京金铃商贸销售价目表					
产品代码	产品名称	产品规格	数量	税率/%	要货日期	含税单价
402001	越野自行车	山地28英寸	5	13	2023/10/8	570
401001	通勤男式自行车	28英寸	10	13	2023/10/8	450

表 4-16　发货通知单

销售组织	爱运动单车公司		日期		2023/10/1
销售员	单车公司销售		发货组织		爱运动单车公司
客户	南京金铃商贸有限公司				
产品代码	产品名称	产品规格	数量	仓库	要货日期
402001	越野自行车	山地28英寸	5	单车公司成品仓	2023/10/8
401001	通勤男式自行车	28英寸	10	单车公司成品仓	2023/10/8

表 4-17 销售出库单

销售组织	爱运动单车公司		日期			2023/10/2
销售员	单车公司销售		发货组织			爱运动单车公司
客户	南京金铃商贸有限公司					
产品代码	产品名称	产品规格	数量	仓库	库存状态	库存组织
402001	越野自行车	山地 28 英寸	5	单车公司成品仓	可用	爱运动单车公司
401001	通勤男式自行车	28 英寸	10	单车公司成品仓	可用	爱运动单车公司

表 4-18 应收单

结算组织	爱运动单车公司		业务日期			2023/10/2
销售员	单车公司销售		到期日			2023/10/2
币别	人民币		客户			南京金铃商贸有限公司
产品代码	产品名称	产品规格	数量	含税单价	税率/%	价税合计	税额
402001	越野自行车	山地 28 英寸	5	570	13	2 850	327.88
401001	通勤男式自行车	28 英寸	10	450	13	4 500	517.7

表 4-19 销售退货单

销售组织	爱运动单车公司		日期			2023/10/8
销售员	单车公司销售		库存组织			爱运动单车公司
退货客户	南京金铃商贸有限公司					
产品代码	产品名称	产品规格	数量	退货类型	仓库	库存状态	退货日期
402001	越野自行车	山地 28 英寸	1	退货	单车公司不良品仓	不良	2023/10/8
401001	通勤男式自行车	28 英寸	2	退货补货	单车公司不良品仓	不良	2023/10/8

表 4-20 应收单（退货）

结算组织	爱运动单车公司		业务日期			2023/10/8
销售员	单车公司销售		到期日			2023/10/8
币别	人民币		客户			南京金铃商贸有限公司
产品代码	产品名称	产品规格	数量	含税单价	税率/%	价税合计	税额
402001	越野自行车	山地 28 英寸	−1	570	13	−570	−65.58
401001	通勤男式自行车	28 英寸	−2	450	13	−900	−103.54

表 4-21 发货通知单（补货）

销售组织	爱运动单车公司		日期			2023/10/8
销售员	单车公司销售		发货组织			爱运动单车公司
客户	南京金铃商贸有限公司					
产品代码	产品名称	产品规格	数量	仓库		要货日期
401001	通勤男式自行车	28 英寸	2	单车公司成品仓		2023/10/8

表 4-22　销售出库单（补货）

销售组织	爱运动单车公司		日期		2023/10/8
销售员	单车公司销售		发货组织		爱运动单车公司
客户	南京金铃商贸有限公司				
产品代码	产品名称	产品规格	数量	仓库	库存状态	库存组织
401001	通勤男式自行车	28英寸	2	单车公司成品仓	可用	爱运动单车公司

表 4-23　应收单（补货）

结算组织	爱运动单车公司		业务日期			2023/10/8
销售员	单车公司销售		到期日			2023/10/8
币别	人民币		客户			南京金铃商贸有限公司
产品代码	产品名称	产品规格	数量	含税单价	税率/%	价税合计	税额
401001	通勤男式自行车	28英寸	2	450	13	900	103.54

表 4-24　销售增值税专用发票

结算组织	爱运动单车公司		业务日期			2023/10/8
开票方式	手工		发票日期			2023/10/9
币别	人民币		发票号			NJJL001
客户	南京金铃商贸有限公司					
产品代码	产品名称	产品规格	计价数量	含税单价	税率/%	价税合计	税额
401001	通勤男式自行车	28英寸	2	450	13	900	103.54
402001	越野28自行车	山地28英寸	−1	570	13	−570	−65.58
401001	通勤男式自行车	28英寸	−2	450	13	−900	−103.54
402001	越野28自行车	山地28英寸	5	570	13	2 850	327.88
401001	通勤男式自行车	28英寸	10	450	13	4 500	517.7

业务分析

　　在金蝶云星空中，销售退货业务的处理，主要分为有源单的销售退货和无源单的销售退货，有源单的销售退货可以通过找到源头销售订单或销售出库单，下推退货通知单，再从退货通知单下推销售退货单进行退货业务。找不到源头销售订单或销售出库单的退货业务可直接从销售退货订单处理退货业务。另外，销售业务进行退货时会有直接退货和退货补货两种业务场景。本业务的流程如图 4-12 所示。

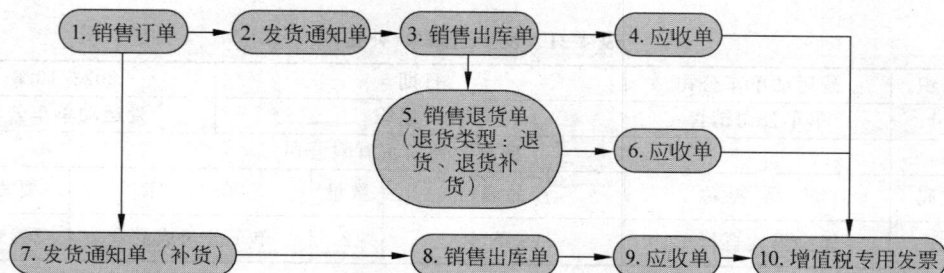

图 4-12　销售退货、补货业务流程

业务实施

（1）打开销售订单列表。用"信息主管"账号登录系统，切换系统组织为"爱运动单车公司"，打开销售订单列表。操作路径："供应链"→"销售管理"→"销售订单列表"。

普通退货

（2）新增销售订单。单击"新增"，选择单据类型为"标准销售订单"、销售组织为"爱运动单车公司"，填入日期、选择"客户"，核对自动带出的结算币别、价目表、收款条件、销售部门、销售员，填入物料编码、销售数量，检查从价目表带出的含税单价、输入要货日期，其他保持默认，保存，提交，审核。

（3）生成发货通知单。从销售订单单击"下推"，生成发货通知单。修改发货通知单的日期，检查仓库、要货日期等其他字段信息是否正确，保存，提交，审核。

（4）生成销售出库单。从发货通知单单击"下推"，生成销售出库单。修改销售出库单的日期，检查仓库等其他字段信息是否正确，保存，提交，审核，系统将根据审核后的销售出库单自动生成对应的应收单。

（5）打开应收单列表。操作路径："财务会计"→"应收款管理"→"应收单列表"。

（6）修改应收单信息。双击打开系统自动生成的应收单，修改应收单的业务日期，检查到期日等其他字段信息是否正确，保存，提交，审核。

（7）生成销售退货单。返回到刚做的销售出库单，从销售出库单单击"下推"，生成销售退货单。修改销售退货单的日期、数量、退货类型、仓库、库存状态、退货日期，检查其他字段信息是否正确，保存，提交，审核。

（8）打开应收单列表。操作路径："财务会计"→"应收款管理"→"应收单列表"。

（9）修改退货的应收单信息。双击打开刚刚系统自动生成的"应收单"，修改应收单的业务日期，检查到期日等其他字段信息是否正确，保存，提交，审核。

（10）生成补货的发货通知单。返回到最初的销售订单，从销售订单单击"下推"，生成发货通知单。修改发货通知单的日期，检查仓库、要货日期等其他字段信息是否正确，保存，提交，审核。

（11）生成补货的销售出库单。从发货通知单单击"下推"，生成销售出库单。修改销售出库单的日期，检查仓库等其他字段信息是否正确，保存，提交，审核。

（12）打开应收单列表。操作路径："财务会计"→"应收款管理"→"应收单列表"。

（13）修改补货的应收单信息。双击打开系统自动生成的"应收单"，修改应收单的业务日期，检查到期日等其他字段信息是否正确，保存，提交，审核。

（14）生成销售增值税专用发票。从应收单列表勾选上述生成的三张应收单，单击"下推"，一起生成一张销售增值税专用发票。修改销售增值税专用发票的业务日期、发票日期和发票号，检查数量、金额等其他字段信息是否正确，保存，提交，审核。

（15）关闭所有页签。

注意事项

上游单据可以一次性下推生成下游单据，也可以分多次下推生成。在处理包含多行数据的单据时，必须根据实际情况精确选择相应的数据行进行下推操作。若在下推后发现数据行缺失，切勿直接单击"新增行""插入行""复制行"来补充缺失的数据，因为这样做会导致新增的数据行与原始单据失去关联。正确的做法是,从源单据中重新下推以生成完整且关联的数据行。

（三）销售报价、销售变更、预收款

销售报价是企业向客户提供的价格信息,以引起客户的购买兴趣并促成交易的一种方式,销售报价通常包括产品或服务的详细描述、价格、交货日期、付款方式等内容。销售报价的准确性和清晰度对于吸引客户至关重要。良好的销售报价可以提高客户的购买意愿。

销售变更是指销售订单发生变更时,通过变更单进行记录和处理。系统有变更单及销售订单新变更单两种单据,建议采用销售订单新变更单。

销售业务中的预收款是指在销售产品或提供服务之前,客户提前支付一部分货款或服务费用的情况。预收款可以作为销售合同的一项条款,对于销售方来说,预收款有助于加速资金流动,缓解资金压力,并降低违约风险。同时,预收款也可以用于生产或采购原材料,以确保能够按时交付产品或提供服务。对于客户来说,支付预付款可以显示其购买诚意和良好信用,并确保能在合同约定的时间内获得产品或服务,并可能因此享受价格优惠或其他有利条件。

📚 业务场景

2023 年 10 月 3 日,单车公司销售向苏州启运商贸有限公司发送报价单,401001 通勤男式自行车 28 英寸的含税单价为 450 元。

2023 年 10 月 5 日,单车公司销售与苏州启运商贸有限公司顺利签订销售订单,根据协议,双方约定的收款方式为 30 天后收款,客户要求的产品交付日期为 10 月 10 日。

2023 年 10 月 6 日,双方对收款方式进行了调整,变更收款方式为“70% 预收 30% 月结 30 天后收款”,通过销售订单新变更单正式记录这一变更事项。

2023 年 10 月 7 日单车公司收到苏州启运商贸有限公司的预收款项,金额为 15 750 元,恰好是总价的 70%。收到款项后,公司随即通知仓库进行发货准备。

2023 年 10 月 7 日,单车公司仓库管理部门高效完成了发货流程(表 4-25 至表 4-32)。

表 4-25 销售报价单

销售组织	爱运动单车公司	日期	2023/10/3
销售员	单车公司销售	客户	苏州启运商贸有限公司
币别	人民币	收款条件	30 天后收款
生效日期	2023/10/3	失效日期	2100/1/1
折扣表	不使用折扣表		
价目表	苏州启运商贸销售价目表		
产品代码	产品名称	产品规格	数量	税率/%	含税单价
401001	通勤男式自行车	28 英寸	50	13	450

表 4-26 销售订单

销售组织	爱运动单车公司	日期	2023/10/5
销售员	单车公司销售	客户	苏州启运商贸有限公司
币别	人民币	收款条件	30 天后收款
折扣表	不使用折扣表		
价目表	苏州启运商贸销售价目表		
产品代码	产品名称	产品规格	数量	税率/%	要货日期	含税单价
401001	通勤男式自行车	28 英寸	50	13	2023/10/10	450

表 4-27　销售订单新变更单

销售组织	爱运动单车公司	日期		2023/10/5
销售员	单车公司销售	客户		苏州启运商贸有限公司
币别	人民币	原收款条件		30 天后收款
变更原因	缓解资金压力	新收款条件		70%预收 30%月结 30 天后收款
折扣表	不使用折扣表			
价目表	苏州启运商贸销售价目表			
产品代码	产品名称	产品规格	数量	税率/%	要货日期	含税单价
401001	通勤男式自行车	28 英寸	50	13	2023/10/10	450

表 4-28　收款单

收款组织	爱运动单车公司	日期		2023/10/6
往来单位	苏州启运商贸有限公司	付款单位		苏州启运商贸有限公司
往来单位类型	客户	付款单位类型		客户
结算方式	收款用途	应收金额	实收金额	我方银行账号
电汇	预收款	15 750	15 750	86328001

表 4-29　发货通知单

销售组织	爱运动单车公司	日期		2023/10/7
销售员	单车公司销售	发货组织		爱运动单车公司
客户	苏州启运商贸有限公司			
产品代码	产品名称	产品规格	数量	仓库	要货日期
401001	通勤男式自行车	28 英寸	50	单车公司成品仓	2023/10/10

表 4-30　销售出库单

销售组织	爱运动单车公司	日期		2023/10/7
销售员	单车公司销售	发货组织		爱运动单车公司
客户	苏州启运商贸有限公司			
产品代码	产品名称	产品规格	数量	仓库	库存状态	库存组织
401001	通勤男式自行车	28 英寸	50	单车公司成品仓	可用	爱运动单车公司

表 4-31　应收单

结算组织	爱运动单车公司	业务日期		2023/10/7
销售员	单车公司销售	到期日		2023/10/7
币别	人民币	客户		苏州启运商贸有限公司
产品代码	产品名称	产品规格	数量	含税单价	税率/%	价税合计	税额
401001	通勤男式自行车	28 英寸	50	450	13	22 500	2 588.5

表 4-32　销售增值税专用发票

结算组织	爱运动单车公司	业务日期		2023/10/7
开票方式	手工	发票日期		2023/10/15
币别	人民币	发票号		SZQY001
客户	苏州启运商贸有限公司			
产品代码	产品名称	产品规格	计价数量	含税单价	税率/%	价税合计	税额
401001	通勤男式自行车	28 英寸	50	450	13	22 500	2 588.5

🛡 业务分析

当销售业务启用销售报价时,销售订单可以通过销售报价单下推生成。由于销售变更启用了版本管理,在每次订单变更时,系统都会生成新的版本记录,记录每个版本的变更内容、变更时间、变更人员等信息,方便进行追溯和分析。对于预收款销售模式,可以通过在收款条件中设置控制环节,通过预收款控制发货。

本业务的流程如图 4-13 所示。

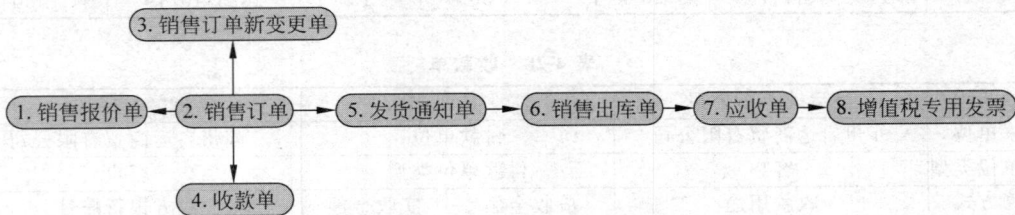

```
                  ┌─────────────────┐
                  │ 3.销售订单新变更单 │
                  └────────┬────────┘
                           │
┌──────────┐   ┌────────┐  │  ┌──────────┐   ┌──────────┐   ┌────────┐   ┌──────────────┐
│ 1.销售报价单 │→│ 2.销售订单 │→│ 5.发货通知单 │→│ 6.销售出库单 │→│ 7.应收单 │→│ 8.增值税专用发票 │
└──────────┘   └────────┘  │  └──────────┘   └──────────┘   └────────┘   └──────────────┘
                           │
                  ┌────────┴───┐
                  │   4.收款单   │
                  └────────────┘
```

图 4-13　销售报价、销售变更、预收业务流程

▦ 业务实施

(1) 打开销售报价单列表。用"信息主管"账号登录系统,切换系统组织为"爱运动单车公司",打开销售报价单列表。操作路径:"供应链"→"销售管理"→"销售报价单列表"。

销售报价、变更、预收

(2) 新增销售报价单。单击"新增",选择单据类型为"标准销售报价单"、销售组织为"爱运动单车公司",填入日期、生效日、选择"客户",核对自动带出的销售部门、销售员,填入物料编码、销售数量、检查从价目表带出的含税单价。其他保持默认。保存,提交,审核。

(3) 生成销售订单。从销售报价单击"下推",生成销售订单。修改销售订单的日期、要货日期,检查其他字段信息是否正确,保存,提交,审核。

(4) 销售订单变更。单击销售订单中的"业务操作"→"订单变更",生成销售订单新变更单,修改收款条件、填入变更原因,保存,提交,审核(自动生效)。

(5) 生成收款单(预收款)。从销售订单单击"下推",生成收款单。修改收款单的日期、填入结算方式、我方银行账号,检查应收金额等其他字段信息是否正确,保存,提交,审核,退出。

(6) 生成发货通知单。从销售订单单击"下推",生成发货通知单。修改发货通知单的日期、检查仓库、要货日期等其他字段信息是否正确,保存,提交,审核。

(7) 生成销售出库单。从发货通知单单击"下推",生成销售出库单。修改销售出库单的日期、检查仓库等其他字段信息是否正确,保存,提交,审核。

(8) 打开应收单列表。操作路径:"财务会计"→"应收款管理"→"应收单列表"。

(9) 修改应收单信息。双击打开刚刚系统自动生成的"应收单",修改应收单的业务日期、检查到期日等其他字段信息是否正确,保存,提交,审核。

(10) 生成销售增值税专用发票。从应收单击"下推",生成销售增值税专用发票。修改销售增值税专用发票的业务日期、发票日期和发票号,检查数量、金额等其他字段信息是否正确,保存,提交,审核。

（11）关闭所有页签。

➡ 注意事项

（1）销售报价单下推销售订单或销售订单下推发货通知单时提示"销售限价控制无法下推"。原因是销售报价单和销售订单中使用了销售折扣表，需要删除销售报价单和销售订单中销售折扣表字段中的内容。

（2）发货通知单无法下推销售出库单。原因是"70%预收 30%月结 30 天"的收款条件中设置了预收款控制发货，因此需要先从销售订单下推收款单后才能销售出库。

（3）销售订单新变更单审核生效后发现变更单错误并且变更单无法删除。可以再次做变更单修正错误的内容。

（四）寄售业务

寄售（委托代销）业务在供应链业务中普遍存在，很多厂家在大型超市（例如沃尔玛、家乐福等）上架销售商品，均采用的是委托代销的方式。厂家先把商品供给超市，此时商品并没有发生真正的销售，超市也不会和厂家进行结算，只有等超市在商品部分销售后或者是采取月结的方式每月与厂家结算，结算时对于厂家来说才真正可以收款并实现销售收入。

📚 业务场景

无锡智慧科技有限公司是爱运动单车公司的代销服务商，2023 年 10 月 25 日，爱运动单车公司与无锡智慧科技有限公司签订寄售销售合同。销售员当日通知仓库发货，2023 年 10 月 26 日，爱运动单车公司仓管将 100 个 301003 车架调拨至无锡智慧科技有限公司。当天，锡智慧科技有限公司完成全部销售工作。爱运动单车公司与无锡智慧科技有限公司进行寄售结算，同时销售出库，并确认应收账款（表 4-33 至表 4-39）。

表 4-33　销售订单

单据类型	寄售销售订单						
销售组织	爱运动单车公司		日期			2023/10/25	
销售员	单车公司销售		客户			无锡智慧科技有限公司	
币别	人民币		收款条件			月结 30 天	
价目表	无锡智慧科技销售价目表						
产品代码	产品名称	产品规格	数量	税率/%	要货日期	含税单价
301003	车架	28 英寸（合金）	100	13	2023/10/28	150

表 4-34　发货通知单

单据类型	寄售发货通知单				
销售组织	爱运动单车公司		日期		2023/10/25
销售员	单车公司销售		发货组织		爱运动单车公司
客户	无锡智慧科技有限公司				
产品代码	产品名称	产品规格	数量	仓　库	要货日期
301003	车架	28 英寸（合金）	100	单车公司半成品仓	2023/10/28

表 4-35　直接调拨单

单据类型	寄售直接调拨单						
日期	2023/10/25	销售组织		爱运动单车公司			
调出货主	爱运动单车公司	调出库存组织		爱运动单车公司			
调入货主	爱运动单车公司	调入库存组织		爱运动单车公司			
产品代码	产品名称	产品规格	数量	调出仓库	调入仓库	调出库存状态	调入库存状态
301003	车架	28英寸（合金）	100	单车公司半成品仓	无锡智慧科技公司仓	可用	可用

表 4-36　寄售结算单

单据类型	寄售结算单								
销售组织	爱运动单车公司				日期		2023/10/26		
销售员	单车公司销售				发货组织		爱运动单车公司		
币别	人民币				调出组织		爱运动单车公司		
客户	无锡智慧科技有限公司								
结算类型	产品代码	产品名称	产品规格	数量	结算含税单价	税率/%	税　额	结算价税合计	仓　库
发出	301003	车架	28英寸（合金）	100	150	13	1 725.66	15 000	无锡智慧科技公司仓

表 4-37　销售出库单

单据类型	寄售出库单					
销售组织	爱运动单车公司		日期		2023/10/26	
销售员	单车公司销售		发货组织		爱运动单车公司	
客户	无锡智慧科技有限公司					
产品代码	产品名称	产品规格	数量	仓　库	货　主	保管者
301003	车架	28英寸（合金）	100	无锡智慧科技公司仓	爱运动单车公司	无锡智慧科技有限公司

表 4-38　应收单

结算组织	爱运动单车公司		业务日期		2023/10/26	
销售员	单车公司销售		到期日		2023/11/30	
币别	人民币		客户		无锡智慧科技有限公司	
产品代码	产品名称	产品规格	数量	含税单价	税率/%	价税合计	税　额
301003	车架	28英寸（合金）	100	150	13	15 000	1 725.66

表 4-39　销售增值税专用发票

结算组织	爱运动单车公司		业务日期		2023/10/27	
开票方式	手工		发票日期		2023/10/28	
币别	人民币		发票号		WXZH001	
客户	无锡智慧科技有限公司					
产品代码	产品名称	产品规格	计价数量	含税单价	税率/%	价税合计	税　额
301003	车架	28英寸（合金）	100	150	13	15 000	1 725.66

业务分析

在做寄售业务时销售订单的单据类型必须是寄售类型的销售订单,否则无法下推寄售直接调拨单,寄售直接调拨单属于库存单据,需要后续进行账务处理。本业务的流程如图 4-14 所示。

寄售销售订单 → 寄售发货通知单 → 寄售直接调拨单 → 寄售结算单 → 应收单/销售出库单 → 增值税专用发票

图 4-14　寄售业务流程

业务实施

(1) 打开销售订单列表。用"信息主管"账号登录系统,切换系统组织为"爱运动单车公司",打开销售订单列表。操作路径:"供应链"→"销售管理"→"销售订单列表"。

寄售业务

(2) 新增销售订单。单击"新增",选择单据类型为"寄售销售订单"、销售组织为"爱运动单车公司",填入日期,选择"客户",核对自动带出的结算币别、价目表、收款条件、销售部门、销售员,填入物料编码、销售数量,检查从价目表带出的含税单价,输入要货日期,其他保持默认,保存,提交,审核。

(3) 生成发货通知单。从销售订单单击"下推",生成发货通知单。修改发货通知单的日期,检查出货仓库、备货仓库、要货日期等其他字段信息是否正确,保存,提交,审核。

(4) 生成直接调拨单。从发货通知单单击"下推",生成直接调拨单。修改直接调拨单的日期,检查调出仓库、调入仓库等其他字段信息是否正确,保存,提交,审核。

(5) 生成寄售结算单。从直接调拨单单击"下推",生成寄售结算单。修改寄售结算单的日期,检查其他字段信息是否正确。保存,提交,审核。审核后系统自动生成销售出库单和应收单。

(6) 打开销售出库单列表。操作路径:"供应链"→"销售管理"→"销售出库单列表"。

(7) 修改销售出库单信息。双击打开系统自动生成的"销售出库单",修改日期,检查其他字段信息是否正确,保存,提交,审核。

(8) 打开应收单列表并修改应收单信息。操作路径:"财务会计"→"应收款管理"→"应收单列表"。双击打开系统自动生成的"应收单",修改应收单的业务日期,检查到期日等其他字段信息是否正确,保存,提交,审核。

(9) 生成销售增值税专用发票。从应收单单击"下推",生成销售增值税专用发票。修改销售增值税专用发票的业务日期、发票日期和发票号,检查数量、金额等其他字段信息是否正确,保存,提交,审核。

(10) 关闭所有页签。

注意事项

(1) 新增寄售销售订单时无法选择"无锡智慧科技有限公司"客户。原因可能是"无锡智慧科技有限公司"客户资料中的客户类别不是"寄售客户"。需要到使用组织为"爱运动集团"名称为"无锡智慧科技有限公司"的客户资料中修改客户类别字段。

(2) 销售订单无法下推寄售结算单。原因可能是销售订单的单据类型不是寄售销售订单。

任务二 采购云管理

任务导入

采购是指企业在一定的条件下从供应市场获取产品或服务作为企业资源,以保证企业生产及经营活动正常开展的一项企业经营活动。

金蝶云星空采购管理系统,是将采购申请、采购订货、进料检验、仓库收料、采购退货、采购货源管理、订单管理等功能综合运用的管理系统,可对采购商流和物流的全过程进行有效控制与跟踪,实现完善的企业物资供应管理。

采购管理系统提供了丰富的采购业务模式,支持标准采购、标准委外、直运采购、资产采购、费用采购和零散采购等多种常规采购业务模式,也支持多种集中化采购业务模式,有效支撑企业多组织之间的采购业务协同。金蝶云星空采购业务整体业务流程图如图4-15所示。

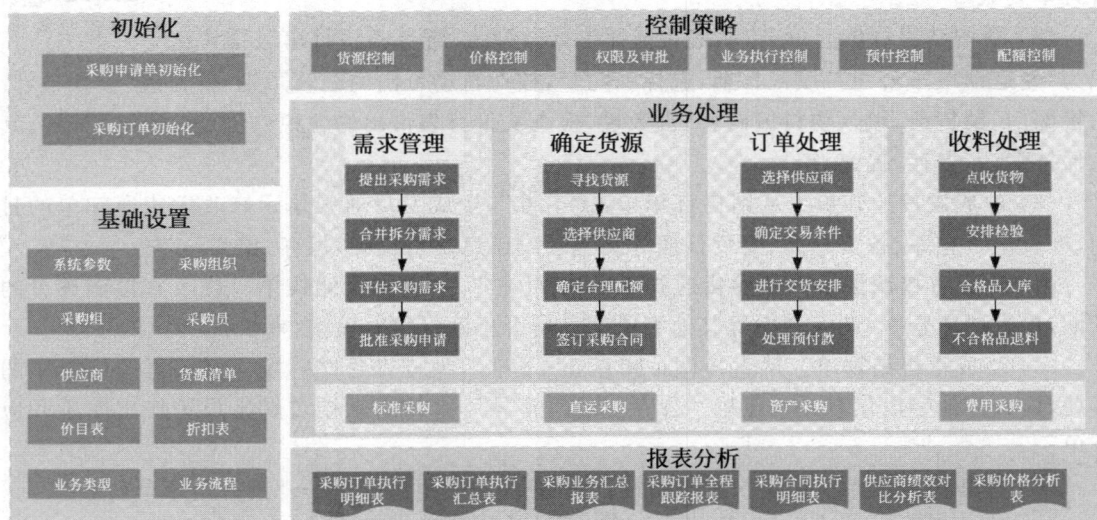

图 4-15 金蝶云星空采购业务整体业务流程图

一、采购基础设置

针对采购管理,系统同样提供了不同层级的参数设置,与销售管理类似。

(1)与采购管理系统整体有关的系统参数。可通过以下操作路径进行设置:"供应链"→"采购管理"→"采购管理系统参数",如图4-16所示。采购管理系统参数的设置会影响整个组织机构采购业务的运作。

(2)单据类型层级的参数。通过以下操作路径进行采购订单单据类型参数设置:"基础管理"→"基础资料"→"单据类型列表"。选择"采购订单"的单据类型如图4-17所示,可以在采购订单单据类型参数中设置"允许修改交货数量""允许修改时间控制"等参数。

(3)单据参数。单据参数设置需要用管理员administrator账号登录系统,打开单据参数配置的操作路径:"基础管理"→"公共设置"→"参数配置",如图4-18所示。在系统管理单据参数配置中设置"控制反审核人与审核人一致"等。

图 4-16 采购管理系统参数

图 4-17 采购订单单据类型

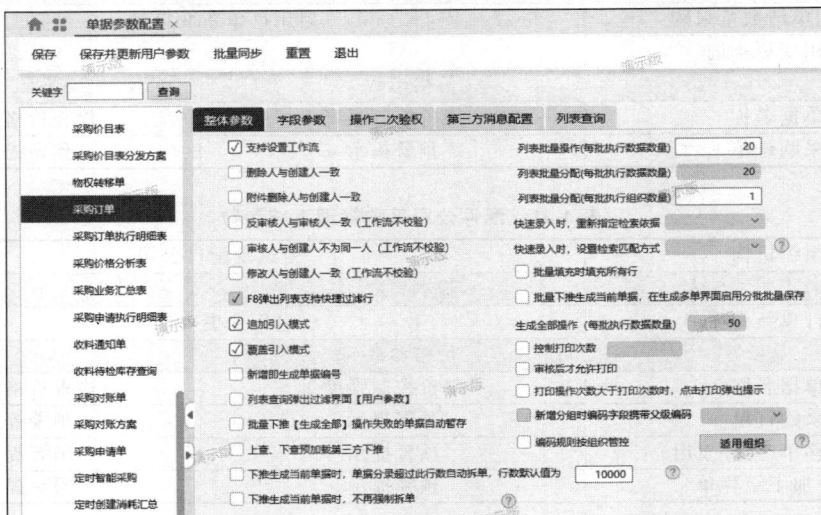

图 4-18 单据参数

（4）操作相关的参数。这些参数通常在单据列表或界面的"选项"下设置，以采购订单选项参数为例，打开单据选项参数的操作路径："供应链"→"采购管理"→"采购订单列表"→"选项"，如图4-19和图4-20所示。在选项设置中可以设置"提交后自动审核""保存后自动提交""辅助属性必录"等。

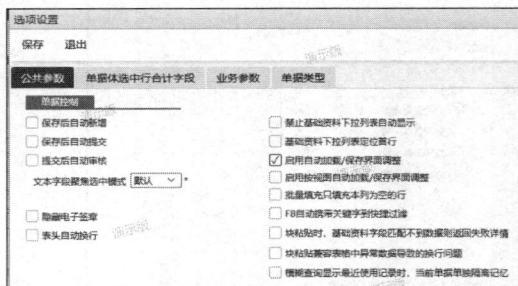

图 4-19　单据选项参数 1　　　　　　　图 4-20　单据选项参数 2

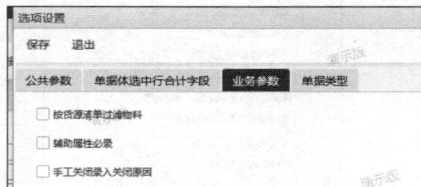

企业可以根据实际需要进行相应的参数设置。

业务场景

项目实施人员经与采购部门负责人和核心业务人员就是否允许超申请数量采购、订单变更、采购限价预警、采购价格管理等方面进行交流讨论后，确定系统需要改进以下管理方面的问题。

（1）允许超申请数量采购以提升爱运动单车公司采购的灵活性。

（2）所有订单变更操作需纳入系统管理流程，以确保变更信息的准确性和可追溯性。

（3）采购订单、工序转移单（委外发出）和工序加工结算单的价格应直接从预设的价目表中提取，以实现价格管理的标准化和自动化。

项目实施人员根据企业采购管理需求对采购管理系统参数做出相应配置，如表4-40和表4-41所示。

表 4-40　单车公司采购管理系统参数

组织机构	爱运动单车公司	
基本参数		
允许超申请数量采购	√	启用订单新变更单　　√
启用变更查询	√	
价格参数		
单据名称	限价控制强度	检查价格来源
采购订单	预警提示	预警提示

表 4-41　配件公司采购管理系统参数

组织机构	爱运动配件公司	
基本参数		
启用订单新变更单	√	启用变更查询　　√
价格参数		
单据名称	限价控制强度	检查价格来源
采购订单	预警提示	预警提示
工序转移单（委外发出）	预警提示	预警提示
工序加工结算单	预警提示	预警提示

注：表格中未标出的参数都保持默认。

业务分析

上述项目实施人员在与采购部门的深入沟通中,涉及价格控制、采购数量控制以及订单变更管理等关键议题,这些管理需求可以通过采购管理系统的参数设置来灵活实现。每一家企业都可以根据自身的业务特点和实际需求,对系统进行个性化的配置与调整。

业务实施

（1）打开采购管理系统参数。用"信息主管"账号登录系统,打开采购管理系统参数。操作路径:"供应链"→"采购管理"→"采购管理系统参数"。

（2）修改基本参数。组织机构选择"爱运动单车公司",在基本参数页签中勾选"允许超申请数量采购""启用订单新变更单""启用变更查询",如图 4-21 和图 4-22 所示。

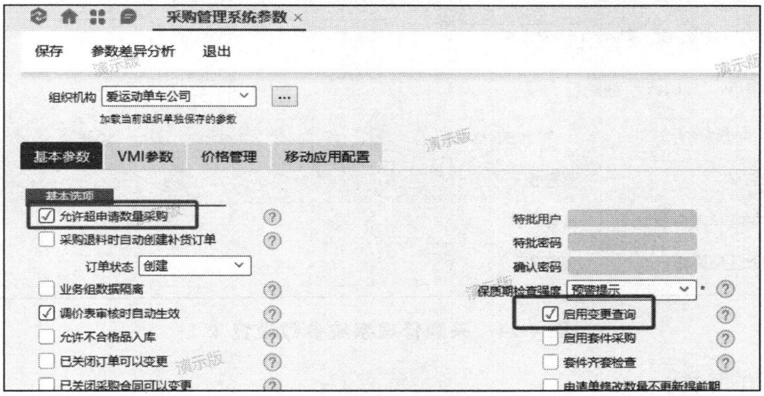

采购管理参数

图 4-21　采购管理系统参数设置 1

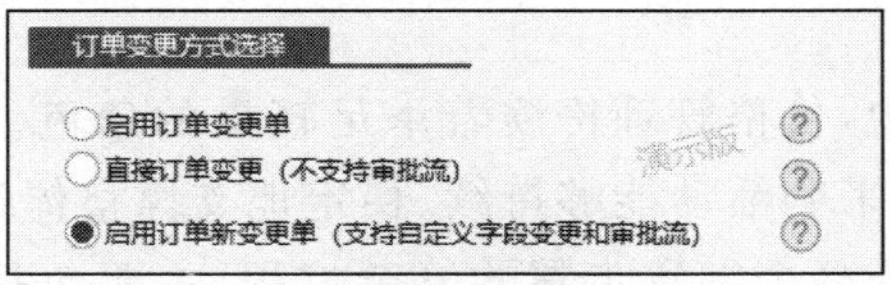

图 4-22　采购管理系统参数设置 2

（3）修改价格管理参数。在价格管理页签采购自动取价单据勾选"采购订单",采购限价控制强度勾选"预警提示",单据名称选择"采购订单",检查价格来源"预警提示",单击"保存",如图 4-23 所示。

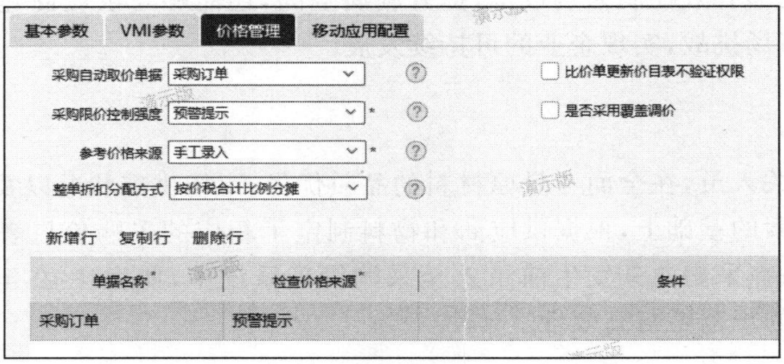

图 4-23　采购管理系统参数设置 3

（4）修改配件公司的采购管理系统参数。切换组织机构为"爱运动配件公司"，在基本参数页签中勾选"启用订单新变更单""启用变更查询"；在价格管理页签采购自动取价单据勾选"采购订单""工序转移单""工序加工结算单"，采购限价控制强度勾选"预警提示"，单据名称选择"采购订单""工序转移单""工序加工结算单"，检查价格来源"预警提示"，单击"保存"，退出。如图 4-24 所示。

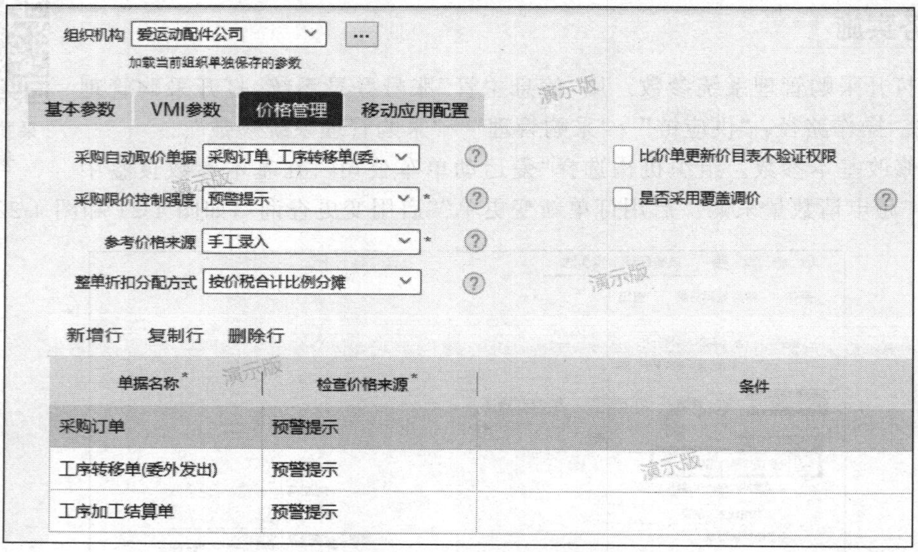

图 4-24　采购管理系统参数设置 4

（5）关闭所有页签。

二、采购价格管理

在采购管理的诸多环节中，价格管理扮演着举足轻重的角色。合理的采购价格不仅是成本控制的关键，更是确保企业采购活动能够持续、稳定地支撑整体运营的重要保障。

采购价格管理是一个涵盖多个细致步骤的复杂过程，主要包括询价、定价、调价等关键环节。其中，询价是获取市场价格信息、筛选潜在供应商的重要步骤；定价则是基于询价结果、供应商表现、产品质量等多方面因素，确定最终采购价格的过程；而调价则是在市场环境变化、供应链动态调整等情况下，对采购价格进行适时调整的策略。

这些环节相互关联、相互影响，共同构成了采购价格管理的完整体系。通过科学的价格管理策略，企业不仅能够有效控制采购成本，提升利润空间，还能够与供应商建立长期稳定的合作关系，共同应对市场挑战，实现企业的可持续发展。

业务场景

采购部门的相关人员，在全面考量原材料的品质优劣、市场供需状况以及各供应商提供的价格信息等多重因素的基础上，根据供应商和物料制定了相应的采购价目表。价目表经过部门经理审核无误后，在采购业务发生前录入至采购管理系统中，如表 4-42 至表 4-48 所示，以确保后续采购活动的规范性与高效性。

表 4-42　采购价目表 1

编码	自动生成		采购组织	爱运动单车公司	
名称	宁波帕洛斯塑料有限公司价目表				
供应商	宁波帕洛斯塑料有限公司				
是否含税	是		币别	人民币	
是否默认价目表	是		价格类型	采购	
物料编码	物料名称	规格型号	含税单价	最低限价	生效日期	失效日期
109002	PA		20	20	2023/10/1	2100/1/1

表 4-43　采购价目表 2

编码	自动生成		采购组织	爱运动单车公司	
名称	苏州拜克配件有限公司价目表				
供应商	苏州拜克配件有限公司				
是否含税	是		币别	人民币	
是否默认价目表	是		价格类型	采购	
物料编码	物料名称	规格型号	含税单价	最低限价	生效日期	失效日期
103001	轮胎	通勤 28 英寸	35	35	2023/10/1	2100/1/1
103003	轮胎	山地 28 英寸	45	45	2023/10/1	2100/1/1
103002	轮胎	通勤 26 英寸	30	30	2023/10/1	2100/1/1
201001	车把手		32	32	2023/10/1	2100/1/1
201002	车座		27	27	2023/10/1	2100/1/1
201003	链条		33	33	2023/10/1	2100/1/1
201004	脚蹬部件		25	25	2023/10/1	2100/1/1
201005	飞轮	多级飞轮	60	60	2023/10/1	2100/1/1
201006	飞轮	单级飞轮	50	50	2023/10/1	2100/1/1
303002	遮泥板	普通	21	21	2023/10/1	2100/1/1

表 4-44　采购价目表 3

编码	自动生成		采购组织	爱运动单车公司	
名称	南京斯丹达制造有限公司价目表				
供应商	南京斯丹达制造有限公司				
是否含税	是		币别	人民币	
是否默认价目表	是		价格类型	采购	
物料编码	物料名称	规格型号	含税单价	最低限价	生效日期	失效日期
201006	飞轮	单级飞轮	51	51	2023/10/1	2100/1/1
303002	遮泥板	普通	22	22	2023/10/1	2100/1/1
102003	直运销售自行车	公路 26 英寸	350	350	2023/10/1	2100/1/1

表 4-45　采购价目表 4

编码	自动生成			采购组织		爱运动单车公司	
名称	温州思迪钢材有限公司价目表						
供应商	温州思迪钢材有限公司						
是否含税	是			币别		人民币	
是否默认价目表	是			价格类型		采购	
物料编码	物料名称	规格型号	含税单价	最低限价	生效日期	失效日期	
101001	碳素铜管	φ5.2	60	60	2023/10/1	2100/1/1	
101002	合金钢管	φ5.2	40	40	2023/10/1	2100/1/1	
102003	钢圈	山地 28 英寸	35	35	2023/10/1	2100/1/1	
109001	钢条	φ0.8×32cm	5	5	2023/10/1	2100/1/1	

表 4-46　采购价目表 5

编码	自动生成			采购组织		爱运动单车公司	
名称	宁波塑料制品有限公司价目表						
供应商	宁波塑料制品有限公司						
是否含税	是			币别		人民币	
是否默认价目表	是			价格类型		委外	
物料编码	物料名称	规格型号	含税单价	最低限价	生效日期	失效日期	
301002	车架	26 英寸(碳素)	45	45	2023/10/1	2100/1/1	

表 4-47　采购价目表 6

编码	自动生成			采购组织		爱运动单车公司	
名称	宁波金属科技有限公司价目表						
供应商	宁波金属科技有限公司						
是否含税	是			币别		人民币	
是否默认价目表	是			价格类型		委外	
物料编码	物料名称	规格型号	含税单价	最低限价	生效日期	失效日期	
302003	车轮	女式 26 英寸	28	28	2023/10/1	2100/1/1	

表 4-48　采购价目表 7

编码	自动生成			采购组织		爱运动单车公司	
名称	自动化设备有限公司价目表						
供应商	自动化设备有限公司						
是否含税	是			币别		人民币	
是否默认价目表	是			价格类型		采购	
物料编码	物料名称	规格型号	含税单价	最低限价	生效日期	失效日期	
902001	注塑自动线	ZS001	1 000 000	1 000 000	2023/10/1	2100/1/1	

2023 年 10 月 1 日,单车公司收到了来自苏州拜克配件有限公司的正式通知,告知其对飞轮产品的出售价格将进行统一上调。鉴于此情况,单车公司的采购团队迅速响应,通过调价单的形式对相应的采购单价进行了调整,确保价格信息的实时更新与准确性,具体调整情况如表 4-49 所示。

表 4-49　采购调价表

采购组织	爱运动单车公司		供应商	苏州拜克配件有限公司	
名称	苏州拜克配件有限公司调价		调价原因	临时询价	
日期	2023/10/1		价目表	苏州拜克配件有限公司价目表	
价目表生效日期	2023/10/1		价目表失效日期	2100/1/1	
调价类型	物料编码	物料名称	规格型号	调前含税单价	调后含税单价	调价幅度/%
修改	201005	飞轮	多级飞轮	60	61	1.67
修改	201006	飞轮	单级飞轮	50	51	2

2023 年 10 月 1 日,温州思迪钢材有限公司根据采购数量对碳素铜管产品实施了价格折扣政策。单车公司的采购部门在接到通知后,利用折扣表对采购单价进行了相应的调整,以最大化利用价格优惠,具体折扣调整情况如表 4-50 所示。

表 4-50　采购折扣表

编码	自动生成				采购组织			爱运动单车公司				
名称	温州思迪钢材有限公司折扣表											
供应商	温州思迪钢材有限公司											
是否默认折扣表	是											
物料编码	物料名称	规格型号	折扣类型	折扣依据	计价单位	从	至	折扣方式	折扣率/%	分摊方式	折扣方向	生效日期	失效日期
101001	碳素铜管	φ5.2	行折扣	数量折扣	米	20	999 999	折扣率	5	数量	正向	2023/10/1	2100/1/1

业务分析

系统中录入采购价目表,并设置为默认价目表后,后续在系统中录入相应供应商的采购订单时就会自动带出采购价格,如果有调价表或者折扣表的话,相应的调价或折扣也会直接影响价格。

业务实施

（1）打开采购价目表列表。用"信息主管"账号登录系统,切换系统组织为"爱运动单车公司",打开采购价目表列表。操作路径:"供应链"→"采购管理"→"采购价目表列表"。

（2）新增采购价目表。单击"新增",选择采购组织为"爱运动单车公司",填入名称、价格类型为"采购",选择供应商,勾选默认价目表、物料编码、价格、生效日期为"2023/10/1",其他保持默认,保存,提交,审核,退出。

（3）依次新增所有采购价目表(委外类型价目表的价格类型选择"委外")。

（4）生成采购调价表。操作路径:"供应链"→"采购管理"→"采购价目表列表"。选择需要下推调价表的价目表,单击"下推",选择"采购调价表",填入名称、选择调价原因、修改日期、输入调后含税单价,其他保持默认,保存,提交,审核,退出。

（5）生成采购折扣表。操作路径:"供应链"→"采购管理"→"采购价目表列表"。选择需要下推折扣表的价目表,单击"下推",选择"采购折扣表",填入名称,勾选默认折扣表,填写从、至、折扣率、生效日期"2023/10/1",其他保持默认,保存,提交,审核,退出。

采购价目表、调价表、折扣表

（6）关闭所有页签。

⟶ 注意事项

（1）新增采购价目表时，如果选不到物料编码为"303002"、名称为"遮泥板"的物料，原因可能是"303002"物料的物料属性是自制件，默认的物料控制未勾选"允许采购"。需要到使用组织为"爱运动集团"的该物料资料中修改控制属性，勾选"允许采购"。

（2）新增委外类型的价目表时选不到委外属性的供应商。原因可能是采购价目表的价格类型未选择"委外"，也有可能是该供应商基础资料中的供应商类别不是"委外"，需要到使用组织为"爱运动集团"的该供应商资料中修改供应商类别为"委外"。

三、采购管理演练

标准采购指企业向供应商购买符合质量要求的正常生产运营所需要的物质，即生产性物料的常规采购。标准采购是企业最常见的一种采购业务类型，适用于各种工业和商业企业。标准采购通常情况下就是赊购，即购销双方利用商业信用进行购销交易。

标准采购业务类型需要进行以下业务处理。

（1）采购申请。物料使用部门搜集、汇总采购需求，向采购部门提出采购申请。

（2）采购订单。采购部门接到采购申请后确定货源，选择合理的供应商，并明确交易条款，向供应商下达标准采购订单。

（3）采购收料。通过收料单安排供应商送货，收料单记录供应商供货的详细信息，包括数量、批次等，如果物料需要检验，需根据收料单做质量检验，将检验结果记录在收料单上。

（4）采购入库。供应商送货经过检验后，合格品办理正式入库。采购入库是物权转移的一个标准，代表着采购物料的所有权由供应商转移给企业。

（5）采购退料。采购检验后出现的不合格品将退回给供应商，这种情况称为检验退料。物料正式入库后再发生的退料，称为库存退料。

（6）采购结算。根据实际采购入库情况确认应付款，与供应商进行采购结算。

（一）标准采购

📚 业务场景

2023年10月2日，爱运动单车公司生产管理部一名生管人员正式提交采购申请，申请中指出需要原材料PA，物料编码为109002，采购需求数量为100千克，建议供应商为宁波帕洛斯塑料有限公司。

当日经过主管部门审核后，采购部根据采购申请单下达采购订单。

10月7日，采购部门预计所订购的原材料PA将于次日抵达公司仓库，采购员预先从采购订单中生成了收料通知单，并及时通知了仓库管理员，以便做好接收准备。

10月8日，材料到达仓库，单车公司仓库办理原材料入库手续。

系统根据审核后的外购入库单自动生成应付单，10月8日，单车公司的财务部门依据实际的采购入库情况，仔细确认了应付金额，并与供应商进行了采购结算的相关操作，同时对应付单据进行了审核。

同日，收到供应商开具的发票，单车公司财务根据发票在系统中生成采购增值税专用发票。

各项业务数据如表 4-51 至表 4-56 所示,本业务所有单据的需求组织、采购组织、收料组织都是爱运动单车公司。

表 4-51　采购申请单

单据类型	标准采购申请		
申请日期	2023/10/2	申请组织	爱运动单车公司
申请类型	物料	申请部门	生产管理部
币别	人民币	申请人	单车公司生管
物料编码	物料名称	申请数量	申请单位	到货日期	建议供应商
109002	PA	100	千克	2023/10/10	宁波帕洛斯塑料有限公司

表 4-52　采购订单

单据类型	标准采购订单						
采购组织	爱运动单车公司		采购日期	2023/10/2			
采购部门	采购部		供应商	宁波帕洛斯塑料有限公司			
币别	人民币		采购员	单车公司采购			
价目表	宁波帕洛斯塑料有限公司价目表		付款条件	月结 30 天			
物料编码	物料名称	采购数量	采购单位	交货日期	含税单价	税率/%	税额	价税合计
109002	PA	100	千克	2023/10/10	20	13	230.09	2 000

表 4-53　收料通知单

单据类型	标准收料单		
收料组织	爱运动单车公司	收料日期	2023/10/7
采购部门	采购部	供应商	宁波帕洛斯塑料有限公司
币别	人民币	采购员	单车公司采购
价目表	宁波帕洛斯塑料有限公司价目表	付款条件	月结 30 天
物料编码	物料名称	交货数量	收料单位	预计到货日期	仓库
109002	PA	100	千克	2023/10/7	单车公司原材料仓库

表 4-54　采购入库单

单据类型	标准采购入库		
库存组织	爱运动单车公司	入库日期	2023/10/8
采购部门	采购部	供应商	宁波帕洛斯塑料有限公司
币别	人民币	采购员	单车公司采购
价目表	宁波帕洛斯塑料有限公司价目表	付款条件	月结 30 天
物料编码	物料名称	实收数量	库存单位	仓库	库存状态
109002	PA	100	千克	单车公司原材料仓库	可用

表 4-55　应付单

单据类型	标准应付单						
采购组织	爱运动单车公司		业务日期	2023/10/8			
采购部门	采购部		到期日	2023/11/30			
币别	人民币		供应商	宁波帕洛斯塑料有限公司			
价目表	宁波帕洛斯塑料有限公司价目表		付款条件	月结 30 天			
物料编码	物料名称	计价数量	计价单位	含税单价	税率/%	税额	不含税金额	价税合计
109002	PA	100	千克	20	13	230.09	1 769.91	2 000

表 4-56　采购增值税发票

业务日期	2023/10/8		发票号	NBPLS001			
发票日期	2023/10/11		供应商	宁波帕洛斯塑料有限公司			
币别	人民币		结算组织	爱运动单车公司			
价税合计	2 000		采购组织	爱运动单车公司			
物料编码	物料名称	计价数量	计价单位	含税单价	税率/%	税额	不含税金额	价税合计
109002	PA	100	千克	20	13	230.09	1 769.91	2 000

业务分析

　　采购流程是企业从确定采购需求到完成采购任务的一系列过程,它确保了企业能够高效地获取所需的物资或服务,如图 4-25 所示。

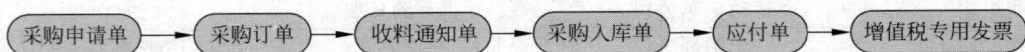

采购申请单 → 采购订单 → 收料通知单 → 采购入库单 → 应付单 → 增值税专用发票

图 4-25　标准采购业务流程图

业务实施

　　(1)打开采购申请单列表。用"信息主管"账号登录系统,切换系统组织为"爱运动单车公司",打开采购申请单列表。操作路径:"供应链"→"采购管理"→"采购申请单列表"。

　　(2)新增采购申请单。单击"新增",选择单据类型为"标准采购申请"、采购组织为"爱运动单车公司",填入日期、申请部门、申请人,填入物料编码、申请数量、到货日期、建议供应商,其他保持默认,保存,提交,审核。

　　(3)生成采购订单。从采购申请单单击"下推",生成采购订单。修改采购订单的日期、采购员,检查数量、价格、交货日期等其他字段信息是否正确,保存,提交,审核。

　　(4)生成收料通知单。从采购订单单击"下推",生成收料通知单。修改收料通知单的日期、预计到货日期,检查仓库、数量等其他字段信息是否正确,保存,提交,审核。

　　(5)生成采购入库单。从收料通知单单击"下推",生成采购入库单。修改采购入库单的日期,检查数量、仓库等其他字段信息是否正确,保存,提交,审核。采购入库单审核后系统会自动生成应付单。

　　(6)打开应付单列表。操作路径:"财务会计"→"应付款管理"→"应付单列表"。

　　(7)修改应付单信息。双击打开刚刚系统自动生成的"应付单",修改应付单的业务日期,检查到期日等其他字段信息是否正确,保存,提交,审核。

　　(8)生成采购增值税专用发票。从应付单单击"下推"生成采购增值税专用发票。修改采购增值税专用发票的业务日期、发票日期和发票号,检查数量、金额等其他字段信息是否正确,保存,提交,审核。

　　(9)关闭所有页签。

注意事项

　　如果采购申请单选不到申请人,原因可能是员工任岗信息错误,可以打开员工任岗明细列表查看任岗信息,删除错误的任岗信息后,新增正确的任岗信息即可。

（二）采购退料

采购退料是指由于供应商供货质量问题、运输损坏、生产过程损坏等原因，需要将供应商提供的物料退回给供应商的业务。采购退料按应用场景可以分为两种类型：检验退料和库存退料。

（1）检验退料。企业质量部门对供应商送货进行质量检验，根据质量检验结果将不合格品退回给供应商，在质量检验环节发生的退料称为检验退料。物料进行质量检验时，物料的所有权没有发生变化，所有权仍然是供应商，所以检验退料只涉及库存业务的处理，不涉及财务处理。如果是即时退料，仓库将根据采购收料单做采购退料单将不合格品退回给供应商。如果是集中退料，仓库将根据采购订单或退料申请单做采购退料单进行检验退料。

（2）库存退料。由于质量部门对供应商送货采用批量抽检的方法，因此抽检合格不代表全部物料都合格。在库存、生产或使用过程中发现的不合格品也需要退回给供应商，这种检验入库后发生的退料称为库存退料。物料检验入库后所有权已经发生变化，其所有权属于企业，所以库存退料既涉及库存业务的处理，又涉及财务处理，如减少应付账款，开具红字发票等。如果是即时退料，仓库将根据采购入库单做采购退料单，将不合格品退回给供应商。如果是集中退料，仓库将根据采购订单或退料申请单，做采购退料单进行检验退料。

📚 业务场景

2023 年 10 月 3 日，生产管理部提出采购申请，请求采购 101001 碳素铜管（规格型号：$\phi 5.2$）50 米，101002 合金钢管（规格型号：$\phi 5.2$）100 米，建议供应商为温州思迪钢材有限公司。

10 月 4 日，爱运动单车公司采购向供应商温州思迪钢材有限公司下达采购订单，同时引用最新的采购价目表和折扣表。

10 月 10 日，采购部门通知仓库准备接收即将到达的物料。

10 月 12 日，钢管到达爱运动单车公司原材料仓，仓管人员验收入库，并制作审核了采购入库单。

10 月 12 日，爱运动单车公司财务根据实际采购入库情况确认应付，与供应商进行采购结算，审核应付单。

然而，在后续的产品使用检查过程中，由于某些原因，双方协商决定对部分物料进行退换。其中 101001 碳素铜管（规格型号：$\phi 5.2$）10 米需要退料并补料，101002 合金钢管（规格型号：$\phi 5.2$）5 米直接退料并扣款。由原材料仓向供应商完成退料。

10 月 14 日，原材料仓向供应商完成退料手续。

10 月 15 日，供应商对 101001 碳素铜管（规格型号：$\phi 5.2$）补料 10 米，通知仓库入库，仓库当天完成入库。

10 月 15 日，爱运动单车公司财务分别根据采购退料和补料情况确认应付，与供应商进行采购结算，审核应付单。

10 月 15 日收到供应商开具的发票，爱运动单车公司财务根据发票在系统中生成相应的采购增值税专用发票。

本业务所有单据的需求组织、采购组织、收料组织都是爱运动单车公司，各项业务数据如表 4-57 至表 4-69 所示。

表 4-57 采购申请

单据类型	标准采购申请					
申请日期	2023/10/3		申请组织		爱运动单车公司	
申请类型	物料		申请部门		生产管理部	
币别	人民币		申请人		单车公司生管	
物料编码	物料名称	规格型号	申请数量	申请单位	到货日期	建议供应商
101001	碳素铜管	φ5.2	50	米	2023/10/15	温州思迪钢材有限公司
101002	合金钢管	φ5.2	100	米	2023/10/15	温州思迪钢材有限公司

表 4-58 采购订单

单据类型	标准采购订单									
采购组织	爱运动单车公司					采购日期			2023/10/4	
采购部门	采购部					供应商			温州思迪钢材有限公司	
币别	人民币					采购员			单车公司采购	
价目表	温州思迪钢材有限公司价目表					付款条件			货到付款	
折扣表						温州思迪钢材有限公司折扣表				
物料编码	物料名称	规格型号	采购数量	采购单位	交货日期	含税单价	折扣率/%	折扣额	税率/%	税额	价税合计
101001	碳素铜管	φ5.2	50	米	2023/10/15	60	5	150	13	327.88	2 850
101002	合金钢管	φ5.2	100	米	2023/10/15	40			13	460.18	4 000

表 4-59 收料通知单

单据类型	标准收料单					
收料组织	爱运动单车公司			收料日期		2023/10/10
采购部门	采购部			供应商		温州思迪钢材有限公司
币别	人民币			采购员		单车公司采购
价目表	温州思迪钢材有限公司价目表			付款条件		货到付款
折扣表				温州思迪钢材有限公司折扣表		
物料编码	物料名称	规格型号	交货数量	收料单位	预计到货日期	仓库
101001	碳素铜管	φ5.2	50	米	2023/10/10	单车公司原材料仓库
101002	合金钢管	φ5.2	100	米	2023/10/10	单车公司原材料仓库

表 4-60 采购入库单

单据类型	标准采购入库					
库存组织	爱运动单车公司			入库日期		2023/10/12
采购部门	采购部			供应商		温州思迪钢材有限公司
币别	人民币			采购员		单车公司采购
价目表	温州思迪钢材有限公司价目表			付款条件		货到付款
折扣表				温州思迪钢材有限公司折扣表		
物料编码	物料名称	规格型号	实收数量	库存单位	仓库	库存状态
101001	碳素铜管	φ5.2	50	米	单车公司原材料仓库	可用
101002	合金钢管	φ5.2	100	米	单车公司原材料仓库	可用

表 4-61　应付单

单据类型						标准应付单					
采购组织		爱运动单车公司				业务日期		2023/10/12			
采购部门		采购部				到期日		2023/10/12			
币别		人民币				供应商		温州思迪钢材有限公司			
价目表		温州思迪钢材有限公司价目表				付款条件		货到付款			
折扣表						温州思迪钢材有限公司折扣表					
物料编码	物料名称	规格型号	计价数量	计价单位	含税单价	折扣率/%	折扣额	税率/%	税额	不含税金额	价税合计
101001	碳素铜管	φ5.2	50	米	60	5	150	13	327.88	2 522.12	2 850
101002	合金钢管	φ5.2	100	米	40			13	460.18	3 539.82	4 000

表 4-62　采购退料单（退料补料）

单据类型		标准退料单					
退料组织		爱运动单车公司		退料日期		2023/10/14	
采购部门		采购部		供应商		温州思迪钢材有限公司	
币别		人民币		采购员		单车公司采购	
价目表		温州思迪钢材有限公司价目表		付款条件		货到付款	
折扣表		温州思迪钢材有限公司折扣表		退料类型		库存退料	
补料方式		按源单补料		退料方式		退料补料	
物料编码	物料名称	规格型号	实退数量	补料数量	扣款数量	库存单位	仓　库	库存状态
101001	碳素铜管	φ5.2	10	10	10	米	单车公司原材料仓库	可用

表 4-63　应付单（退料补料）

单据类型						标准应付单					
采购组织		爱运动单车公司				业务日期		2023/10/14			
采购部门		采购部				到期日		2023/10/14			
币别		人民币				供应商		温州思迪钢材有限公司			
价目表		温州思迪钢材有限公司价目表				付款条件		货到付款			
折扣表						温州思迪钢材有限公司折扣表					
物料编码	物料名称	规格型号	计价数量	计价单位	含税单价	折扣率/%	折扣额	税率/%	税额	不含税金额	价税合计
101001	碳素铜管	φ5.2	−10	米	60	5	−30	13	−65.58	−504.42	−570

表 4-64　采购退料单（退料并扣款）

单据类型		标准退料单					
退料组织		爱运动单车公司		退料日期		2023/10/14	
采购部门		采购部		供应商		温州思迪钢材有限公司	
币别		人民币		采购员		单车公司采购	
价目表		温州思迪钢材有限公司价目表		付款条件		货到付款	
退料类型		库存退料		退料方式		退料并扣款	
折扣表		温州思迪钢材有限公司折扣表					
物料编码	物料名称	规格型号	实退数量	补料数量	扣款数量	库存单位	仓　库	库存状态
101002	合金钢管	φ5.2	5	0	5	米	单车公司原材料仓库	可用

表 4-65 应付单（退料并扣款）

单据类型			标准应付单								
采购组织		爱运动单车公司				业务日期		2023/10/14			
采购部门		采购部				到期日		2023/10/14			
币别		人民币				供应商		温州思迪钢材有限公司			
价目表		温州思迪钢材有限公司价目表				付款条件		货到付款			
折扣表						温州思迪钢材有限公司折扣表					
物料编码	物料名称	规格型号	计价数量	计价单位	含税单价	折扣率/%	折扣额	税率/%	税额	不含税金额	价税合计
101002	合金钢管	φ5.2	−5	米	40			13	−23.01	−176.99	−200

表 4-66 收料通知单（补料）

单据类型	标准收料单		
收料组织	爱运动单车公司	收料日期	2023/10/15
采购部门	采购部	供应商	温州思迪钢材有限公司
币别	人民币	采购员	单车公司采购
价目表	温州思迪钢材有限公司价目表	付款条件	货到付款
折扣表		温州思迪钢材有限公司折扣表	
物料编码	物料名称	规格型号	交货数量	收料单位	预计到货日期	仓库
101001	碳素铜管	φ5.2	10	米	2023/10/15	单车公司原材料仓库

表 4-67 采购入库单（补料）

单据类型	标准采购入库		
库存组织	爱运动单车公司	入库日期	2023/10/15
采购部门	采购部	供应商	温州思迪钢材有限公司
币别	人民币	采购员	单车公司采购
价目表	温州思迪钢材有限公司价目表	付款条件	货到付款
折扣表		温州思迪钢材有限公司折扣表	
物料编码	物料名称	规格型号	实收数量	库存单位	仓库	库存状态
101001	碳素铜管	φ5.2	10	米	单车公司原材料仓库	可用

表 4-68 应付单（补料）

单据类型			标准应付单								
采购组织		爱运动单车公司				业务日期		2023/10/15			
采购部门		采购部				到期日		2023/10/15			
币别		人民币				供应商		温州思迪钢材有限公司			
价目表		温州思迪钢材有限公司价目表				付款条件		货到付款			
折扣表						温州思迪钢材有限公司折扣表					
物料编码	物料名称	规格型号	计价数量	计价单位	含税单价	折扣率/%	折扣额	税率/%	税额	不含税金额	价税合计
101001	碳素铜管	φ5.2	10	米	60	5	30	13	65.58	504.42	570

表 4-69　采购增值税发票

业务日期	2023/10/15				发票号			WZSD001		
发票日期	2023/10/15				供应商			温州思迪钢材有限公司		
币别	人民币				结算组织			爱运动单车公司		
价税合计	6650				采购组织			爱运动单车公司		
物料编码	物料名称	规格型号	计价数量	计价单位	含税单价	折扣率/%	折扣额	税率/%	税　额	不含税金额	价税合计
101001	碳素铜管	φ5.2	10	千克	60	5	30	13	65.58	504.42	570
101002	合金钢管	φ5.2	−5	千克	40			13	−23.01	−176.99	−200
101001	碳素铜管	φ5.2	−10	千克	60	5	−30	13	−65.58	−504.42	−570
101001	碳素铜管	φ5.2	50	千克	60	5	150	13	327.88	2 522.12	2 850
101002	合金钢管	φ5.2	100	千克	40			13	460.18	3 539.82	4 000

业务分析

本业务的退料类型属于库存退料类型,在金蝶云星空中库存退料又有两种退料方式,退料补料和退料并扣款。如果是退料补料,补料方式可分为"按原单补料"和"创建补料订单"两种方式。采购退料、补料、扣款业务流程图如图 4-26 所示。

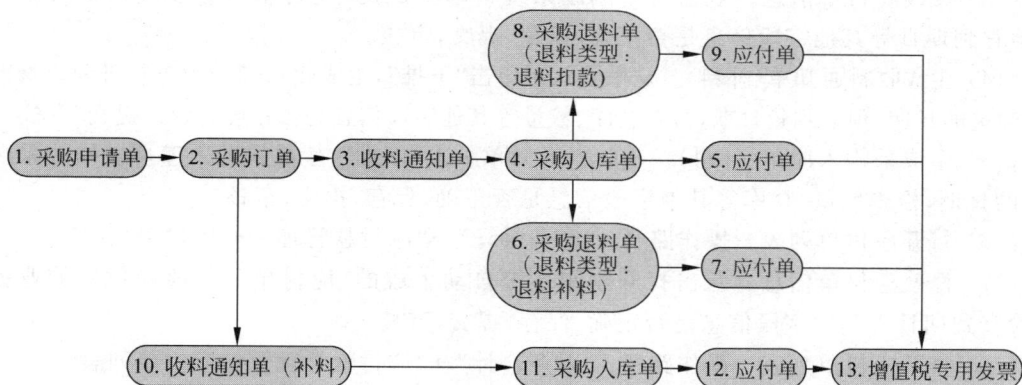

图 4-26　采购退料、补料、扣款业务流程图

业务实施

（1）打开采购订单列表。用"信息主管"账号登录系统,切换系统组织为"爱运动单车公司",打开采购申请单列表。操作路径:"供应链"→"采购管理"→"采购申请单列表"。

（2）新增采购申请单。单击"新增",选择单据类型为"标准采购申请"、采购组织为"爱运动单车公司",填入日期、申请部门、申请人,填入物料编码、申请数量、到货日期、建议供应商。其他保持默认,保存,提交,审核。

（3）生成采购订单。从采购申请单单击"下推",生成采购订单。修改采购订单的日期、采购员、检查数量、价格、交货日期等其他字段信息是否正确,保存,提交,审核。

（4）生成收料通知单。从采购订单单击"下推",生成收料通知单。修改收料通知单的日期、预计到货日期,检查仓库、数量等其他字段信息是否正确,保存,提交,审核。

（5）生成采购入库单。从收料通知单单击"下推",生成采购入库单。修改采购入库单的日期,检查数量、仓库等其他字段信息是否正确,保存,提交,审核。

(6) 打开应付单列表。操作路径:"财务会计"→"应付款管理"→"应付单列表"。

(7) 修改应付单信息。双击打开刚刚系统自动生成的"应付单",修改应付单的业务日期,检查到期日等其他字段信息是否正确,保存,提交,审核。

(8) 打开采购入库单列表并生成采购退料单(退料补料)。操作路径:"供应链"→"采购管理"→"采购入库单列表"。从采购入库单单击"下推",生成采购退料单。修改采购退料单的日期、退料方式"退料补料"、实退数量,检查仓库等其他字段信息是否正确,保存,提交,审核。

(9) 打开应付单列表。操作路径:"财务会计"→"应付款管理"→"应付单列表"。

(10) 修改应付单信息。双击打开刚刚系统自动生成的"应付单",修改应付单的业务日期,检查到期日等其他字段信息是否正确,保存,提交,审核。

(11) 打开采购入库单列表并生成采购退料单(退料扣款)。操作路径:"供应链"→"采购管理"→"采购入库单列表"。从采购入库单单击"下推",生成采购退料单。修改采购退料单的日期、退料方式"退料并扣款"、实退数量,检查仓库等其他字段信息是否正确,保存,提交,审核。

(12) 打开应付单列表。操作路径:"财务会计"→"应付款管理"→"应付单列表"。

(13) 修改应付单信息。双击打开刚刚系统自动生成的"应付单",修改应付单的业务日期,检查到期日等其他字段信息是否正确,保存,提交,审核。

(14) 生成收料通知单(补料)。从采购订单单击"下推",生成收料通知单进行补料。修改收料通知单的日期、预计到货日期,检查仓库、数量等其他字段信息是否正确,保存,提交,审核。

(15) 生成采购入库单(补料)。从收料通知单单击"下推",生成采购入库单。修改采购入库单的日期,检查数量、仓库等其他字段信息是否正确,保存,提交,审核。

(16) 打开应付单列表。操作路径:"财务会计"→"应付款管理"→"应付单列表"。

(17) 修改应付单信息。双击打开刚刚系统自动生成的"应付单",修改应付单的业务日期,检查到期日等其他字段信息是否正确,保存,提交,审核。

(18) 打开应付单列表。操作路径:"财务会计"→"应付款管理"→"应付单列表"。

(19) 生成采购增值税专用发票。选择对应的 4 张应付单单击"下推",一起生成采购增值税专用发票。修改采购增值税专用发票的业务日期、发票日期和发票号,检查数量、金额等其他字段信息是否正确,保存,提交,审核。

(20) 关闭所有页签。

(三) 采购变更

采购订单是企业与供应商进行商品和服务采购的合法凭据,是采购业务管理的核心。由于客户需求变化、计划变化或工程变更等原因,采购订单在执行过程中需要进行变更,采购订单新变更单能直接映射到采购订单,当采购订单出现字段或功能变化后,直接反映到采购订单新变更单中。

业务场景

2023 年 10 月 5 日,生产管理部提出采购申请,申请采购 103001 轮胎(规格型号:通勤 28 英寸)和 103003 轮胎(规格型号:山地 28 英寸)各 50 个,建议供应商为苏州拜克配件有限公司。

10 月 6 日,爱运动单车公司采购向苏州拜克配件有限公司下达采购订单,引用最新的采购价目表。

10 月 6 日,因临时需求调整,需要购买更多的 103001 轮胎,通过采购订单变更采购数量为 100 个。交货日期改为"2023/10/25"。

10 月 8 日,单车公司采购通知仓库收料。

10 月 10 日,轮胎到达单车公司原材料仓,仓管人员验收入库。

10 月 10 日,单车公司财务根据实际采购入库情况确认应付,与供应商进行采购结算,审核应付单。

同时在 10 月 15 日收到供应商开具的发票,单车公司财务根据发票在系统中生成采购增值税专用发票。

各项业务数据如表 4-70 至表 4-76 所示,本业务所有单据的需求组织、采购组织、收料组织都是爱运动单车公司。

表 4-70 采购申请单

单据类型			标准采购申请				
申请日期	2023/10/5		申请组织			爱运动单车公司	
申请类型	物料		申请部门			生产管理部	
币别	人民币		申请人			单车公司生管	
物料编码	物料名称	规格型号	申请数量	申请单位	到货日期	建议供应商	
103001	轮胎	通勤 28 英寸	50	Pcs	2023/10/22	苏州拜克配件有限公司	
103003	轮胎	山地 28 英寸	50	Pcs	2023/10/22	苏州拜克配件有限公司	

表 4-71 采购订单

单据类型			标准采购订单							
采购组织	爱运动单车公司				采购日期		2023/10/6			
采购部门	采购部				供应商		苏州拜克配件有限公司			
币别	人民币				采购员		单车公司采购			
价目表	苏州拜克配件有限公司价目表				付款条件		月结 30 天			
物料编码	物料名称	规格型号	采购数量	采购单位	交货日期	含税单价	税率/%	税 额	价税合计	
103001	轮胎	通勤 28 英寸	50	Pcs	2023/10/22	35	13	201.33	1 750	
103003	轮胎	山地 28 英寸	50	Pcs	2023/10/22	45	13	258.85	2 250	

表 4-72 采购订单新变更单

单据类型			标准采购订单						
采购组织	爱运动单车公司				采购日期		2023/10/6		
采购部门	采购部				供应商		苏州拜克配件有限公司		
币别	人民币				采购员		单车公司采购		
价目表	苏州拜克配件有限公司价目表				付款条件		月结 30 天		
变成原因	因临时需求调整,需要购买更多的 103001 轮胎,数量从原来的 50 个变为 100 个,交货日期改为 2023/10/25								
变更类型	物料编码	物料名称	规格型号	原采购数量	采购数量	采购单位	交货日期	含税单价	税率/%	税额	价税合计
修改	103001	轮胎	通勤 28 英寸	50	100	Pcs	2023/10/25	35	13	402.65	3 500

表 4-73　收料通知单

单据类型	标准收料单		
收料组织	爱运动单车公司	收料日期	2023/10/8
采购部门	采购部	供应商	苏州拜克配件有限公司
币别	人民币	采购员	单车公司采购
价目表	苏州拜克配件有限公司价目表	付款条件	月结 30 天
物料编码	物料名称	规格型号	交货数量	收料单位	预计到货日期	仓　库
103001	轮胎	通勤 28 英寸	100	Pcs	2023/10/22	单车公司原材料仓库
103003	轮胎	山地 28 英寸	50	Pcs	2023/10/22	单车公司原材料仓库

表 4-74　采购入库

单据类型	标准采购入库		
库存组织	爱运动单车公司	入库日期	2023/10/10
采购部门	采购部	供应商	苏州拜克配件有限公司
币别	人民币	采购员	单车公司采购
价目表	苏州拜克配件有限公司价目表	付款条件	月结 30 天
物料编码	物料名称	规格型号	实收数量	库存单位	仓　库	库存状态
103001	轮胎	通勤 28 英寸	100	Pcs	单车公司原材料仓库	可用
103003	轮胎	山地 28 英寸	50	Pcs	单车公司原材料仓库	可用

表 4-75　应付单

单据类型	标准应付单		
采购组织	爱运动单车公司	业务日期	2023/10/10
采购部门	采购部	到期日	2023/11/30
币别	人民币	供应商	苏州拜克配件有限公司
价目表	苏州拜克配件有限公司价目表	付款条件	月结 30 天
物料编码	物料名称	计价数量	计价单位	含税单价	税率/%	税　额	不含税金额	价税合计
103001	轮胎	100	Pcs	35	13	402.65	3 097.35	3 500
103003	轮胎	50	Pcs	45	13	258.85	1 991.15	2 250

表 4-76　采购增值税发票

业务日期	2023/10/15	发票号	SZBK001
发票日期	2023/10/16	供应商	苏州拜克配件有限公司
币别	人民币	结算组织	爱运动单车公司
价税合计	5 750	采购组织	爱运动单车公司
物料编码	物料名称	计价数量	计价单位	含税单价	税率/%	税　额	不含税金额	价税合计
103001	轮胎	100	Pcs	35	13	402.65	3 097.35	3 500
103003	轮胎	50	Pcs	45	13	258.85	1 991.15	2 250

业务分析

　　采购变更单可以记录采购过程中的每一次变更,保留历史采购变更记录,方便后续的信息查询和审计。同时,采购变更单清晰地展示了变更的原因、内容、影响等信息,使得相关单位或部门能够了解采购变更的全貌。本业务的流程图如图 4-27 所示。

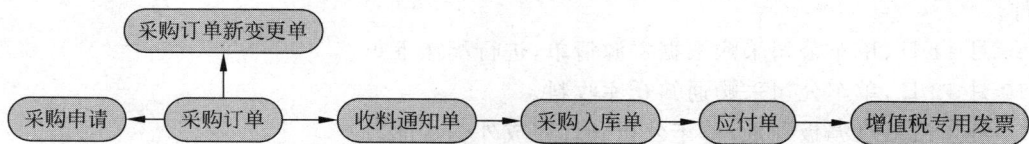

图 4-27　采购订单新变更业务流程图

业务实施

（1）打开采购申请单列表。用"信息主管"账号登录系统，切换系统组织为"爱运动单车公司"，打开采购申请单列表。操作路径："供应链"→"采购管理"→"采购申请单列表"。

（2）新增采购申请单。单击"新增"，选择单据类型为"标准采购申请"、采购组织为"爱运动单车公司"，填入日期、申请部门、申请人、物料编码、申请数量、到货日期、建议供应商，其他保持默认，保存，提交，审核。

（3）生成采购订单。从采购申请单单击"下推"，生成采购订单。修改采购订单的日期、采购员、检查数量、价格、交货日期等其他字段信息，保存，提交，审核。

（4）打开采购订单列表并生成采购变更单。操作路径："供应链"→"采购管理"→"采购订单列表"，勾选需要变更的采购订单，单击"业务操作"→"修改变更"，在采购订单新变更单填入变更原因、采购数量、交货日期，保存，提交，审核，系统会自动生效。

（5）生成收料通知单。从采购订单单击"下推"，生成收料通知单。修改收料通知单的日期、预计到货日期，检查仓库、数量等其他字段信息是否正确，保存，提交，审核。

（6）生成采购入库单。从收料通知单单击"下推"，生成采购入库单。修改采购入库单的日期，检查数量、仓库等其他字段信息是否正确。保存，提交，审核。

（7）打开应付单列表。操作路径："财务会计"→"应付款管理"→"应付单列表"。

（8）修改应付单信息。双击打开刚刚系统自动生成的"应付单"，修改应付单的业务日期，检查到期日等其他字段信息是否正确，保存，提交，审核。

（9）生成采购增值税专用发票。从应付单单击"下推"，生成采购增值税专用发票。修改采购增值税专用发票的业务日期、发票日期和发票号，检查数量、金额等其他字段信息是否正确，保存，提交，审核。

（10）关闭所有页签。

注意事项

采购订单新变更单审核生效后，如果发现变更单错误并且无法删除，可以通过再次变更修正错误的变更内容。

（四）配额采购

当物料与多个供应商达成了供应合同，为了保持与每个供应商的合作关系，公司需要将采购需求按一定比例分配给合作供应商，这时就需要用配额下单的方式。

业务场景

为了满足配额采购业务，爱运动单车公司新增了 303002 遮泥板物料的货源清单。

2023 年 10 月 10 日,生产管理部提出采购申请,需要 303002 遮泥板(规格型号:普通)100 件。

10 月 11 日,单车公司采购根据资源清单,进行配额下单。

10 月 12 日,单车公司采购通知仓库收料。

10 月 12 日,遮泥板到货,单车公司仓管完成外购入库。

10 月 12 日,单车公司财务根据实际采购入库情况确认应付,与供应商进行采购结算,审核应付单。

同时在 10 月 13 日收到供应商开具的发票,单车公司财务根据发票在系统中生成采购增值税专用发票。各项业务数据如表 4-77 至表 4-89 所示,本业务所有单据的需求组织、采购组织、收料组织都是爱运动单车公司。

表 4-77　货源清单

采购组织	爱运动单车公司				名称		303002 遮泥板货源清单			
供应类别	物料编码	物料名称	规格型号	供 应 商	供货状态	生效日期	失效日期	配额比例/%	配额顺序
采购	303002	遮泥板	普通	苏州拜克配件有限公司	正常供货	2023/10/1	2100/1/1	70	1
采购	303002	遮泥板	普通	南京斯丹达制造有限公司	正常供货	2023/10/1	2100/1/1	30	1

表 4-78　采购申请单

单据类型		标准采购申请				
申请日期	2023/10/10		申请组织		爱运动单车公司	
申请类型	物料		申请部门		生产管理部	
币别	人民币		申请人		单车公司生管	
物料编码	物料名称	规格型号	申请数量	申请单位	到货日期	建议供应商
303002	遮泥板	普通	100	Pcs	2023/10/30	

表 4-79　配额下单

选择	物料编码		物料名称	申请数量	采购单位		剩余批准数量		需求日期	
√	303002		遮泥板	100	Pcs		100		2023/10/30	
选中	供 应 商	物料	采购单位	分配数量	交货日期	配额比例/%	配额方式	分配比例/%	参考价格	付款条件
√	南京斯丹达制造有限公司	遮泥板	Pcs	30	2023/10/30	30	固定比例	30	19.469 027	月结 30 天
√	苏州拜克配件有限公司	遮泥板	Pcs	70	2023/10/30	70	固定比例	70	18.584 071	月结 30 天

表 4-80　采购订单 1

单据类型		标准采购订单					
采购组织	爱运动单车公司			采购日期		2023/10/11	
采购部门	采购部			供应商		南京斯丹达制造有限公司	
币别	人民币			采购员		单车公司采购	
价目表	南京斯丹达制造有限公司价目表			付款条件		月结 30 天	
物料编码	物料名称	规格型号	采购数量	采购单位	交货日期	含税单价	税率/%	税额	价税合计
303002	遮泥板	普通	30	Pcs	2023/10/30	22	13	75.93	660

表 4-81 采购订单 2

单据类型	标准采购订单								
采购组织	爱运动单车公司				采购日期		2023/10/11		
采购部门	采购部				供应商		苏州拜克配件有限公司		
币别	人民币				采购员		单车公司采购		
价目表	苏州拜克配件有限公司价目表				付款条件		月结 30 天		
物料编码	物料名称	规格型号	采购数量	采购单位	交货日期	含税单价	税率/%	税额	价税合计
303002	遮泥板	普通	70	Pcs	2023/10/30	21	13	169.12	1 470

表 4-82 收料通知单 1

单据类型	标准收料单						
收料组织	爱运动单车公司				收料日期	2023/10/12	
采购部门	采购部				供应商	南京斯丹达制造有限公司	
币别	人民币				采购员	单车公司采购	
价目表	南京斯丹达制造有限公司价目表				付款条件	月结 30 天	
物料编码	物料名称	规格型号	交货数量	收料单位	预计到货日期	仓 库	
303002	遮泥板	普通	30	Pcs	2023/10/30	单车公司半成品仓库	

表 4-83 收料通知单 2

单据类型	标准收料单						
收料组织	爱运动单车公司				收料日期	2023/10/12	
采购部门	采购部				供应商	苏州拜克配件有限公司	
币别	人民币				采购员	单车公司采购	
价目表	苏州拜克配件有限公司价目表				付款条件	月结 30 天	
物料编码	物料名称	规格型号	交货数量	收料单位	预计到货日期	仓 库	
303002	遮泥板	普通	70	Pcs	2023/10/30	单车公司半成品仓库	

表 4-84 采购入库单 1

单据类型	标准采购入库						
库存组织	爱运动单车公司				入库日期	2023/10/12	
采购部门	采购部				供应商	南京斯丹达制造有限公司	
币别	人民币				采购员	单车公司采购	
价目表	南京斯丹达制造有限公司价目表				付款条件	月结 30 天	
物料编码	物料名称	规格型号	实收数量	库存单位	仓 库		库存状态
303002	遮泥板	普通	30	Pcs	单车公司半成品仓库		可用

表 4-85 采购入库单 2

单据类型	标准采购入库						
库存组织	爱运动单车公司				入库日期	2023/10/12	
采购部门	采购部				供应商	苏州拜克配件有限公司	
币别	人民币				采购员	单车公司采购	
价目表	苏州拜克配件有限公司价目表				付款条件	月结 30 天	
物料编码	物料名称	规格型号	实收数量	库存单位	仓 库		库存状态
303002	遮泥板	普通	70	Pcs	单车公司半成品仓库		可用

表 4-86　应付单 1

单据类型	标准应付单							
采购组织	爱运动单车公司			业务日期		2023/10/12		
采购部门	采购部			到期日		2023/11/30		
币别	人民币			供应商		南京斯丹达制造有限公司		
价目表	南京斯丹达制造有限公司价目表			付款条件		月结 30 天		
物料编码	物料名称	计价数量	计价单位	含税单价	税率/%	税额	不含税金额	价税合计
303002	遮泥板	30	Pcs	22	13	75.93	584.07	660

表 4-87　应付单 2

单据类型	标准应付单							
采购组织	爱运动单车公司			业务日期		2023/10/12		
采购部门	采购部			到期日		2023/11/30		
币别	人民币			供应商		苏州拜克配件有限公司		
价目表	苏州拜克配件有限公司价目表			付款条件		月结 30 天		
物料编码	物料名称	计价数量	计价单位	含税单价	税率/%	税额	不含税金额	价税合计
303002	遮泥板	70	Pcs	21	13	169.12	1 300.88	1 470

表 4-88　采购增值税发票 1

业务日期	2023/10/13			发票号		NJSDD001		
发票日期	2023/10/15			供应商		南京斯丹达制造有限公司		
币别	人民币			结算组织		爱运动单车公司		
价税合计	660			采购组织		爱运动单车公司		
物料编码	物料名称	计价数量	计价单位	含税单价	税率/%	税额	不含税金额	价税合计
303002	遮泥板	30	Pcs	22	13	75.93	584.07	660

表 4-89　采购增值税发票 2

业务日期	2023/10/13			发票号		SZBK002		
发票日期	2023/10/15			供应商		苏州拜克配件有限公司		
币别	人民币			结算组织		爱运动单车公司		
价税合计	1470			采购组织		爱运动单车公司		
物料编码	物料名称	计价数量	计价单位	含税单价	税率/%	税额	不含税金额	价税合计
303002	遮泥板	70	Pcs	21	13	169.12	1 300.88	1 470

业务分析

通过配额采购可以将采购需求合理地分配到不同的供应商,不同的物料可以有不同的分配方式,需要采用灵活的分配模式,如可以按比例,按顺序,或者固定的方式来指定供应商。本业务的流程图如图 4-28 所示。

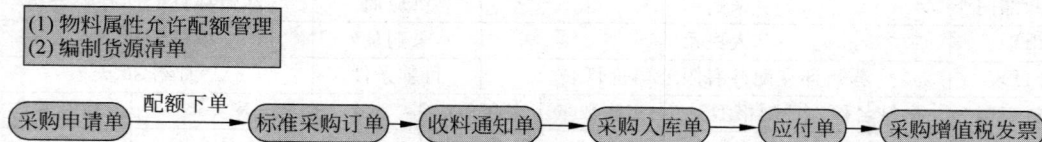

(1) 物料属性允许配额管理
(2) 编制货源清单

采购申请单 →（配额下单）→ 标准采购订单 → 收料通知单 → 采购入库单 → 应付单 → 采购增值税发票

图 4-28　配额采购业务流程图

业务实施

货源清单

配额采购

（1）打开货源清单列表。用"信息主管"账号登录系统，切换系统组织为"爱运动单车公司"，打开货源清单列表。操作路径："供应链"→"采购管理"→"货源清单列表"。

（2）新增货源清单。单击"新增"，选择采购组织为"爱运动单车公司"，填入名称、供应类型、物料编码、供应商、生效日期"2023/10/1"、配额比例、配额顺序，其他保持默认，保存，提交，审核。

（3）打开采购申请单列表。操作路径："供应链"→"采购管理"→"采购申请单列表"。单击"新增"，选择单据类型为"标准采购申请"，采购组织为"爱运动单车公司"，填入日期、申请部门、申请人，填入物料编码、申请数量、到货日期、建议供应商，其他保持默认，保存，提交，审核。

（4）生成采购订单。操作路径："供应链"→"采购管理"→"配额下单"。单击"选单"，选择采购申请单，勾选采购申请单，单击"配额计算"；检查计算出来的数据行中的分配数量、交货日期、分配比例、付款条件等信息，确认无误后勾选数据行，单击"生成订单"，如图 4-29 和图 4-30 所示。

图 4-29　配额下单汇总

图 4-30　配额下单分配比例

（5）维护配额采购订单。操作路径："供应链"→"采购管理"→"采购订单列表"。修改采购订单的日期、采购员，检查数量、价格、交货日期等其他字段信息是否正确，保存，提交，审核。

（6）生成收料通知单。从采购订单单击"下推"，生成收料通知单，两张采购订单都需要下推。修改收料通知单的日期、预计到货日期，检查仓库、数量等其他字段信息是否正确，保存，提交，审核。

（7）生成采购入库单。从收料通知单单击"下推"，生成采购入库单，两张收料通知单都需要下推。修改采购入库单的日期,检查数量、仓库等其他字段信息是否正确,保存,提交,审核。系统将根据审核后的采购入库单自动生成应付单。

(8) 打开应付单列表。操作路径:"财务会计"→"应付款管理"→"应付单列表"。

(9) 修改应付单信息。双击打开刚刚系统自动生成的"应付单",修改应付单的业务日期,检查到期日等其他字段信息是否正确,保存,提交,审核,两张应付单都需要修改。

(10) 生成采购增值税专用发票。从应付单单击"下推",生成采购增值税专用发票,两张应付单都需要下推。修改采购增值税专用发票的业务日期、发票日期和发票号,检查数量、金额等其他字段信息是否正确,保存,提交,审核。

(11) 关闭所有页签。

➡ 注意事项

如果制作货源清单时无法输入比例,原因可能是物料"遮泥板"基础资料的采购页签中未勾选"配额管理"或未设置配额方式为"固定比例"。需要在使用组织为"爱运动单车公司"的物料"遮泥板"中修改对应字段。

(五) 资产采购

资产采购业务类型需要进行以下业务处理。

(1) 资产申请。资产使用部门根据生产运营需要,向资产管理部门提出资产申请,资产管理部门根据公司资产状况确定以何种方式满足需求,可以选择资产领用、资产调拨和资产采购。

(2) 资产采购申请。资产管理部门向采购部门提出资产采购申请。

(3) 资产采购。采购部门确定货源,选择合理的供应商,明确交易条款,向供应商下达资产采购订单。

(4) 资产接收。通过资产接收单接收供应商送货,记录供应商供货的详细信息,包括数量、批次等,如果资产需要检验,根据资产接收单做质量检验,将检验结果记录在接收单上。

(5) 资产入库。如果资产需要做库存管理,可以做资产入库。

(6) 资产退回。资产经检验后出现的不合格品将退回给供应商。注意:资产正式入库后,尤其是建立资产卡片后,就不能再直接进行资产退回了,必须先进行资产处置。

(7) 采购结算。根据资产接收情况确认应付金额,与供应商进行采购结算。

📚 业务场景

2023 年 10 月 15 日,爱运动单车公司的注塑车间提出注塑自动线设备的需求。公司经商议决定通过资产采购解决,由注塑车间在系统中提出资产采购申请。

10 月 16 日,单车公司采购与自动化设备有限公司签订采购订单。

10 月 23 日,单车公司采购通知注塑车间接收设备。

10 月 23 日,资产到货验收后,单车公司财务对固定资产进行入账并制作资产卡片。

10 月 23 日,单车公司财务根据收料通知生成应付单并和供应商进行对账。

10 月 25 日,收到供应商的发票,单车公司财务根据应付单生成采购增值税专用发票。

各项业务数据如表 4-90 至表 4-95 所示,本业务所有单据的需求组织、采购组织、收料组织都是爱运动单车公司。

表 4-90 采购申请单

单据类型		资产采购申请			
申请日期	2023/10/15	申请组织		爱运动单车公司	
申请类型	资产	申请部门		注塑车间	
币别	人民币	申请人		单车公司注塑	
物料编码	物料名称	规格型号	申请数量	申请单位	到货日期	建议供应商
902001	注塑自动线	ZS001	1	Pcs	2023/10/25	自动化设备有限公司

表 4-91 采购订单

单据类型			资产采购订单					
采购组织	爱运动单车公司		采购日期		2023/10/16			
采购部门	采购部		供应商		自动化设备有限公司			
币别	人民币		采购员		单车公司采购			
价目表	自动化设备有限公司价目表		付款条件		月结 30 天			
物料编码	物料名称	规格型号	采购数量	采购单位	交货日期	含税单价	税率/%	税额	价税合计
902001	注塑自动线	ZS001	1	Pcs	2023/10/25	1 000 000	13	115 044.25	1 000 000

表 4-92 收料通知单

单据类型		资产接收单		
收料组织	爱运动单车公司	收料日期		2023/10/23
采购部门	采购部	供应商		自动化设备有限公司
币别	人民币	采购员		单车公司采购
价目表	自动化设备有限公司价目表	付款条件		月结 30 天
物料编码	物料名称	规格型号	交货数量	收料单位	预计到货日期	资产类别
902001	注塑自动线	ZS001	1	Pcs	2023/10/23	机器设备

表 4-93 资产卡片

基本信息					
资产组织	爱运动单车公司	单位	Pcs	资产性质	自有资产
货主组织	爱运动单车公司	资产数量	1	卡片来源	采购收货
资产类别	机器设备	资产状态	正常使用	资产类别	注塑自动线
变动方式	购入	开始使用日期	2023/10/25		
财务信息					
会计政策	中国准则会计政策	账面价值	884 955.75	购进原值	884 955.75
入账日期	2023/10/23	预计残值	44 247.79	未税成本	884 955.75
折旧方法	平均年限法	进项税额	115 044.25	预计使用期间	120
资产原值	884 955.75	资产净值	884 955.7		
实物信息					
资产编码	规格型号	资产位置	数量	供 应 商	
2	ZS001	注塑车间	1	自动化设备有限公司	
使用分配					
资产编码	使用部门	分配比例	费用项目	开始日期	结束日期
2	注塑车间	100	折旧费用	2023/10/25	2033/10/25

表 4-94　应付单

单据类型					标准应付单				
采购组织		爱运动单车公司			业务日期			2023/10/23	
采购部门		采购部			到期日			2023/11/30	
币别		人民币			供应商			自动化设备有限公司	
价目表		自动化设备有限公司价目表			付款条件			月结 30 天	
物料编码	物料名称	计价数量	计价单位	含税单价	税率/%	税　额	不含税金额	价税合计	
902001	注塑自动线	1	Pcs	1 000 000	13	115 044.25	884 955.75	1 000 000	

表 4-95　采购增值税发票

业务日期			2023/10/25		发票号			ZDH001	
发票日期			2023/10/25		供应商			自动化设备有限公司	
币别			人民币		结算组织			爱运动单车公司	
价税合计			1 000 000		采购组织			爱运动单车公司	
物料编码	物料名称	计价数量	计价单位	含税单价	税率/%	税　额	不含税金额	价税合计	
902001	注塑自动线	1	Pcs	1 000 000	13	115 044.25	884 955.75	1 000 000	

业务分析

　　在启动资产类物料的采购流程之前,必须首先在系统中建立相应的资产类物料。若没有资产类的物料,系统将无法支持完成资产采购的相关操作。进行资产采购时,需先提交资产采购申请单。对于采购后的资产类物料,是否执行入库管理取决于物料设置中是否允许库存。若无设置,则不需要入库。资产采购业务流程如图 4-31 所示。

注：被采购的物料属性必须为资产

资产采购申请单　→　标准采购订单　→　收料通知单　→　资产卡片/应付单　→　增值税专用发票

图 4-31　资产采购业务流程图

业务实施

　　(1) 打开采购申请单列表。用"信息主管"账号登录系统,切换系统组织为"爱运动单车公司",打开采购申请单列表。操作路径:"供应链"→"采购管理"→"采购申请单列表"。

资产采购

　　(2) 新增采购申请单。单击"新增",选择单据类型为"资产采购申请单"、采购组织为"爱运动单车公司"、填入日期、申请部门、申请人,填入物料编码、申请数量、到货日期、建议供应商,其他保持默认,保存,提交,审核。

　　(3) 生成采购订单。从采购申请单单击"下推",生成采购订单。修改采购订单的日期、采购员,检查数量、价格、交货日期等其他字段信息是否正确,保存,提交,审核。

　　(4) 生成收料通知单。从采购订单单击"下推",生成收料通知单。修改收料通知单的日期、预计到货日期,检查仓库、数量等其他字段信息是否正确,保存,提交,审核。

　　(5) 新增资产位置。操作路径:"资产管理"→"固定资产"→"基础资料"→"资产位置"。单击"新增",在地址栏中填入"注塑车间",保存,提交,审核。

（6）打开收料通知单列表生成资产卡片。操作路径："供应链"→"采购管理"→"收料通知单列表"。勾选需要下推的收料通知单，单击"下推"，生成资产卡片。修改资产卡片的资产类别、开始使用日期，检查财务信息页签的字段值，在实物信息页签填入资产编码、资产位置，在使用分配页签填入使用部门、分配比例、费用项目、开始日期、结束日期，保存，提交，审核，如图 4-32 所示。

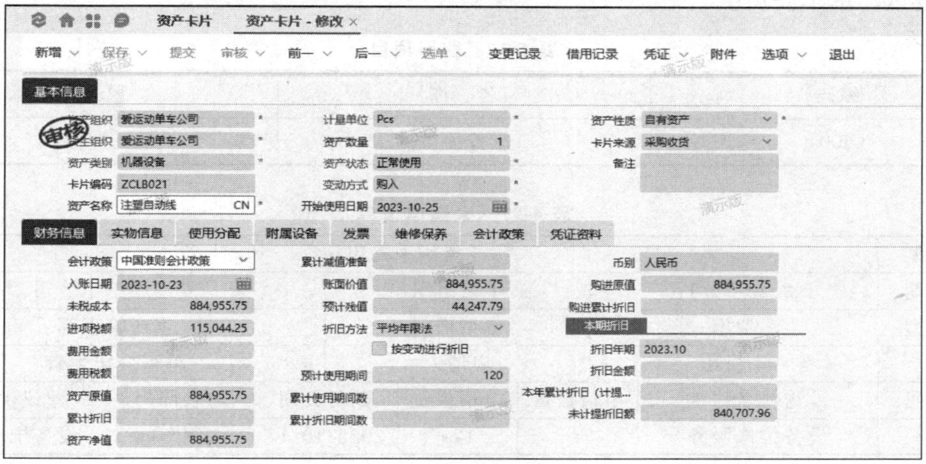

图 4-32　资产卡片

（7）打开收料通知单列表并生成应付单。操作路径："供应链"→"采购管理"→"收料通知单列表"。勾选需要下推的收料通知单，单击"下推"，生成应付单。修改应付单的业务日期，检查到期日等其他字段信息是否正确，保存，提交，审核。

（8）生成采购增值税专用发票。从应付单单击"下推"，生成采购增值税专用发票。修改采购增值税专用发票的业务日期、发票日期和发票号，检查数量、金额等其他字段信息是否正确，保存，提交，审核。

（9）关闭所有页签。

注意事项

（1）如果资产采购申请单选不到物料，原因可能是物料资料属性未设置成"资产"，需要到使用组织为"爱运动集团"的物料中修改对应信息。

（2）若资产收料单下推生成资产卡片时提示"无法生成资产卡片，资产系统未启用或初始化"，原因可能是之前未启用固定资产管理系统或未结束初始化，需要根据固定资产初始化操作启用固定资产系统和结束初始化。

（六）费用采购

费用采购指生产经营活动中消耗物料的采购，包括实物和非实物，如办公用品、维护维修备件、促销品、后勤物资、服务等。费用类物料可以列入库存或者不列入，但不进行存货核算，物料使用或消耗后进入使用部门的期间费用。

业务场景

2023 年 10 月 17 日，爱运动单车公司生产管理部需要设备维修服务，提出采购申请。

10月17日,单车公司采购联系设备维修公司,下达设备维修服务采购订单。费用项目为维修服务。

10月20日,单车公司财务根据收料通知生成应付单和供应商进行对账。

10月22日,收到供应商的发票,单车公司财务根据应付单生成采购增值税专用发票。

各项业务数据如表4-96至表4-101所示,本业务所有单据的需求组织、采购组织、收料组织都是爱运动单车公司。

表4-96 费用项目

编码	名　称	税　率
CI001	维修服务	6%增值税

表4-97 采购申请单

单据类型	费用采购申请					
申请日期	2023/10/17		申请组织		爱运动单车公司	
申请类型	费用		申请部门		生产管理部	
币别	人民币		申请人		单车公司生管	
物料编码	物料名称	申请数量	申请单位	到货日期	需求部门	建议供应商
903003	设备维修服务	1	Pcs	2023/10/17	注塑车间	设备维修公司

表4-98 采购订单

单据类型	费用采购订单							
采购组织	爱运动单车公司			采购日期		2023/10/17		
采购部门	采购部			供应商		设备维修公司		
币别	人民币			采购员		单车公司采购		
物料编码	物料名称	采购数量	采购单位	费用项目	交货日期	含税单价	税率/%	税额	价税合计
903003	设备维修服务	1	Pcs	维修服务	2023/10/17	1 200	6	67.92	1 200

表4-99 收料通知单

单据类型	费用物料接收单				
收料组织	爱运动单车公司		收料日期		2023/10/18
采购部门	采购部		供应商		设备维修公司
币别	人民币		采购员		单车公司采购
物料编码	物料名称	交货数量	收料单位	预计到货日期	需求部门
903003	设备维修服务	1	Pcs	2023/10/18	注塑车间

表4-100 应付单

单据类型	标准应付单						
采购组织	爱运动单车公司		业务日期		2023/10/20		
采购部门	采购部		到期日		2023/10/20		
币别	人民币		供应商		设备维修公司		
物料编码	物料名称	计价数量	计价单位	含税单价	税率/%	税额	不含税金额	价税合计
903003	设备维修服务	1	Pcs	1 200	6	67.92	1 132.08	1 200

表 4-101　采购增值税发票

业务日期	2023/10/22		发票号		WX001		
发票日期	2023/10/22		供应商		设备维修公司		
币别	人民币		结算组织		爱运动单车公司		
价税合计	1 200		采购组织		爱运动单车公司		
物料编码	物料名称	计价数量	计价单位	含税单价	税率/%	税额	不含税金额	价税合计
903003	设备维修服务	1	Pcs	1 200	6	67.92	1 132.08	1 200

业务分析

费用采购业务流程根据物料控制属性中是否允许库存而有所不同,不允许库存的费用采购业务流程如图 4-33 所示。

费用采购申请单 → 费用采购订单 → 费用收料通知单 → 应付单 → 采购增值税专用发票

图 4-33　费用采购业务流程图 1

允许库存的费用采购业务流程如图 4-34 所示。

费用采购申请单 → 费用采购订单 → 费用收料通知单 → 费用采购入库单 → 应付单 → 采购增值税专业发票

图 4-34　费用采购业务流程图 2

费用类物料不进行存货核算,故不能做采购费用分配,费用类的采购入库单在存货核算的报表中是看不到的,费用采购入库单与关联下推的标准应付单也不会产生勾稽关系。

业务实施

(1)打开费用项目列表。用"信息主管"账号登录系统,切换系统组织为"爱运动单车公司",打开费用项目。操作路径:"基础管理"→"基础资料"→"费用项目"。

费用采购

(2)新增费用项目。单击"新增",填入编码、名称、税率,保存,提交,审核。

(3)打开采购申请单列表。操作路径:"供应链"→"采购管理"→"采购申请单列表"。

(4)新增采购申请单。单击"新增",选择单据类型为"费用采购申请"、采购组织为"爱运动单车公司",填入日期、申请部门、申请人、物料编码、申请数量、到货日期、建议供应商、货源安排页签中的需求部门,其他保持默认,保存,提交,审核。

(5)生成采购订单。从采购申请单单击"下推",生成采购订单。修改采购订单的日期、采购员、费用项目、含税单价,检查数量、交货日期、交货安排页签中的需求部门等其他字段信息是否正确,保存,提交,审核。

(6)生成收料通知单。从采购订单单击"下推",生成收料通知单。修改收料通知单的日期、预计到货日期,检查仓库、数量、需求部门等其他字段信息是否正确,保存,提交,审核。

(7)生成应付单。从收料通知单"下推",生成应付单。修改应付单的业务日期,检查到期日等其他字段信息是否正确,保存,提交,审核。

(8)生成采购增值税专用发票。从应付单单击"下推",生成采购增值税专用发票。修改采购增值税专用发票的业务日期、发票日期和发票号,检查数量、金额等其他字段信息是否正确,保存,提交,审核。

（9）关闭所有页签。

➡ **注意事项**

如果采购订单的交货安排页签中的需求部门为空,原因可能是采购申请单货源安排页签中未填写需求部门,请在对应采购申请单中填入正确的需求部门信息。

（七）直运业务

直运业务是指产品无须入库即可完成购销业务,由供应商直接将产品发给企业的客户;结算时,由购销双方分别与企业结算。直运业务包括直运销售业务和直运采购业务,没有实物的出入库,货物流向是直接从供应商到客户。

📚 **业务场景**

2023年10月26日,爱运动单车公司销售与客户无锡智慧科技有限公司签订了公路26英寸自行车400辆的直运销售订单。

10月26日,爱运动单车公司采购根据直运销售订单,与南京斯丹达制造有限公司签订直运采购合同。

10月27日,爱运动单车公司财务根据采购订单生成应付单和供应商进行对账,并在当天收到供应商发票,在系统中维护对应采购增值税专用发票信息。

10月27日,爱运动单车公司财务根据销售订单生成应收单和客户进行对账,并在当天开票给客户,在系统中维护对应销售增值税专用发票。

各项业务数据如表4-102至表4-107所示,本业务所有单据的需求组织、采购组织、收料组织都是爱运动单车公司。

表 4-102　销售订单

单据类型	直运销售订单						
销售组织	爱运动单车公司		日期		2023/10/26		
销售员	单车公司销售		客户		无锡智慧科技有限公司		
币别	人民币		收款条件		月结30天		
价目表	无锡智慧科技销售价目表						
产品代码	产品名称	产品规格	数量	税率/%	要货日期		含税单价
901001	直运销售自行车	公路26英寸	400	13	2023/10/27		400

表 4-103　采购订单

单据类型	直运采购订单								
采购组织	爱运动单车公司			采购日期		2023/10/26			
采购部门	采购部			供应商		南京斯丹达制造有限公司			
币别	人民币			采购员		单车公司采购			
价目表	南京斯丹达制造有限公司价目表			付款条件		月结30天			
物料编码	物料名称	规格型号	采购数量	采购单位	交货日期	含税单价	税率/%	税额	价税合计
901001	直运销售自行车	公路26英寸	400	Pcs	2023/10/27	350	13	16 106.19	140 000

表 4-104　应付单

单据类型	标准应付单							
采购组织	爱运动单车公司			业务日期		2023/10/27		
采购部门	采购部			到期日		2023/11/30		
币别	人民币			供应商		南京斯丹达制造有限公司		
价目表	南京斯丹达制造有限公司价目表			付款条件		月结 30 天		
物料编码	物料名称	计价数量	计价单位	含税单价	税率/%	税额	不含税金额	价税合计
901001	直运销售自行车	400	Pcs	350	13	16 106.19	123 893.81	140 000

表 4-105　采购增值税发票

业务日期	2023/10/27			发票号		NJSDD002		
发票日期	2023/10/27			供应商		南京斯丹达制造有限公司		
币别	人民币			结算组织		爱运动单车公司		
价税合计	140 000			采购组织		爱运动单车公司		
物料编码	物料名称	计价数量	计价单位	含税单价	税率/%	税额	不含税金额	价税合计
901001	直运销售自行车	400	Pcs	350	13	16 106.19	123 893.81	140 000

表 4-106　应收单

结算组织	爱运动单车公司		业务日期		2023/10/27	
销售员	单车公司销售		到期日		2023/11/30	
币别	人民币		客户		无锡智慧科技有限公司	
产品代码	产品名称	产品规格	数量	含税单价	税率/%	价税合计	税额
901001	直运销售自行车	公路 26 英寸	400	400	13	160 000	18 407.08

表 4-107　销售增值税发票

结算组织	爱运动单车公司		业务日期		2023/10/27	
开票方式	手工		发票日期		2023/10/27	
币别	人民币		发票号		WXZH002	
客户	无锡智慧科技有限公司					
产品代码	产品名称	产品规格	计价数量	含税单价	税率/%	价税合计	税额
901001	直运销售自行车	公路 26 英寸	400	400	13	160 000	18 407.08

业务分析

　　直运业务流程是通过直运销售订单下推直运采购订单，结算时直运销售订单下推应收单，直运采购订单下推应付单即完成业务流程。直运业务不能做采购入库单和销售出库单，故不参与核算，如图 4-35 所示。

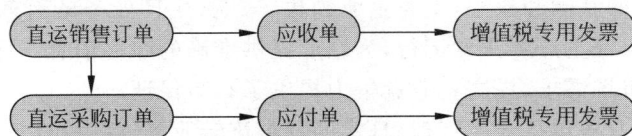

图 4-35　直运业务流程图

业务实施

（1）打开销售订单列表。用"信息主管"账号登录系统，切换系统组织为"爱运动单车公司"，打开销售订单。操作路径："供应链"→"销售管理"→"销售订单"。

（2）新增销售订单。选择单据类型为"直运销售订单"、销售组织为"爱运动单车公司"，填入日期，选择"客户"，核对自动带出的结算币别、价目表、收款条件、销售部门、销售员，填入物料编码、销售数量，检查从价目表带出的含税单价、输入要货日期，其他保持默认，保存，提交，审核。

（3）生成采购订单。从销售订单单击"下推"，生成采购订单。修改采购订单的日期、填入供应商、采购员、交货日期，检查数量、价格等其他字段信息是否正确，保存，提交，审核。

（4）生成应付单。从采购订单单击"下推"生成应付单。修改应付单的业务日期，检查到期日等其他字段信息是否正确，保存，提交，审核。

（5）生成采购增值税专用发票。从应付单单击"下推"生成采购增值税专用发票。修改采购增值税专用发票的业务日期、发票日期和发票号，检查数量、金额等其他字段信息是否正确，保存，提交，审核。

（6）生成应收单。从销售订单单击"下推"生成应收单。修改应收单的业务日期，检查到期日等其他字段信息是否正确，保存，提交，审核。

（7）生成销售增值税专用发票。从应收单单击"下推"生成销售增值税专用发票。修改销售增值税专用发票的业务日期、发票日期和发票号，检查数量、金额等其他字段信息是否正确，保存，提交，审核。

（8）关闭所有页签。

直运销售＋
直运采购

注意事项

直运业务的流程与软件版本有关系，在 8.0.0.202209 版本之前，直运业务流程是通过直运销售订单下推直运采购订单，结算时直运销售订单下推应收单，直运采购订单下推应付单即完成业务流程，直运业务不能做采购入库单和销售出库单，故不参与核算；直运退货业务则是直接新增负数应收单和负数应付单处理，故账务处理只能通过应收单、应付单来生成凭证。在 8.0.0.202209 版本及之后，直运销售订单和直运采购订单可以通过参数设置实现生成销售出库单和采购入库单，并参与成本核算，通过采购入库单和销售出库单生成存货科目凭证。

任务三　仓存云管理

任务导入

库存管理是企业的基础和核心，支撑企业销售、采购、生产业务的有效运作。库存管理控制物料日常出入库、保证生产的正常运行，为企业提供准确的库存信息。库存管理为企业快速响应市场变化、满足市场需求、提高企业竞争力提供了有力保证。

库存管理的主要业务包括仓库管理、日常的物料流转业务、库存控制三大部分。通过入库业务、出库业务、调拨、组装拆卸、库存调整等功能，结合批号保质期管理、库存盘点、即时库存管理等功能综合运用的管理系统,可对仓存业务的物流和成本管理全过程进行有效控制和跟踪,实现完善的企业仓储信息管理。金蝶云星空库存管理系统产品框架如图 4-36 所示。

图 4-36 金蝶云星空库存管理系统产品框架

一、库存单据

在金蝶云星空中,库存管理的入库业务、出库业务、调拨、组装拆卸、库存调整等功能是通过一系列的库存单据来实现的。这些单据在系统中扮演着关键角色,确保了库存数据的准确性和实时性。表 4-108 给出了几类单据的汇总信息。

表 4-108 库存单据列表

入库业务库存单据	出库业务库存单据	调拨业务库存单据	库存调整单据
采购入库单	销售出库单	直接调拨单	形态转换单
生产入库单	生产领料单	分布式调出单	库存状态转换
生产退料单	委外领料单	分布式调入单	批号调整单
销售退货单	生产补料单		组装拆卸单
受托加工材料入库单	生产退库单		
盘盈单	采购退料单		
其他入库单	盘亏单		
	其他出库单		

(一)入库业务库存单据

入库业务单据用于记录不同类型的入库操作,并相应地增加库存数量。以下是对入库业务单据的简要说明。

(1)采购入库单。记录企业从供应商处采购的商品到货并验收入库的情况,通常与采购订单相关联,确认采购的商品已经到货并符合质量要求。

（2）生产入库。记录生产部门完成生产并检验合格的成品入库的情况。通常与生产任务单或生产订单相关联，表示生产过程中的产出已经转化为可销售的成品。

（3）生产退料单。记录生产过程中因各种原因（如质量不合格、多领料等）需要将已领用的原材料或半成品退回仓库的情况。这实际上是一种反向的出库操作，在库存管理中，它会导致原材料或半成品库存的增加。

（4）销售退货单。记录客户退回已售出的商品的情况。在库存管理中，销售退货单会导致库存数量的增加，因为退回的商品需要重新入库。这实际上也是销售出库业务的反向操作。

（5）受托加工材料入库单。在受托加工业务中，记录客户提供的加工材料的入库情况。这些材料不属于企业自有，但在加工过程中需要暂时保管在企业的仓库中。

（6）盘盈单。记录库存盘点后发现的实际库存数量多于账面库存数量的情况。盘盈单用于调整库存数量，确保库存数据的准确性。

（7）其他入库单。用于处理除上述类型以外的所有情况。例如，赠品入库、样品入库、借入等都可以通过其他入库单来记录。

单据（1）和（4）属于采购管理和销售管理业务单据，在前面已经有介绍，单据（2）和（3）属于生产管理的业务单据，单据（5）是受托加工的入库业务单据，单据（6）是盘点业务单据，单据（7）也称为杂收业务单据。

（二）出库业务库存单据

出库业务库存单据是企业在库存管理过程中用于记录物品出库情况的重要文件。以下是对出库业务单据的简要说明。

（1）销售出库单。记录企业向客户销售产品并出库的情况，包括销售产品的名称、规格、数量、单价、销售日期等信息，是确认销售收入和减少库存的重要依据。

（2）生产领料单。记录生产部门从仓库领取原材料或半成品进行生产的情况。包括领料部门、领料人、领料时间、领料数量等信息，是生产成本控制和物料管理的重要环节。

（3）委外领料单。记录企业将原材料或半成品领出，交由外部加工企业进行加工的情况。委外领料单包括领料部门、领料人、领料时间、领料数量以及加工单位等信息，是企业外部协作和供应链管理的重要部分。

（4）生产补料单。在生产过程中，由于各种原因（如损耗、质量问题等）需要额外补充原材料时使用的单据。记录补料的数量、原因、时间等信息，有助于控制生产成本和保证生产进度。

（5）生产退库单。记录处理生产订单的入库反向业务的库存单据，用于更正生产订单的入库数量。

（6）采购退料单。记录企业因质量问题、多采购等原因将采购的原材料或商品退回给供应商的情况。这通常涉及与供应商的协商和退货流程，虽然主要是入库的反向操作，但也可能影响库存的重新分配和出库计划。

（7）盘亏单。记录库存盘点后发现的实际库存数量少于账面库存数量的情况。盘亏单用于调整库存数量，并可能触发进一步的调查和处理，以找出盘亏的原因。

（8）其他出库单。用于处理除上述类型以外的其他出库情况。例如，样品出库、赠品出库、归还等都可以通过其他出库单来记录。

单据（1）和单据（6）属于采购管理和销售管理业务单据，在前面已经有介绍，单据（2）至单据(5)是后面生产管理的业务单据,单据(7)是盘点业务单据,单据(8)也称为杂发业务单据。

（三）调拨业务库存单据

调拨业务库存单据用于记录和管理企业内部物品在不同仓库或库存组织之间的转移。以下是对调拨业务单据的简要说明。

（1）直接调拨单。用于记录物品从调出仓库直接转移到调入仓库的过程,是一种一步式的调拨单据。它不需要管理在途库存,直接更新调出仓库和调入仓库的库存数量。

（2）分步式调出单。用于记录物品从调出仓库发出的过程,是分步调拨业务的第一步,在物品到达调入仓库并被确认之前,这些物品被视为在途库存。

（3）分步式调入单。用于记录调入仓库确认收到物品的过程,是分步调拨业务的第二步。此时,在途库存更新为调入仓库的可用库存。

（四）库存调整单据

库存调整单据用于记录和管理库存中物品的数量、状态、属性等信息的变动。

（1）形态转换单。用来转换物料的辅助属性、BOM 编号、计划跟踪号。

（2）库存状态转换单。库存状态转换单用于将物料的库存状态从一种转换为另一种。这通常是由于管理上的需要,以及超过保质期、报废、预留等原因导致的。

（3）批号调整单。用来转换物料的批号、保质期。

（4）组装拆卸单用于处理组装和拆卸业务。组装业务是指将多个散件组装成一个配套件的过程,而拆卸业务则是将成品拆卸成子件的过程。这两种业务在库存管理中非常常见,如促销捆绑销售、销售退回不良品处理、生产不良品处理等场景,都需要这两种业务。

在系统中,与采购业务、销售业务、生产业务相关的库存单据通常可以根据业务系统的自动化流程自动生成。这些单据的自动生成不仅提高了工作效率和准确性,还实现了库存管理的实时化和精细化。由于这些业务单据我们均在相应的业务模块中有介绍,因此不在本任务中赘述。下面我们将介绍库存管理中与这些业务系统关系不是很密切的杂收杂发业务、调拨业务、组装拆卸、盘点业务以及批号和序列号的管理使用。

二、杂收杂发

杂收杂发业务也称其他出入库业务,常用于处理采购、销售、生产之外的出入库。这种业务类型通常涉及企业内部的各种非标准库存变动,包括但不限于样品入库领用、赠品入库发放、借入归还、损耗处理、维修物料领用及回放等。杂收杂发业务属于内部库存单据不需要开票、结算。其他出、入库单也是财务人员据以记账、核算成本的重要原始凭证。

业务场景

（1）2023 年 10 月 15 日,装配车间向爱运动单车公司原材料仓库退还了规格为 $\phi 0.8 \times 32\text{cm}$ 的 109001 号钢条共计 100Pcs。由于无法找到与之对应的领料单,这批钢条最终通过其他入库单的形式完成了入库手续(表 4-109)。

表4-109　其他入库单

单据类型	标准其他入库单		库存组织		爱运动单车公司
库存方向	普通		日期		2023/10/15
部门	仓管部		货主		爱运动单车公司
物料编码	产品名称	产品规格	数量	单位	收货仓库
109001	钢条	φ0.8×32cm	100	Pcs	单车公司原材料仓

（2）2023年10月20日，技术研发部从单车公司的成品仓库中领取了一辆物料编码为401001的28英寸通勤男式自行车，用于研发测试工作（表4-110）。

表4-110　其他出库单

单据类型	标准其他出库单		库存组织		爱运动单车公司
库存方向	普通		日期		2023/10/20
领料部门	技术研发部		领料人		单车公司研发
业务类型	物料领用		货主		爱运动单车公司
物料编码	产品名称	产品规格	数量	单位	仓库
401001	通勤男式自行车	28英寸	1	Pcs	单车公司成品仓

业务分析

这两个业务均是非采购、销售、生产中的入库和出库业务，用其他出入库单记录业务和库存的变动，期末财务需要根据其他出入单先进行核算，再进行财务记账。

业务实施

其他入库

其他出库

（1）打开其他入库单列表。用"信息主管"账号登录系统，打开其他入库单列表。操作路径："供应链"→"库存管理"→"其他入库单列表"。

（2）新增其他入库单。单击"新增"，选择单据类型为"标准其他入库单"、库存方向为"普通"、库存组织为"爱运动单车公司"，填入日期、部门，填入物料编码、实收数量、收货仓库。保存，提交，审核。

（3）打开其他出库单列表。操作路径："供应链"→"库存管理"→"其他出库单列表"。

（4）新增其他出库单。单击"新增"，选择单据类型为"标准其他出库单"、库存方向为"普通"、库存组织为"爱运动单车公司"，填入日期、领料部门、领料人，填入物料编码、申请数量、发货仓库，保存，提交，审核。

（5）关闭所有页签。

三、库存调拨

仓库调拨是指将货品在不同仓库之间进行调拨，是一种较为常见的业务。当发生这类业务时,调拨单可以记录与调拨业务相关的各项数据,包括但不限于调入、调出仓库名称,调拨商品的编号、名称、规格和数量。一旦调拨单经过审核确认,它便分别成为调入仓库的入库凭证和调出仓库的出库凭证,确保了仓库库存数据的准确性和业务操作的规范性。

业务场景

2023 年 10 月 10 日,爱运动单车公司申请将 10 千克的原材料 109002 PA 从原材料仓库调拨到成品仓库。业务单据如表 4-111 和表 4-112 所示,单据的调入和调出货主均为爱运动单车有限公司。

表 4-111　调拨申请单

单据类型	标准调拨申请单		业务类型		标准
调拨方向	普通		申请组织		爱运动单车公司
调拨类型	组织内调拨		申请日期		2023/10/10
物料编码	产品名称	产品规格	申请数量	单位	调出仓库	调入仓库
109002	PA		10	千克	单车公司原材料仓	单车公司成品仓

表 4-112　直接调拨单

单据类型	标准直接调拨单		业务类型		标准
调拨方向	普通		申请组织		爱运动单车公司
调拨类型	组织内调拨		日期		2023/10/11
调出组织	爱运动单车公司		调入组织		爱运动单车公司
物料编码	产品名称	产品规格	调拨数量	单位	调出仓库	调入仓库
109002	PA		10	千克	单车公司原材料仓	单车公司成品仓

业务分析

本业务从单车公司的原材料仓库调拨到成品仓库,中间不需要管理在途库存。用直接调拨单记录物品从调出仓库直接转移到调入仓库的过程,并直接更新调出仓库和调入仓库的库存数量。

业务实施

(1)打开调拨申请单列表。用"信息主管"账号登录系统,打开调拨申请单列表。操作路径:"供应链"→"库存管理"→"调拨申请单列表"。

(2)新增调拨申请单。单击"新增",选择单据类型为"标准调拨申请单"、调拨方向"普通"、申请组织为"爱运动单车公司",填入日期、物料编码、申请数量、调出组织、调出仓库、调入组织、调入仓库,其他保持默认,保存,提交,审核。

调拨

(3)生成直接调拨单。从调拨申请单单击"下推"生成直接调拨单。修改直接调拨单的日期,检查货主、调拨数量、调出仓库、调入仓库等其他字段信息是否正确,保存,提交,审核。

(4)关闭所有页签。

四、组装拆卸

组装业务是指将多个散件组装成一个配套件的过程。例如,促销的捆绑销售,在库存环节进行的简单组装作业等。相对地,拆卸作业则主要针对销售退回的不良产品、生产过程中发现的不合格品,或是在库存检验时被判定为不良的商品,执行的是将这些成品反向拆解成其基本组件或子件的过程,可以视为组装流程的逆向操作。

组装拆卸单作为一种管理工具,可用于录入、审核组装与拆卸业务的相关信息,确保这些业务流程能够被准确、高效地执行与追踪。

📚 业务场景

2023 年 10 月 20 日,装配车间安排工人将在不良品仓中销售退回的 402001 越野自行车(规格型号:山地 28 英寸)进行拆卸,拆卸后的子件重新入库到半成品仓和原材料仓(表 4-113)。

表 4-113   组装拆卸

单据类型	标准组装拆卸		事务类型	拆卸	
库存组织	爱运动单车公司		日期	2023/10/20	
部门	装配车间				
成品明细					
物料编码	产品名称	产品规格	数量	单位	仓 库	库存状态
402001	越野 28 自行车	山地 28 英寸	1	Pcs	单车公司不良品仓库	不良
子件明细						
物料编码	产品名称	产品规格	数量	单位	仓 库	库存状态
301003	车架	28 英寸(合金)	1	Pcs	单车公司半成品仓	可用
302001	车轮	山地 28 英寸	2	Pcs	单车公司半成品仓	可用
201001	车把手		1	Pcs	单车公司原材料仓	可用
201002	车座		1	Pcs	单车公司原材料仓	可用
201003	链条		1	Pcs	单车公司原材料仓	可用
201004	脚蹬部件		2	Pcs	单车公司原材料仓	可用
201005	飞轮	多级飞轮	1	Pcs	单车公司原材料仓	可用
303001	遮泥板	山地	2	Pcs	单车公司半成品仓	可用

📜 业务分析

将 402001 越野自行车(规格型号:山地 28 英寸)拆卸成子件进行重新入库,通过事务类型为"拆卸"的"标准组装拆卸单"记录业务。事务类型为"拆卸"的"标准组装拆卸单"相当于两种单据,一种是 402001 越野自行车(规格型号:山地 28 英寸)的出库单,另一种是各子件的入库单。

🔲 业务实施

(1)打开组装拆卸单列表。用"信息主管"账号登录系统,打开组装拆卸单列表。操作路径:"供应链"→"库存管理"→"组装拆卸单列表"。

(2)新增组装拆卸单。单击"新增",选择单据类型为"标准组装拆卸"、事务类型为"拆卸"、库存组织为"爱运动单车公司",填入日期、部门,在成品明细中填入物料编码、数量、仓库,在子件明细中填入物料编码、数量、仓库,保存,提交,审核。

组装拆卸

(3)关闭所有页签。

➡ 注意事项

（1）需要注意事务类型为拆卸（成品明细是出库方向，子件明细是入库方向），如果选择组装（成品明细是入库方向，子件明细是出库方向）会提示库存不足。

（2）如果拆卸时提示成品明细库存不足，原因可能是销售退货时仓库选择的不是"单车公司不良品仓库"或者是库存状态非"不良"状态，需要把销售退货错误单据内容修改正确。

五、盘点

所谓盘点，是指定期或临时对库存商品的实际数量进行清查、清点的作业，即为了掌握货物的流动情况（入库、在库、出库的流动状况），对仓库现有物品的实际数量与保管账上记录的数量相核对，以便准确地掌握库存数量。

盘点方式通常有两种：一是定期盘点，即仓库的全面盘点，是指在一定时间内，一般是每季度、每半年或年终财务结算前进行一次全面的盘点，由货主派人会同仓库保管员、会计人员一起进行盘点对账；二是临时盘点，即当仓库发生货物损失事故，或保管员更换，或仓库与货主认为有必要盘点对账时，组织一次局部性或全面的盘点。

库存盘点的流程通常包含以下几个步骤。

（1）制定盘点计划。明确盘点的目的、范围、时间、人员分工等，确保盘点活动有序进行，在 ERP 系统中生成盘点方案，由系统自动生成物料盘点作业。

（2）通知相关人员。向参与盘点的员工、仓库管理员等发出通知，说明盘点的时间、地点和注意事项。

（3）整理仓库。对仓库进行整理，确保物料摆放整齐有序，便于盘点。同时，清理过期、损坏或不再需要的物料。

（4）准备盘点工具。准备必要的盘点工具，如计数器、扫描枪、记录本、标签等。

（5）打印并分发物料盘点表。从 ERP 系统中导出并打印物料盘点表，确保每一份表格都准确无误，并分发给相应的盘点小组。

（6）实地盘点。分组进行，对仓库物料逐一清点，记录实际数量、质量及位置。对已盘点的物料进行明确标记，确保无遗漏且数据记录准确无误。

（7）数据对比与分析。收集并整理盘点数据，与库存管理系统中的数据进行细致对比。通过系统的自动分析功能，生成盘盈/盘亏单，并据此编制详尽的盘点报告。

（8）结果处理。根据盘盈/盘亏单，及时调整库存管理系统中的库存记录，确保数据的真实性与准确性。同时，针对盘点中发现的差异，如丢失物料、损坏物料等，迅速采取相应措施进行处理。

（9）总结与改进。对盘点过程进行总结，分析存在的问题和不足，提出改进措施，优化未来盘点流程。

📚 业务场景

2023 年 10 月 31 日，仓库进行常规的月底盘点，先设置盘点方案，根据盘点方案生成盘点作业，在盘点作业中录入盘点数据，盘点作业完成后生成盘盈单和盘亏单（表 4-114 至表 4-117）。

表 4-114　盘点方案

单据类型	标准盘点方案	盘点名称	10 月末盘点
库存组织	爱运动单车公司	盘点类型	全盘
截止日期	2023/10/31		
物料盘点作业列表允许增加物料		√	
基本单位库存量为零,库存辅单位库存量不为零,参与盘点		√	
基本单位库存量不为零,库存辅单位库存量为零,参与盘点		√	
生成盘盈或盘亏单		√	

表 4-115　物料盘点作业

账存日期			2023/10/31		库存组织				爱运动单车公司	
生成盘盈或盘亏单					√					
仓库编码	仓库名称	物料编码	物料名称	规格型号	单位	账存数量	盘点数量	盘盈数量	盘亏数量	盘点误差/%
1	单车公司原材料仓库	101001	碳素铜管	φ5.2	米	50	50	0	0	
1	单车公司原材料仓库	101002	合金钢管	φ5.2	米	95	95	0	0	
1	单车公司原材料仓库	103001	轮胎	通勤 28 英寸	Pcs	100	100	0	0	
1	单车公司原材料仓库	103003	轮胎	山地 28 英寸	Pcs	50	50	0	0	
1	单车公司原材料仓库	109001	钢条	φ0.8×32cm	Pcs	100	100	0	0	
1	单车公司原材料仓库	109002	PA		千克	20 090	20 090	0	0	
1	单车公司原材料仓库	201001	车把手		Pcs	1	2	1	0	100
1	单车公司原材料仓库	201002	车座		Pcs	601	601	0	0	
1	单车公司原材料仓库	201003	链条		Pcs	1	2	1	0	100
1	单车公司原材料仓库	201004	脚蹬部件		Pcs	2	2	0	0	
1	单车公司原材料仓库	201005	飞轮	多级飞轮	Pcs	1	1	0	0	
1	单车公司原材料仓库	201006	飞轮	单级飞轮	Pcs	120	119	0	1	−0.83
2	单车公司半成品仓库	301001	车架	28 英寸(碳素)	Pcs	50	50	0	0	
2	单车公司半成品仓库	301002	车架	26 英寸(碳素)	Pcs	250	250	0	0	
2	单车公司半成品仓库	301003	车架	28 英寸(合金)	Pcs	201	201	0	0	
2	单车公司半成品仓库	302001	车轮	山地 28 英寸	Pcs	22	22	0	0	
2	单车公司半成品仓库	303001	遮泥板	山地	Pcs	2	2	0	0	
2	单车公司半成品仓库	303002	遮泥板	普通	Pcs	100	100	0	0	
3	单车公司成品仓库	109002	PA		千克	10	10	0	0	
3	单车公司成品仓库	401001	通勤男式自行车	28 英寸	Pcs	257	257	0	0	
3	单车公司成品仓库	401002	通勤女士自行车	26 英寸	Pcs	50	50	0	0	
3	单车公司成品仓库	402001	越野 28 自行车	山地 28 英寸	Pcs	265	265	0	0	
4	单车公司不良品仓库	401001	通勤男式自行车	28 英寸	Pcs	2	2	0	0	

表 4-116　盘盈单

单据类型		标准盘盈单				货主		爱运动单车公司	
库存组织		爱运动单车公司				日期		2023/10/31	
来源		盘点方案							
物料编码	物料名称	规格型号	单位	账存数量	盘点数量	盘盈数量	仓　库		货　　主
201001	车把手		Pcs	1	2	1	单车公司原材料仓库		爱运动单车公司
201003	链条		Pcs	1	2	1	单车公司原材料仓库		爱运动单车公司

表 4-117　盘亏单

单据类型		标准盘亏单				货主		爱运动单车公司	
库存组织		爱运动单车公司				日期		2023/10/31	
来源		盘点方案							
物料编码	物料名称	规格型号	单位	账存数量	盘点数量	盘盈数量	仓　库		货　　主
201006	飞轮	单级飞轮	Pcs	120	119	1	单车公司原材料仓库		爱运动单车公司

业务分析

　　盘点的主要目的是保证 ERP 库存系统中的存货数量准确无误地反映实际库存状况。首先,我们需要在系统中制定盘点方案,系统会依据盘点方案自动生成物料盘点作业。其次,盘点工作人员将依据盘点方案实地详尽盘点,并将盘点所得数量精确记录并录入系统,系统随即自动对比实际盘点结果与账面数据,生成盘盈或盘亏单据。盘盈单用于记录实际库存多于系统记录的情况,而盘亏单则反映实际库存少于系统记录的事实,盘盈单与盘亏单,其本质在于作为调整 ERP 系统中库存记录的关键凭证,旨在确保库存数据精准无误。后续要求依据盘点所得结果及针对差异提出的处理建议,严谨地执行相应的财务调整与处理措施。系统的盘点作业流程如图 4-37 所示。

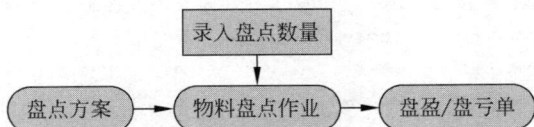

录入盘点数量

盘点方案 → 物料盘点作业 → 盘盈/盘亏单

图 4-37　盘点作业流程

业务实施

　　(1)打开盘点方案列表。用"信息主管"账号登录系统,打开盘点方案列表。操作路径:"供应链"→"库存管理"→"盘点方案列表"。

　　(2)新增盘点方案。单击"新增",选择单据类型为"标准盘点方案"、盘点方案名称、库存组织为"爱运动单车公司"、点点类型为"全盘"、截止日期为"2023/10/31",勾选"物料盘点作业允许增加物料""基本单位库存量为零,库存辅单位库存量不为零,参与盘点""基本单位库存量不为零,库存辅单位库存量为零,参与盘点""生成盘盈或盘亏单",保存,提交,审核,如图 4-38 所示。

盘点

　　(3)打开物料盘点作业列表。操作路径:"供应链"→"库存管理"→"物料盘点作业列表"。

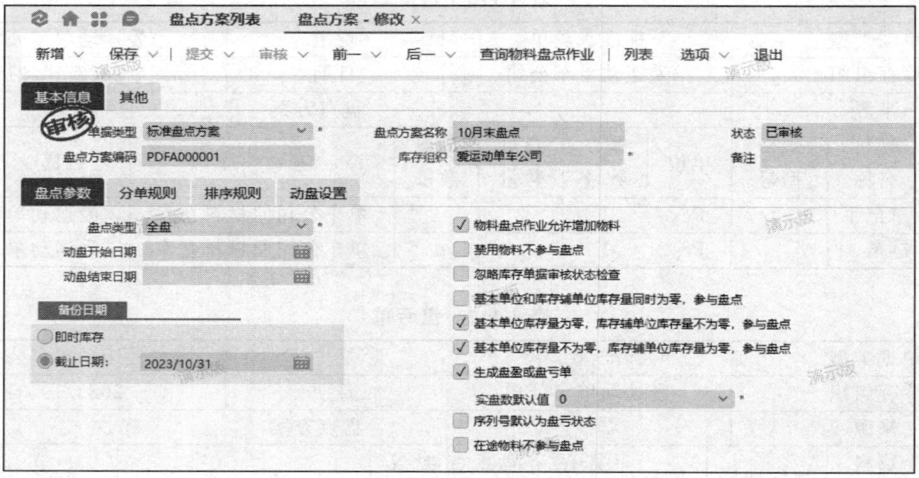

图 4-38 盘点方案

（4）录入盘点数据。双击打开刚刚系统从盘点方案生成的物料盘点作业，填入盘点数量，保存，提交，审核，如图 4-39 所示。

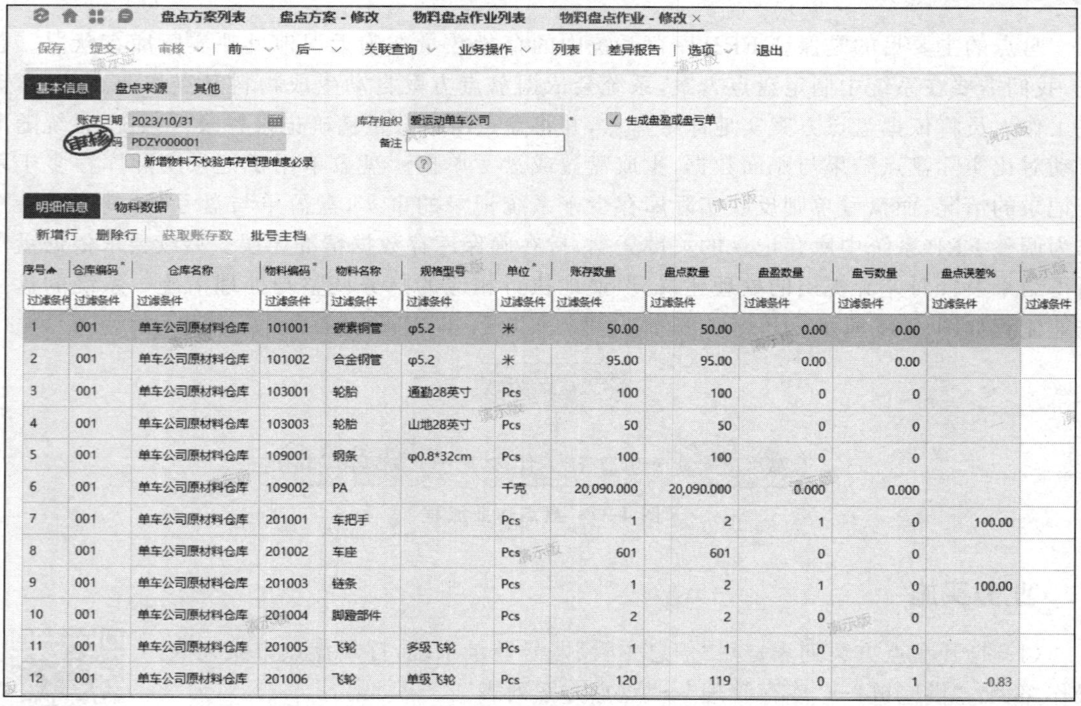

图 4-39 物料盘点作业列表

（5）打开盘盈、盘亏单。在物料盘点作业中单击"关联查询"→"查询盘盈单"，打开自动生成的盘盈单，检查盘盈单字段信息。

（6）在物料盘点作业中单击"关联查询"→"查询盘亏单"，打开自动生成的盘亏单，检查盘亏单字段信息。

（7）关闭所有页签。

注意事项

（1）如果物料盘点作业中的账存数据和教材数据不符，原因可能是期初库存录入数据错误或者是供应链业务数据制单有差异。

（2）盘盈单、盘亏单不需要手工新增，是通过物料盘点作业审核后系统对比实际盘点结果与账面数据后自动生成的。

六、批号序列号管理

批号管理是指对物料按照生产批次进行标识、追踪和管理的一种方法。在化工、食品、医药等行业中，由于产品质量的差异性和安全性的要求，批号管理显得尤为重要。通过批号管理，企业可以清晰地了解每批产品的生产情况、质量状态以及流向，从而实现对产品质量的全程监控和追溯。

序列号管理是一种对产品或物料进行唯一性标识和追踪的管理方法。它通过为每个产品或物料分配一个独一无二的序列号，实现对产品从生产、入库、销售到售后等各个环节的全程监控和追溯。适用于高端电子产品、医疗设备、贵重物品等需要精确追踪每个单品的情况。

业务场景

爱运动集团仓管部门拟定了一项新策略，旨在通过引入批号管理方式对新增的 402998 越野 26 外购自行车（规格型号：山地 26 英寸）进行出入库控制，并同时采用序列号管理方式对新增的 402999 越野 28 外购自行车（规格型号：山地 28 英寸）实施更为精细的出入库控制。为此，仓库主管主动与信息主管进行沟通后，信息主管启用了序列号管理系统参数，并新增物料 402998 越野 26 外购自行车（规格型号：山地 26 英寸）和 402999 越野 28 外购自行车（规格型号：山地 28 英寸），分别启用了批号管理和序列号管理。

2023 年 11 月 1 日，技术研发部门顺利完成了首批入库作业，包括 402998 越野 26 外购自行车 10 辆（Pcs）和 402999 越野 28 外购自行车 15 辆（Pcs）。

11 月 2 日，仓管部执行了出库领用操作，对新的 402998 越野 26 外购自行车 5 辆（Pcs）和 402999 越野 28 外购自行车 5 辆（Pcs）进行出库领用。启用序列号设置如表 4-118 所示。

表 4-118　启用序列号设置

启用序列号管理	√
序列号唯一性范围	物料

批号序列号规则设置如表 4-119 所示。

表 4-119　批号序列号规则设置

名称	批号序列号通用规则		适用批号		√
适用序列号	√		序列号强制编码依据		按序列号唯一性控制
批号强制编码依据			强制物料作为批号的编码依据		
			强制组织作为批号的编码依据		

属性编码	属性名称	属性类型	长度	格式	起始值	步长	补位符	右侧截断	编码依据	编码元素
PHSX04_SYS	业务日期	日期	6	yymmdd	1	1		√	√	√
PHSX02_SYS	流水号	流水号	4	十进制	1	1	0	√		√

启用批号、序列号管理的物料信息如表 4-120 所示。

表 4-120　启用批号、序列号管理的物料信息表

代码	名　　称	规格型号	批 号 规 则	序列号规则	启用批号	启用序列号-库存管理
402998	越野 26 外购自行车	山地 26 英寸	批号序列号通用规则		√	
402999	越野 28 外购自行车	山地 28 英寸		批号序列号通用规则		√

物料属性：外购；分组：402；控制：允许采购、生产、销售、委外、库存；存货类别：产成品；计量单位：Pcs；固定期提前期：5 天；默认仓库：单车公司成品仓；使用组织：爱运动单车公司

启用批号、序列号的入库单和出库单如表 4-121 至表 4-124 所示。

表 4-121　启用批号的入库单

单据类型	标准其他入库单		库存组织	爱运动单车公司
库存方向	普通		日期	2023/11/1
部门	技术研发部		货主	爱运动单车公司

物料编码	产品名称	产品规格	数量	单位	收货仓库	批号
402998	越野 26 外购自行车	山地 26 英寸	10	Pcs	单车公司成品仓库	2311010001

表 4-122　启用序列号的入库单

单据类型	标准其他入库单	库存组织	爱运动单车公司
库存方向	普通	日期	2023/11/1
部门	技术研发部	货主	爱运动单车公司

物料编码	产品名称	产品规格	数量	单位	收货仓库
402999	越野 28 外购自行车	山地 28 英寸	15	Pcs	单车公司成品仓库

序 列 号				
2311010001	2311010004	2311010007	2311010010	2311010013
2311010002	2311010005	2311010008	2311010011	2311010014
2311010003	2311010006	2311010009	2311010012	2311010015

表 4-123　启用批号的出库单

单据类型	标准其他出库单		库存组织	爱运动单车公司
库存方向	普通		日期	2023/11/2
领料部门	仓管部		领料人	单车公司仓管
业务类型	物料领用		货主	爱运动单车公司

物料编码	产品名称	产品规格	数量	单位	仓　库	批　号
402998	越野 26 外购自行车	山地 26 英寸	5	Pcs	单车公司成品仓	2311010001

表 4-124　启用序列号的出库单

单据类型	标准其他出库单		库存组织	爱运动单车公司
库存方向	普通		日期	2023/11/2
领料部门	仓管部		领料人	单车公司仓管
业务类型	物料领用		货主	爱运动单车公司
物料编码	产品名称	产品规格	数量	单位	仓库
402999	越野28外购自行车	山地28英寸	5	Pcs	单车公司成品仓
序列号				
2311010001	2311010002	2311010003	2311010004	2311010005

业务分析

批号和序列号管理默认不启用,如果物料需要实施批号和序列号管理,应先在系统中做三个步骤。

(1)系统管理员 Administrator 需要启用库存管理系统参数中的"启用序列号管理"。

(2)企业需要根据自身需求自定义批号和序列号的编码规则,这些规则可以包括日期、流水号等元素,以确保批号和序列号的唯一性和可识别性,提升其在系统中的可识别度,便于后续的追踪与管理。

(3)在新增物料时,若需对物料实施批号管理,需在库存管理页签中勾选"启用批号管理"选项,并从预设的编码规则中选择适用的规则。而对于需启用序列号管理的物料,则需在库存管理页签下的序列号管理部分,勾选"库存管理"选项,并同样从编码规则中选择相应的规则,以确保序列号管理的顺利实施。

物料的批号和序列号管理参数一旦设置并审核后将无法修改,在系统初始化阶段或物料管理策略调整时,对于批号和序列号管理参数的设置必须尤为谨慎。

业务实施

(1)打开参数设置。用 Administrator 账号登录系统,打开参数设置。操作路径:"基础资料"→"公共设置"→"参数设置"。

(2)打开库存管理参数设置。打开"供应链"→"库存管理",勾选"启用序列号管理",序列号唯一性范围设为"物料",保存并退出,如图 4-40 所示。

批号序列号

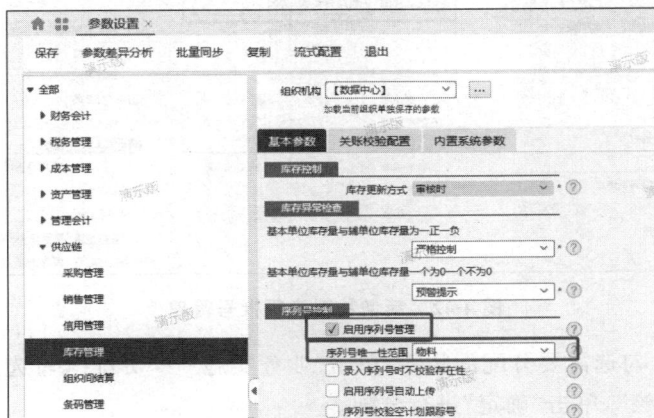

图 4-40　启用序列号管理

（3）打开批号/序列号编码规则列表。"信息主管"账号登录系统，打开批号/序列号编码规则列表。操作路径："供应链"→"库存管理"→"批号/序列号编码规则列表"。

（4）新增批号/序列号编码规则。单击"新增"，填入名称，勾选"适用范围-适用批号""适用范围-适用序列号""强制物料作为批号的编码依据""强制组织作为批号的编码依据"，序列号强制编码依据设为"按序列号唯一性控制"，填入属性编码、长度、格式、补位符，勾选"右侧截断""编码依据""编码元素"等，保存，提交，审核，如图4-41所示。

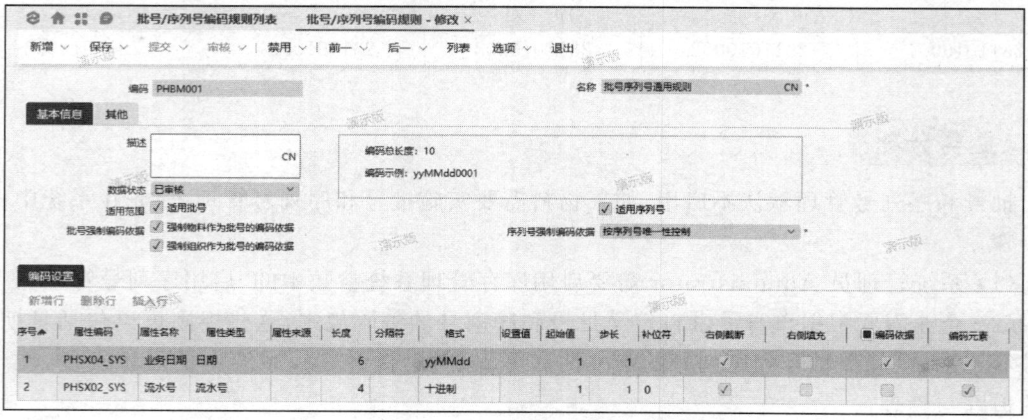

图 4-41 批号/序列号编码规则

（5）切换组织为"爱运动集团"，打开物料。操作路径："基础管理"→"基础资料"→"物料"。

（6）新增物料。输入编码、名称、规格型号、物料属性、基本单位、存货类别、固定提前期，402998物料要勾选"启用批号管理"、选择批号编码规则，402999物料要勾选"库存管理"、选择序列号编码规则，其他保持默认。保存，提交，审核，退出，如图4-42和图4-43所示。

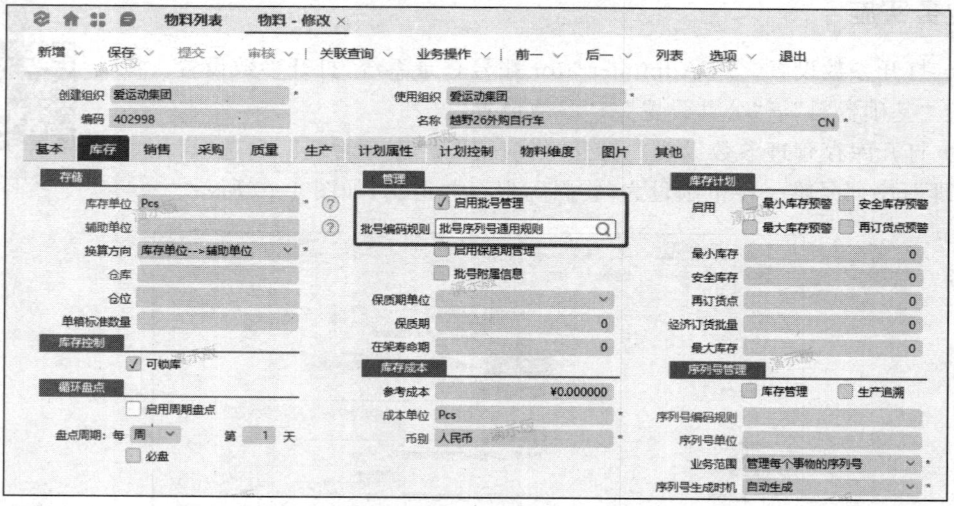

图 4-42 新增物料启用批号管理

（7）物料分配。勾选需要分配的物料，单击"业务实施"→"分配"，勾选分配的目标组织并勾选"分配后自动审核"，单击"确定"进行分配。

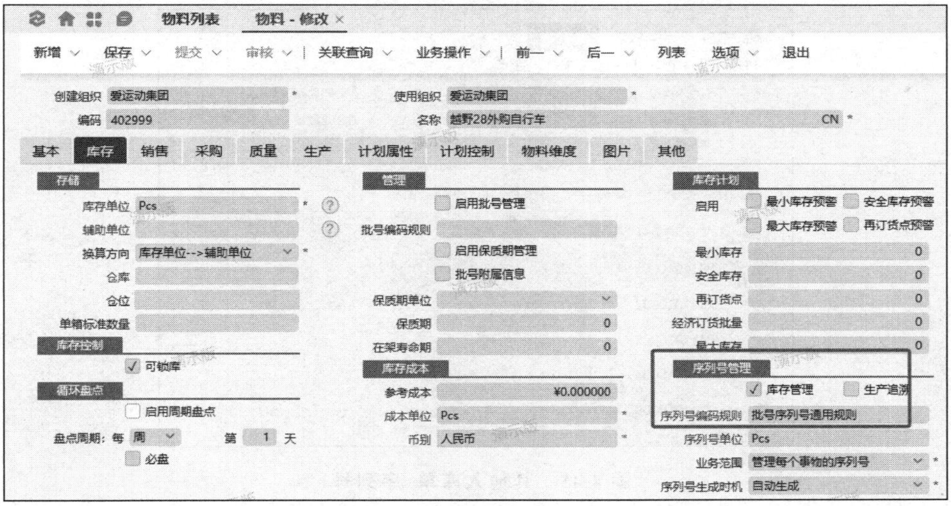

图 4-43　新增物料启用序列号

（8）批改物料。分配后，切换系统的组织为对应的分配组织，根据表格要求勾选所有分配后的物料，单击"业务实施"→"批改"，批改对应的仓库。

（9）打开其他入库单列表。操作路径："供应链"→"库存管理"→"其他入库单列表"。

（10）新增启用批号的其他入库单。单击"新增"，选择单据类型为"标准其他入库单"、库存方向为"普通"、库存组织为"爱运动单车公司"，填入日期、部门、物料编码、实收数量、收货仓库，单击"获取批号"按钮，保存，提交，审核，如图 4-44 所示。

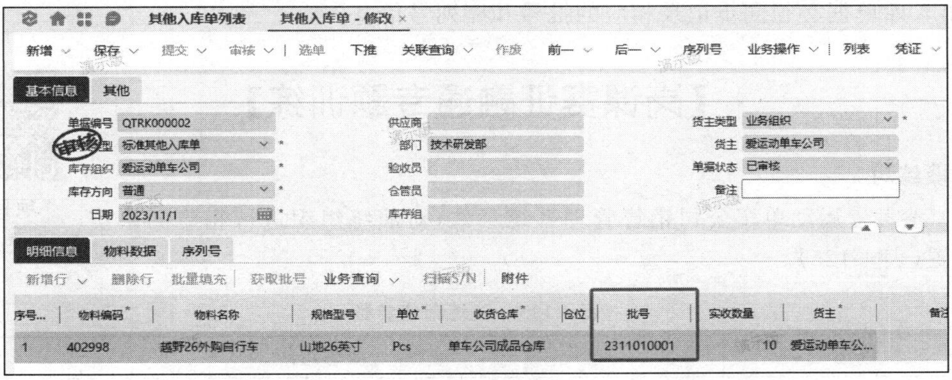

图 4-44　其他入库单（批号）

（11）新增启用序列号的其他入库单。再次单击"新增"，选择单据类型为"标准其他入库单"、库存方向为"普通"、库存组织为"爱运动单车公司"，填入日期、部门，填入物料编码、实收数量、收货仓库，在序列号页签下单击"批量 S/N"获取 15 个序列号，保存，提交，审核，如图 4-45所示。

（12）打开其他出库单列表。操作路径："供应链"→"库存管理"→"其他出库单列表"。

（13）新增启用批号的其他出库单。单击"新增"，选择单据类型为"标准其他出库单"、库存方向为"普通"、库存组织为"爱运动单车公司"，填入日期、领料部门、领料人、物料编码、申请数量、发货仓库，核对批号，保存，提交，审核。

图 4-45　其他入库单（序列号）

（14）新增启用序列号的其他出库单。再次单击"新增"，选择单据类型为"标准其他出库单"、库存方向为"普通"、库存组织为"爱运动单车公司"，填入日期、领料部门、领料人、物料编码、申请数量、发货仓库，在序列号页签下单击"选择 S/N"选择前五个序列号，保存，提交，审核。

（15）关闭所有页签。

⟳ **注意事项**

物料新增默认仓库需要分配后在使用组织中设置。对于启用了批号和序列号管理的物料，其出入库单据必须同步记录相应的批号和序列号信息。

【岗课赛证融通专题训练】

实操练习

（1）参考爱运动单车公司销售管理系统参数，对演练组织进行相应的系统参数设置（表 4-125）。

项目四
即测即评

表 4-125　演练销售参数

组织机构	演练组织			
基本参数				
控制发货数量	✓			
变更业务参数				
启用订单新变更单	✓	启用版本管理		✓
订单变更单审核后立即生效	✓			
价格参数				
单据名称	单据类型	控制时点	限价控制强度	检查价格来源
销售订单	全部	保存	预警提示	来源价目表定价

（2）设置演练组织的销售价目表（表 4-126）。

表 4-126　演练销售价目表

编码	自动生成		销售组织		演练组织	
名称	演练组织销售价目表					
是否含税	是		币别		人民币	
是否默认价目表			是			
产品代码	产品名称	产品规格	含税单价	最低限价	生效日期	失效日期
401001	通勤男式自行车	28 英寸	1 000	1 000	2023/10/1	2100/1/1
401002	通勤女士自行车	26 英寸	1 000	1 000	2023/10/1	2100/1/1
402001	越野 28 自行车	山地 28 英寸	1 100	1 100	2023/10/1	2100/1/1
402002	越野 26 自行车	山地 26 英寸	1 100	1 100	2023/10/1	2100/1/1
901001	直运销售自行车	公路 26 英寸	900	900	2023/10/1	2100/1/1

（3）设置应收管理系统参数（表 4-127）。

（4）设置应付管理系统参数（表 4-128）。

<table>
<tr><td colspan="2" style="text-align:center">表 4-127　演练应收单数</td><td colspan="2" style="text-align:center">表 4-128　演练应付单数</td></tr>
<tr><td>组织机构</td><td>演练组织</td><td>组织机构</td><td>演练组织</td></tr>
<tr><td>出库单审核时自动生成应收单</td><td>取消勾选</td><td>入库单审核时自动生成应付单</td><td>取消勾选</td></tr>
<tr><td>其他参数</td><td>默认不变</td><td>其他参数</td><td>默认不变</td></tr>
</table>

（5）2023 年 10 月 5 日，演练组织接到杭州迪卡乐销售有限公司的 401001 通勤男式自行车 5 辆和 401002 通勤女士自行车 5 辆的销售订单，价格取自价目表，要货日期为 2023 年 10 月 20 日，销售员录入销售订单。2023 年 10 月 8 日，因客户要求变更要货日期为 2023 年 10 月 16 日，通过销售订单新变更单变更。2023 年 10 月 15 日，演练组织根据销售订单进行发货通知并在同一天销售出库。财务根据销售出库单生成应收单，修改业务日期为 2023 年 10 月 15 日并提交审核。2023 年 10 月 17 日，杭州迪卡乐销售有限公司收到自行车后，发现 401002 通勤女士自行车有 1 辆存在质量问题，需要退货并补货。演练组织于 2023 年 10 月 18 日收到退回的自行车后入库到不良品仓，并于当日进行补货，财务根据销售退货单和销售出库单生成应收单，修改业务日期为 2023 年 10 月 18 日并提交审核。月底，财务与杭州迪卡乐销售有限公司核对业务后开具发票，发票日期为 2023 年 10 月 31 日。发票号码为 HZDKL001。

（6）在演练组织下新增仓库，编码为"998"，仓库名称为"学生姓名＋寄售仓"，仓库属性为"客户仓库"，选择客户为"无锡智慧科技有限公司"。2023 年 10 月 25 日，演练组织与无锡智慧科技有限公司签订寄售销售合同，由无锡智慧科技有限公司代理销售 6 辆 402001 越野 28 自行车，价格取自价目表，要货日期为 2023 年 10 月 28 日。销售员当日通知仓库发货，2023 年 10 月 26 日，演练组织将 6 辆 402001 越野 28 自行车调拨至无锡智慧科技有限公司。月底，无锡智慧科技有限公司完成了 4 辆自行车的销售工作，演练组织与无锡智慧科技有限公司进行寄售结算，进行销售出库，开具增值税发票并确认应收账款。

（7）2023 年 10 月 10 日，演练组织装配车间提出需要采购 102003 钢圈的申请，规格：山地 28 英寸；数量：20Pcs 和 109001 钢条；规格：$\phi 0.8 \times 32\mathrm{cm}$；数量：20Pcs；建议供应商为温州思迪钢材有限公司，采购部联系供应商组织采购，要求交货日期为 2023 年 10 月 20 日。2023 年 10 月 14 日，因供应商缺货，变更采购订单数量均为 15Pcs。2023 年 10 月 15 日，供应商发货,演练组织通知仓库收料,预计到货日期为2023年10月16日。2023年10月16日,演练组织收到货物验收入库,从收料通知单下推采购入库单,财务根据采购入库单生成应付单,修改应付单业务日期为2023年10月16日。2023年10月20日,仓库发现2个102003钢圈存在瑕疵,遂联系供应商直接退货并扣款,由采购入库单下推生成采购退料单,财务根据采购退料单生成应付单,修改应付单业务日期为2023年10月16日。2023年10月22日,供应商开来发票,财务在系统下推发票日期为2023年10月22日,发票号码为WZSD002。

（8）2023年10月31日,演练组织仓库进行常规的月底盘点,要求先设置盘点方案,盘点参数-截止日期为2023年10月31日,根据盘点方案生成盘点作业,在盘点作业中录入盘点数据,发现201005飞轮比库存数量少1个,盘点作业完成后生成盘亏单。

BOM物料管理

知识目标

（1）理解 BOM 的构成原理，理解 BOM 各层级物料的关联关系和数量配比；

（2）理解 BOM 在信息系统中的创建、查询、更新及维护流程；

（3）理解 BOM 版本管理的规则和使用方法。

能力目标

（1）能够根据工艺文件、实际生产要求，在系统中创建、编辑、更新和维护 BOM；

（2）能够利用 BOM 的正查和反查功能；

（3）能够灵活运用 BOM 信息进行销售报价、成本估算和结构性分析等。

素养目标

（1）培养严谨细致的工作作风；

（2）树立质量意识和数据安全意识；

（3）形成良好的团队合作精神。

思维导图

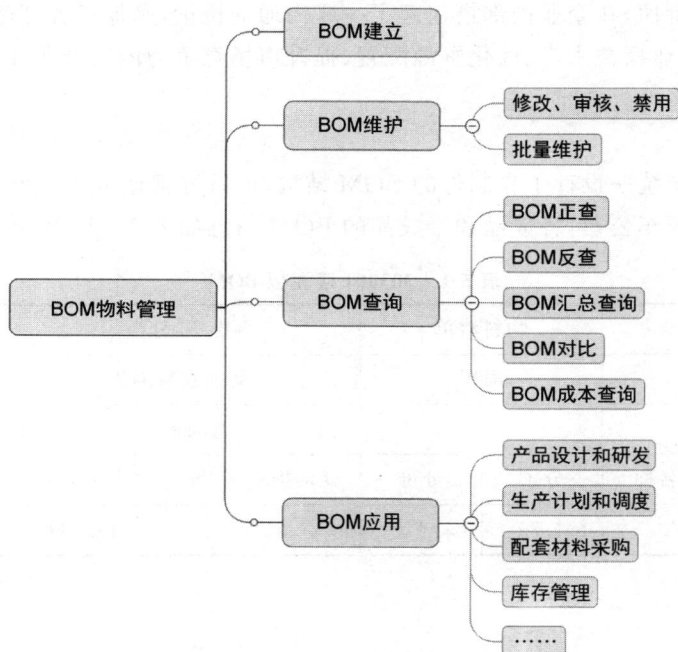

本项目介绍物料清单(bill of material,BOM)的创建、维护、查询和应用。BOM物料管理在生产制造领域中扮演着关键的角色,对于企业的生产运作、成本控制、质量保障和生产效率提升都具有重要意义。通过有效的物料清单管理,企业可以实现生产过程的精细化管理,提高竞争力,满足客户需求,推动企业持续发展。

任务一　BOM 建立

任务导入

BOM也被称为产品结构图,是制造系统中不可或缺的详细文档。它不仅详尽地列举了制造某一特定产品所需的全部物料组件,包括原材料、零部件、子装配体及最终产品,而且按照实际生产装配的先后顺序,将这些物料进行了层次分明、条理清晰的排列。这一层次结构不仅直观地揭示了物料间的加工顺序与需求依存关系,还深刻体现了生产流程的逻辑性与系统性。

BOM可以进一步细化到每种物料的层次级别、唯一编号、具体规格、计量单位,并精确列出其在产品制造中的标准用量,确保物料需求的精确计算与合理分配。此外,它还周全地考量了生产过程中的原料消耗、毛坯准备、辅助材料等需求,同时纳入了对产品产出效率与废品率的考量,为成本控制与质量管理奠定了坚实基础。

BOM在企业的运营管理中占据着举足轻重的地位,它是接收客户订单、指导装配选择、精确计算累计提前期、科学编制生产与采购计划、高效配套领料、严密跟踪物流动态、精准追溯生产任务、精确核算成本、灵活调整成本设计的核心依据。这一多功能性使得BOM贯穿于企业的销售、计划、生产、采购、成本控制、产品设计、工艺规划等多个关键环节,成为各部门间协同作业的桥梁与纽带。

因此,BOM不仅是一份技术性的详细文档,更是一种包含了管理智慧的综合性文件。它以其独特的地位与价值,在企业内部搭建起了一座沟通的桥梁,确保了各部门间的信息同步与高效协作,是推动企业精益生产、优化资源配置、提升市场竞争力的关键所在。

业务场景

爱运动集团公司统一设计了自制件的BOM结构,由系统管理员在系统中建立,然后分配给使用组织爱运动单车公司,各成品和半成品的BOM信息如表5-1至表5-11所示。

表 5-1　303001 遮泥板 BOM

单据类型	物料清单		BOM 分类		标准 BOM	
BOM 用途	通用		父项物料编码		303001	
父项物料名称	遮泥板					
子项编码	子项名称	分子	分母	变动损耗率/%	发料方式	生效日期
109002	PA	1.75	1	5.5	直接领料	2023/10/1

表 5-2　302001 车轮 BOM

单据类型		物料清单		BOM 分类		标准 BOM
BOM 用途		通用		父项物料编码		302001
父项物料名称		车轮				
子项编码	子项名称	分子	分母	发料方式		生效日期
102003	钢圈	1	1	直接领料		2023/10/1
103003	轮胎	1	1	直接领料		2023/10/1
109001	钢条	32	1	直接领料		2023/10/1

表 5-3　301003 车架 BOM

单据类型		物料清单		BOM 分类		标准 BOM
BOM 用途		通用		父项物料编码		301003
父项物料名称		车架				
子项编码	子项名称	分子	分母	发料方式	倒冲时机	生效日期
101002	合金钢管	1.6	1	直接倒冲	入库倒冲	2023/10/1

表 5-4　402001 越野 28 自行车 BOM

单据类型		物料清单		BOM 分类		标准 BOM	
BOM 用途		通用		父项物料编码		402001	
父项物料名称		越野 28 自行车					
子项编码	子项名称	分子	分母	供应类型	子项 BOM 版本	发料方式	生效日期
301003	车架	1	1	自制	301003_V1.0	直接领料	2023/10/1
302001	车轮	2	1	自制	302001_V1.0	直接领料	2023/10/1
201001	车把手	1	1			直接领料	2023/10/1
201002	车座	1	1			直接领料	2023/10/1
201003	链条	1	1			直接领料	2023/10/1
201004	脚蹬部件	2	1			直接领料	2023/10/1
201005	飞轮	1	1			直接领料	2023/10/1
303001	遮泥板	2	1	自制	303001_V1.0	直接领料	2023/10/1

表 5-5　303002 遮泥板 BOM

单据类型		物料清单		BOM 分类		标准 BOM
BOM 用途		通用		父项物料编码		303002
父项物料名称		遮泥板				
子项编码	子项名称	分子	分母	变动损耗率/%	发料方式	生效日期
109002	PA	1.25	1	5.5	直接领料	2023/10/1

表 5-6　302002 车轮 BOM

单据类型		物料清单		BOM 分类		标准 BOM
BOM 用途		通用		父项物料编码		302002
父项物料名称		车轮				
子项编码	子项名称	分子	分母	发料方式		生效日期
102001	钢圈	1	1	直接领料		2023/10/1
103001	轮胎	1	1	直接领料		2023/10/1
109001	钢条	28	1	直接领料		2023/10/1

表 5-7 301001 车架 BOM

单据类型		物料清单		BOM 分类			标准 BOM	
BOM 用途		通用		父项物料编码			301001	
父项物料名称		车架						
子项编码	子项名称	分子	分母	发料方式		倒冲时机		生效日期
101001	碳素铜管	1.5	1	直接倒冲		入库倒冲		2023/10/1

表 5-8 401001 通勤男式自行车 BOM

单据类型		物料清单		BOM 分类		标准 BOM	
BOM 用途		通用		父项物料编码		401001	
父项物料名称		通勤男式自行车					
子项编码	子项名称	分子	分母	供应类型	子项 BOM 版本	发料方式	生效日期
301001	车架	1	1	自制	301001_V1.0	直接领料	2023/10/1
302002	车轮	2	1	自制	302002_V1.0	直接领料	2023/10/1
201001	车把手	1	1			直接领料	2023/10/1
201002	车座	1	1			直接领料	2023/10/1
201003	链条	1	1			直接领料	2023/10/1
201004	脚蹬部件	2	1			直接领料	2023/10/1
201006	飞轮	1	1			直接领料	2023/10/1
303002	遮泥板	2	1	自制	303002_V1.0	直接领料	2023/10/1

表 5-9 302003 车轮 BOM

单据类型		物料清单		BOM 分类		标准 BOM	
BOM 用途		通用		父项物料编码		302003	
父项物料名称		车轮					
子项编码	子项名称	分子	分母	发料方式		生效日期	
102002	钢圈	1	1	直接领料		2023/10/1	
103002	轮胎	1	1	直接领料		2023/10/1	
109001	钢条	28	1	直接领料		2023/10/1	

表 5-10 301002 车架 BOM

单据类型		物料清单		BOM 分类			标准 BOM	
BOM 用途		通用		父项物料编码			301002	
父项物料名称		车架						
子项编码	子项名称	分子	分母	发料方式		倒冲时机		生效日期
101001	碳素铜管	1.2	1	直接倒冲		入库倒冲		2023/10/1

表 5-11　401002 通勤女士自行车 BOM

单据类型		物料清单		BOM 分类		标准 BOM	
BOM 用途		通用		父项物料编码		401002	
父项物料名称		通勤女士自行车					
子项编码	子项名称	分子	分母	供应类型	子项 BOM 版本	发料方式	生效日期
301002	车架	1	1	委外	301002_V1.0	直接领料	2023/10/1
302003	车轮	2	1	委外	302003_V1.0	直接领料	2023/10/1
201001	车把手	1	1			直接领料	2023/10/1
201002	车座	1	1			直接领料	2023/10/1
201003	链条	1	1			直接领料	2023/10/1
201004	脚蹬部件	2	1			直接领料	2023/10/1
201006	飞轮	1	1			直接领料	2023/10/1
303002	遮泥板	2	1	自制	303002_V1.0	直接领料	2023/10/1

业务分析

（1）BOM 资料由爱运动集团创建，再分配给使用组织爱运动单车公司。

（2）新增 BOM 时，采用自底向上的方式逐步新增，即创建 BOM 时需要从产品层级的最底层开始，再建上一层级的 BOM，否则上一层级的 BOM 会选不到子项 BOM 版本。

（3）集团公司在创建 BOM 时，不用设置供应组织、发料组织和货主，这几项内容需要在 BOM 分配给业务组织后再在业务组织中修改。

（4）同一物料可以存在多个"审核"状态的 BOM，但是版本会不同，主生产计划和物料需求计划在进行计划运算时，要清楚用的是哪个版本的 BOM。

（5）每个物料都有自己的制造或采购提前期，而产品或半成品的累计提前期的计算方式为最大的子项物料的累计提前期＋自身的固定提前期。累计提前期是物料需求计划（MRP）计算出正确的计划时间的依据。

业务实施

（1）打开物料清单列表。用"信息主管"账号登录系统，切换组织"爱运动集团"，打开物料清单列表。操作路径："生产制造"→"工程数据管理"→"物料清单列表"。

物料清单

（2）新增物料清单。单击"新增"，选择单据类型为"物料清单"、BOM 分类为"标准 BOM"、BOM 用途为"通用"，填入父项物料编码、子项物料编码、分子、分母、变动损耗率（需要填的 BOM 填入）、生效日期"2023/10/1"、发料方式、倒冲时机（倒冲物料才需要选择）、供应类型，其他保持默认，保存，提交，审核，如图 5-1 所示。

（3）依次新增所有物料清单。

（4）分配物料清单。返回物料清单列表，全选物料清单，单击"业务实施"→"分配"，勾选爱运动单车公司进行分配。完成后的物料清单列表（部分）如图 5-2 所示。

（5）关闭所有页签。

注意事项

假如单击新增物料清单时系统提示组织没有工厂职能而无法新增，原因在于系统管理员

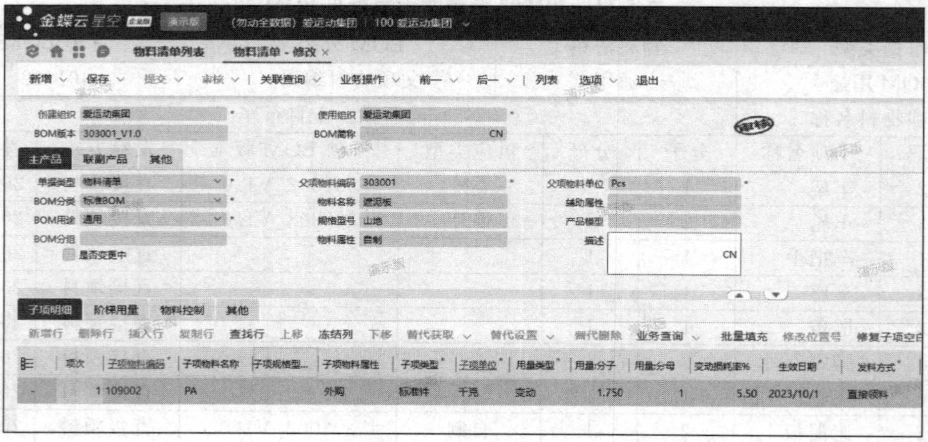

图 5-1　新增 BOM

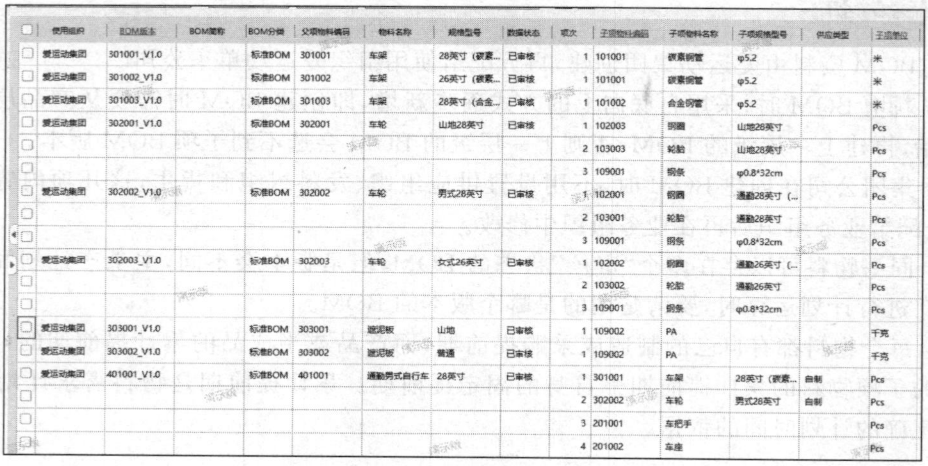

使用组织	BOM版本	BOM简称	BOM分类	父项物料编码	物料名称	规格型号	数据状态	项次	子项物料编码	子项物料名称	子项规格型号	供应类型	子项单位
爱运动集团	301001_V1.0		标准BOM	301001	车架	28英寸（碳素...	已审核	1	101001	碳素钢管	φ5.2		米
爱运动集团	301002_V1.0		标准BOM	301002	车架	26英寸（碳素...	已审核	1	101001	碳素钢管	φ5.2		米
爱运动集团	301003_V1.0		标准BOM	301003	车架	28英寸（合金...	已审核	1	101002	合金钢管	φ5.2		米
爱运动集团	302001_V1.0		标准BOM	302001	车轮	山地28英寸	已审核	1	102003	钢圈	山地28英寸		Pcs
								2	103003	轮胎	山地28英寸		Pcs
								3	109001	钢条	φ0.8*32cm		Pcs
爱运动集团	302002_V1.0		标准BOM	302002	车轮	男式28英寸	已审核	1	102001	钢圈	通勤28英寸（...		Pcs
								2	103001	轮胎	通勤28英寸		Pcs
								3	109001	钢条	φ0.8*32cm		Pcs
爱运动集团	302003_V1.0		标准BOM	302003	车轮	女式26英寸	已审核	1	102002	钢圈	通勤26英寸（...		Pcs
								2	103002	轮胎	通勤26英寸		Pcs
								3	109001	钢条	φ0.8*32cm		Pcs
爱运动集团	303001_V1.0		标准BOM	303001	遮泥板	山地	已审核	1	109002	PA			千克
爱运动集团	303002_V1.0		标准BOM	303002	遮泥板	普通	已审核	1	109002	PA			千克
爱运动集团	401001_V1.0		标准BOM	401001	通勤男式自行车	28英寸	已审核	1	301001	车架	28英寸（碳素...	自制	Pcs
								2	302002	车轮	男式28英寸	自制	Pcs
								3	201001	车把手			Pcs
								4	201002	车座			Pcs

图 5-2　部分物料清单列表

账号 Administrator 在创建组织机构时没有勾选业务组织页签下的工厂职能。需要系统管理员账号 Administrator 打开组织机构，反审核对应的组织机构，重新勾选工厂职能后提交审核。

任务二　BOM 维护

任务导入

BOM 维护工作包括为自制、委外或虚拟类物料创建其 BOM，并对其进行修改、审核、分配及禁用等一系列的维护操作。在特定情形下，通过采用批量维护 BOM 的方法，可以高效地批量更新主产品页签的信息，同时实现子项物料的增加、删除、替换及修改等操作。例如，由于市场供应、成本考虑或技术升级等原因，企业可能需要批量替换 BOM 中的原材料，将某种昂贵或稀缺的原材料替换为更经济、更易获取的替代品，此时通过批量维护 BOM，可以迅速完成这一替换过程，同时确保新的 BOM 与实际生产过程相匹配。

业务场景

爱运动集团向爱运动单车公司分配物料清单（BOM）后，BOM 中的发料组织、供应组织、货主信息不能满足实际业务需要，需要根据企业实际情况修改为爱运动单车公司，再根据任务一中表 5-1 至表 5-11 的子项 BOM 版本信息，在系统的物料清单中选择对应的子项 BOM 版本，最后通过物料清单正查功能检查各个物料清单的数据准确性。

业务实施

（1）打开物料清单列表。用"信息主管"账号登录系统，切换组织"爱运动单车公司"，打开物料清单列表。操作路径："生产制造"→"工程数据管理"→"物料清单列表"。

（2）批改供应组织。单击"业务实施"→"批改"，单击"子项"，修改字段名称设为供应组织、修改字段内容设为爱运动单车公司，完成后如图 5-3 所示。

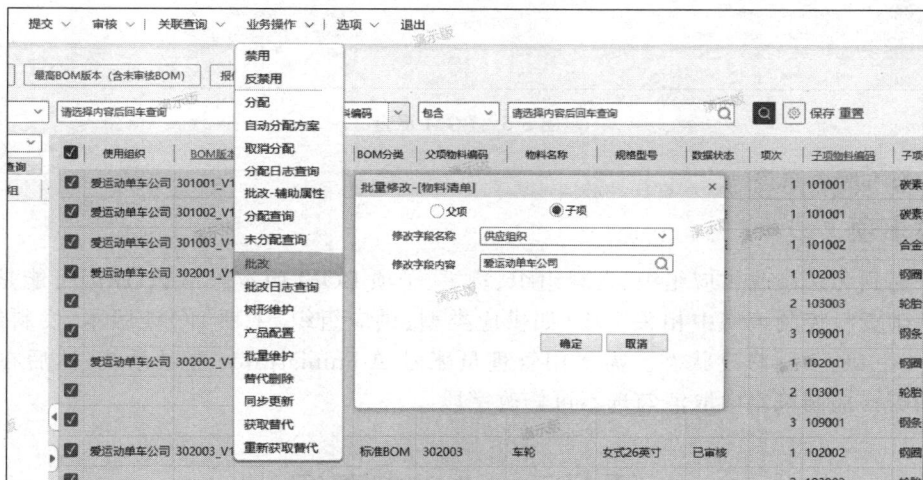

图 5-3　BOM 批改

（3）修改物料清单其他字段。依次打开物料清单，反审核，修改发料组织、货主，有子项 BOM 版本的物料清单填入子项 BOM 版本，保存，提交，审核，如图 5-4 所示。

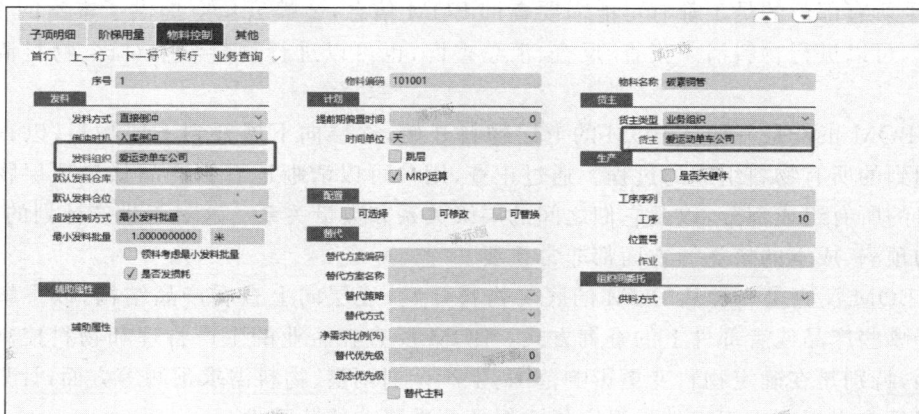

图 5-4　BOM 修改

（4）打开物料清单正查。操作路径："生产制造"→"工程数据管理"→"物料清单正查"。

（5）物料编码填入成品自行车编码：402001、401001、401002。查询并展开BOM，查看层级物料是否正确，如图5-5所示。

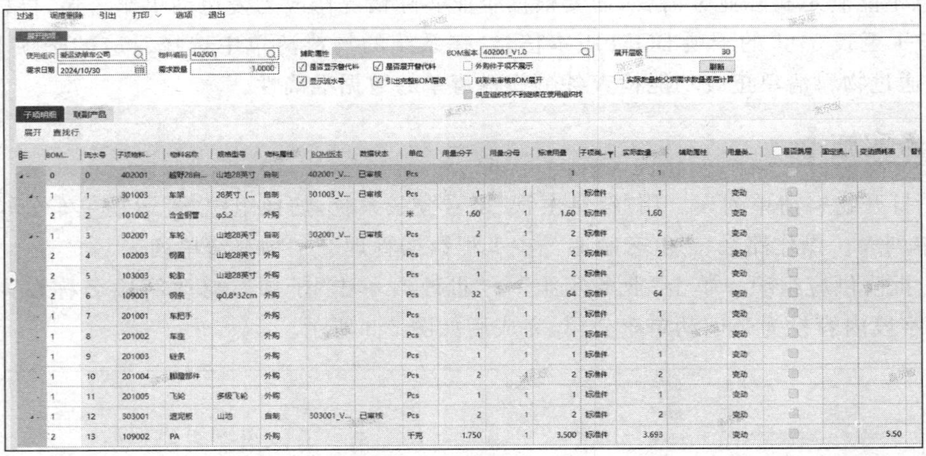

图 5-5　BOM 正查

（6）关闭所有页签。

注意事项

如果遇到无法修改供应组织、发料组织、货主、子项 BOM 版本等情况，原因可能是在物料清单的基础资料控制策略中相关字段（如供应类型、供应组织、子项 BOM 版本、发料组织、货主类型、货主）是不可修改状态。需要用管理员账号 Administrator 登录系统，然后在物料清单的基础资料控制策略中取消勾选不可修改字段。

任务三　BOM 查询

任务导入

实际工作中 BOM 的用途非常广，除了工程部和工艺部人员会对 BOM 进行增删改查等操作，几乎所有部门的员工都有可能需要查询 BOM 信息，金蝶云星空提供了丰富的 BOM 单查询方式，可以进行物料清单正查、反查、汇总查询，也可以进行物料清单对比、物料清单成本查询。

（1）BOM 正查是一种从 BOM 的上层物料开始，逐层向下展开到下层物料，以查看一个物料所用到的所有物料组成的过程。通过正查，用户可以清晰地看到产品从最顶层物料到最底层物料的所有组成部分，以及它们之间的层级关系和数量关系。这对于生产计划的制订、物料需求的预测、成本的核算等方面都非常重要。

（2）BOM 反查是一种从 BOM 的底层物料开始，逐层向上查看产品结构，以了解某个物料都用于哪些产品或者部件上的查询方式。BOM 反查在企业的生产管理和物料控制中起着重要作用，特别是在确定物料变更影响范围、生产计划调整、物料需求预测等方面，计划人员可以用单级反查来识别由于组件推迟交货或损坏而受影响的装配件。

（3）BOM 汇总查询的展开是指根据零件号的次序，一次性列出用于最高层装配件的每个组件,同时也列出组件的数量。同一组件多次出现时,将其数量累加,不关心产品结构的层次关系。常用于快速估算完成一定数量装配的总需求,或者用于估算一个组件用于几个装配件时,它的变化对成本的影响。

（4）BOM 对比可以满足各种管理中对产品结构进行对比分析的需要。例如,订单的 BOM 与产品标准 BOM 间的对比,同一产品不同版本间的对比,不同产品间以及标准版本与客户订制版本间的对比等。通过对比,用户可以快速了解物料清单中的变化,包括材料、工序、损耗率等方面的差异。BOM 对比查询既支持单层对比,也支持多层对比。

（5）BOM 成本查询的主要功能是查询产成品的材料成本。通过按 BOM 层级汇总各级采购料的单价和金额,系统能够得出产成品和半成品的材料成本,为财务人员进行成本计算提供重要参考。这一功能有助于企业更好地查询和管理构成成本的重要部分——材料费。

业务场景

（1）通过物料清单正查功能查询爱运动集团物料 401001 通勤男式自行车的 BOM 一级展开和二级展开。

（2）通过物料清单反查功能查询爱运动集团的物料 101002 合金钢管被哪些 BOM 使用。

（3）通过物料清单汇总功能查询爱运动集团物料 401001 通勤男式自行车的 BOM 展开。

（4）在组织爱运动集团下复制物料 401001 通勤男式自行车(BOM 版本号 401001_V1.0)的物料清单,删除子项 201004 脚蹬部件后,保存,提交,审核,BOM 版本号为 401001_V1.1。通过物料清单对比 401001_V1.0 和 401001_V1.1,查看结果。对比 BOM 版本号 401001_V1.0 和 BOM 版本号 401002_V1.0 的两份物料清单,查询两者的差异。

（5）切换到组织爱运动单车公司,通过物料清单成本查询功能查询物料 401001 通勤男式自行车的 BOM 成本。

任务一中已经建立的所有 BOM 数据是本次任务查询的依据。

业务分析

金蝶云星空提供丰富的 BOM 查询功能,包括正查、反查、汇总查询、对比及成本查询,满足企业各部门对物料清单的查询需求,助力企业优化生产计划、精准控制成本、提升生产效率与决策效率。

业务实施

（1）物料清单正查。用"信息主管"账号登录系统,操作路径:"生产制造"→"工程数据管理"→"物料清单查询"→"物料清单正查"。选择使用组织为"爱运动集团",物料编码为"401001",BOM 版本为"401001_V1.0",展开层级"1",单击"刷新",如图 5-6 所示。

展开层级改成"2",单击"刷新",如图 5-7 所示。

（2）物料清单反查。操作路径:"生产制造"→"工程数据管理"→"物料清单查询"→"物料清单反查"。选择使用组织为"爱运动集团",物料编码为"101002",展开层级为"1",单击"刷新",如图 5-8 所示。

（3）物料清单汇总查询。操作路径:"生产制造"→"工程数据管理"→"物料清单查询"→"物料清单汇总查询"。选择物料编码为"401001",BOM 版本为"401001_V1.0",单击"刷新",如图 5-9 所示。

图 5-6 BOM 正查 1

图 5-7 BOM 正查 2

图 5-8 BOM 反查

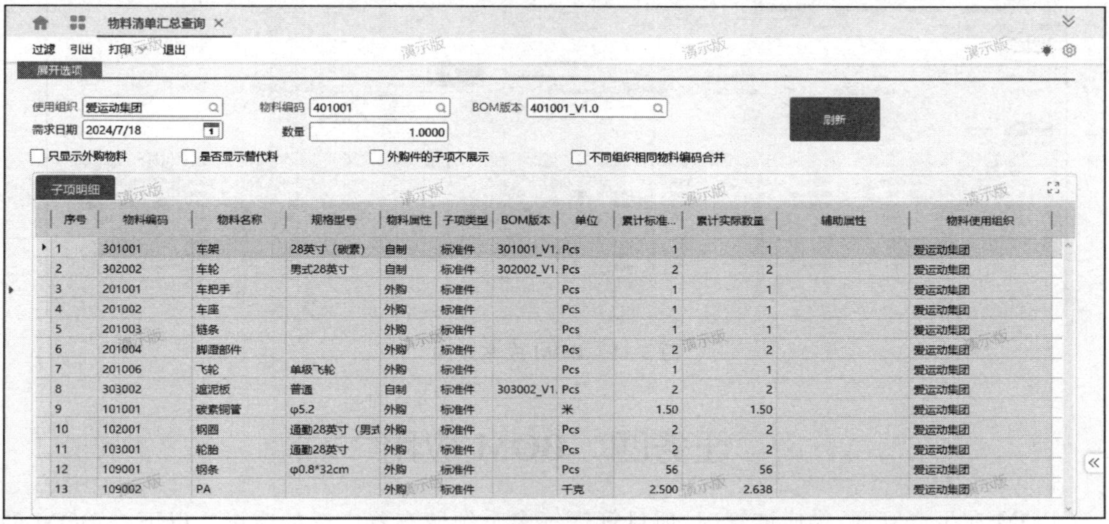

图 5-9　BOM 汇总查询

（4）打开物料清单列表。操作路径："生产制造"→"工程数据管理"→"物料清单列表"。

（5）复制物料清单。勾选 401001 通勤男式自行车（BOM 版本号 401001_V1.0）的物料清单，单击工具栏中的"新增"→"复制"选项，系统会复制 401001 通勤男式自行车（BOM 版本号 401001_V1.0）的物料清单数据，进入"物料清单-新增"页面，在"子项明细"中选中子项"201004 脚蹬部件"后，单击"删除行"，保存，提交，审核，BOM 版本号自动设置为 401001_V1.1。

通过物料清单对比 401001_V1.0 和 401002_V1.0。操作路径："生产制造"→"工程数据管理"→"物料清单查询"→"物料清单对比"，选择 BOM 版本，单击"刷新"，如图 5-10 所示。

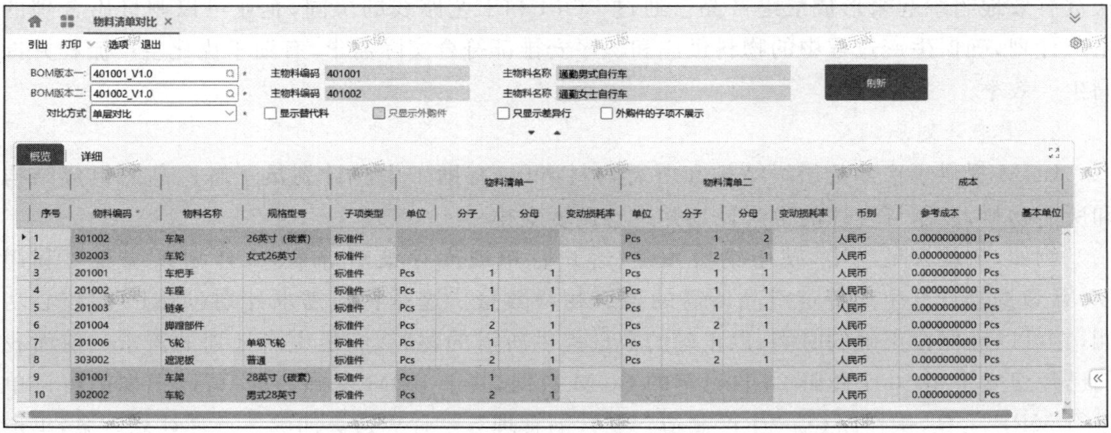

图 5-10　BOM 对比查询

（6）查询通用男式自行车的物料清单成本。操作路径："生产制造"→"工程数据管理"→"物料清单查询"→"物料清单成本查询"。选择物料编码"401001"和 BOM 版本"401001_V1.0"，单击"刷新"，如图 5-11 所示。

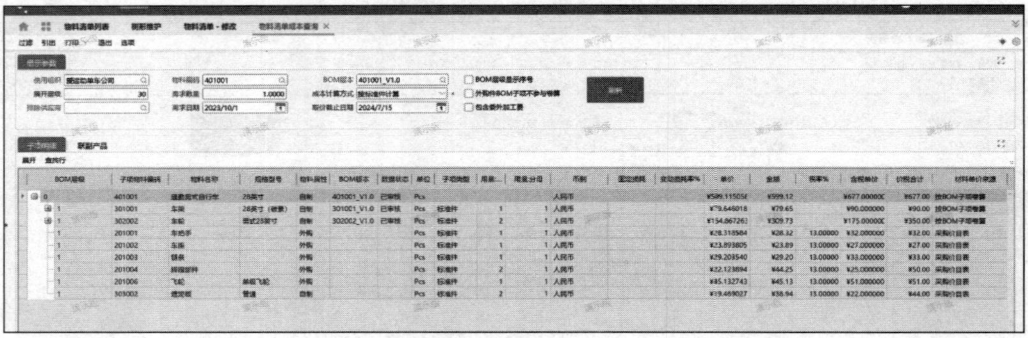

图 5-11　BOM 成本查询

任务四　BOM 应用

BOM 在生产管理、供应链管理、项目管理等多个领域有着广泛的应用。以下是 BOM 的主要应用方面。

1. 产品设计和开发

BOM 是研发和产品设计工作的重要依据。在 BOM 的指导下,设计团队可以确定所需的所有物料及其规格,从而更准确地进行产品设计和模型构建。BOM 系统可以与 CAD(计算机辅助设计)和 PLM(产品生命周期管理)系统集成,实现设计数据的自动传递和更新,避免设计错误和遗漏,确保产品的可制造性。

BOM 和工艺路线相互依存、协同工作、数据共享,在企业的生产管理中扮演着重要的角色。BOM 提供了产品所需的全部物料信息,而工艺路线则描述了这些物料如何被加工成最终产品,没有 BOM,工艺路线就失去了加工的物料基础;没有工艺路线,BOM 中的物料就无法被有效地组织起来形成最终产品。通过 BOM 和工艺路线的协同,企业可以制订出合理的生产计划,确保生产过程中的物料供应和工序安排都符合实际需求,有助于优化生产流程并提高生产效率。

2. 生产计划和调度

BOM 提供了产品的层级结构和所需物料清单,有助于生产计划员了解产品的组成结构和所需物料,以制订合理的生产计划并进行调度安排。

例如,金蝶云星空中,基于销售预测、客户订单或库存策略等输入,计划系统需要利用 BOM 数据来计算生产特定产品所需的各级物料数量。这是物料需求计划(MRP)的核心功能,它可以确保在正确的时间、以正确的数量提供所需的物料,满足生产计划的需求。前面我们已经建立了 402001 越野 28 自行车的 BOM 数据,基于 BOM 基础数据,可以根据销售订单进行 MRP 运算,操作路径:“生产制造”→“计划管理”→“计算运算向导”,选择计划方案,单击“选单”,选择运算的销售订单,就可以进行 MRP 运算,在任务五中我们将进行更详细的介绍。计划运算向导如图 5-12 所示。

通过 BOM,可以确定不同装配和生产工序所需的物料和数量,确保生产过程的顺利进行。例如,在生产订单生成时,金蝶云星空会依据产品的 BOM 信息来自动计算所需的生产用料,如图 5-13 所示。

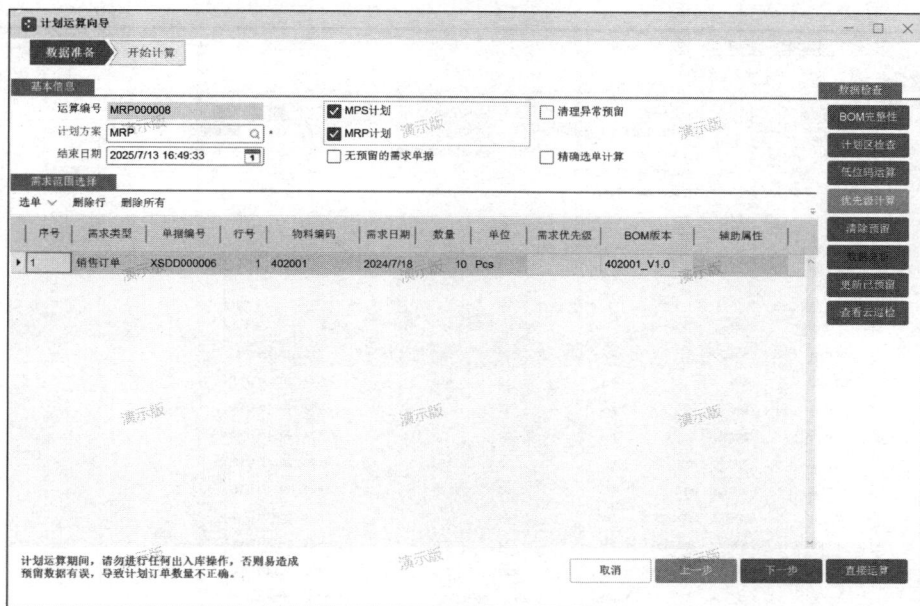

图 5-12　计划运算向导

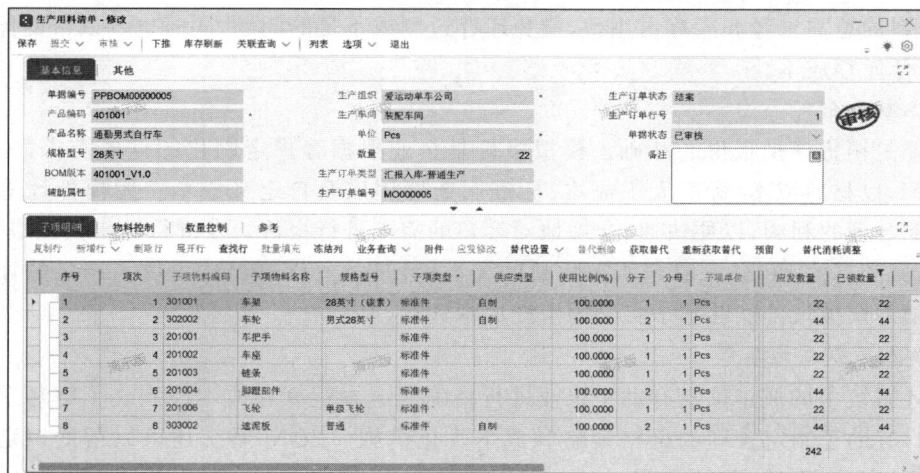

图 5-13　生产用料清单

3. 配套材料采购

BOM 为采购部门提供了准确的物料需求计划,有助于及时采购所需的原材料和零部件,避免缺货和库存积压。同时,BOM 中的供应商信息有助于与供应商进行高效的协同,确保供应链的顺畅运作。在金蝶云星空中,配套材料采购申请可以根据产品物料清单计算出原材料的采购需求进行配套采购,对于产品结构和生产过程简单的企业,就可以不用进行复杂的MRP 运算。操作路径:"供应链"→"采购管理"→"配套材料采购申请",通过选单的方式,选择 BOM 或销售订单等需要进行配套采购的单据,确认需求数量和要货日期后,单击"计算",就可以计算子项物料的需求量,如图 5-14 所示。

4. 库存管理

BOM 提供了物料的清单和数量,可以用于库存管理和控制。通过 BOM,企业可以准确

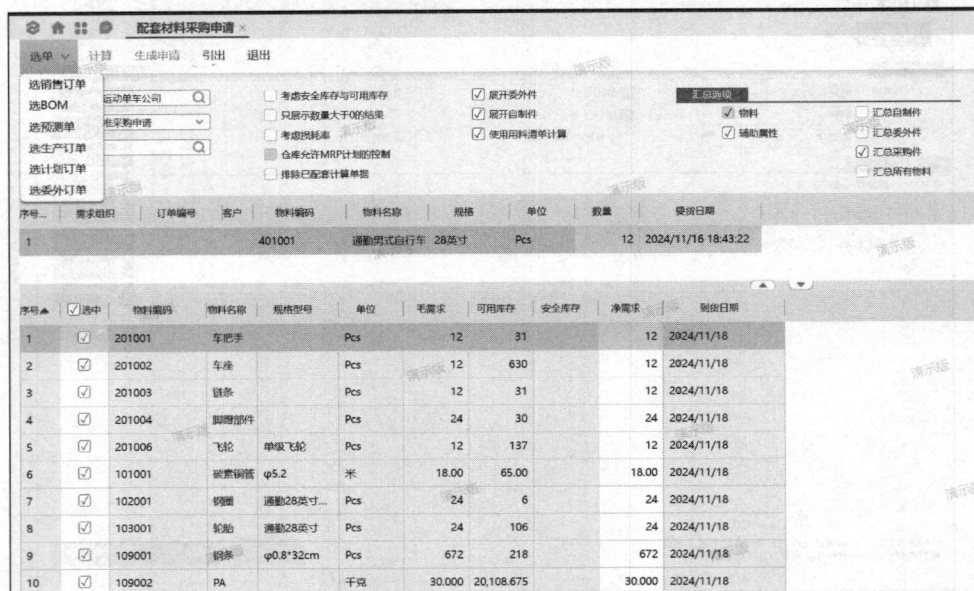

图 5-14　配套材料采购申请

地计算物料的总需求量和库存占用量,避免库存过剩或不足的问题,同时也可以帮助优化库存周转和降低库存成本。

5. 销售报价

BOM 是销售模拟报价的基础。模拟报价是企业根据客户定制化的订单需求,快速构建报价 BOM,以材料成本、标准人工成本、标准制造费用以及自定义成本费用模拟计算产品成本,再加上合理的利润,以便快速、合理地对客户的需求进行报价。在进行销售模拟报价时,企业需要根据产品的 BOM 来确定所需物料的种类、数量及价格,BOM 提供了产品的详细构成信息,使销售模拟报价能够基于实际的生产成本进行。

6. 成本控制与核算

BOM 系统中的成本信息有助于企业进行精确的成本核算和成本控制。了解每个产品的成本结构,有助于制定合理的价格策略和成本优化措施。BOM 系统还可以帮助识别成本高的部件或工序,为降低成本提供方向。

7. 质量控制与追溯

BOM 记录了产品的零部件信息和装配过程,便于进行质量检验和追溯。当出现质量问题时,通过 BOM 系统能够快速定位问题来源并采取相应的纠正措施,提高产品质量和客户满意度。

8. 售后服务与维修

BOM 为售后服务和维修部门提供了产品结构和零部件的详细信息。维修人员可以快速准确地识别需要更换的零部件,并提供有效的维修服务。同时,BOM 系统也有助于管理备件库存和备件采购。

9. 定制化生产与配置管理

BOM 系统可以支持多种产品配置和变形,满足客户个性化需求。它能够根据客户的要求,快速生成相应的 BOM 和工艺流程,实现灵活的定制化生产,提高企业的市场竞争力。

10. 数据分析与决策支持

通过对 BOM 系统中的数据进行分析,企业可以获得有关生产效率、成本、质量等方面的关键指标。这些数据为管理层提供了决策支持,帮助其做出明智的业务决策,以持续改进和优化制造过程。

综上所述,BOM 在制造业中的应用广泛且重要,它贯穿于产品的整个生命周期,从设计、生产到售后服务,为企业提供了高效的管理和协同工具。

【岗课赛证融通专题训练】

实操练习

(1) 将爱运动集团中的所有 BOM 分配至演练组织,修改供应组织、发料组织和货主为演练组织,有子项 BOM 版本的物料清单填入子项 BOM 版本。

(2) 通过物料清单正查功能查询演练组织物料 401002 通勤女士自行车的 BOM 一级展开和二级展开。

项目五
即测即评

(3) 通过物料清单反查功能查询爱运动集团的物料 101001 碳素铜管被哪些 BOM 使用。

计划与产供销云管理

知识目标

(1) 理解计划方案中各项参数的含义和影响；

(2) 了解物料需求计划(MRP)和主生产计划(MPS)的应用场景和相互之间的差异；

(3) 理解汇报入库生产模式的具体操作流程；

(4) 理解委外生产模式的工作流程及管理要点。

能力目标

(1) 能够配置和调整 MRP 和 MPS 计划方案的关键参数；

(2) 能够运用 MRP 和 MPS 进行计划运算并分析维护计划订单；

(3) 能够执行汇报入库生产模式的操作流程,确保生产活动顺畅进行；

(4) 能够掌握委外生产模式工作流程,并对管理要点进行有效的监控和调整。

素养目标

(1) 培养系统思维和战略规划能力,能够从企业整体运营的角度理解和应用计划管理；

(2) 提升跨部门沟通与协作能力,有效协调各部门资源和需求；

(3) 提升分析问题和解决问题的能力。

思维导图

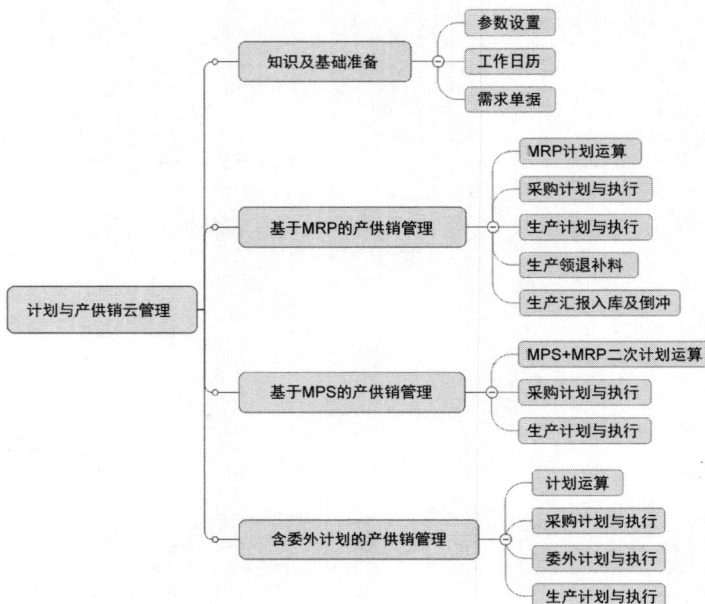

　　本项目旨在探讨计划与产供销一体化管理的策略方案和系统实施过程。产供销管理是指对企业生产、供应和销售三个关键环节进行有效协调与管理,确保企业运作的高效性和有序性。在这一过程中,计划管理扮演着核心角色,它要求企业对生产、供应和销售活动进行全面规划和合理安排。企业必须依据市场需求、生产能力、资源状况等关键因素,制订出合理的生产计划、采购计划和委外计划,并确保这些计划之间的协调统一。计划管理使企业能够预见潜在问题,提前应对,优化资源配置,从而提升生产效率和销售业绩。本项目内容涵盖工程数据、计划管理、生产管理、委外管理和采购管理等多个方面。基于不同的计划和生产方式,设计了三种产供销一体化管理模式,并将其细分为四个任务:任务一为知识及基础准备;任务二是基于物料需求计划(MRP)的产供销管理;任务三是基于主生产计划(MPS)与物料需求计划(MRP)的两次计划运算的产供销管理;任务四则是含委外生产的产供销管理。

任务一　知识及基础准备

任务导入

　　ERP 计划管理是企业资源计划系统中的一个至关重要的组成部分,并在其中发挥核心作用。金蝶云星空计划管理产品框架图如图 6-1 所示。

图 6-1　金蝶云星空计划管理产品框架图

　　云星空计划管理具有以下特点:支持 MTS/MTO/ATO/PTO/ROP 等多种计划策略;支持分层计划、分批计划等多种计划模式,支持集中计划、协同计划的多组织计划模式;支持全局运算、选单运算、插单运算、计划模拟等多种计划场景;灵活的制造策略、计划运算参数设置,可考虑需求优先级、替代、预计量模拟调整等,满足各种不同应用场景等。

　　在实施计划运算之前,必须审慎考虑并设置一系列基础资料,以确保计划管理的有效性。这些基础资料包括但不限于:物料的属性、安全库存水平、计划策略、订货策略以及物料的提前期;BOM 的版本控制、完整性和低位码;供应来源的配置,包括物料需求组织与供应组织的对应关系及供应比例;替代物料的识别、替代策略和替代方式;制造策略等。

　　在项目初期,我们已经完成了物料和 BOM 计划的相关配置工作。然而,在进行计划和生产作业模拟之前,仍需进行一系列基础准备工作。这包括配置相关单据类型参数、组织设置工作日历以及确认需求等关键环节。鉴于生产和委外业务中涉及的开工日期、下达日期和完工日期等将自动采用系统日期,而账套启用日期定于 2023 年,这可能会导致业务逻辑上的冲突。因此,建议在开展本项目实战之前,提前调整计算机系统日期至业务日期前后,具体操作可参照各任务中的业务实施部分。

一、参数设置

📚 **业务场景**

生产管理的系统参数对计划的运算结果和生产管理流程都有很大的影响。在进行产供销一体化管理的计划运算前,需要先设置生产管理系统的有关参数。设置生产订单单据类型参数、委外订单单据类型参数、计划订单列表选项参数信息如表 6-1 至表 6-3 所示。

表 6-1　生产订单单据类型参数

名称	汇报入库-普通生产	默认单据类型	√
生产订单自动执行			
生产订单领料时自动开工		√	
生产订单自动完工		√	
主产品入库数量达到入库下限		√	
生产订单自动结案		√	
生产领料			
自动计算	√	领补套数计算	全部物料
倒冲领/退料控制			
默认倒冲时机	入库倒冲	倒冲方式	后台倒冲
默认领料单据类型	倒冲生产领料	默认退料单据类型	倒冲生产退料
汇报倒冲		按检验结果倒冲	
生产汇报材料领用控制			
控制强度	严格控制	控制范围	非倒冲物料
生产汇报返还件退料控制			
控制强度		严格控制	
生产入库材料领用控制			
控制强度	严格控制	控制范围	非倒冲物料
生产入库返还件退料控制			
控制强度		严格控制	
生产入库用料清单子项为空控制			
控制强度		严格控制	
非返还件结案控制			
控制强度	不控制	控制范围	所有物料
返还件结案控制			
返还件控制		不控制	

表 6-2　委外订单单据类型参数

名称	普通委外订单	默认单据类型	√
单据控制			
委外类型		普通委外	
倒冲领/退料控制			
倒冲方式		后台倒冲	
默认领料单据类型	倒冲委外领料	默认退料单据类型	倒冲委外退料
委外领料			
自动计算	√	领补套数计算	全部物料
委外收料材料领用控制			
控制强度	严格控制	控制范围	非倒冲物料
委外入库材料领用控制			
控制强度	严格控制	控制范围	非倒冲物料
委外入库用料清单子项为空控制			
控制强度		严格控制	
非返还件结案控制			
控制强度	不控制	控制范围	所有物料
返还件结案控制			
返还件控制		不控制	

表 6-3　计划订单列表选项参数

选项-业务参数	
默认生产单据类型	汇报入库-普通生产
默认委外单据类型	普通委外订单
默认采购单据类型	标准采购申请
默认组织间受托单据类型	组织委托加工-直接入库
最大采购订单分录数	500
最大生产订单分录数	1
最大委外订单分录数	1
采购申请单状态投放为	创建
入库组织默认取值	空

业务分析

　　生产管理和委外管理中单据类型的参数设置对生产管理业务的影响是多方面的,尤其在生产领料、在制材料的扣减以及入库的材料控制方式等方面会直接影响生产成本、库存控制、生产效率以及最终的产品质量,这些参数的设置直接关系到生产流程的顺畅性以及生产效率的提升。以下是部分参数设置的影响分析。

　　(1)"生产订单领料时自动开工"参数启用后,当生产订单完成首批次领料并审核领料单时,系统会自动将生产订单的状态更新为"开工"。这意味着领料行为触发了生产订单的开工流程,无须人工手动进行开工操作。

　　(2)"生产订单自动完工"参数启用后,生产入库单审核时,根据设定的入库下限数量,自动触发生产订单的完工。

　　(3)勾选"主产品入库数量达到入库下限"参数,表示当主产品入库数量大于或等于生产订单入库下限时,生产订单自动执行完工操作。

（4）勾选生产领料"自动计算"后,当生产进行领、退、补时自动计算生产订单的领补套数;未勾选时,需要在生产订单列表界面手工单击"领料套数计算"才会更新"领补套数"的值。

（5）生产汇报材料领用控制的控制强度为"严格控制"时,表示在生产汇报时,若材料领用套数小于汇报单累计完成数量,系统将提示并控制不允许汇报,同理委外业务时将不允许收料、入库。

还有更多的参数设置影响可以通过查看系统帮助文档深入了解。

■■ 业务实施

请查看右侧视频生产参数部分。

（1）打开单据类型列表。用"信息主管"账号登录系统,打开单据类型列表。操作路径:"基础管理"→"基础资料"→"单据类型列表"。

（2）设置"汇报入库-普通生产"单据类型参数。找到名称"汇报入库-普通生产"的生产订单单据类型并打开。反审核修改:勾选"默认单据类型";在参数设置页签下勾选生产领料为"自动计算"、领补套数计算为"全部物料",勾选"生产订单自动完工""主产品入库数量达到入库下限",取消勾选"联副产品入库数量达到入库下限",勾选"生产订单自动结案";生产汇报材料领用控制选择"严格控制""非倒冲物料";生产汇报返还件退料控制选择"严格控制";生产入库材料领用控制选择"严格控制""非倒冲物料";生产入库返还件退料控制选择"严格控制";生产入库用料清单子项为空控制选择"严格控制";其他保持默认,保存,提交,审核,如图 6-2 所示。

生产参数、
工作日历、
需求单据、
计划方案

图 6-2　生产订单类型

（3）设置普通委外订单单据类型参数。找到名称为"普通委外订单"的委外订单单据类型并打开。反审核在参数设置页签下：勾选委外领料为"自动计算"，领补套数计算选择"全部物料"；委外收料材料领用控制选择"严格控制""非倒冲物料"；委外入库材料领用控制选择"严格控制""非倒冲物料"；委外入库用料清单子项为空控制选择"严格控制"；其他保持默认，保存，提交，审核，如图 6-3 所示。

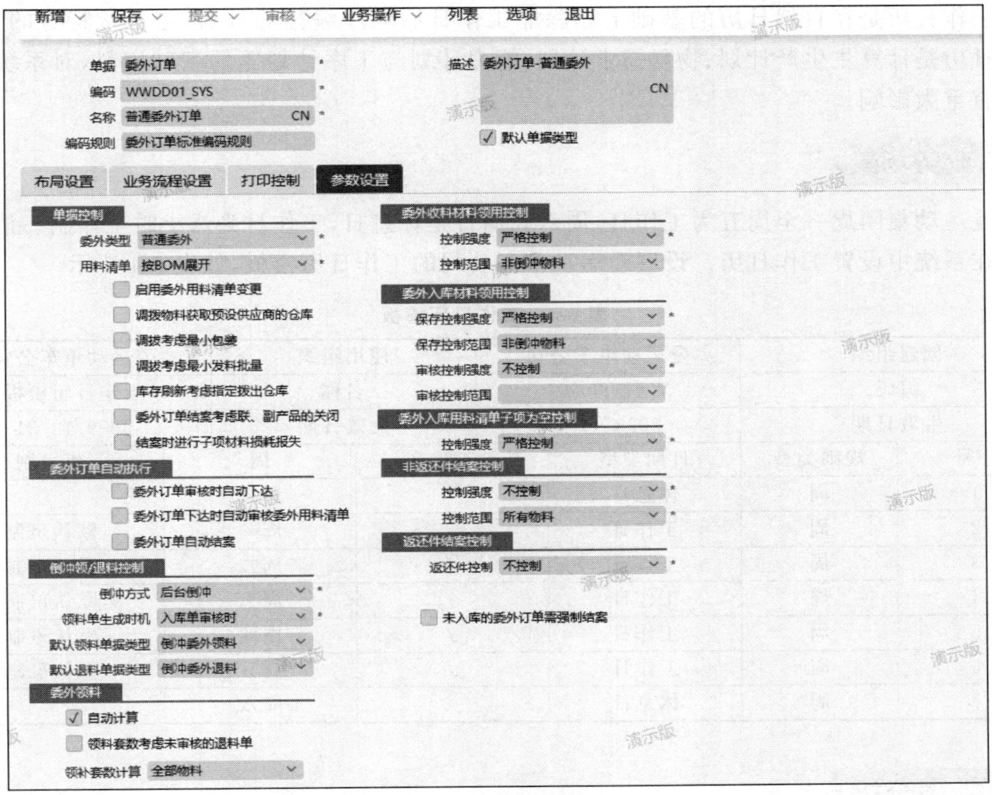

图 6-3　委外订单类型

（4）设置计划订单参数。操作路径："生产制造"→"计划管理"→"计划订单列表"。单击"选项"，在业务参数页签下修改默认生产单据类型为"汇报入库-普通生产"、最大生产订单分录数为 1、最大委外订单分录数为 1，保存并退出，如图 6-4 所示。

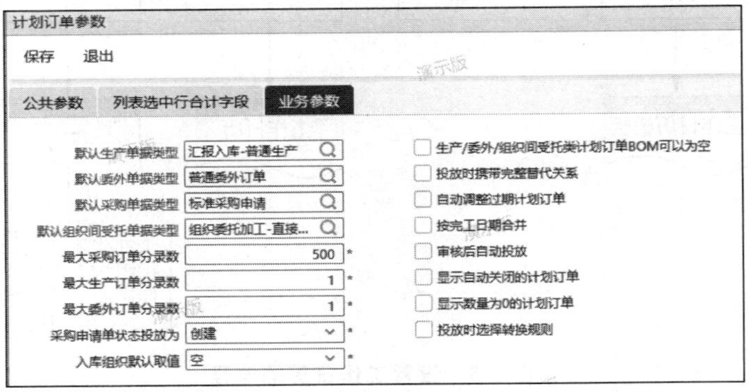

图 6-4　计划订单列表选项参数

二、工作日历

有些企业在进行生产的时候,可能周六和周日是工作日,周一和周二是休息日,还有一些轮班的生产车间,车间一的休息日是周三周四,车间二的休息日是周四周五。为了便于计划运算准确,企业普遍引入了工作日历,可以对每个生产车间设置日历。

工作日历是在自然日历的基础上删除非工作日后顺序编排的日历,是系统特有的日历。工作日历是计算主生产计划、物料需求计划、能力计划与工序计划等的基础资料,对系统运行结果有重大影响。

业务场景

爱运动集团周一至周五为工作日,周六和周日是休息日,工作日为八小时工作制。请根据要求在系统中设置工作日历。设置爱运动单车公司的工作日历模板,如表 6-4 所示。

表 6-4 工作日历模板

创建组织	爱运动单车公司		使用组织		爱运动单车公司
编码	WTD000001		名称		工作日历模板
生效日期	2023/11/1		失效日期		9999/12/31
序号	规则类型	日期类型	是否生产	周	班　制
1	周	休息日		周日	
2	周	工作日	√	周一	默认班制
3	周	工作日	√	周二	默认班制
4	周	工作日	√	周三	默认班制
5	周	工作日	√	周四	默认班制
6	周	工作日	√	周五	默认班制
7	周	休息日		周六	

业务分析

设置工作日历前需要先建立工作日历模板,然后将工作日历套用到相应的组织或部门,设置工作日历的流程如图 6-5 所示。

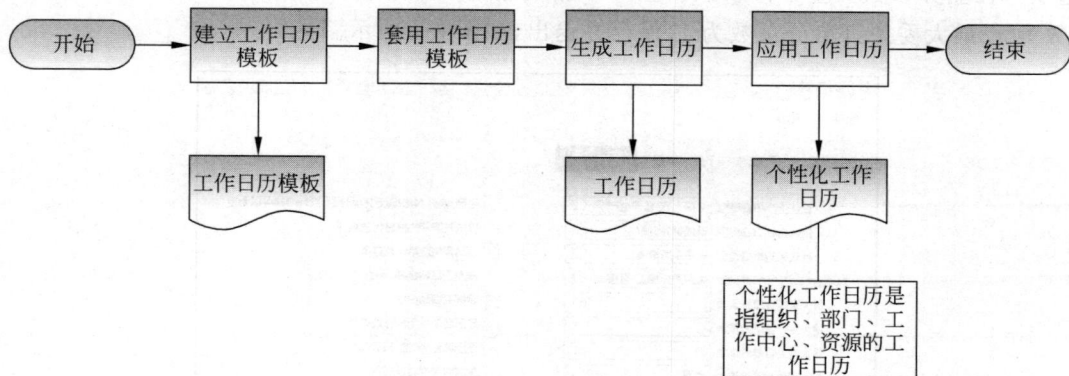

图 6-5 设置工作日历的流程

对应组织未设置工作日历可能会导致计划运算不成功、生产订单不能保存等问题,出现类似问题时需要检查"生产制造"→"工程数据"→"工作日历设置"中是否有设置工作日历。

■ 业务实施

请查看前文视频"生产参数、工作日历、需求单据、计划方案"的工作日历部分。

(1) 在爱运动单车公司组织下,打开工作日历模板列表。操作路径:"生产制造"→"工程数据管理"→"工作日历模板列表"。

(2) 新建工作日历模板。单击"新增",输入名称,生效日期设为"2023/11/1",选择班制"默认班制",保存,提交,审核。

(3) 套用工作日历模板。单击"业务操作"→"套用",选择"创建新日历"、开始日期 2023/11/1、使用组织爱运动单车公司,如图 6-6 所示。

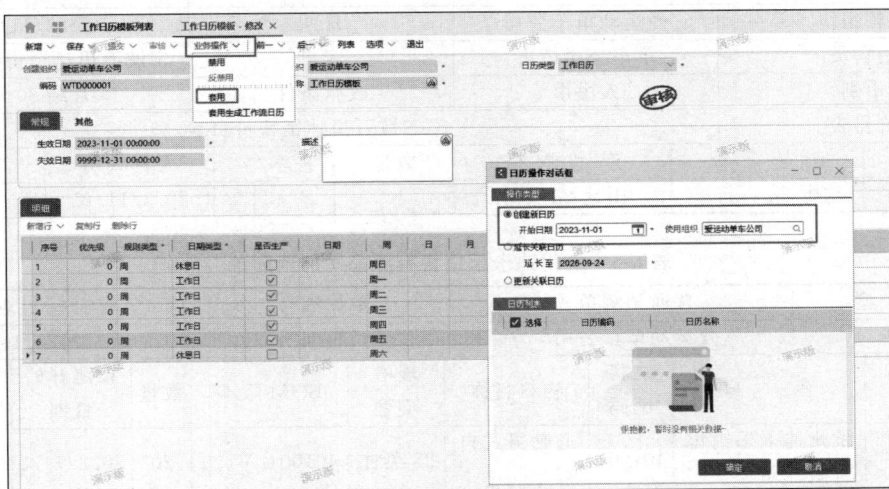

图 6-6　工作日历套用

(4) 打开工作日历设置。操作路径:"生产制造"→"工程数据"→"工作日历设置"。单击"爱运动单车公司",检查日历是否正确,如图 6-7 所示。

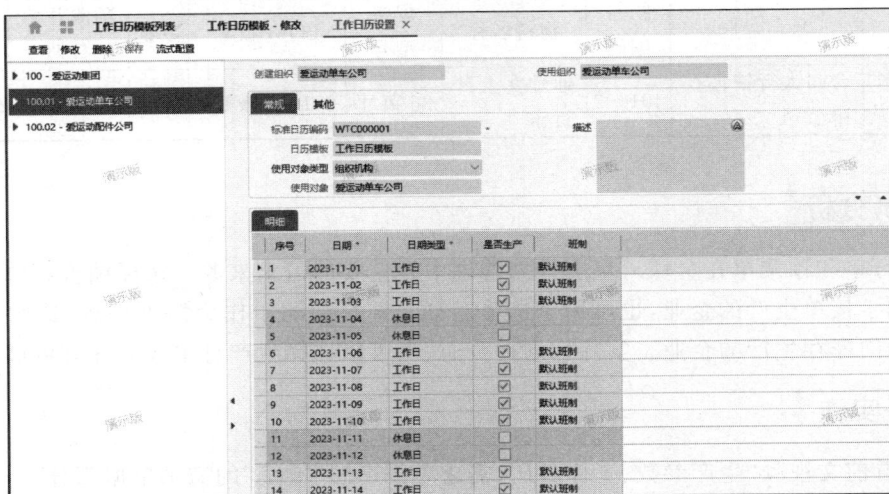

图 6-7　工作日历设置

三、需求单据

业务场景

2023年10月1日,爱运动单车公司接到宁波万里达有限公司的订单。生产管理部需要根据该销售订单进行 MRP 计算,再根据 MRP 计算生成的计划订单,指导生产和采购各个业务环节。另外,生产管理部预测11月杭州迪卡乐销售有限公司需要 401001 通勤男式自行车20 辆,预测台州太行销售有限公司需要 401002 通勤女士自行车 10 辆。销售订单信息和预测单信息如表6-5 至表6-7 所示。

表 6-5　宁波万里达有限公司的销售订单

单据类型	标准销售订单		单据编号	XSDD＋姓名＋01
销售组织	爱运动单车公司		日期	2023/11/5
销售员	单车公司销售		客户	宁波万里达销售有限公司
币别	人民币		收款条件	月结 30 天
价目表	宁波万里达销售价目表			
产品代码	产品名称	产品规格	数量	税率/%	要货日期	含税单价
402001	越野 28 自行车	山地 28 英寸	10	13	2023/11/25	580

表 6-6　杭州迪卡乐销售有限公司的预测单

单据类型	普通预测单		单据编号			YCD＋姓名＋01	
预测组织	爱运动单车公司		日期			2023/11/5	
供应组织	客　户	物料编码	物料名称	规格型号	BOM 版本	数量	预测开始日期	预测结束日期
爱运动单车公司	杭州迪卡乐销售有限公司	401001	通勤男式自行车	28 英寸	401001_V1.0	20	2023/11/5	2023/11/30

表 6-7　台州太行销售有限公司的预测单

单据类型	普通预测单		单据编号			YCD＋姓名＋02	
预测组织	爱运动单车公司		日期			2023/11/5	
供应组织	客　户	物料编码	物料名称	规格型号	BOM 版本	数量	预测开始日期	预测结束日期
爱运动单车公司	台州太行销售有限公司	401002	通勤女士自行车	26 英寸	401002_V1.0	10	2023/11/5	2023/11/30

业务分析

销售订单和预测单在金蝶云星空计划管理中是主要的需求来源。选择销售订单作为需求来源,适用于接单生产的企业,也可用于选单运算。选择预测单作为需求来源,适用于以预测为驱动,面向库存生产的企业。实际计划运算时,也可以选择生产订单或委外订单进行运算。

业务实施

请查看前文视频"生产参数、工作日历、需求单据、计划方案"的需求单据部分。

（1）修改计算机系统日期为"2023 年 11 月 5 日"。

（2）新建销售订单需求单据。操作路径："供应链"→"销售管理"→"销售订单"。录入销售订单的单据编号、日期、客户、物料编码、数量、含税单价、要货日期。注意订单编号为"XSDD 姓名 01"，如表 6-5 所示。保存，提交，审核。

（3）新建预测单需求。操作路径："生产制造"→"计划管理"→"预测单"。录入预测单的单据编号、日期、客户、物料编码、数量、含税单价、预测开始日期、预测结束日期，注意订单编号为"YCD 姓名 01"和"YCD 姓名 02"，如表 6-6、表 6-7 所示，保存，提交，审核。

任务二　基于 MRP 的产供销管理

📚 任务导入

前文已经讲过，MRP 即物资需求计划（material requirement planning）即指根据产品结构中各层次物品的从属和数量关系，以每个物品为计划对象，以完工时期为时间基准倒排计划，按提前期长短区别各个物品下达计划时间的先后顺序，是一种工业制造企业内的物资计划管理模式。在金蝶云星空中，MRP 是连接市场需求与生产供应的核心引擎。它以销售订单、预测单等作为需求来源，结合主生产计划、物料清单、库存状况以及工艺路线等基础数据，通过内置的 MRP 运算逻辑，自动计算出企业生产所需物料的净需求量和需求时间。

一、MRP 计划运算

🖊 业务场景

为满足宁波万里达有限公司的销售需求，确保销售订单按时交货，计划人员采用了系统的 MRP 运算功能，以计算采购部门需提前采购的原材料数量及品种，以及生产部门的开工时间和产成品的生产数量。爱运动单车公司的计划人员通过设定 MRP 计算方案，如表 6-8 所示，并运用计划运算向导执行 MRP 运算，从而得出初步的采购计划订单和生产计划订单。

表 6-8　MRP 计算方案

创建组织	爱运动单车公司	使用组织	爱运动单车公司
方案编码	MRP	方案名称	MRP
计划展望期单位	日	计划展望期	360
计划方式	集中计划		
组织参数			
需求组织		供应组织	
爱运动单车公司		爱运动单车公司	
运算范围			
标准销售订单	√	普通预测单	√
需求参数			
默认			
供给参数			
默认			

续表

运算参数	
强制覆盖运算参数	√
只考虑损耗率	√
预计可用运算量	6 个月
合并参数	
默认	
投放参数	
默认生产单据类型	汇报入库-普通生产
仓库参数	
全选仓库	
更多参数	
运算前自动维护低位码	√

业务分析

本业务是基于 MRP 的计划运算业务,其流程图如图 6-8 所示。

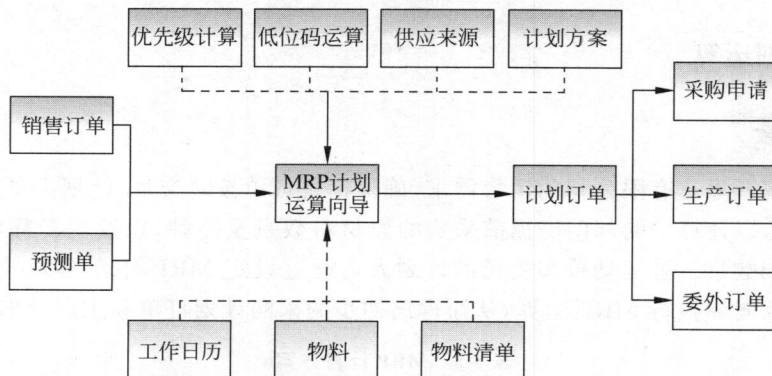

图 6-8　基于 MRP 的计划运算业务流程图

上述流程归纳起来可分为四个部分:①基础数据准备;②计划方案的设置;③利用计划运算向导进行计划运算;④计划结果核准和投放。

"凡事预则立,不预则废"这句古语深刻揭示了计划与准备对于成功的重要性。在制造业中,物料需求计划 MRP 的计算正是这一理念的具体实践,这一过程要求管理者必须"心中有数"。

(1)现有的基础数据要清楚。基础数据包括需求单据、库存信息、物料清单、提前期等。本业务的需求订单明确是宁波万里达有限公司 11 月 5 日关于 402001 越野 28 山地自行车28 英寸的销售订单,通过库存报表可以获取当前所有物料(原材料、半成品、成品)最新的库存数量、位置及状态,检查物料 402001 越野 28 山地自行车 28 英寸的物料清单是否已经审核,系统中是否有多个 BOM 版本,确保计划运算时使用最新版本的 BOM,检查各种物料的采购提前期和生产提前期是否已经设置。

(2)MRP 方案要读懂。组织参数中的"需求组织"是指参与本次 MRP 计算的需求单据来源组织,"供应组织"是指参与本次 MRP 计算的供给单据来源组织范围,这里都是指爱运动单车公司,后面在进行跨组织集中计划时,需求组织和供应组织会有不同。其他参数中的"强制覆盖计算参数",若勾选则表示 MRP 计算时取计划方案上的计算参数,不勾选则取物料基础资料和关联的制造策略上的参数。另外,为了方便核验计划运算结果,本次运算方案中不考虑现有库存。

（3）计算结果要仔细分析。MRP 的运算结果取决于 MRP 计划方案、物料清单、库存状态、提前期、安全库存、需求范围以及系统参数和策略等多个因素,这些因素相互作用,共同决定了 MRP 的输出结果。如果 MRP 的输出结果与预料的差异较大,需要仔细分析上述各个影响因素。

业务实施

请查看前文视频"生产参数、工作日历、需求单据、计划方案"的计划方案部分。

（1）用"信息主管"账号登录系统,打开计划方案。操作路径:"生产制造"→"计划管理"→"计划方案"。

（2）新增 MRP 计划方案,单击"新增",填入编码、名称、计划展望期;需求组织和供应组织都选择"爱运动单车公司",删除多余的数据行;运算范围只勾选"标准销售订单""普通预测单";运算参数勾选"强制覆盖运算参数""只考虑损耗率",预计可用运算量设为 6 个月;投放参数默认生产单据类型为"汇报入库"→"普通生产",仓库参数勾选"全选仓库";更多参数勾选"运算前自动维护低位码"（参考表 6-8）;保存,提交,审核,运算参数页面如图 6-9 所示。

图 6-9　MRP 计划方案

（3）在爱运动单车公司组织下打开计划运算向导。操作路径:"生产制造"→"计划管理"→"计划运算向导"。

（4）计划运算。选择计划方案为"MRP",勾选"清理异常预留",选单"销售订单",单击"下一步"→"开始计算",如图 6-10 所示。

MRP 运算

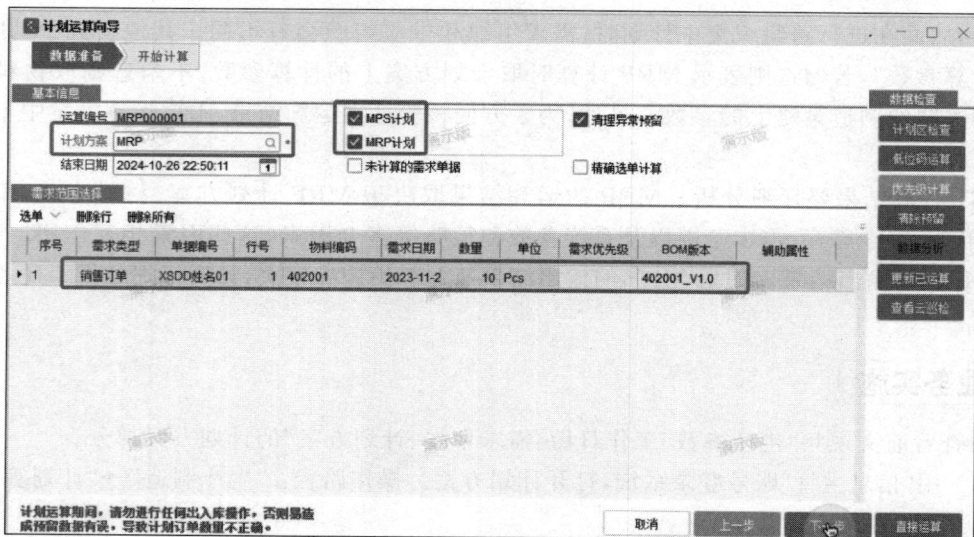

图 6-10　计划运算向导

（5）查看计算日志。计算完成单击"计算日志查询"，展开计划订单信息单击"查看详细信息"，查看计划订单生成情况，如图 6-11 所示。

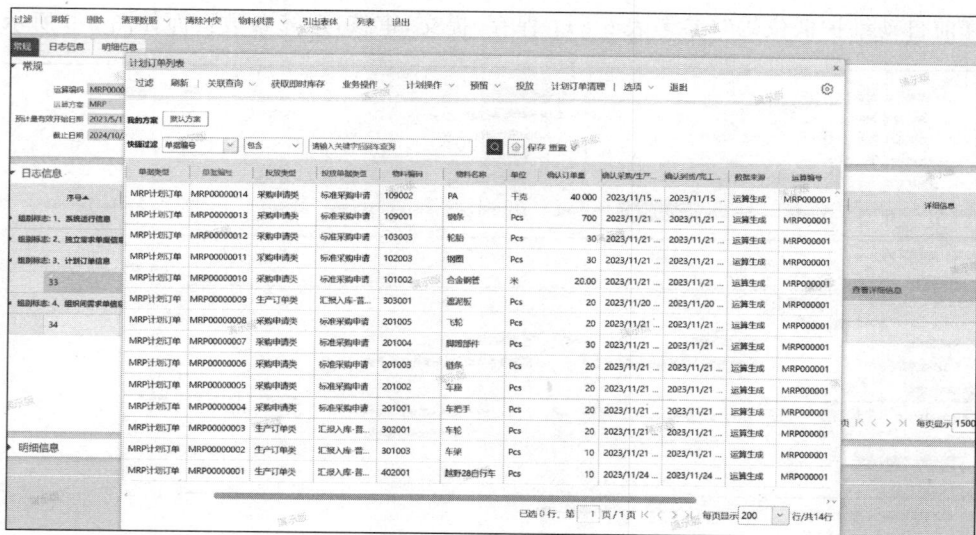

图 6-11　计划订单生成情况

（6）打开计划订单列表。用"信息主管"账号登录系统，在爱运动单车公司组织下打开计划订单列表。操作路径："生产制造"→"计划管理"→"计划订单列表"。

（7）计划结果核准。修改 PA 物料对应的确认采购/生产日期、确认到货/完工日期为"2023/11/15"；修改遮泥板物料对应的确认采购/生产日期、确认到货/完工日期为"2023/11/20"；修改越野 28 自行车物料对应的确认采购/生产日期、确认到货/完工日期为"2023/11/24"，保存；其他物料单击"业务操作"→"批量维护"，修改对应的确认采购/生产日期、确认到货/完工日期为"2023/11/21"；修改 PA 物料确认订单量为 40、钢条确认订单量

为 700、轮胎确认订单量为 30、钢圈确认订单量为 30、合金钢管确认订单量为 20、飞轮确认订单量为 20、脚蹬部件确认订单量为 30、链条确认订单量为 20、车座确认订单量为 20、车把手确认订单量为 20。在计划订单批量维护中勾选全部修改后的数据行，保存。核准后的计划订单数据如表 6-9 所示。

表 6-9　核准后的计划订单数据

投放类型	投放 单据类型	物料编码	物料名称	单位	建议 订单量	确认 订单量	确认采购/ 生产日期	确认到货/ 完工日期
采购申请类	标准采购申请	109002	PA	千克	36.925	40	2023/11/15	2023/11/15
采购申请类	标准采购申请	109001	钢条	Pcs	640	700	2023/11/21	2023/11/21
采购申请类	标准采购申请	103003	轮胎	Pcs	20	30	2023/11/21	2023/11/21
采购申请类	标准采购申请	102003	钢圈	Pcs	20	30	2023/11/21	2023/11/21
采购申请类	标准采购申请	101002	合金钢管	米	16	20	2023/11/21	2023/11/21
生产订单类	汇报入库-普通生产	303001	遮泥板	Pcs	20	20	2023/11/20	2023/11/20
采购申请类	标准采购申请	201005	飞轮	Pcs	10	20	2023/11/21	2023/11/21
采购申请类	标准采购申请	201004	脚蹬部件	Pcs	20	30	2023/11/21	2023/11/21
采购申请类	标准采购申请	201003	链条	Pcs	10	20	2023/11/21	2023/11/21
采购申请类	标准采购申请	201002	车座	Pcs	10	20	2023/11/21	2023/11/21
采购申请类	标准采购申请	201001	车把手	Pcs	10	20	2023/11/21	2023/11/21
生产订单类	汇报入库-普通生产	302001	车轮	Pcs	20	20	2023/11/21	2023/11/21
生产订单类	汇报入库-普通生产	301003	车架	Pcs	10	10	2023/11/21	2023/11/21
生产订单类	汇报入库-普通生产	402001	越野 28 自行车	Pcs	10	10	2023/11/24	2023/11/24

注：运算出来的计划订单的单据类型均为"MRP 计划订单"，业务状态均为"计划"，单据状态均为"创建"，数据来源均为"运算生成"，采购/生产组织、需求组织、入库组织都为"爱运动单车公司"，需求单据编号均为"XSDD 姓名 01"，需求单据行号均为"1"。

（8）关闭所有页签。

▶ 注意事项

（1）假如本次计划运算后没有产生计划订单，原因可能是计划运算时 BOM 版本为空、没有设置工作日历、计划方案中考虑了当前即时库存等。

（2）如果计划运算后计划订单数据与上述不符，原因可能是 BOM 数据不一致、计划方案设置有差异、需求单据中的物料和数量不相同等。

二、采购计划与执行

业务场景

采购管理人员根据 MRP 计划运算结果，将投放单据类型为"标准采购申请"的计划订单审核，投放生成采购申请单后，单车公司采购员根据实际情况在采购申请单上选择建议供应商，根据企业标准采购管理业务流程，执行采购计划，包括采购订单下达、采购收料和监督采购入库等。采购申请单维护后的单据信息如表 6-10 所示。

表 6-10 采购申请单维护后的单据信息

单据类型	标准采购申请	申请组织	爱运动单车公司	申请日期	2023/11/12
需求单据	XSDD 姓名 01		需求单据行号		1
物料编码	物料名称	申请数量	批准数量	到货日期	建议供应商
201001	车把手	20	20	2023/11/21	苏州拜克配件有限公司
201002	车座	20	20	2023/11/21	苏州拜克配件有限公司
201003	链条	20	20	2023/11/21	苏州拜克配件有限公司
201004	脚蹬部件	30	30	2023/11/21	苏州拜克配件有限公司
201005	飞轮	20	20	2023/11/21	苏州拜克配件有限公司
101002	合金钢管	20	20	2023/11/21	温州思迪钢材有限公司
102003	钢圈	30	30	2023/11/21	温州思迪钢材有限公司
103003	轮胎	30	30	2023/11/21	苏州拜克配件有限公司
109001	钢条	700	700	2023/11/21	温州思迪钢材有限公司
109002	PA	40	40	2023/11/15	宁波帕洛斯塑料有限公司

业务分析

MRP 计划运算后会产生采购计划订单，采购部门需要综合考虑各项条件，及时联系供应商采购各项物资，为生产提供物资保障。可参考之前的采购管理业务，本业务中由计划员或采购人员投放采购计划订单，采购人员根据计划下达的采购申请单和实际情况下达采购订单，生成收料通知单，仓库员根据实际收料情况完成外购入库工作。

业务实施

（1）修改计算机系统日期为"2023 年 11 月 12 日"。

（2）打开计划订单列表。用"信息主管"账号登录系统，在爱运动单车公司组织下打开计划订单列表。操作路径："生产制造"→"计划管理"→"计划订单列表"。

采购部分

（3）审核并投放计划订单。过滤投放类型为"采购申请类"的计划订单，审核计划订单后投放生成采购申请单，如图 6-12 所示。

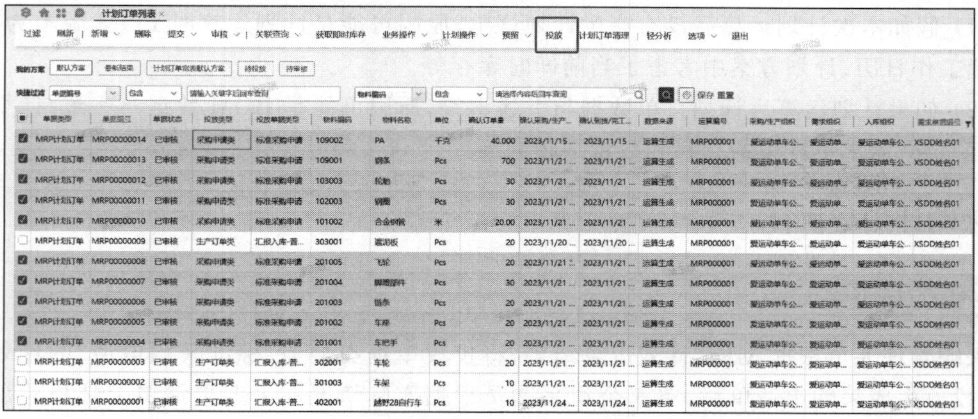

图 6-12 计划订单列表

（4）修改并审核采购申请。打开采购申请单列表。操作路径："供应链"→"采购管理"→"采购申请单列表"。双击打开投放生成的采购申请单，参照表 6-10，修改申请日期，填写建议供应商，核对申请数量、到货日期，保存，提交，审核，完成页面如图 6-13 所示。

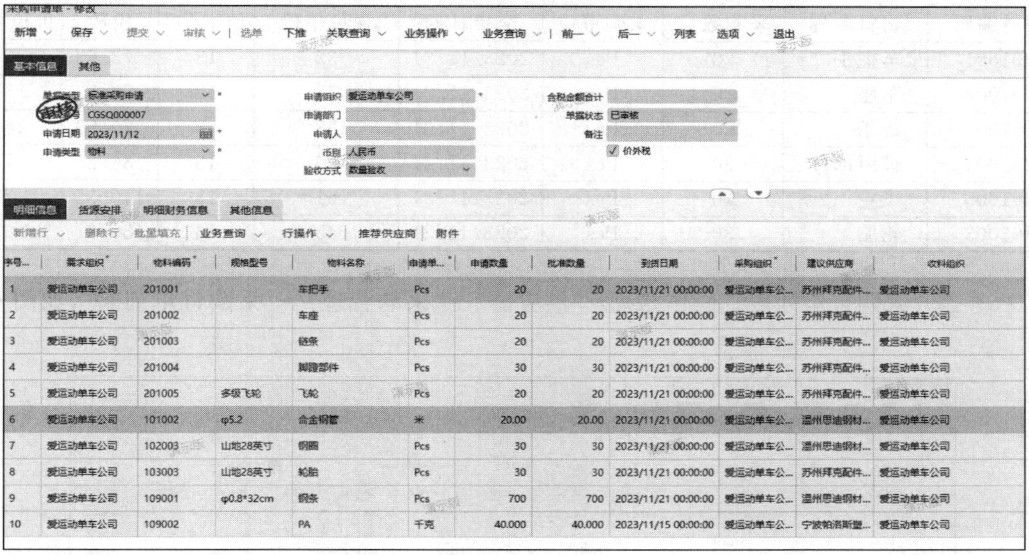

图 6-13　采购申请单

（5）批量生成采购订单。修改采购日期，核对采购数量、含税单价、交货日期。保存，提交，审核。按照表 6-11 至表 6-13 给出的单据编号顺序生成采购订单，其中采购订单中需求组织、结算组织、收料组织都是爱运动单车公司，需求单据编号均为"XSDD 姓名 01"，需求单据行号均为"1"。

表 6-11　采购订单 1

单据类型			标准采购订单				
采购组织		爱运动单车公司		采购日期		2023/11/12	
关闭状态		未关闭		供应商		宁波帕洛斯塑料有限公司	
物料编码	物料名称	采购数量	采购单位	交货日期	含税单价	税率/%	税额	价税合计
109002	PA	40	千克	2023/11/15	20	13	92.04	800

表 6-12　采购订单 2

单据类型			标准采购订单				
采购组织		爱运动单车公司		采购日期		2023/11/12	
关闭状态		未关闭		供应商		温州思迪钢材有限公司	
物料编码	物料名称	采购数量	采购单位	交货日期	含税单价	税率/%	税额	价税合计
101002	合金钢管	20	米	2023/11/21	40	13	92.04	800
102003	钢圈	30	Pcs	2023/11/21	35	13	120.8	1 050
109001	钢条	700	Pcs	2023/11/21	5	13	402.65	3 500

表 6-13　采购订单 3

单据类型	标准采购订单						
采购组织	爱运动单车公司			采购日期		2023/11/12	
关闭状态	未关闭			供应商		苏州拜克配件有限公司	
物料编码	物料名称	采购数量	采购单位	交货日期	含税单价	税率/%	税额	价税合计
201001	车把手	20	Pcs	2023/11/21	32	13	73.63	640
201002	车座	20	Pcs	2023/11/21	27	13	62.12	540
201003	链条	20	Pcs	2023/11/21	33	13	75.93	660
201004	脚蹬部件	30	Pcs	2023/11/21	25	13	86.28	750
201005	飞轮	20	Pcs	2023/11/21	61	13	140.35	1 220
103003	轮胎	30	Pcs	2023/11/21	45	13	155.31	1 350

（6）打开采购订单列表。操作路径："供应链"→"采购管理"→"采购订单列表"，如图 6-14 所示。

图 6-14　采购订单列表

（7）批量生成收料通知单。勾选上述 3 张采购订单，单击"下推"，生成收料通知单。参照表 6-14 至表 6-16 修改收料日期，核对交货数量、预计到货日期、仓库，保存，提交，审核。

表 6-14　收料通知单 1

单据类型	标准收料单				
收料组织	爱运动单车公司			收料日期	2023/11/12
供应商	宁波帕洛斯塑料有限公司				
需求单据	XSDD 姓名 01			需求单据行号	1
物料编码	物料名称	收料单位	交货数量	预计到货日期	仓　　库
109002	PA	千克	40	2023/11/12	单车公司原材料仓库

表 6-15　收料通知单 2

单据类型	标准收料单				
收料组织	爱运动单车公司			收料日期	2023/11/12
供应商	温州思迪钢材有限公司				
需求单据	XSDD 姓名 01			需求单据行号	1
物料编码	物料名称	收料单位	交货数量	预计到货日期	仓　　库
101002	合金钢管	米	20	2023/11/12	单车公司原材料仓库
102003	钢圈	Pcs	30	2023/11/12	单车公司原材料仓库
109001	钢条	Pcs	700	2023/11/12	单车公司原材料仓库

表 6-16　收料通知单 3

单据类型	标准收料单				
收料组织	爱运动单车公司			收料日期	2023/11/12
供应商	苏州拜克配件有限公司				
需求单据	XSDD 姓名 01			需求单据行号	1
物料编码	物料名称	收料单位	交货数量	预计到货日期	仓　库
201001	车把手	Pcs	20	2023/11/12	单车公司原材料仓库
201002	车座	Pcs	20	2023/11/12	单车公司原材料仓库
201003	链条	Pcs	20	2023/11/12	单车公司原材料仓库
201004	脚蹬部件	Pcs	30	2023/11/12	单车公司原材料仓库
201005	飞轮	Pcs	20	2023/11/12	单车公司原材料仓库
103003	轮胎	Pcs	30	2023/11/12	单车公司原材料仓库

（8）打开收料通知单列表。操作路径："供应链"→"采购管理"→"收料通知单列表"，如图 6-15 所示。

图 6-15　收料通知单列表

（9）批量生成采购入库单。勾选上述 3 张收料通知单，单击"下推"，生成采购入库单。按照表 6-17 至表 6-19 修改入库日期，核对实收数量、仓库，保存，提交，审核。

表 6-17　采购入库单 1

单据类型	标准采购入库				
库存组织	爱运动单车公司			入库日期	2023/11/13
供应商	宁波帕洛斯塑料有限公司				
需求单据	XSDD 姓名 01			需求单据行号	1
物料编码	物料名称	库存单位	实收数量	仓　库	库存状态
109002	PA	千克	40	单车公司原材料仓库	可用

表 6-18　采购入库单 2

单据类型	标准采购入库				
库存组织	爱运动单车公司			入库日期	2023/11/13
供应商	温州思迪钢材有限公司				
需求单据	XSDD 姓名 01			需求单据行号	1
物料编码	物料名称	库存单位	实收数量	仓　库	库存状态
101002	合金钢管	米	20	单车公司原材料仓库	可用
102003	钢圈	Pcs	30	单车公司原材料仓库	可用
109001	钢条	Pcs	700	单车公司原材料仓库	可用

表 6-19　采购入库单 3

单据类型	标准采购入库		
库存组织	爱运动单车公司	入库日期	2023/11/13
供应商	苏州拜克配件有限公司		
需求单据	XSDD 姓名 01	需求单据行号	1
物料编码	物料名称	库存单位	实收数量	仓　库	库存状态
201001	车把手	Pcs	20	单车公司原材料仓库	可用
201002	车座	Pcs	20	单车公司原材料仓库	可用
201003	链条	Pcs	20	单车公司原材料仓库	可用
201004	脚蹬部件	Pcs	30	单车公司原材料仓库	可用
201005	飞轮	Pcs	20	单车公司原材料仓库	可用
103003	轮胎	Pcs	30	单车公司原材料仓库	可用

完成后的采购入库单列表如图 6-16 所示。

图 6-16　采购入库单列表

（10）关闭所有页签。

三、生产计划与执行

　　生产计划的执行需要生产部门、仓库部门以及可能涉及部门之间借助生产管理系统紧密协作与高效沟通。生产管理系统结合工程数据管理、计划管理、库存管理、质量管理等系统，以生产管理业务流程为主线，提供了集成的生产业务支持，为企业提供从生产计划、投料与领料、生产检验与汇报，到产品入库、生产订单结案等生产业务处理全过程的监督与控制，协助企业有效掌控各项制造活动信息，管理生产进度，提高生产效率。

　　生产管理系统包括生产订单、生产领料、生产汇报和完工入库等子模块。

　　（1）生产订单。该子模块主要涉及生产订单和生产用料清单的管理和维护，是企业为满足客户的需求，由计划部门向生产车间下达，并要求生产车间执行的生产任务。生产订单支持普通生产、返工生产、受托加工等业务类型，可以通过单据类型实现生产业务的差异性管控。例如，产品入库材料领用检查、生产订单结案；生产用料清单的管理和维护主要是对生产订单对应的子项材料、用量、损耗等进行确认和调整。

对于生产订单的状态,可以分为计划确认、下达、开工、完工和结案状态,表 6-20 列出了各个生产订单状态下可执行的操作内容和相关的便利性操作。

表 6-20　生产订单状态和可执行操作对应表

状 态	可执行操作	便利性操作
计划确认	MRP 投放生产订单的默认状态,作为预计入库数量,不能退领、补料,不能生产汇报和生产入库	
下达	可以领料、退料、补料	
开工	可以领料、退料、补料,生产汇报,入库	自动开工(单据类型参数设置)
完工	完工是指生产订单已经生产完成或终止,生产完了就不能汇报、入库了,但是可以进行生产领料、退料、补料	自动完工(单据类型参数设置)
结案	结案是指业务关闭。结案后生产订单不再允许进行任何领料、退料、补料、汇报、入库处理	自动结案(单据类型参数设置)

(2)生产领料。该子模块支持完善的生产领料管理,包括生产领料、退料和补料等功能。

(3)生产汇报和完工入库。该子模块主要涉及生产汇报、生产入库以及生产退库等功能。生产汇报是生产车间在执行生产订单时,对生产情况的实时进度反应,生产汇报用于汇报生产任务的开工和完工时间、生产数量、生产工时、生产质量等数据;加工完成的产品经过检验流程后,制作入库单办理入库手续。对于无法返工或暂不返工的不合格品,可将其标记为不合格品进行入库。

业务场景

2023 年 11 月 14 日,生产主管根据 MRP 运算计划订单下达生产任务单,下达后的生产订单信息如表 6-21 所示。

表 6-21　生产订单信息

单据日期	产品类型	物料编码	物料名称	规格型号	生产车间	单位	数量	业务状态
2023/11/14	主产品	402001	越野 28 自行车	山地 28 英寸	装配车间	Pcs	10	计划确认
2023/11/14	主产品	301003	车架	28 英寸(合金)	加工车间	Pcs	10	计划确认
2023/11/14	主产品	302001	车轮	山地 28 英寸	加工车间	Pcs	20	计划确认
2023/11/14	主产品	303001	遮泥板	山地	注塑车间	Pcs	20	计划确认

注:生产订单的单据类型为汇报入库-普通生产,需求单编号为"XSDD 姓名 01"。

2023 年 11 月 15 日,由业务人员提出要求,将 402001 越野 28 自行车的生产数量由 10 个改成 9 个,生产部通过生产变更完成。

2023 年 11 月 15 日,生产管理人员查看生产订单对应的生产用料清单如表 6-23 至表 6-26 所示,确认无误后提交审核。

业务分析

不同的生产订单可以选择不同的单据类型,比较常见的生产订单的单据类型有三种:直接入库-普通生产、汇报入库-普通生产和工序汇报入库-普通生产。本任务的生产订单是汇报入库-普通生产类型,本业务中汇报入库-普通生产的单据类型参数设置参考前面的表 6-1,汇报入库-普通生产的业务流程如图 6-17 所示。

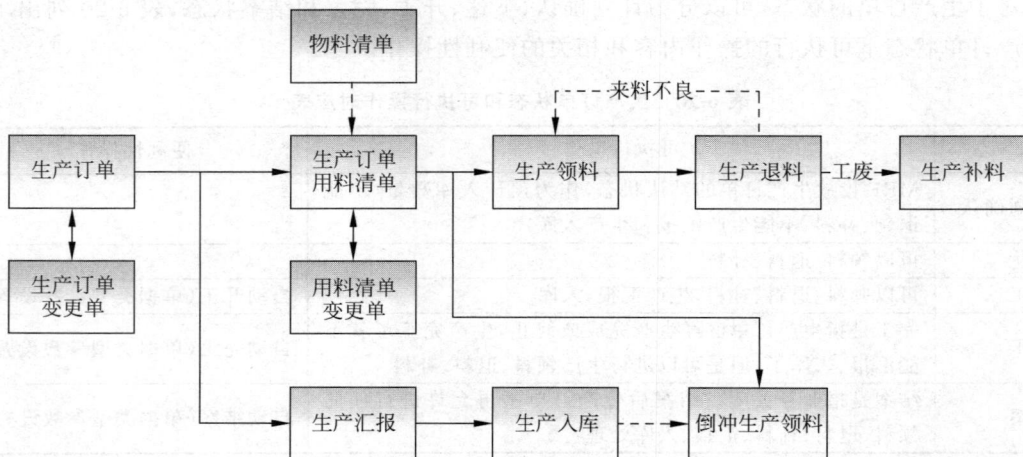

图 6-17 汇报入库-普通生产的业务流程

业务实施

（1）修改计算机系统日期为"2023 年 11 月 14 日"。

（2）打开计划订单列表。用"信息主管"账号登录系统，在爱运动单车公司组织下打开计划订单列表。操作路径："生产制造"→"计划管理"→"计划订单列表"。

（3）投放计划订单。过滤投放类型为"生产订单类"的之前已经核准的计划订单，审核并投放，完成界面如图 6-18 所示。

生产订单、变更

图 6-18 计划订单列表

（4）维护生产订单信息。操作路径："生产制造"→"生产管理"→"生产订单列表"。打开投放生成的生产订单，参照表 6-21，修改单据日期，核对生产车间、数量、计划开工日期、计划完工日期，保存，提交，审核。

（5）依次修改所有生产订单。

（6）生产订单变更。选择物料为 402001 越野 28 自行车的生产订单。单击"下推"，生成生产订单变更单。修改单据日期，填写备注，在变更后的表行中修改数量，如表 6-22 所示，保存，提交，审核。

表 6-22 生产订单变更单

单据编号	MOCH000001		单据类型	生产订单变更单		单据日期		2023/11/15	
生产组织	爱云动单车公司		备注			业务要求变更			
变更类型	产品类型	物料编码	物料名称	规格型号	生产车间	生产订单编号	行号	数量	计划开工时间	计划完工时间
变更前	主产品	402001	越野28自行车	山地28英寸	装配车间	MO000001	1	10	2023/11/17	2023/11/24
变更后	主产品	402001	越野28自行车	山地28英寸	装配车间	MO000001	1	9	2023/11/17	2023/11/24

（7）在爱运动单车公司组织下打开生产用料清单列表。操作路径："生产制造"→"生产管理"→"生产用料清单列表"。核对每张用料清单的日期、分子、分母、应发数量、发料方式、发料组织、货主、供应组织，如表 6-23 至表 6-26 所示，保存，提交，审核。

生产用料清单

表 6-23 山地 28 英寸越野自行车的生产用料清单

产品编码	402001		产品名称		越野28自行车		规格型号		山地28英寸
BOM版本	402001_V1.0		生产车间		装配车间		生产订单编号		MO000001
生产订单状态	计划确认		需求单据编号		XSDD 姓名01		需求单据行号		1

项次	物料编码	物料名称	规格型号	分子	分母	单位	标准用量	需求数量	应发数量	BOM版本	发料方式	仓库
1	201001	车把手		1	1	Pcs	9	9	9		直接领料	单车公司原材料仓库
2	201002	车座		1	1	Pcs	9	9	9		直接领料	单车公司原材料仓库
3	201003	链条		1	1	Pcs	9	9	9		直接领料	单车公司原材料仓库
4	201004	脚蹬部件		2	1	Pcs	18	18	18		直接领料	单车公司原材料仓库
5	201005	飞轮	多级飞轮	1	1	Pcs	9	9	9		直接领料	单车公司原材料仓库
6	301003	车架	28英寸（合金）	1	1	Pcs	9	9	9	301003_V1.0	直接领料	单车公司半成品仓库
7	302001	车轮	山地28英寸	2	1	Pcs	18	18	18	302001_V1.0	直接领料	单车公司半成品仓库
8	303001	遮泥板	山地	2	1	Pcs	18	18	18	303001_V1.0	直接领料	单车公司半成品仓库

表 6-24 20 英寸（合金）车架的生产用料清单

产品编码	301003		产品名称		车架		规格型号		28英寸（合金）
BOM版本	301003_V1.0		生产车间		加工车间		生产订单编号		MO000002
生产订单状态	计划确认		需求单据编号		XSDD 姓名01		需求单据行号		1

项次	物料编码	物料名称	规格型号	分子	分母	单位	标准用量	需求数量	应发数量	发料方式	仓库
1	101002	合金钢管	$\phi 5.2$	1.6	1	米	16	16	16	直接倒冲-入库倒冲	单车公司原材料仓库

表 6-25　山地 28 英寸车轮的生产用料清单

产品编码	302001	产品名称		车轮	规格型号		山地 28 英寸
BOM 版本	302001_V1.0	生产车间		加工车间	生产订单编号		MO000003
生产订单状态	计划确认	需求单据编号		XSDD 姓名 01	需求单据行号		1
项次	物料编码	物料名称	规格型号	分子	分母	单位	标准用量	需求数量	应发数量	发料方式	仓　库
1	102003	钢圈	山地 28 英寸	1	1	Pcs	20	20	20	直接领料	单车公司原材料仓库
2	103003	轮胎	山地 28 英寸	1	1	Pcs	20	20	20	直接领料	单车公司原材料仓库
3	109001	钢条	$\phi 0.8 \times 32$cm	32	1	Pcs	640	640	640	直接领料	单车公司原材料仓库

表 6-26　遮泥板的用料清单

产品编码	303001	产品名称		遮泥板	规格型号		山地
BOM 版本	303001_V1.0	生产车间		注塑车间	生产订单编号		MO000004
生产订单状态	计划确认	需求单据编号		XSDD 姓名 01	需求单据行号		1
项次	物料编码	物料名称	规格型号	分子	分母	单位	变动损耗率/%	标准用量	需求数量	应发数量	发料方式	仓　库
1	109002	PA		1.75	1	千克	5.5	35	36.925	36.925	直接领料	单车公司原材料仓库

注：子件类型都为标准件,用量类型为变动,货主类型为业务组织,货主为爱运功单车公司。

（8）关闭所有页签。

➡️ **注意事项**

（1）如果投放生成的生产订单类型为"直接入库-普通生产",原因可能是物料中的生产订单类型没有修改,需要修改使用组织为爱运动集团的物料资料中的生产订单类型。

（2）假如投放生成的生产订单中没有车间或者选不到车间资料,原因可能是部门资料中车间的部门属性不为基本生产部门,需要修改使用组织为爱运动集团的部门资料中的部门属性。

（3）若用料清单的用量有误,原因可能是物料清单中的分子、分母、损耗设置错误,需要修改使用组织为爱运动集团的物料清单资料中的对应字段。

四、生产领退补料

📚 **业务场景**

2023 年 11 月 15 日,注塑车间根据生产订单 MO000004 生成生产领料单（表 6-27）,凭生产领料单向原材料仓库领取了 PA 材料。加工车间根据生产订单 MO000003 生成生产领料单（表 6-28）,同样凭生产领料单向原材料仓库领取了生产车轮的材料。

2023 年 11 月 16 日,加工车间有两个轮胎由于作业不良需要退料,10 根钢条由于来料不良需要退料,生产退料单如表 6-29 所示,需完成退料手续。

2023 年 11 月 17 日,为保证生产正常进行,需要对轮胎和钢条进行补料。作业不良类型的需要从生产退料单下推生产补料单(表 6-30)。来料不良类型的需要从生产订单下推生产领料单,补料的生产领料单如表 6-31 所示。

业务分析

生产订单执行时需要有原材料的保障,生产进行前需先进行领料,如材料有问题,需要及时退料并补料,保证生产正常进行。

生产领料单、生产退料单和生产补料单是处理生产部门和仓储部门之间业务关系的书面凭证,是财务人员据以记账、核算成本的重要原始凭证。

生产退料分良品退料、来料不良退料和作业不良退料三种情况。①良品退料:生产订单进行了领料,车间多领的材料需要退回给仓库,后续如果还需要领用,通过生产领料单继续领用;②来料不良退料:生产订单进行了领料,物料从仓库领到车间后,发现物料本身就已损坏,不能使用,于是把物料从车间退回给仓库,后续再通过领料单继续领用;③作业不良退料:生产订单进行了领料,物料在车间生产过程中,由于车间人员或设备等原因,导致物料被损坏,责任在车间,可将这部分物料退回给仓库,后续通过生产补料单来补领这部分材料。

生产订单的领料、退料、补料关系如图 6-19 所示。

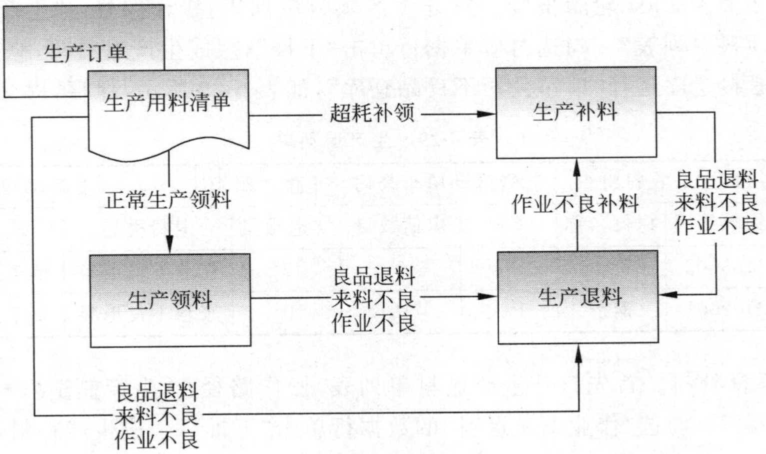

图 6-19　生产订单的领料、退料、补料关系

业务实施

(1) 修改计算机系统日期为"2023 年 11 月 15 日"。

(2) 生产订单下达。用"信息主管"账号登录系统,在爱运动单车公司组织下打开生产订单列表。操作路径:"生产制造"→"生产管理"→"生产订单列表"。勾选所有生产订单,单击"行执行"→"执行至下达"。

生产领料、退料、补料

(3) 生产领料。先对遮泥板和车轮的生产订单进行领料,402001 越野 28 自行车需要等所有配件生产完后才能领料。从对应的生产订单单击"下推"生成生产领料单,修改日期,核对实发数量和仓库,如表 6-27、表 6-28 所示,保存,提交,审核。

表 6-27　注塑车间生产领料单

日期	2023/11/15		发料组织		爱运动单车公司		生产组织		爱运动单车公司
生产订单编号	物料编码	物料名称	车间	规格型号	单位	申请数量	实发数量		仓　库
MO000004	109002	PA	注塑车间		千克	36.925	36.925		单车公司原材料仓库

表 6-28　加工车间生产领料单

日期	2023/11/15	发料组织		爱运动单车公司		生产组织		爱运动单车公司
生产订单编号	物料编码	物料名称	车间	规格型号	单位	申请数量	实发数量	仓　库
MO000003	102003	钢圈	加工车间	山地 28 英寸	Pcs	20	20	单车公司原材料仓库
MO000003	103003	轮胎	加工车间	山地 28 英寸	Pcs	20	20	单车公司原材料仓库
MO000003	109001	钢条	加工车间	φ0.8×32cm	Pcs	640	640	单车公司原材料仓库

注：需求单据编号均为"XSDD 姓名 01"，需求单据行号均为 1。

（4）生产退料。在生产 302001 车轮时发现有 10 根 109001 钢条来料不良，同时由于工人操作不当导致 2 个 103003 轮胎报废。打开生产领料单列表，操作路径："生产制造"→"生产管理"→"生产领料单列表"。勾选对应单据行单击"下推"，生成生产退料单，修改日期、申请数量、实退数量，退料仓库选择"单车公司不良品仓库"，如表 6-29 所示，保存，提交，审核。

表 6-29　生产退料单

日期	2023/11/16	收料组织	爱运动单车公司		生产组织		爱运动单车公司
生产订单编号	物料编码	物料名称	单位	申请数量	实退数量	退料类型	仓　库
MO000003	103003	轮胎	Pcs	2	2	作业不良退料	单车公司不良品仓库
MO000003	109001	钢条	Pcs	10	10	来料不良退料	单车公司不良品仓库

（5）作业不良补料。首先打开生产退料单列表，操作路径："生产制造"→"生产管理"→"生产退料单列表"。勾选"作业不良退料"的数据行单击"下推"，生成生产补料单。修改日期、核对数量、仓库，如表 6-30 所示。保存，提交，审核。

表 6-30　作业不良后的生产补料单

日期	2023/11/17	发料组织		爱运动单车公司		生产组织		爱运动单车公司
生产订单编号	物料编码	物料名称	车间	规格型号	单位	申请数量	实发数量	仓　库
MO000003	103003	轮胎	加工车间	山地 28 英寸	Pcs	2	2	单车公司原材料仓库

（6）来料不良补料。首先打开生产订单列表。操作路径："生产制造"→"生产管理"→"生产订单列表"。勾选车轮的生产订单，单击"下推"生成生产领料单，对来料不良的子项物料进行重新领料，修改日期，核对实发数量和仓库，如表 6-31 所示，保存，提交，审核。

表 6-31　来料不良后的生产领料单

日期	2023/11/17	发料组织		爱运动单车公司		生产组织			爱运动单车公司
生产订单编号	物料编码	物料名称	车间	规格型号	单位	申请数量	实发数量	仓	库
MO000003	109001	钢条	加工车间	φ0.8×32cm	Pcs	10	10	单车公司原材料仓库	

（7）关闭所有页签。

🔸 注意事项

假如下推生产领料单后,生产领料单分行显示。例如,需要领料 20 个物料,变成一行申请数量 12 个,实领数量 12 个;一行申请数量 8 个,实领数量 0 个。造成这种现象的原因可能是库存不足,而库存不足的原因可能是采购未入库、或者半成品对应的生产订单未入库、采购或生产入库时入错仓库等。

五、生产汇报入库及倒冲

📚 业务场景

2023 年 11 月 19 日,注塑车间订单号为"MO000004"的遮泥板完工 20 个,进行了生产汇报;加工车间订单号为"MO000002""MO000003"的车轮和车架分别完工 20 个和 10 个,也进行了生产汇报,生产汇报信息如表 6-32 所示。

2023 年 11 月 20 日,订单号为"MO000004""MO000003""MO000002"的遮泥板、车轮和车架完工入库各 20、20、10 个,入库仓库均为单车公司半成品仓库,生产入库信息如表 6-33 所示。其中"301003 车架"入库后,系统自动生成"101002 合金钢管"倒冲领料单,倒冲领料单如表 6-34 所示。

2023 年 11 月 21 日,装配车间的"402001 越野 28 自行车"完工 9 辆,进行生产汇报,生产汇报信息如表 6-36 所示。

2023 年 11 月 22 日,订单号为"MO000001"的"402001 越野 28 自行车"完工 9 辆,入库仓库为单车公司成品仓库,生产入库信息如表 6-37 所示。

📜 业务分析

汇报入库类型的生产订单,生产完工后需要先进行生产汇报,对合格的产品再进行生产入库操作;领料方式是倒冲的物料,在生产入库时系统会自动生成生产领料单。本业务中生产订单、生产领料单、生产汇报单和生产入库单的前后数据关系如图 6-20 所示。

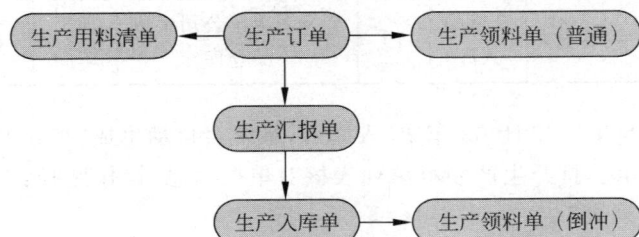

图 6-20　生产订单与其他单据的关系

如果库存中没有足够的半成品车架和车轮,需要等车架和车轮完工入库后,"402001越野28自行车"才能开工、领料,最后汇报入库。

■ 业务实施

（右上角二维码）生产汇报、生产入库、倒冲

（1）修改计算机系统日期为"2023年11月19日"。

（2）生产订单开工。由于"汇报入库-普通生产"生产订单的单据类型参数设置中勾选了"生产订单领料时自动开工",所以车轮和遮泥板的生产订单在上一个环节领料时就自动开工了,而车架的领料方式是倒冲领料,需要等生产入库时才能自动倒冲领料,因此需要手动开工生产订单,勾选车架的生产订单单击"行执行"→"执行至开工"。

（3）遮泥板、车轮和车架的生产汇报。用"信息主管"账号登录系统,在爱运动单车公司组织下打开生产订单列表。操作路径:"生产制造"→"生产管理"→"生产订单列表",勾选遮泥板、车轮和车架对应的生产订单,单击"下推"生成生产汇报单,修改单据日期,填入生产汇报类型,核对合格数量和车间,如表6-32所示,保存,提交,审核。

表6-32 生产汇报单

单据日期	物料编码	物料名称	规 格 型 号	生产汇报类型	生产车间	单位	完成数量	合格数量
2023/11/19	303001	遮泥板	山地	正常生产	注塑车间	Pcs	20	20
2023/11/19	302001	车轮	山地28英寸	正常生产	加工车间	Pcs	20	20
2023/11/19	301003	车架	28英寸（合金）	正常生产	加工车间	Pcs	10	10

（4）生产入库。打开生产汇报单列表,操作路径:"生产制造"→"生产管理"→"生产汇报单列表"。下推生成生产入库单,勾选上述生产汇报单单击"下推"生成生产入库单,修改日期,核对实收数量和仓库,如表6-33所示,保存,提交,审核。

表6-33 生产入库单

日 期	2023/11/20		入库组织		爱运动单车公司	生产组织		爱运动单车公司	
物料编码	物料名称	规 格 型 号		入库类型	应收数量	实收数量	仓 库	生产车间	生产订单编号	完工
303001	遮泥板	山地		合格品入库	20	20	单车公司半成品仓库	注塑车间	MO000004	√
302001	车轮	山地28英寸		合格品入库	20	20	单车公司半成品仓库	加工车间	MO000003	√
301003	车架	28英寸（合金）		合格品入库	10	10	单车公司半成品仓库	加工车间	MO000002	√

（5）检查倒冲领料单。"301003车架"入库后,系统会自动生成"101002合金钢管"的倒冲领料单,如表6-34所示。打开生产领料单列表核对单据信息,操作路径:"生产制造"→"生产管理"→"生产领料单列表"。

表 6-34 倒冲领料单

日期	2023/11/20	发料组织	爱运动单车公司		生产组织		爱运动单车公司	
生产订单编号	物料编码	物料名称	车间	规格型号	单位	申请数量	实发数量	仓库
MO000002	101002	合金钢管	加工车间	φ5.2	米	16	16	单车公司原材料仓库

（6）装配车间生产领料。打开生产订单列表，对"402001越野28自行车"的生产订单进行生产领料，勾选该生产订单单击"下推"，生成生产领料单，修改日期，核对实发数量和仓库，如表 6-35 所示，保存，提交，审核。

表 6-35 生产领料单

日期	2023/11/21	发料组织	爱运动单车公司		生产组织		爱运动单车公司	
生产订单编号	物料编码	物料名称	车间	规格型号	单位	申请数量	实发数量	仓库
MO000001	201001	车把手	装配车间		Pcs	9	9	单车公司原材料仓库
MO000001	201002	车座	装配车间		Pcs	9	9	单车公司原材料仓库
MO000001	201003	链条	装配车间		Pcs	9	9	单车公司原材料仓库
MO000001	201004	脚蹬部件	装配车间		Pcs	18	18	单车公司原材料仓库
MO000001	201005	飞轮	装配车间	多级飞轮	Pcs	9	9	单车公司原材料仓库
MO000001	301003	车架	装配车间	28英寸（合金）	Pcs	9	9	单车公司半成品仓库
MO000001	302001	车轮	装配车间	山地28英寸	Pcs	18	18	单车公司半成品仓库
MO000001	303001	遮泥板	装配车间	山地	Pcs	18	18	单车公司半成品仓库

（7）装配车间生产汇报。再次回到生产订单列表对"402001越野28自行车"进行汇报，勾选生产订单单击"下推"生成生产汇报单，修改单据日期，填入生产汇报类型，核对合格数量和车间，如表 6-36 所示，保存，提交，审核。

表 6-36 装配车间生产汇报单

单据日期	物料编码	物料名称	规格型号	生产汇报类型	生产车间	单位	完成数量	合格数量
2023/11/21	402001	越野28自行车	山地28英寸	正常生产	装配车间	Pcs	9	9

（8）产成品完工入库。打开生产汇报单列表，下推生成生产入库单，操作路径："生产制造"→"生产管理"→"生产汇报单列表"。勾选"402001越野28自行车"生产汇报单单击"下推"，生成生产入库单，修改日期，核对实收数量和仓库，如表 6-37 所示，保存，提交，审核。

表 6-37 生产入库单

日期	2023/11/22	入库组织	爱运动单车公司		生产组织		爱运动单车公司	
物料编码	物料名称	规格型号	入库类型	应收数量	实收数量	仓库	生产车间	生产订单编号
402001	越野28自行车	山地28英寸	合格品入库	9	9	单车公司成品仓库	装配车间	MO000001

（9）关闭所有页签。

➡️ 注意事项

（1）假如下推生产汇报单，单据类型不为"入库汇报"，原因可能是生产订单单据类型错误,请核对本业务生产订单的单据类型是否为"汇报入库-普通生产"。

（2）若生产入库单审核后,生产订单没有自动完工,原因可能是生产订单数量未完全入库或者生产订单"完工日期"小于"下达/开工日期"。

任务三　基于 MPS＋MRP 二次计划运算的产供销管理

任务导入

上一任务里我们利用 MRP 计划运算对企业的销售、生产和采购业务进行了全面的规划和部署,那么什么是 MPS(master production schedule,主生产计划)? MPS 又能发挥怎样的作用呢?

在工厂里,MPS 的作用有时候比 MRP 作用更大,MRP 会产生物料计划、生产计划、委外计划等物料资源计划。而 MPS 则专注于主产品的生产规划,不含物料。在企业中,MPS 通常被用来指导生产计划的制定、产能规划以及资源平衡的运用。在金蝶云星空中,MPS 还可以作为 MRP 的源头,产生物料计划、生产计划和委外计划。

那么,通过销售订单或预测进行的 MRP 计划和 MPS 运算后进行的 MRP 计划有什么样的区别呢? MRP 和 MPS 有什么不同适用场景呢?

仅通过销售订单和预测进行 MRP 运算产生的计划,主要是根据需求的源头时间、数量,加上合理的提前期倒排产生的物料计划、生产计划和委外计划,这个产生的计划是否能够符合生产安排的要求,完全依赖销售订单和预测的需求时间是否合理;而 MPS 本身是通过销售订单和预测进行运算产生的主产品产出计划,该计划一般会经过计划人员结合生产产能和实际要求进行审核与调整,是一个生产计划的纲领性文件,因此具有更强的生产指导意义,通过 MPS 运算后再次进行 MRP 运算产生的物料计划、生产计划和委外计划,更具有操作性,并且和实际情况符合度更高。

一、MPS＋MRP 二次计划运算

业务场景

计划人员将"401001 通勤男式自行车 28 英寸"的计划策略由 MRP 修改成为 MPS,需要先设置 MPS 方案,方案的参数设置如表 6-38 所示。计划人员先进行 MPS 运算,确定最终产品的主生产计划。然后,基于 MPS 的结果,再进行 MRP 运算,以确保所有必要的物料和零部件能够按时、按量供应给生产线。运算结束后对计划订单进行必要维护。

表 6-38　MPS 方案的参数设置

创建组织	爱运动单车公司	使用组织	爱运动单车公司
方案编码	MPS	方案名称	MPS
计划展望期单位	日	计划展望期	360
计划方式	集中计划		
组织参数			
需求组织		供应组织	
爱运动单车公司		爱运动单车公司	
运算范围			
标准销售订单	√	普通预测单	√

续表

需求参数	
默认	
供给参数	
默认	
运算参数	
强制覆盖运算参数	√
只考虑损耗率	√
预计可用运算量	6 个月
合并参数	
默认	
投放参数	
默认生产单据类型	汇报入库-普通生产
仓库参数	
全选仓库	
更多参数	
运算前自动维护低位码	√	勾选仅计算 MPS	√

再新建一个 MRP 方案,命名为 MRP1,用于运算 MPS 计划订单,方案设置如表 6-39 所示。

表 6-39　MRP1 方案设置

创建组织	爱运动单车公司	使用组织	爱运动单车公司
方案编码	MRP1	方案名称	MRP1
计划展望期单位	日	计划展望期	360
计划方式	集中计划		
组织参数			
需求组织		供应组织	
爱运动单车公司		爱运动单车公司	
运算范围			
MPS 计划订单		√	
需求参数			
默认			
供给参数			
默认			
运算参数			
强制覆盖运算参数		√	
只考虑损耗率		√	
考虑预计入库数量和已分配数量		√	
预计可用运算量		6 个月	
合并参数			
默认			
投放参数			
默认生产单据类型		汇报入库-普通生产	
仓库参数			
全选仓库			
更多参数			
运算前自动维护低位码		√	

业务分析

MPS 计划相当于要进行两次计划运算，第一次计划是 MPS 本身通过销售订单或预测单进行计划运算，运算后产生的主产品计划即 MPS 计划订单，计划人员结合生产产能和实际要求可以对 MPS 计划订单进行审核与调整；第二次计划是通过 MPS 计划订单再次进行 MRP 运算，产生物料计划、生产计划和委外计划。这样的计划更具有操作性，并且和实际情况符合度更高。MPS＋MRP 流程示意图如图 6-21 所示。

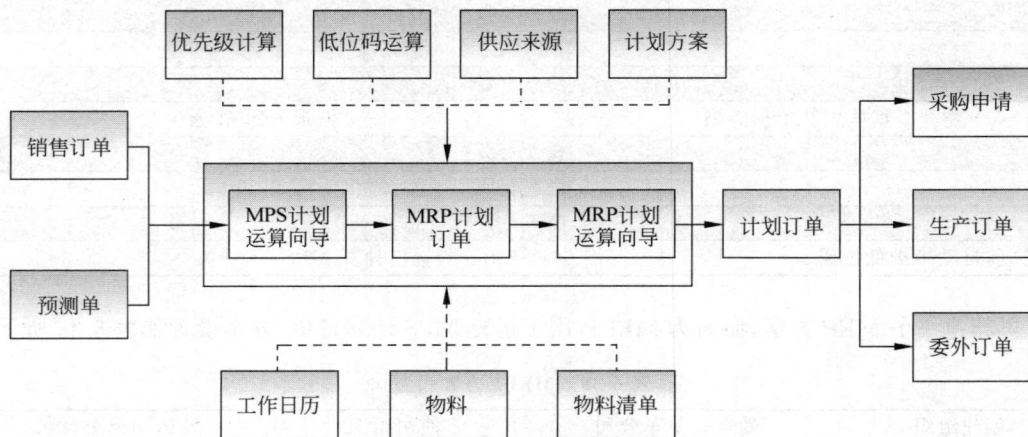

图 6-21　MPS＋MRP 流程示意图

业务实施

（一）基础资料及计划方案设置

（1）修改物料的计划属性。用"信息主管"账号登录系统，在爱运动集团组织下打开物料列表，操作路径："基础管理"→"基础资料"→"物料列表"。打开 401001 通勤男式自行车物料，反审核后在计划属性页签修改计划策略为 MPS，保存，提交，审核。

MPS 计划方案

（2）设置 MPS 计划方案。切换到爱运动单车公司组织，打开计划方案。操作路径："生产制造"→"计划管理"→"计划方案"。新增 MPS 计划方案，单击"新增"，填入编码、名称、计划展望期；需求组织和供应组织都选择"爱运动单车公司"，删除多余的数据行；运算范围只勾选"标准销售订单""普通预测单"；运算参数勾选"强制覆盖运算参数""考虑损耗率"，预计可用运算量 6 个月；投放参数默认生产单据类型：汇报入库-普通生产；仓库参数勾选全选仓库；更多参数勾选"运算前自动维护低位码""仅计算 MPS"，保存，提交，审核，如图 6-22 所示。

（3）设置 MRP1 计划方案。在计划方案页面单击"新增"，填入编码、名称、计划展望期；需求组织和供应组织都选择"爱运动单车公司"，删除多余的数据行；运算范围只勾选"MPS 计划订单"；运算参数勾选"强制覆盖运算参数""考虑损耗率""考虑预计入库数量和已分配数量"，预计可用运算量 6 个月；投放参数默认生产单据类型：汇报入库-普通生产；仓库参数勾选全选仓库，更多参数勾选"运算前自动维护低位码""仅计算 MRP"；保存，提交，审核，如图 6-23 所示。

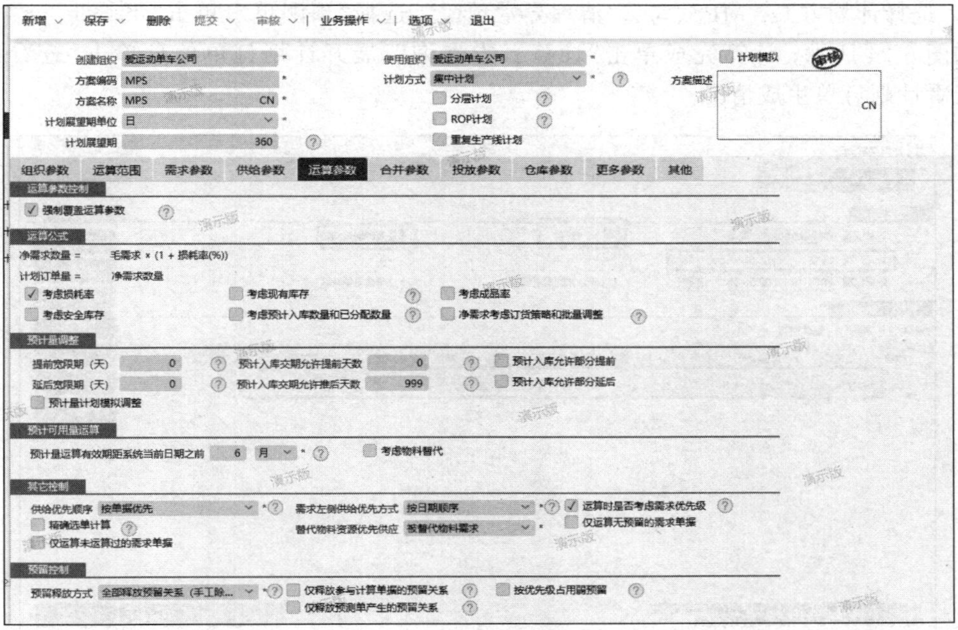

图 6-22　MPS 计划方案

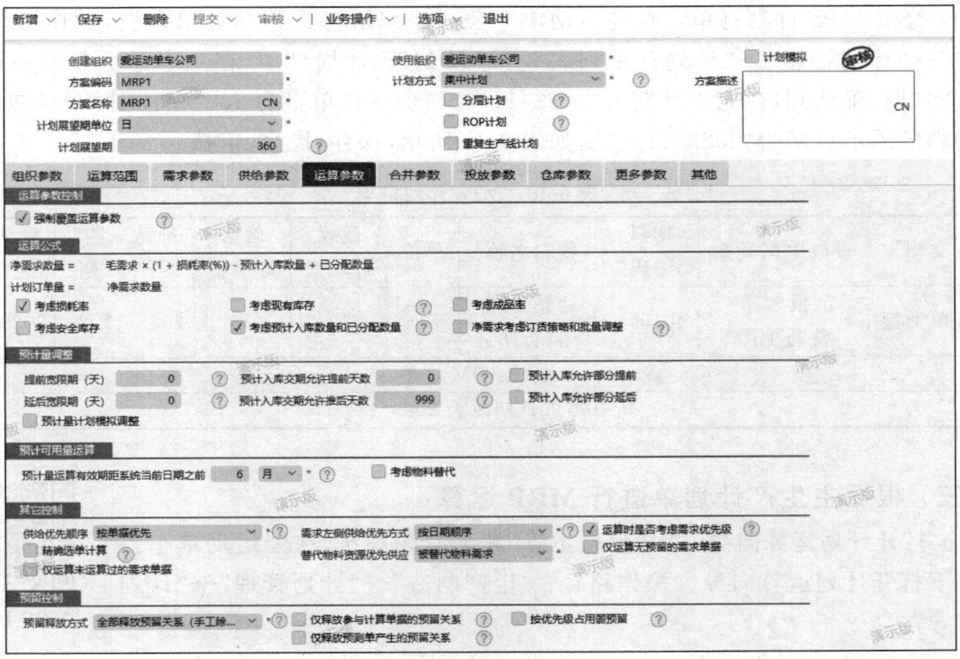

图 6-23　MRP1 计划方案

（二）根据预测单运算 MPS 主生产计划

（1）修改计算机系统日期为"2023 年 11 月 10 日"。

（2）MPS 计划运算。用"信息主管"账号登录系统，在爱运动单车公司组织下打开计划运算向导。操作路径："生产制造"→"计划管理"→"计划运算

MPS 运算

向导"。选择计划方案：MPS、勾选"清理异常预留"、选择"预测单"、单击"下一步"→"开始计算"，如图 6-24 所示；计算完成单击"计算日志查询"，展开计划订单信息单击"查看详细信息"，查看计划订单生成情况。

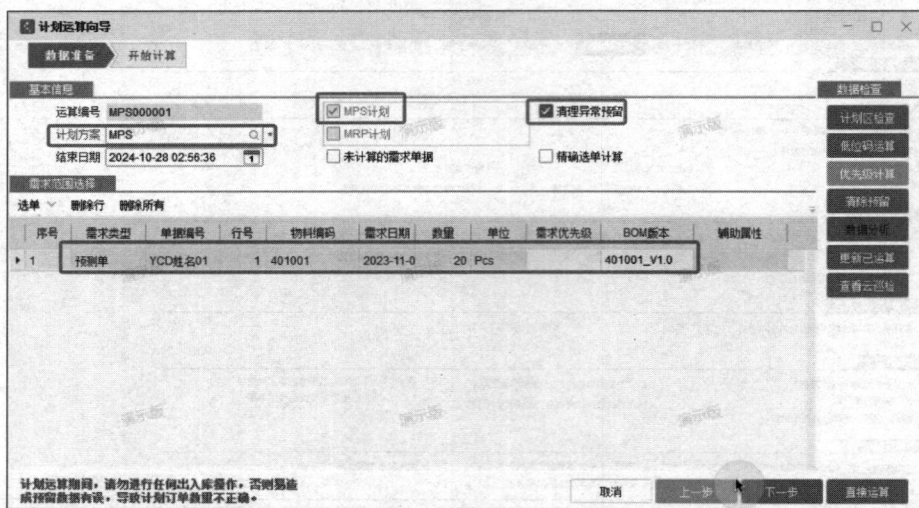

图 6-24　MPS 计划运算向导

（3）修改 MPS 计划订单。在爱运动单车公司组织下打开计划订单列表，操作路径："生产制造"→"计划管理"→"计划订单列表"。打开 MPS 计划订单，在主产品页签修改确认采购/生产日期、确认到货/完工日期为"2023/11/20"，确认订单量为 22。在计划 BOM 页签修改所有物料的需求日期为"2023/11/15"，如表 6-40 所示，保存，提交，审核。

表 6-40　MPS 计划订单

投放类型	投放单据类型	物料编码	物料名称	单位	建议订单量	确认订单量	确认采购/生产日期	确认到货/完工日期
生产订单类型	汇报入库-普通生产	401001	通勤男式自行车	Pcs	20	22	2023/11/20	2023/11/20
计划 BOM 页签								
所有需求日期改为 2023/11/15								

（三）根据主生产计划单进行 MRP 运算

（1）打开计划运算向导。用"信息主管"账号登录系统，在爱运动单车公司组织下打开计划运算向导。操作路径："生产制造"→"计划管理"→"计划运算向导"。

MRP 运算

（2）进行 MRP 计划运算。在计划运算向导界面，选择计划方案 MRP1，勾选"清理异常预留"，选择"MPS 计划订单"，单击"下一步"→"开始计算"，如图 6-25 所示；计算完成后单击"计算日志查询"，展开计划订单信息单击"查看详细信息"，查看计划订单生成情况。

（四）维护计划订单

（1）在爱运动单车公司组织下打开计划订单列表。操作路径："生产制造"→"计划管理"→"计划订单列表"。

计划订单

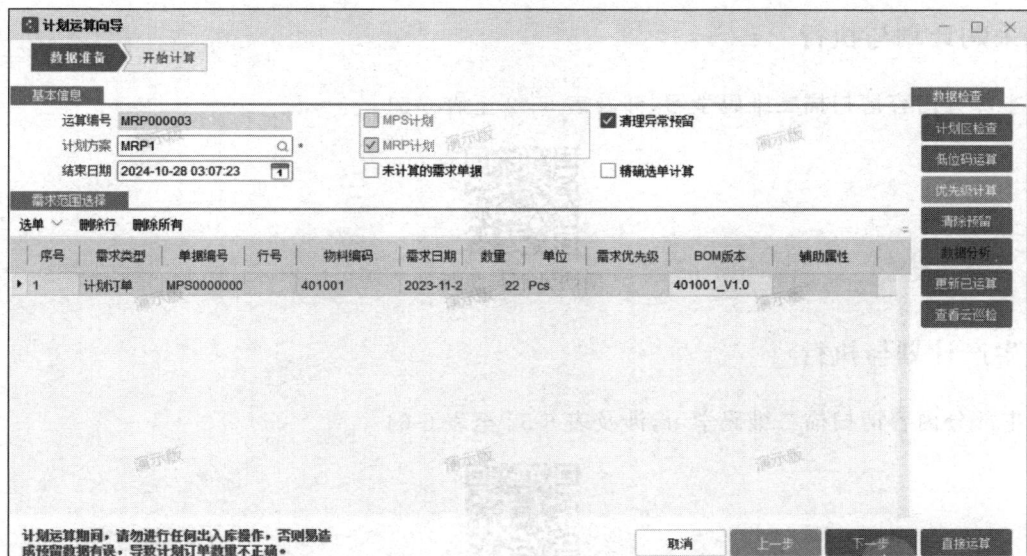

图 6-25 MRP1 计划运算向导

（2）计划订单维护。修改钢条物料对应的确认采购/生产日期、确认到货/完工日期为"2023/11/17"；钢条确认订单量为 1250；修改车轮物料对应的确认采购/生产日期、确认到货/完工日期为"2023/11/20"；保存。

（3）计划订单批量维护。在其他物料单击"业务操作"→"批量维护"，其他物料批量维护对应的确认采购/生产日期、确认到货/完工日期为"2023/11/16"，修改 PA 物料确认订单量为 60，轮胎确认订单量为 50，钢圈确认订单量为 50，碳素铜管确认订单量为 40，飞轮确认订单量为 30，脚蹬部件确认订单量为 50，链条确认订单量为 30，车座确认订单量为 30，车把手确认订单量为 30，如表 6-41 所示。在计划订单批量维护中勾选全部修改后的数据行，单击"保存"。

表 6-41 MRP 计划订单维护信息表

投放类型	投放单据类型	物料编码	物料名称	单位	建议订单量	确认订单量	确认采购/生产日期	确认到货/完工日期
采购申请类	标准采购申请	109002	PA	千克	58.025	60	2023/11/16	2023/11/16
采购申请类	标准采购申请	109001	钢条	Pcs	1232	1250	2023/11/17	2023/11/17
采购申请类	标准采购申请	103001	轮胎	Pcs	44	50	2023/11/16	2023/11/16
采购申请类	标准采购申请	102001	钢圈	Pcs	44	50	2023/11/16	2023/11/16
采购申请类	标准采购申请	101001	碳素铜管	米	33	40	2023/11/16	2023/11/16
生产订单类	汇报入库-普通生产	303002	遮泥板	Pcs	44	44	2023/11/16	2023/11/16
采购申请类	标准采购申请	201004	脚蹬部件	Pcs	44	50	2023/11/16	2023/11/16
生产订单类	汇报入库-普通生产	302002	车轮	Pcs	44	44	2023/11/20	2023/11/20
采购申请类	标准采购申请	201006	飞轮	Pcs	22	30	2023/11/16	2023/11/16
采购申请类	标准采购申请	201003	链条	Pcs	22	30	2023/11/16	2023/11/16
采购申请类	标准采购申请	201002	车座	Pcs	22	30	2023/11/16	2023/11/16
采购申请类	标准采购申请	201001	车把手	Pcs	22	30	2023/11/16	2023/11/16
生产订单类	汇报入库-普通生产	301001	车架	Pcs	22	22	2023/11/16	2023/11/16

（4）关闭所有页签。

二、采购计划与执行

本部分内容请扫描二维码学习,涉及表 6-42 至表 6-51。

采购计划与执行

三、生产计划与执行

本部分内容请扫描二维码学习,涉及表 6-52 至表 6-64。

生产计划与执行

任务四　含委外计划的产供销管理

📚 **任务导入**

在任务二和任务三中,计划运算后的计划订单均是爱运动单车公司内部的采购计划单和生产计划单,但是当企业面临内部产能不足、技术或设备限制、外部加工可能比内部生产更具成本效益、市场需求变化以及特殊需求或定制化生产等多种因素情况,企业会选择通过委托外部供应商进行生产,计划管理时就需要考虑委外计划。

一、计划运算

📖 **业务场景**

401002 通勤女士自行车 26 英寸款自行车的配件车架和车轮需要委托外部供应商加工生产。根据对台州太行销售有限公司的销售预测,爱运动单车公司计划员沿用任务二中的 MRP 方案进行 MRP 计划运算,运算结果产生了原材料的采购计划、车架和车轮的委外计划和其他自制件的生产计划,根据实际需要对采购计划进行了拆分。

📜 **业务分析**

1. 运算结算分析

任务二和任务四中的 MRP 方案是一致的,但是相比任务二,任务四的 MRP 运算会多出一个委外计划,原因在于两次 MRP 的需求单据里产品的 BOM 不同,401001 通勤男式自行车的 BOM 中车轮和车架的供应类型均是自制,401002 通勤女士自行车的 BOM 中车架和车轮的供应类型均为委外,参看表 5-11。

这也说明了 MRP 的运算结果取决于 MRP 计划方案、物料清单、库存状态、提前期、安全库存、需求范围以及系统参数和策略等多个因素,这些因素相互作用,共同决定了 MRP 的输出结果。

2. 计划订单维护

计划运算后的计划订单可以进行拆分、合并、修改等操作。可以将大订单或包含多种产品的订单按数量或产品类型拆分成多个小订单,也可以将相同产品或交期相近的产品合并处理,计划订单也可以根据实际情况适当修改,比如原先计划自制的产品由于车间发生紧急情况只能转为委外,可以修改计划订单的投放类型。

■ 业务实施

(1)修改计算机日期为"2023 年 11 月 17 日"。

(2)进行 MRP 运算。用"信息主管"账号登录系统,在爱运动单车公司组织下打开计划运算向导,操作路径:"生产制造"→"计划管理"→"计划运算向导"。选择计划方案 MRP、勾选"清理异常预留"、选单"预测单"选择"YCD姓名 02"、单击"下一步"→"开始计算",如图 6-26 所示;计算完成后单击"计算日志查询",展开计划订单信息,单击"查看详细信息",查看计划订单生成情况。

MRP 运算

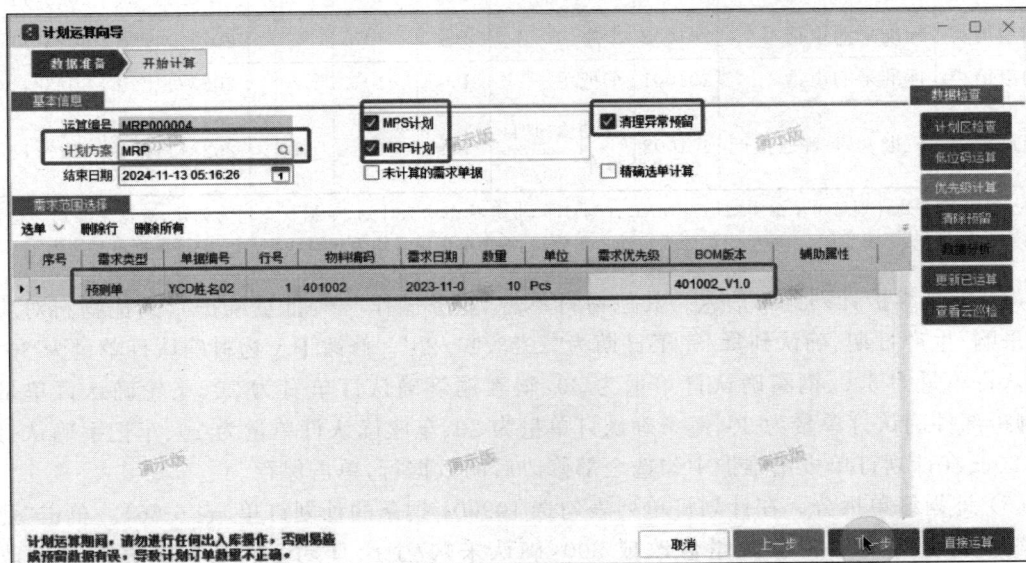

图 6-26 MPR 计划运算向导

(3)修改计划订单。用"信息主管"账号登录系统,在爱运动单车公司组织下打开计划订单列表,操作路径:"生产制造"→"计划管理"→"计划订单列表"。修改轮胎物料的对应的确认采购/生产日期、确认到货/完工日期为"2023/11/21";轮胎确认订单量为 30;修改碳素铜管物料对应的确认采购/生产日期、确认到货/完工日期为"2023/11/22";碳素铜管确认订单量为 20;修改车轮物料对应的确认采购/生产日期、确认到货/完工日期为"2023/11/24";修改车架物料对应的确认采购/生产日期、确认到货/完工日期为"2023/11/23";修改通勤女士自行车物料对应的确认采购/生产日期、确认到货/完工日期为"2023/11/27",计划订单维护信息如表 6-65 所示,保存。

计划订单、拆分

表 6-65　MRP 计划订单维护信息表

投放类型	投放单据类型	物料编码	物料名称	单位	建议订单量	确认订单量	确认采购/生产日期	确认到货/完工日期
采购申请类	标准采购申请	109002	PA	千克	26.375	30	2023/11/20	2023/11/20
采购申请类	标准采购申请	109001	钢条	Pcs	560	600	2023/11/20	2023/11/20
采购申请类	标准采购申请	103002	轮胎	Pcs	20	30	2023/11/21	2023/11/21
采购申请类	标准采购申请	102002	钢圈	Pcs	20	30	2023/11/22	2023/11/22
采购申请类	标准采购申请	101001	碳素铜管	米	12	20	2023/11/22	2023/11/22
生产订单类	汇报入库-普通生产	303002	遮泥板	Pcs	20	20	2023/11/20	2023/11/20
委外订单类	普通委外订单	302003	车轮	Pcs	20	20	2023/11/24	2023/11/24
委外订单类	普通委外订单	301002	车架	Pcs	10	10	2023/11/23	2023/11/23
采购申请类	标准采购申请	201006	飞轮	Pcs	20	20	2023/11/20	2023/11/20
采购申请类	标准采购申请	201004	脚蹬部件	Pcs	20	30	2023/11/20	2023/11/20
采购申请类	标准采购申请	201003	链条	Pcs	20	20	2023/11/20	2023/11/20
采购申请类	标准采购申请	201002	车座	Pcs	20	20	2023/11/20	2023/11/20
采购申请类	标准采购申请	201001	车把手	Pcs	20	20	2023/11/20	2023/11/20
生产订单类	汇报入库-普通生产	401002	通勤女士自行车	Pcs	10	10	2023/11/27	2023/11/27

注：运算出来的计划订单单据类型均为 MRP 计划订单,业务状态均为计划,单据状态均为创建,数据来源均为运算生成,采购/生产组织、需求组织、入库组织都为爱运动单车公司,需求单据编号均为 YCD 姓名 02,需求单据行号均为 1。

（4）批量维护计划订单信息。其他物料单击"业务操作"→"批量维护",其他物料对应的确认采购/生产日期、确认到货/完工日期为"2023/11/20";修改 PA 物料确认订单量为 30、钢条确认订单量为 600、钢圈确认订单量为 30、碳素铜管确认订单量为 20、飞轮确认订单量为 20、脚蹬部件确认订单量为 30、链条确认订单量为 20、车座确认订单量为 20、车把手确认订单量为 20。在计划订单批量维护中勾选全部修改后的数据行,单击保存。

（5）计划订单拆分。在计划订单列表勾选 109001 钢条的计划订单（表 6-66）。单击"业务操作"→"拆分",将已拆分数量修改成 300,确认采购/生产日期、确认到货/完工日期改为"2023/11/20",单击确定,如图 6-27 所示。

表 6-66　拆分前的计划订单

投放类型	投放单据类型	物料编码	物料名称	单位	建议订单量	确认订单量	确认采购/生产日期	确认到货/完工日期
采购申请类	标准采购申请	109001	钢条	Pcs	560	600	2023/11/20	2023/11/20

（6）系统会自动生成两张新的计划订单,原来被拆分的计划订单显示拆分关闭。拆分后的计划订单如表 6-67 所示。

图 6-27　计划订单拆分

表 6-67　拆分后的计划订单

投放类型	投放单据类型	物料编码	物料名称	单位	建议订单量	确认订单量	确认采购/生产日期	确认到货/完工日期
采购申请类	标准采购申请	109001	钢条	Pcs	280	300	2023/11/20	2023/11/20
采购申请类	标准采购申请	109001	钢条	Pcs	280	300	2023/11/20	2023/11/20

（7）关闭所有页签。

注意事项

如果计划运算没有生成委外类型的计划订单，原因可能是 401002 通勤女士自行车的 BOM 中物料"302003"和"301002"的供应类型没有修改成"委外"。需要修改使用组织为爱运动单车公司的物料清单资料中的物料"302003"和"301002"的供应类型。

二、采购计划与执行

本部分内容请扫描二维码学习，涉及表 6-68 至表 6-80。

采购计划与执行（任务四）

三、委外计划与执行

委外是指企业提供原材料委托供应商进行代加工，供应商需要向企业收取加工费的一种业务。通俗来讲，当企业需要某项产成品，且企业本身的生产能力或生产时间有限时，需要委托给供应商进行加工，企业需要支付一定的加工费给代加工企业，这便是委外业务。

结合任务内容和系统标准委外流程，下面将对几个节点进行进一步解释。

（1）委外订单维护。委外订单是委外业务的起点，实操时可以在系统中手工创建委外订单,并填写相关信息,如供应商、产品、数量、交货期等,也可以由计划订单和销售订单下推。由于业务需求、生产计划变化或其他原因,需要对已下达的委外订单进行数量、材料、交货期等方面的调整,可以通过委外订单变更来调整,委外订单变更有直接变更和变更单变更两种方式,与生产订单的变更类似。

(2)委外用料清单维护。委外用料清单是委外订单进行领料业务的数据来源,它明确了委外加工过程中所需的各种物料及其数量,为仓库的委外领料和仓库发料提供了准确的依据。委外用料清单通常由系统自动根据委外订单和物料清单(BOM)生成,委外订单审核时委外用料清单也需要同步审核。在生成过程中,系统会考虑物料的用量、损耗、发料控制等因素,确保委外用料清单的准确性和合理性。

(3)委外采购订单。委外订单下达后,委外领料前,需要先用委外订单下推生成采购订单,采购订单单据类型为标准委外订单,用于确认具体的委外供应商。委外采购订单是委外采购流程中的核心单据,作为采购组织与委外供应商之间的采购协议,记录需要进行委外加工的物料、数量、加工费等信息,以及物料对应需要外发的组件信息。

(4)委外的领、退、补料。与委外加工商达成采购协议后,接下来需要将材料外发给委外加工商,在系统中通过委外订单或委外用料清单下推委外领料单领出材料,如果发现材料存在质量问题(来料不良)或加工过程中出现损耗(作业不良),企业可以进行委外退料操作将不良料退回,同时根据需要还可以进行委外补料操作。委外的领、退、补料和生产的领、退、补料类似,假如委外BOM设置了倒冲领料,在入库后,系统会自动生成倒冲领料单。

(5)委外收货及入库。委外加工完成后,加工商将产品送回企业,企业通过委外采购订单生成委外收料通知单通知仓库收货,经过检验流程收货后,制作委外入库单办理入库手续。

业务场景

2023年11月22日,爱运动单车公司生产管理人员根据车架和车轮的委外计划订单下达委外订单,供应商分别是宁波塑料制品有限公司和宁波金属科技有限公司,同时审核了委外用料清单,生成委外采购订单。

2023年11月23日,委外供应商宁波金属科技有限公司根据委外订单从爱运动单车公司原材料仓库领出车轮需要的原材料。同日,由于操作不当退回20根钢条,随即要求仓库进行补发。

2023年11月24日,委外加工单位完工,通知爱运动单车公司仓库收货,同日,单车公司仓管验收后办理车架和车轮的委外入库。车架入库后系统根据用料清单发料方式自动生成碳素铜管的委外倒冲领料单。

业务分析

(1)委外基础数据要准确。与委外相关的基础设置可能包括以下几点。①物料属性。委外管理的物料需在其控制属性中设置"允许委外",或者物料属性设置为"委外"。②供应商类型。具有委外生产加工能力的供应商其供应商供应类别需要设置为"委外"。③物料清单。BOM的准确性至关重要,要明确成品由哪些下级物料组成,每一下级物料的用量、属性、供应类别等。例如,"401001"的下级物料中有"车架"和"车轮",其供应类别是"委外",才能在计划运算时生成委外计划单,另外委外的物料清单需要选择BOM用途为"通用"或者是"委外"。④仓库设置。若涉及调拨物料,要在委外组织下正确建立供应商的在制品仓库,仓库属性需设置为"供应商仓库",方便委外加工前将物料调入以及后续的管理。

（2）系统中委外管理的标准业务流程图如图 6-28 所示。

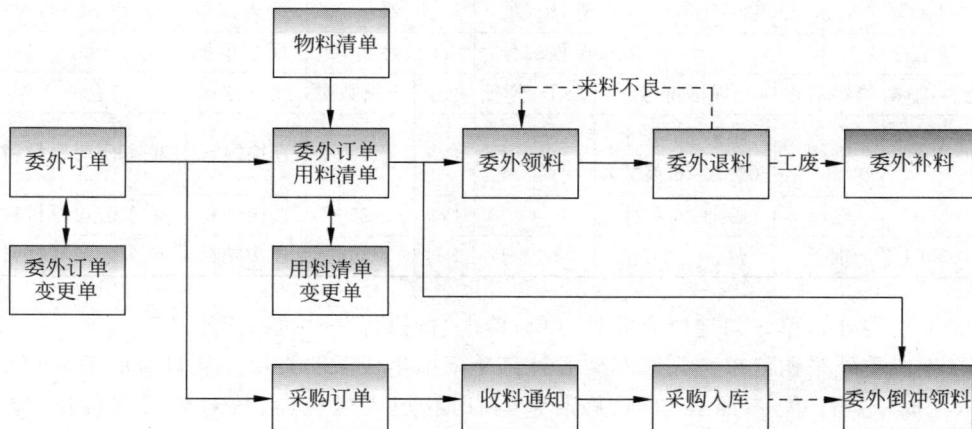

图 6-28　委外管理的标准业务流程图

业务实施

委外部分

（1）修改计算机系统日期为"2023 年 11 月 22 日"。

（2）投放委外计划订单。用"信息主管"账号登录系统,在爱运动单车公司组织下打开计划订单列表,操作路径:"生产制造"→"计划管理"→"计划订单列表"。滤投放类型为"委外订单类"的计划订单,审核计划订单并投放。

（3）修改并审核委外订单。操作路径:"生产制造"→"委外管理"→"委外订单列表"。双击打开投放生成的委外订单,参考表 6-81,修改单据日期,核对数量、计划开工日期、计划完工日期,保存,提交,审核。依次修改所有委外订单。

表 6-81　委外订单信息表

单据日期	产品类型	物料编码	物料名称	规格型号	单位	数量
2023/11/22	主产品	301002	车架	26 英寸（碳素）	Pcs	10
2023/11/22	主产品	302003	车轮	女式 26 英寸	Pcs	20

（4）委外用料审核。在爱运动单车公司组织下打开委外用料清单列表。操作路径:"生产制造"→"委外管理"→"委外用料清单列表"。参照表 6-82、表 6-83,核对每张用料清单的日期、分子、分母、应发数量、发料方式、发料组织、货主、供应组织,保存,提交,审核。

表 6-82　车架的委外用料信息

产品编码	301002	产品名称		车架	规格型号		26 英寸（碳素）
BOM 版本	301002_V1.0	数量		10	委外订单编号		SUB00000001
委外订单行号	1	需求单据编号		YCD 姓名 02	需求单据行号		1
项次	物料编码	物料名称	规格型号	分子	分母	单位	应发数量	发料方式	仓　库
1	101001	碳素铜管	φ5.2	1.2	1	米	12	直接倒冲-入库倒冲	单车公司原材料仓库

表 6-83　车轮的委外用料信息

产品编码	302003	产品名称		车轮	规格型号		女式 26 英寸
BOM 版本	302003_V1.0	数量		20	委外订单编号		SUB00000002
委外订单行号	1	需求单据编号		YCD 姓名 02	需求单据行号		1
项次	物料编码	物料名称	规格型号	分子	分母	单位	应发数量	发料方式	仓　库
1	102002	钢圈	通勤 26 英寸 （女式 26 英寸）	1	1	Pcs	20	直接领料	单车公司原材料仓库
2	103002	轮胎	通勤 26 英寸	1	1	Pcs	20	直接领料	单车公司原材料仓库
3	109001	钢条	φ0.8×32cm	28	1	Pcs	560	直接领料	单车公司原材料仓库

（5）下达委外订单。勾选所有委外订单，单击"行执行"→"执行至下达"。

（6）生成委外采购订单。先对车架委外订单下推生成采购订单。从对应的委外订单单击"下推"，生成采购订单，参照表 6-84，修改采购日期、填入供应商，核对数量和价格，保存，提交，审核。然后对车轮委外订单下推生成采购订单，从对应的委外订单单击"下推"，生成采购订单，参照表 6-85，修改采购日期，填入供应商，核对数量和价格，保存，提交，审核。

表 6-84　委外采购订单 1

单据类型		标准委外订单					
采购组织	爱运动单车公司		采购日期		2023/11/22		
关闭状态		未关闭	供应商		宁波塑料制品有限公司		
物料编码	物料名称	采购 数量	采购 单位	交货日期	含税 单价/元	税率/%	税额/元	价税合计/ 元
301002	车架	10	Pcs	2023/11/23	45	13	51.77	450

表 6-85　委外采购订单 2

单据类型		标准委外订单					
采购组织	爱运动单车公司		采购日期		2023/11/22		
关闭状态		未关闭	供应商		宁波金属科技有限公司		
物料编码	物料名称	采购 数量	采购 单位	交货日期	含税 单价/元	税率/%	税额/元	价税合计/ 元
302003	车轮	20	Pcs	2023/11/23	28	13	64.42	560

（7）委外领料。打开委外订单列表，对车轮委外订单进行领料，从对应的委外订单单击"下推"，生成委外领料单，参照表 6-86 所示，修改日期，核对实发数量和仓库，保存，提交，审核。

表 6-86　车轮委外领料单信息

日期	2023/11/23	发料组织	爱运动单车公司	委外组织		爱运动单车公司	
供应商				宁波金属科技有限公司			
委外订单编号	物料编码	物料名称	规格型号	单位	申请数量	实发数量	仓　库
SUB00000002	102002	钢圈	通勤 26 英寸 （女式 26 英寸）	Pcs	20	20	单车公司原材料仓库
SUB00000002	103002	轮胎	通勤 26 英寸	Pcs	20	20	单车公司原材料仓库
SUB00000002	109001	钢条	φ0.8×32cm	Pcs	560	560	单车公司原材料仓库

（8）委外退料。在委外生产"302003 车轮"时由于供应商宁波金属科技有限公司操作不当导致 20 个"109001 钢条"报废。打开委外领料单列表，操作路径："生产制造"→"委外管理"→"委外领料单列表"。勾选 109001 钢条，单击"下推"，生成委外退料单。参照表 6-87，修改日期、申请数量、实退数量、退料类型、仓库，保存，提交，审核。

表 6-87　钢条的委外退料单

日期	2023/11/23	收料组织	爱运动单车公司	生产组织		爱运动单车公司	
供应商				宁波金属科技有限公司			
委外订单编号	物料编码	物料名称	单位	申请数量	实退数量	退料类型	仓　库
SUB00000002	109001	钢条	Pcs	20	20	作业不良退料	单车公司不良品仓库

（9）委外补料。从委外退料单下推委外补料单，参照表 6-88 所示，修改日期、仓库，核对申请数量和实发数量，保存，提交，审核。

表 6-88　钢条的委外补料单

日期	2023/11/23	发料组织	爱运动单车公司	生产组织		爱运动单车公司	
供应商				宁波金属科技有限公司			
委外订单编号	物料编码	物料名称	规格型号	单位	申请数量	实发数量	仓　库
SUB00000002	109001	钢条	$\phi 0.8 \times 32\mathrm{cm}$	Pcs	20	20	单车公司原材料仓库

（10）委外收料通知。对供应商加工完的产品收料，操作路径："生产制造"→"委外管理"→"采购订单列表"。勾选两张委外类型的采购订单，单击"下推"，生成采购收料单，参照表 6-89、表 6-90，修改收料日期，核对交货数量、预计到货日期、仓库，保存，提交，审核。按照表格给出的单据编号顺序依次生成收料通知单。

表 6-89　委外收料单 1

单据类型	委外收料单				
收料组织	爱运动单车公司			收料日期	2023/11/24
供应商	宁波塑料制品有限公司				
需求单据	YCD 姓名 02			需求单据行号	1
物料编码	物料名称	收料单位	交货数量	预计到货日期	仓　库
301002	车架	Pcs	10	2023/11/24	单车公司半成品仓库

表 6-90　委外收料单 2

单据类型	委外收料单				
收料组织	爱运动单车公司			收料日期	2023/11/24
供应商	宁波金属科技有限公司				
需求单据	YCD 姓名 02			需求单据行号	1
物料编码	物料名称	收料单位	交货数量	预计到货日期	仓　库
302003	车轮	Pcs	20	2023/11/24	单车公司半成品仓库

（11）委外采购入库。对供应商加工完的产品入库，操作路径："生产制造"→"委外管理"→"收料通知单列表"。勾选两张委外类型的收料通知单，单击"下推"，生成采购入库单。参照

表 6-91、表 6-92,修改入库日期,核对实收数量、仓库,保存,提交,审核。按照表格给出的单据编号顺序依次生成采购入库单。

表 6-91 委外采购入库 1

单据类型	委外采购入库				
库存组织	爱运动单车公司		入库日期		2023/11/24
供应商	宁波塑料制品有限公司				
需求单据	YCD 姓名 02		需求单据行号		1
物料编码	物料名称	库存单位	实收数量	仓 库	库存状态
301002	车架	Pcs	10	单车公司半成品仓库	可用

表 6-92 委外采购入库 2

单据类型	委外采购入库				
库存组织	爱运动单车公司		入库日期		2023/11/24
供应商	宁波金属科技有限公司				
需求单据	YCD 姓名 02		需求单据行号		1
物料编码	物料名称	库存单位	实收数量	仓 库	库存状态
302003	车轮	Pcs	20	单车公司半成品仓库	可用

(12)倒冲领料。因为 301002 车架是入库后倒冲领料,所以会在采购入库后由系统自动生成 101001 碳素铜管的倒冲委外领料单,打开委外领料单列表核对单据信息,参照表 6-93,操作路径:"生产制造"→"委外管理"→"委外领料单列表"。

表 6-93 倒冲领料单

日期	2023/11/24	发料组织	爱运动单车公司	生产组织		爱运动单车公司		
供应商			宁波塑料制品有限公司					
委外订单编号	物料编码	物料名称	规格型号	单位	申请数量	实发数量	仓 库	
SUB00000001	101001	碳素铜管	$\phi 5.2$	米	12	12	单车公司原材料仓库	

(13)关闭所有页签。

四、生产计划与执行

本部分内容请扫描二维码学习,涉及表 6-94 至表 6-102。

生产计划与执行(任务四)

【岗课赛证融通专题训练】

实操练习

(1)修改物料"401002 通勤女士自行车 26 英寸"的计划属性为"MPS",设置 MPS 方案。(参考任务三中的 MPS 方案设置)

项目六
即测即评

（2）设置 MRP 方案。（参考任务三中的 MRP1 方案设置）

（3）设置演练组织的工作日历。

（4）预测 2023 年 11 月"401002 通勤女士自行车 26 英寸"的需求量为 100 辆,制作预测单。

（5）根据预测单进行 MPS 计算,修改 MPS 计划订单并投放。

（6）根据 MPS 计划订单进行 MRP 计算,修改 MRP 计划订单并投放。

（7）采购计划执行,完成所有投放生成的采购申请单的采购业务。

（8）生产计划执行,完成所有投放生成的生产订单的生产任务,需要体现生产退料和补料业务场景。

（9）委外计划执行,完成所有投放生成的委外订单的委外生产任务,需要体现委外退料和补料业务场景。

项目七

车间数字化管理

知识目标

(1) 理解工序控制码用于控制工序的执行方式；

(2) 理解作业、工作中心、工序控制码、排程模型、工艺路线等基础资料的作用和关系；

(3) 理解工序汇报生产模式的流程。

能力目标

(1) 能准确完成车间基础数据的录入、修改和删除操作；

(2) 能够熟练操作车间数字化管理系统中的各个功能模块；

(3) 能够操作工序汇报模块，指导使用汇报功能，处理汇报信息及进行入库登记等。

素养目标

(1) 养成严谨的工作态度，确保每一个数据的准确性，按照规定的流程和标准进行操作；

(2) 培养良好的沟通协调能力。

思维导图

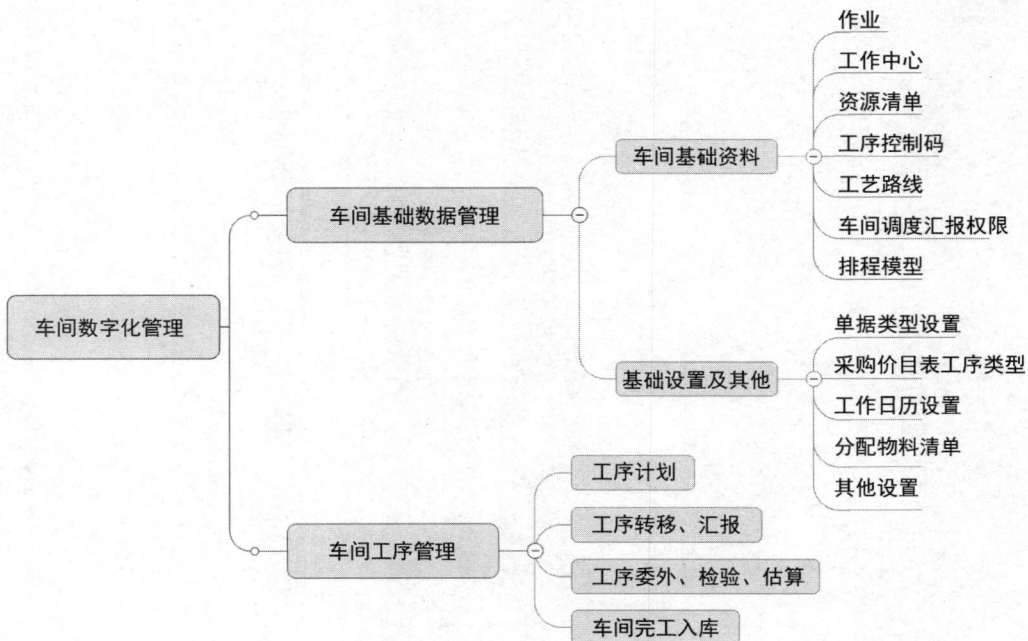

项目六的生产管理系统主要是基于订单级别的管理,业务流程比较简单,管理颗粒度较为粗糙,如果企业的生产业务相对比较为复杂,有对生产业务进行精细化管理的需求,就需要车间管理系统的支持。例如,车架的生产需要经过切割下料、焊接打磨、喷漆、丝印等多道工序,需要将生产控制落实到每道工序上,要求业务人员针对每个工序进行计划、领料、生产、完成情况的汇报等业务工作,同时根据工序上生产情况的统计数据,为车间管理人员提供信息反馈,以上工作都需要启用精细化的车间管理系统。

金蝶云星空车间管理是一个综合性的车间业务处理系统,结合工程数据管理、库存管理、生产管理、质量管理等系统,为企业提供生成工序计划、工序排程、工序转移、工序汇报、产品入库等车间业务处理全过程的监督和控制,帮助企业实现精细化管理。

车间数字化管理的功能结构图如图 7-1 所示。

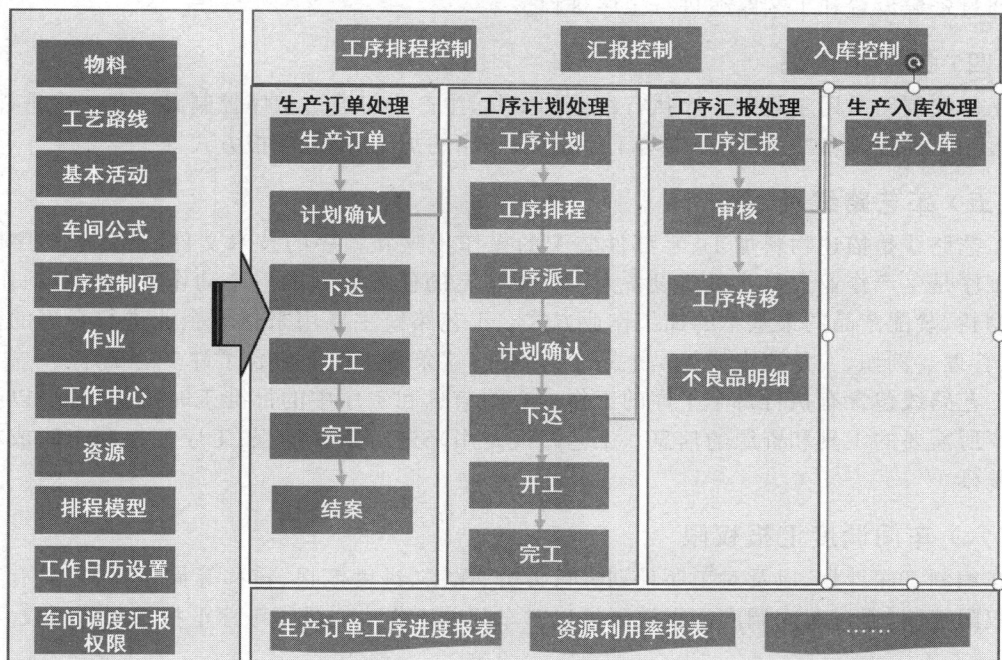

图 7-1 车间数字化管理的功能结构图

任务一 车间基础数据管理

任务导入

车间基础数据是车间管理系统应用的前提,车间管理系统的基础数据管理主要包括车间工艺建模和车间参数设置两块内容,涉及排程模型、工序控制码、作业、工作中心、资源清单、车间调度权限、工艺路线、单据类型设置、系统参数设置等。

(一)作业

作业是企业提供产品或劳务过程中的各个工序或工作环节,即组织内为了某种目的所进行的消耗人力、技术、原材料、方法和环境等资源的活动。金蝶云星空中需要设置生产加工过程中涉及的作业,以方便维护工作中心、工艺路线。作业是组成生产过程的基本单位。

（二）工作中心

工作中心是用于生产产品的生产单元，包括机器、人和设备，是各种生产或者加工单元的总称。一个工作中心可以是一台设备、一组功能相同的设备、一条自动生产线、一个班组、一块装配区域或者是某种生产单一产品的封闭车间。工作中心既是一种基本的生产作业手段，也是一种基本的生产作业组织，还是一种生产作业的管理方式。工作中心的数据是工艺路线的核心组成部分，是运算物料需求计划、能力需求计划的基础数据之一。

（三）资源清单

资源是系统中对生产中所使用的设备、人员的泛称。资源可以是一台或一组设备，也可以是一个人员或班组，或者在生产中任何可以被作为一个整体管理的设备与人员的组合。资源清单通过资源设置和工艺路线进行工序排程。

（四）工序控制码

工序控制码是用于规定工序执行细节的工具，生产中可通过工序控制码设置工序排程、工序汇报相关的控制参数，如是否参与工序排程、工序的加工方式、汇报方式等。

（五）工艺路线

工艺路线是描述物料加工、零部件装配的操作步骤和顺序的技术文件，是多个工序的序列。工序是生产作业人员或机器设备为了完成指定的任务而做的一个动作或一连串动作，是加工物料、装配产品的最基本的加工作业方式。工艺路线主要用来指导企业进行合理的生产安排、管理。例如，一条流水线就是一条工艺路线，这条流水线上包含了许多的工序。

工艺路线包含有执行每个工序的工作中心的信息和工序中的标准工时定额情况，以及关于生产所需要的工具和资源的信息。工艺路线是用来进行工序排程、工序汇报和车间成本核算的基础。

（六）车间调度汇报权限

在编制工序计划，以及对工序计划进行拆分、派工、进度汇报、转移等操作时，需要有工作中心权限控制，通过车间调度汇报权限可以对车间的工作中心进行工序汇报权限的授权。

（七）排程模型

企业在编制工序计划时，存在多种排程方法，如正排、倒排、偏置时间正排、不排程，为了更好支撑企业应用需要，可将算法抽象出一系列的排程模型，供排程时选择使用。

金蝶云星空系统内置了以下四种排程模型。

（1）不排程：工序计划由人工编制，系统不处理。

（2）标准正排：以订单开始时间为起点，正向计算工序计划时间，默认排程模型。

（3）标准倒排：以订单完成时间为起点，反向计算工序计划时间。

（4）标准偏置时间正排：依据工序偏置时间和工序提前期，计算工序计划时间，用于解决粗放式管理下的工序排程。

一、车间基础资料

🔖 **业务场景**

爱运动配件公司启用了车间管理系统，为合理安排生产计划，需要对车间管理相关基础数据进行设置。包括排程模型、工序控制码、作业资料、工作中心、资源清单、工艺路线、车间调度汇报权限等。基础资料信息如表 7-1 至表 7-9 所示。

表 7-1 排程模型

创建组织	爱运动配件公司		使用组织	爱运动配件公司	
名称	配件公司排程模型		默认排程模型	√	
排程方法	正排	考虑工序重叠	√	考虑工序拆分	√

表 7-2 工序控制码

编码	名 称	检验方式	加工方式	汇报方式	返修方式	参与排程	创建组织
1	免检免汇报	免检	厂内委外皆可	不用汇报	不控制	是	爱运动配件公司
2	免检+汇报	免检	厂内委外皆可	必须汇报	不控制	是	爱运动配件公司
3	质量+委外	质量检验	委外加工	必须汇报	不控制	是	爱运动配件公司

表 7-3 作业

作业代码	作业名称	创建组织	生效日期
1	下料	爱运动配件公司	2023/10/1
2	焊接	爱运动配件公司	2023/10/1
3	喷漆	爱运动配件公司	2023/10/1
4	丝印	爱运动配件公司	2023/10/1

表 7-4 工作中心

编码	中心名称	所属部门	工序控制码	基本活动	创建组织	生效日期
1	下料组	加工车间	免检+汇报	加工活动	爱运动配件公司	2023/10/1
2	焊接组	加工车间	免检+汇报	加工活动	爱运动配件公司	2023/10/1
3	喷漆组	加工车间	免检+汇报	加工活动	爱运动配件公司	2023/10/1
4	丝印组	加工车间	质量+委外	加工活动	爱运动配件公司	2023/10/1

表 7-5 资源清单

编码	名 称	类型	数量单位	创建组织	生效日期
1	下料机器	机器	台	爱运动配件公司	2023/10/1
2	焊接设备	机器	台	爱运动配件公司	2023/10/1
3	喷漆生产线	机器	套	爱运动配件公司	2023/10/1
4	丝印机	机器	台	爱运动配件公司	2023/10/1

表 7-6 301001 车架工艺路线

名称	车架工艺		工艺类型	物料
物料	301001		生效日期	2023/10/1
工序号	工序代码	工序名称	工作中心	工序控制码	创建组织
10	1	下料	下料组	免检+汇报	爱运动配件公司
20	2	焊接	焊接组	免检+汇报	爱运动配件公司
30	3	喷漆	喷漆组	免检+汇报	爱运动配件公司
40	4	丝印	丝印组	质量+委外	爱运动配件公司

表 7-7　301002 车架工艺路线

名称		车架工艺		工艺类型	物料
物料		301002		生效日期	2023/10/1
工序号	工序代码	工序名称	工作中心	工序控制码	创建组织
10	1	下料	下料组	免检+汇报	爱运动配件公司
20	2	焊接	焊接组	免检+汇报	爱运动配件公司
30	3	喷漆	喷漆组	免检+汇报	爱运动配件公司
40	4	丝印	丝印组	质量+委外	爱运动配件公司

表 7-8　301003 车架工艺路线

名称		车架工艺		工艺类型	物料
物料		301003		生效日期	2023/10/1
工序号	工序代码	工序名称	工作中心	工序控制码	创建组织
10	1	下料	下料组	免检+汇报	爱运动配件公司
20	2	焊接	焊接组	免检+汇报	爱运动配件公司
30	3	喷漆	喷漆组	免检+汇报	爱运动配件公司
40	4	丝印	丝印组	质量+委外	爱运动配件公司

表 7-9　车间调度汇报权限

用户账号	信息主管	用户名称	信息主管
勾选	部门名称	工作中心编码	工作中心名称
√	加工车间	1	下料组
√	加工车间	2	焊接组
√	加工车间	3	喷漆组
√	加工车间	4	丝印组

业务分析

　　基础数据设置是系统应用的前提,企业一般先设置好基础数据,然后才进行业务应用。车间管理的基础数据包括排程模型、工序控制码、作业资料、工作中心、资源清单、工艺路线、车间调度汇报权限等。根据前面设置的基础资料、控制策略、排程模型、作业、工作中心、资源清单、工艺路线这几项基础资料均由爱运动配件公司创建。

业务实施

排程模型

（一）新建排程模型

　　(1) 打开排程模型列表。用"信息主管"账号登录系统,在爱运动配件公司组织下打开排程模型列表,操作路径:"生产制造"→"车间管理"→"排程模型列表"。

　　(2) 新排程模型。单击"新增",输入名称"配件公司排程模型",选择排程方法"正排",勾选"默认排程模型""考虑工序重叠""考虑工序拆分",保存,提交,审核,如图 7-2 所示。

（二）新建工序控制码

　　(1) 打开工序控制码列表。在爱运动配件公司组织下打开工序控制码列表。操作路径:"生产制造"→"车间管理"→"工序控制码列表"。

图 7-2 排程模型

（2）禁用系统自带工序控制码。勾选自带的工序控制码，单击"业务操作"→"禁用"。

（3）新增工序控制码。单击"新增"，根据表 7-2 输入编码、名称，勾选"参与工序排程"，选择"检验方式""加工方式""汇报方式""返修方式"。保存，提交，审核。依次新增所有的工序控制码。完成后工序控制码列表如图 7-3 所示。

工序控制码

图 7-3 工序控制码列表

（三）新建作业资料

（1）打开作业列表。在爱运动配件公司组织下打开作业列表。操作路径："生产制造"→"车间管理"→"作业列表"。

（2）新增作业。单击"新增"，根据表 7-3 输入编码、名称、生效日期。保存，提交，审核。依次新增所有的作业资料。

作业资料

（四）新建工作中心

（1）打开工作中心列表。在爱运动配件公司组织下打开工作中心列表。操作路径："生产制造"→"车间管理"→"工作中心列表"。

（2）新增工作中心。单击"新增"，根据表 7-4 输入编码、名称、生效日期，选择"所属部门""工序控制码""基本活动"，保存，提交，审核。依次新增所有的工作中心资料。

工作中心

（五）资源清单

（1）打开资源列表。在爱运动配件公司组织下打开资源列表。操作路径："生产制造"→

"车间管理"→"资源列表"。

（2）新增资源。单击"新增"，根据表7-5输入编码、名称、生效日期，选择"资源类型""数量单位"，保存，提交，审核。依次新增所有的资源资料。

资源清单

（六）工艺路线

（1）打开工艺路线列表。在爱运动配件公司组织下打开工艺路线列表。操作路径："生产制造"→"车间管理"→"工艺路线列表"。

（2）新增工艺路线。单击"新增"，输入工艺路线名称、物料编码、生效日期，选择"工作中心""作业""工序控制码"，单击"新增行"，完成所有行的数据，保存，提交，审核。"301001"的工艺路线如图7-4所示。

工艺路线

图 7-4　工艺路线

（3）依次新增所有的工艺路线资料。

（七）车间调度汇报权限

（1）打开车间调度汇报权限。在爱运动配件公司组织下打开车间调度汇报权限。操作路径："生产制造"→"车间管理"→"车间调度汇报权限"。

（2）对用户进行授权。选择加工组织"爱运动配件公司"，单击"信息主管"，勾选所有的工作中心，然后单击"授权"，如图7-5所示。

车间调度
汇报权限

图 7-5　车间调度汇报权限授权

（3）关闭所有页签。

→ 注意事项

　　若创建组织选不到爱运动配件公司，原因可能是基础资料控制策略中上述资料的创建组织选择的不是爱运动配件公司。需要用 administrator 账号登录系统，在基础资料控制策略中进行修改，把错误的基础资料控制策略删除，然后新增创建组织是爱运动配件公司的基础资料控制策略。

二、基础设置及其他

业务场景

　　爱运动配件公司启用车间管理，为合理安排生产计划，除了前面基础数据资料外，还需要做以下基础设置。

　　（1）调整工序汇报入库-普通生产的单据类型的系统参数如表 7-10 所示。

表 7-10　生产订单单据类型

名称	工序汇报入库-普通生产	默认单据类型	×
生产订单自动执行			
生产订单领料时自动开工		√	
生产订单自动完工		√	
主产品入库数量达到入库下限		√	
联副产品入库数量达到入库下限		√	
生产订单自动结案		√	
生产领料			
自动计算	√	领补套数计算	全部物料
倒冲领/退料控制			
默认倒冲时机	入库倒冲	倒冲方式	后台倒冲
默认领料单据类型	倒冲生产领料	默认退料单据类型	倒冲生产退料
汇报倒冲		按检验结果倒冲	
生产汇报材料领用控制			
控制强度	严格控制	控制范围	非倒冲物料
生产汇报返还件退料控制			
控制强度		严格控制	
生产入库材料领用控制			
控制强度	严格控制	控制范围	非倒冲物料
生产入库返还件退料控制			
控制强度		严格控制	
生产入库用料清单子项为空控制			
控制强度		严格控制	
非返还件结案控制			
控制强度	在制材料数量在损耗范围内	控制范围	非倒冲物料
返还件结案控制			
返还件控制		不控制	

（2）调整工序计划单据类型的系统参数如表 7-11 所示。

表 7-11　工序计划单据类型

名称	标准工序计划	默认单据类型	√
车间参数			
工序汇报/转移顺序控制		严格控制	
报工数量允许大于订单		严格控制	
转移单生成方式			
相同工作中心		手工生成转移单	
相同加工车间不同工作中心		手工生成转移单	
相同加工组织不同加工车间		手工生成转移单	
自制首序转入		手工生成转移单	

（3）由于工序汇报中有委外工序业务，还需要设置工序类型的采购价目表如表 7-12 至表 7-14 所示。

表 7-12　采购价目表（工序类型）1

编码	自动生成		采购组织		爱运动配件公司		
名称	南京斯丹达制造有限公司工序价目表						
供应商	南京斯丹达制造有限公司						
是否含税	是		币别		人民币		
是否默认价目表	是		价格类型		工序委外		
物料编码	物料名称	规格型号	含税单价	最低限价	生效日期	失效日期	作业
301001	车架	28 英寸（碳素）	5	5	2023/10/1	2100/1/1	丝印

表 7-13　采购价目表（工序类型）2

编码	自动生成		采购组织		爱运动配件公司		
名称	宁波塑料制品有限公司工序价目表						
供应商	宁波塑料制品有限公司						
是否含税	是		币别		人民币		
是否默认价目表	是		价格类型		工序委外		
物料编码	物料名称	规格型号	含税单价	最低限价	生效日期	失效日期	作业
301002	车架	26 英寸（碳素）	6	6	2023/10/1	2100/1/1	丝印

表 7-14　采购价目表（工序类型）3

编码	自动生成		采购组织		爱运动配件公司		
名称	宁波金属科技有限公司工序价目表						
供应商	宁波金属科技有限公司						
是否含税	是		币别		人民币		
是否默认价目表	是		价格类型		工序委外		
物料编码	物料名称	规格型号	含税单价	最低限价	生效日期	失效日期	作业
301003	车架	28 英寸（合金）	6.5	6.5	2023/10/1	2100/1/1	丝印

（4）此外，还需要将物料清单分配给爱运动配件公司，并设置爱运动配件公司的工作日历。

业务分析

工序汇报入库-普通生产单据类型的参数设置可以参考项目六任务一中的参数设置，两者均属于生产订单的单据类型参数设置,有很多相似之处。

工序计划单据类型的参数设置对每道工序的生产控制和落实有直接影响。各任务的参数设置中,对"工序汇报/转移顺序控制"都进行了严格控制,则系统要求每道工序必须按照既定的计划顺序进行汇报和转移。这意味着,只有在上一道工序完成并汇报后,下一道工序才能开始执行,并且只能转移上一道工序已经完成并确认合格的数量,这种控制方式有助于确保生产过程的连续性和有序性,减少生产过程中的混乱和错误;"报工数量允许大于订单"选择严格控制,那么工序的报工数量将严格受限于订单数量,不能超出;对于工序转移单的方式均采用了"手工生成工序转移单",意味着每道工序的转移都需要通过人工操作来完成,可以更加具体地反映每道工序的流转情况,包括转出的数量、转出的时间、转出的工序以及接收的工序等,有助于生产管理人员实时掌握生产进度,及时发现和解决生产中的问题。

在设置工序委外的采购价目表时,需要将所有的需求组织都设定为爱运动配件公司,这样才能选取系统携带该公司的作业信息。

▣ 业务实施

(一)单据类型设置

(1)打开单据类型列表。用"信息主管"账号登录系统,在爱运动配件公司组织下打开单据类型列表,操作路径:"基础管理"→"基础资料"→"单据类型列表"。

单据类型设置

(2)修改生产订单单据类型参数。找到名称"工序汇报入库-普通生产"的生产订单单据类型并打开。反审核修改,在参数设置页签下勾选生产领料"自动计算",领补套数计算选择"全部物料",勾选"生产订单自动完工""主产品入库数量达到入库下限""联副产品入库数量达到入库下限""生产订单自动结案";生产汇报材料领用控制选择"严格控制""非倒冲物料";生产汇报返还件退料控制选择"严格控制";生产入库材料领用控制选择"严格控制""非倒冲物料";生产入库返还件退料控制选择"严格控制";生产入库用料清单子项为空控制选择"严格控制";其他保持默认,保存,提交,审核,如图7-6所示。

(3)修改生产订单单据类型参数。找到名称"标准工序计划"的工序计划单据类型,并打开。反审核修改,参数设置页签如下:工序汇报/转移顺序控制选择"严格控制",报工数量允许大于订单选择严格控制,转移单据生产方式全部选择"手工生成选择转移单",保存,提交,审核,如图7-7所示。

(二)采购价目表工序类型

(1)打开采购价目表。切换系统组织为"爱运动配件公司",打开采购价目表列表,操作路径:"供应链"→"采购管理"→"采购价目表列表"。

工序委外采购价目表

(2)新增工序委外采购价目表。单击"新增",选择采购组织为"爱运动配件公司",填入名称,价格类型选择"工序委外",选择供应商,勾选默认价目表、物料编码、价格需求组织、作业,生效日期设为2023/10/1,其他保持默认,保存,提交,审核,退出,如图7-8所示。

(3)依次新增所有采购价目表。

(三)工作日历设置

(1)设置工作日历。用"信息主管"账号登录系统,在爱运动配件公司组织下打开工作日历设置。操作路径:"生产制造"→"工程数据管理"→"工作日历设置"。

其他设置

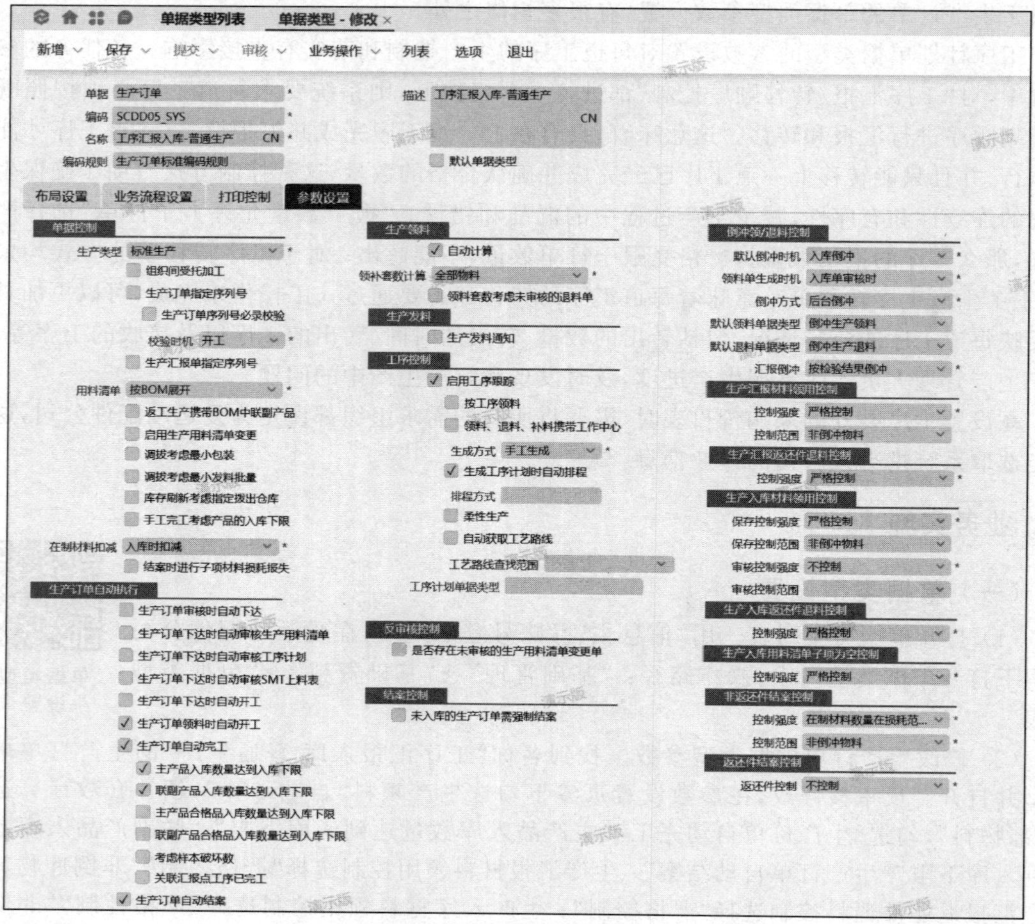

图 7-6　生产订单单据类型参数

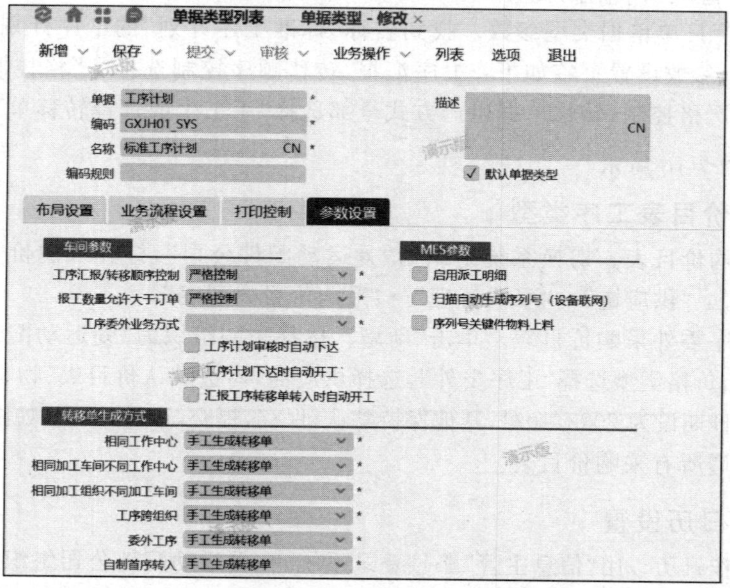

图 7-7　工序计划单据类型参数

图 7-8 采购价目表-工序

（2）选择标准日历编码。单击"爱运动配件公司"，选择标准日历编码，保存，如图 7-9 所示。

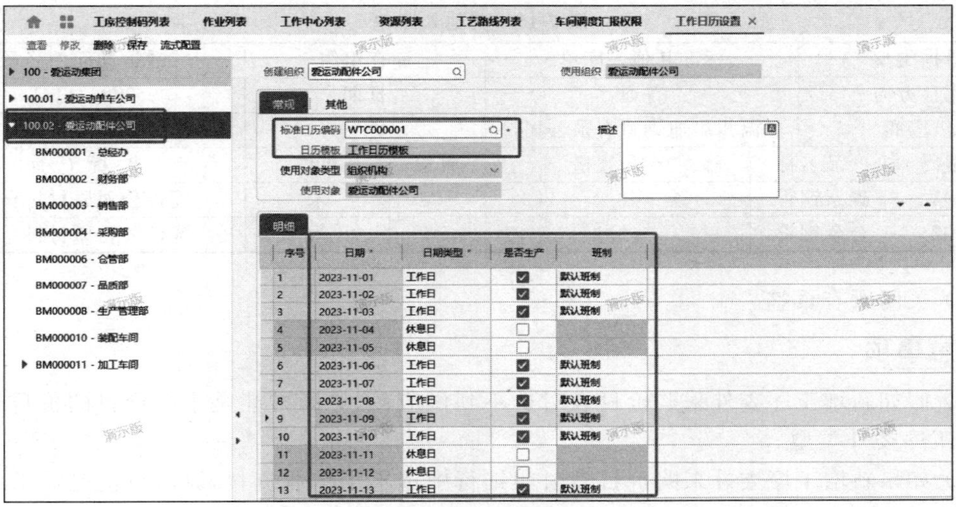

图 7-9 选择配件公司工作日历编码

（四）分配物料清单

（1）将爱运动集团车架的物料清单分配至配件公司。切换组织为"爱运动集团"，打开物料清单列表。操作路径："生产制造"→"工程数据管理"→"物料清单列表"。勾选 3 个父项物料为车架（301001、301002、301003）的物料清单，单击"业务操作"→"分配"，选择爱运动配件公司进行分配，如图 7-10 所示。

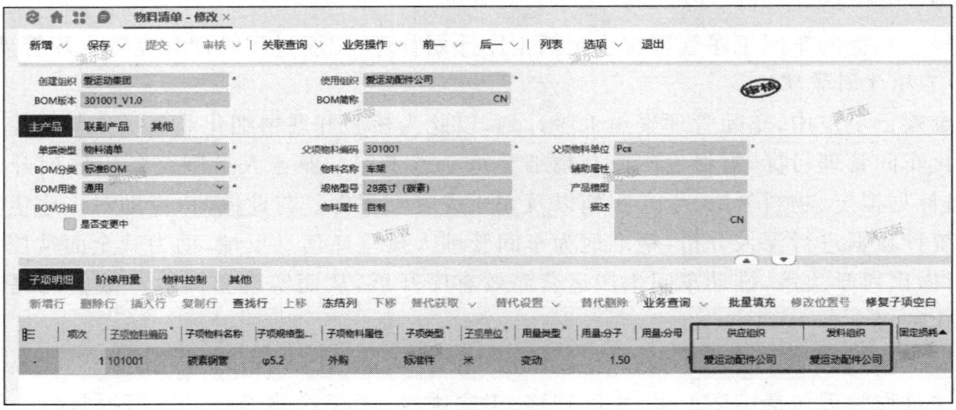

图 7-10 物料清单修改

（2）修改爱运动配件公司物料清单基础数据。切换组织为"爱运动配件公司"，打开物料清单列表，操作路径："生产制造"→"工程数据管理"→"物料清单列表"。依次打开物料清单修改供应组织和发料组织为"爱运动配件公司"，保存，提交，审核，退出。

（五）其他设置

（1）打开其他入库单列表。在爱运动配件公司下，打开其他入库单列表，操作路径："供应链"→"库存管理"→"其他入库单列表"。

（2）新增其他入库单。单击"新增"，选择单据类型为"标准其他入库单"、库存方向为"普通"、库存组织为"爱运动配件公司"，填入日期、物料编码、实收数量、收货仓库，保存，提交，审核，如表 7-15 所示。

表 7-15　其他入库单

单据类型		标准其他入库单		库存组织		爱运动配件公司
库存方向		普通		日期		2023/11/1
供应商		温州思迪钢材有限公司		货主		爱运动配件公司
物料编码	产品名称	产品规格	数量	单位		收货仓库
101001	碳素铜管	$\phi5.2$	100	米		配件公司原材料仓库
101002	合金钢管	$\phi5.2$	80	米		配件公司原材料仓库

（3）关闭所有页签。

➡️ 注意事项

（1）假如新增工序委外采购价目表时选不到供应商，原因可能是采购价目的价目类型未选择为工序委外类型。

（2）如果新增工序委外采购价目表时明细行中选不了作业资料，原因可能是需求组织字段未选择对应的组织资料。

（3）在工作日历中设置标准日历编码时，如果选不到对应的工作日历模板，可以从工作日历模板列表中找到对应的工作日历模板，单击"业务操作"→"套用"，选择套用组织为"爱运动配件公司"、开始日期为"2023/11/01"。

任务二　车间工序管理

📚 任务导入

金蝶云星空的车间工序管理主要包括工序计划管理、工序过程管理和完工入库管理。

1. 工序计划管理

在金蝶云星空中，车间管理聚焦工序计划，以此为核心开展精细化业务操作与管控。为达成精准化车间管理目标，需将生产控制精细至每一道工序。业务人员围绕各工序展开系列工作，涵盖计划拟定、物料领取、生产实施以及完成进度汇报等。与此同时，借助对工序生产状况翔实的统计数据进行深入分析，精准地为车间管理人员呈递信息反馈，助力其全面掌控车间态势，及时做出科学决策，推动车间生产运营高效有序开展，从而实现整体生产效益的提升与资源的优化配置。

2. 工序过程管理

工序过程管理包括工序汇报、工序转移、工序委外、工序检验等。工序汇报是指一线工作人员完成工序后,在系统中及时进行汇报,工序汇报涵盖完工时间、合格品数量、工时消耗等信息;工序转移是指一道工序完成后,转移到下一道工序。在系统中,连续两道工序是相同工作中心的实物转移、连续两道工序是不同工作中心的实物转移、连续两道工序是不同组织的实物转移以及委外工序的发出和接收均通过工序转移单记录完成;工序委外适用于因为生产能力不足、负荷不够、设备问题、工艺问题等原因需要外协厂商工序加工的业务,工序委外包含委外发出、委外接收、工序结算;工序检验可以贯穿整个生产过程,旨在确保每一道工序生产出的产品或半成品符合既定的质量标准,在金蝶云星空里,可针对不同工序设置相应的检验项目、检验标准和检验方法。检验人员在进行工序检验时,将检验结果(如合格数量、不合格数量、不合格原因等)录入系统。

3. 完工入库管理

生产完工入库作为生产流程与库存管理衔接的关键环节,在企业运营中具有举足轻重的地位。它不仅标志着生产任务的阶段性完成,更是保障后续销售、财务等环节顺利开展的重要基础。

本任务中,爱运动配件公司根据车架的生产订单、排程模型和车架的工艺路线生成了工序计划,通过工序计划控制每一道工序的汇报、转移、检验、委外等系列工作,车架工序生产业务流程如图 7-11 所示。

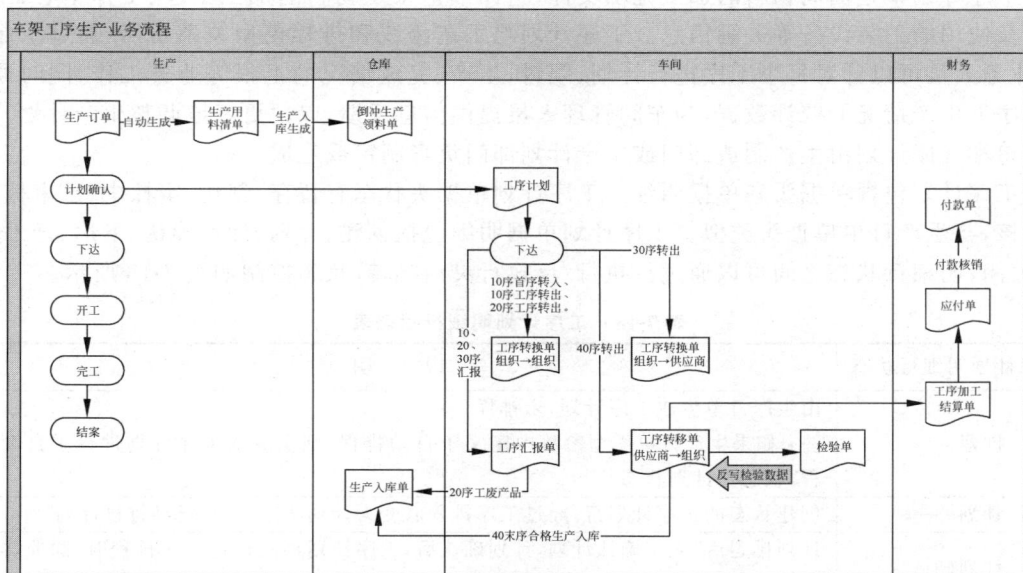

图 7-11　车架工序生产业务流程

一、工序计划

业务场景

爱运动配件公司生产管理部向加工车间下达 301001 车架 20Pcs 的生产任务,计划开工时间 2023 年 11 月 16 日,计划完工日期为 2023 年 11 月 21 日,车架需要经过加工车间多道工序加工,生产管理人员在系统中新增"工序汇报入库-普通生产"类型的生产订单,并生成生产工序计划,生产订单信息如表 7-16 所示,生产用料清单信息如表 7-17 所示。

表 7-16 生产订单

单据类型	工序汇报入库-普通生产					单据日期			2023/11/5	
物料编码	物料名称	规格型号	生产车间	单位	数量	计划开工时间	计划完工时间	BOM版本	工艺路线	
301001	车架	28英寸（碳素）	加工车间	Pcs	20	2023/11/16	2023/11/21	301001_V1.0	RT000001	

表 7-17 生产用料清单

产品编码		301001		产品名称		车架		规格型号		28英寸（碳素）
BOM版本		301001_V1.0		生产车间		加工车间		生产订单编号		MO000011
生产订单行号		1		单位		Pcs		数量		20
项次	物料编码	物料名称	规格型号	分子	分母	单位	标准用量	需求数量	应发数量	发料方式	仓 库
1	101001	碳素铜管	φ5.2	1.5	1	米	30	30	30	直接倒冲-入库倒冲	配件公司原材料仓库

业务分析

　　工序计划单是面向物料的加工说明文件，它详细记录了物料的加工工序、工作中心、工作进度及使用的工装设备等关键信息。工序计划与工艺路线和排程模型关系密切，通过工序计划，业务人员可以针对每个工序进行计划、领料、生产、完成情况的汇报等业务工作，同时通过对工序上生产情况的统计数据，为车间管理人员提供信息反馈，以便更好地调整生产计划。生产订单和工序计划由生产制造部门或生产计划部门负责制定或生成。

　　工序计划包含单据头和单据明细。工序计划单据头状态有暂存、创建、审核中、已审核、重新审核，与生产订单单据头类似。工序计划单据明细包括创建、计划、计划确认、下达、开工、完工、关闭，明细行状态之间可以通过行执行/反执行灵活跳转，状态控制如表 7-18 所示。

表 7-18 工序计划明细行状态表

工序计划明细行状态	说 明
创建	由生产订单生成工序计划，未排程 注：如果生产订单类型参数中定义了自动排程，则生成的工序计划进行了自动排程，状态为计划状态
计划	创建状态的工序计划行，经过工序排程后变为计划状态，表示已经排过计划
计划确认	计划排定后，人工确认计划，计划确认后，工序计划再次进行工序排程时，除非排程选型选择"重排已确认计划"，否则工序时间不会被系统重算
下达	工序计划下达，进行物料、工具检测，确认工序可开工，工序计划下达的前提是生产订单已经是下达之后状态
开工	下达开工指令，工序生产开始可由下游汇报单触发开工，即通过下达后的工序计划生成汇报单，汇报单审核后触发工序计划的开工，工序计划开工时，如果生产订单仍为下达状态，则自动置生产订单行为开工状态
完工	表示工序生产完成，系统通过汇报数量是否达到汇报下限来判断工序是否完工，汇报下限等于工序数量
关闭	表示工序生产已结束，关闭后的工序计划不允许推工序汇报单。工序关闭有两种途径：人工关闭或生产订单结案时自动关闭

业务实施

（1）打开生产订单列表。在爱运动配件公司下，打开生产订单。操作路径："生产制造"→"生产管理"→"生产订单"。

（2）新增生产订单。选择单据类型为"工序汇报入库-普通生产"，修改单据日期，输入物料编码、生产车间、数量、计划开工日期、计划完工日期、BOM版本，在生产页签下选择工艺路线，保存，提交，审核，如图7-12所示。

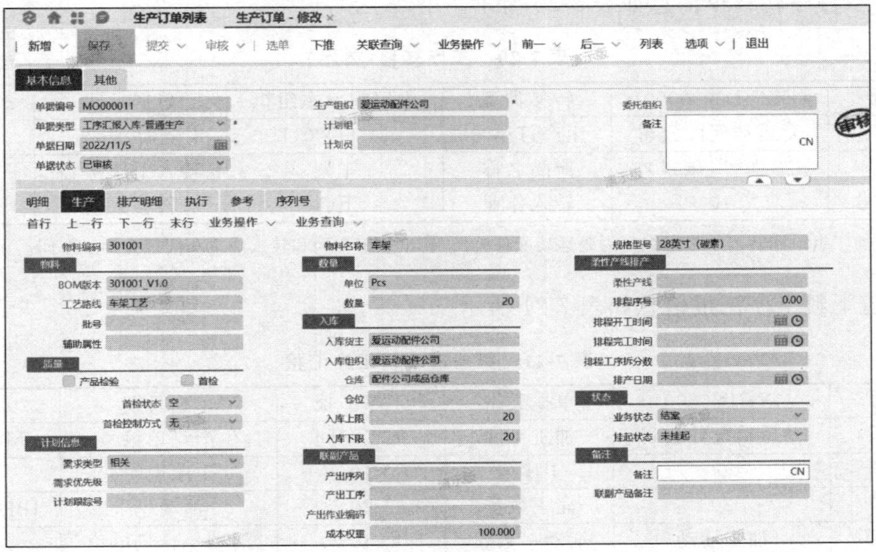

工序计划

图7-12　生产订单

（3）审核生产用料清单。在生产订单上单击"业务查询"→"用料清单查询"，核对用量后审核用料清单。

（4）打开生产订单。用"信息主管"账号登录系统，在爱运动配件公司组织下打开生产订单列表。操作路径："生产制造"→"生产管理"→"生产订单列表"。

（5）生成工序计划。打开上述新增的生产订单，单击"业务操作"→"生产工序计划"。

（6）修改工序计划。在爱运动配件公司组织下打开工序计划列表，操作路径："生产制造"→"车间管理"→"工序计划列表"。打开工序计划单据，修改工序列表页签下每一行数据的计划开始时间和计划结束时间，保存，提交，审核，退出，如表7-19所示。

表7-19　工序计划表

生产车间	加工车间		生产订单编号	MO000011	产品编码	301001
产品名称	车架		计划开工时间	2023/11/16	数量	20
规格型号	28英寸（碳素）		计划完工时间	2023/11/21	单位	Pcs
工艺路线	车架工艺	排程模型	配件公司排程模型		单据编号	OP000001
序列号	工序号	工序数量	加工车间	作业	状态	计划开始时间	计划结束时间
1	10	20	加工车间	下料	创建	2023/11/16	2023/11/16
2	20	20	加工车间	焊接	创建	2023/11/17	2023/11/17
3	30	20	加工车间	喷漆	创建	2023/11/18	2023/11/18
4	40	20	加工车间	丝印	创建	2023/11/19	2023/11/19

（7）关闭所有页签。

二、工序转移、汇报

业务场景

2023 年 11 月 16 日，加工车间根据工序汇报计划，先进行下料工序，下料完成后，进行汇报，汇报合格的产品转移到下一道工序进行焊接，焊接合格的产品通过工序转移进入下一道工序继续生产，首序转移单信息如表 7-20 所示。

表 7-20　工序转移（首序）

单据编号	GXZYD00000001	转移类型	主组织→主组织	单据日期	2023/11/16
生产组织	爱运动配件公司	生产订单号	MO000011	产品编码	301001
规格型号	28 英寸（碳素）	产品名称	车架	转入工作中心	下料组
转入工序号	10	转入作业	下料	转移数量	20

注：转出加工组织和转入加工组织都为爱运动配件公司，转出加工车间和转入加工车间都为加工车间。

第一道下料工序汇报信息如表 7-21 所示。

表 7-21　第一道下料工序汇报

单据编号	GXHB000001	单据类型	工序汇报	单据日期	2023/11/16
加工组织	爱运动配件公司	加工车间	加工车间	生产订单编号	MO000011
工序序列	0	工序号	10	工序说明	下料
合格数量	20	完工数量	20	活动一	JBHD02_SYS
活动一名称	加工活动	活动一数量	10	活动一计量单位	分

第一道下料工序完工后，通过转移单转入第二道焊接工序，工序转移单信息如表 7-22 所示。

表 7-22　第一道至第二道工序转移（非首序转移）

单据编号	GXZYD00000002	转移类型	主组织→主组织	单据日期	2023/11/17
生产组织	爱运动配件公司	生产订单号	MO000011	产品编码	301001
规格型号	28 英寸（碳素）	产品名称	车架	转出工作中心	下料组
转出工序号	10	转出作业	下料	转入工作中心	焊接××组
转入工序号	20	转入作业	焊接	转移数量	20

注：转出加工组织和转入加工组织都为爱运动配件公司，转出加工车间和转入加工车间都为加工车间。

第二道焊接工序汇报信息如表 7-23 所示。

表 7-23　第二道焊接工序汇报

单据编号	GXHB000002	单据类型	工序汇报	单据日期	2023/11/17
加工组织	爱运动配件公司	加工车间	加工车间	生产订单编号	MO000011
工序序列	0	工序号	20	工序说明	焊接
合格数量	19	工废数量	1	完工数量	20
活动一名称	加工活动	活动一数量	15	活动一计量单位	分

第二道焊接工序汇报不合格品的入库信息如表 7-24 所示。

表7-24 生产入库（不良品）

日期	2023/11/17		入库组织		爱运动配件公司		生产组织		爱运动配件公司
物料编码	物料名称	规格型号	入库类型	应收数量	实收数量	仓 库		生产车间	生产订单编号
301001	车架	28英寸（碳素）	报废品入库	1	1	配件公司不良品仓库		加工车间	MO000011

不合格车架完工入库后系统自动生成的倒冲领料信息如表7-25所示。

表7-25 倒冲领料

日期	2023/11/17	发料组织		爱运动配件公司		生产组织		爱运动配件公司
生产订单编号	物料编码	物料名称	车间	规格型号	单位	申请数量	实发数量	仓 库
MO000011	101001	碳素铜管	加工车间	φ5.2	米	1.5	1.5	配件公司原材料仓库

注：301001车架入库后，自动生成101001碳素铜管倒冲领料单。

第二道焊接工序完工后，通过转移单转入第三道喷漆工序，工序转移单信息如表7-26所示。

表7-26 第二道至第三道工序转移（非首序转移）

单据编号	GXZYD00000003	转移类型	主组织→主组织	单据日期	2023/11/18
生产组织	爱运动配件公司	生产订单号	MO000011	产品编码	301001
规格型号	28英寸（碳素）	产品名称	车架	转出工作中心	焊接组
转出工序号	20	转出作业	焊接	转入工作中心	喷漆组
转入工序号	30	转入作业	喷漆	转移数量	19

注：转出加工组织和转入加工组织都为爱运动配件公司，转出加工车间和转入加工车间都为加工车间。

第三道喷漆工序汇报信息如表7-27所示。

表7-27 第三道喷漆工序汇报

单据编号	GXHB000003	单据类型	工序汇报	单据日期	2023/11/18
加工组织	爱运动配件公司	加工车间	加工车间	生产订单编号	MO000011
工序序列	0	工序号	30	工序说明	喷漆
合格数量	19	完工数量	19	活动一	JBHD02_SYS
活动一名称	加工活动	活动一数量	12	活动一计量单位	分

业务分析

每道工序必须先接收转入的物料数量，才能进行生产。当工序加工任务完成后，需要做工序汇报，汇报完工数量包括合格数量、料废数量、工废数量。本道工序汇报完工后，在制品数量需及时转移至下一道工序，以维持生产的连续性与流畅性。一旦工序汇报中出现不良品，需立即进行妥善处理并将不良品及时入库，如果涉及倒冲领料也需要根据生产用料清单生成倒冲领料单。

业务实施

（1）打开生产订单列表。用"信息主管"账号登录系统，在爱运动配件公司组织下打开生产订单列表,操作路径:"生产制造"→"生产管理"→"生产订单列表"。

（2）下达生产订单。勾选对应的生产订单,单击"行执行"→"执行至下达"。

（3）打开工序计划列表。在爱运动配件公司组织下打开工序计划列表,操作路径:"生产制造"→"车间管理"→"工序计划列表"。

（4）下达工序计划。勾选工序计划的所有行,单击"行执行"→"执行至下达"。

（5）生成首序工序转移单。勾选工序计划第一行 10 序下料,单击"下推",选择"工序转移单",转换规则选择"首序转入",单击"确定"。修改工序转移单的单据日期,核对转移数量,保存,提交,审核,退出,如图 7-13 所示。

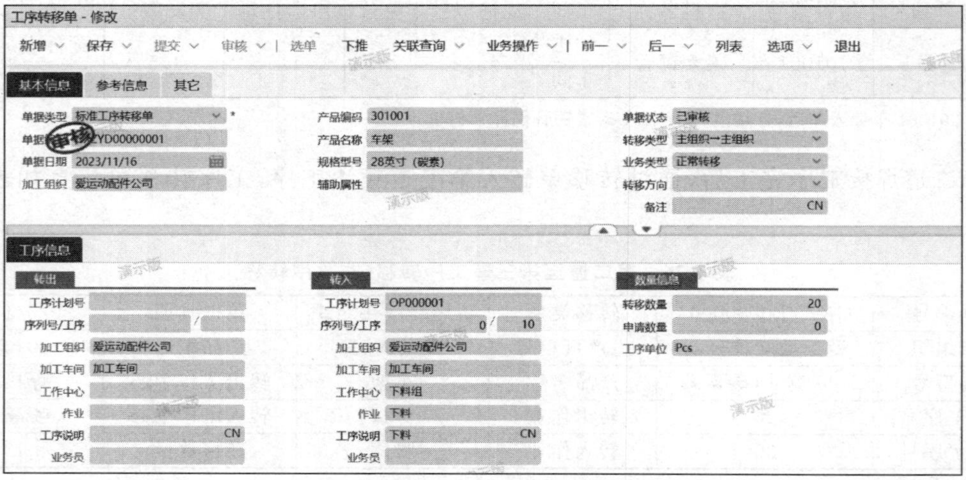

图 7-13　生成首序工序转移单

（6）第一道下料工序的工序汇报。勾选工序计划第一行 10 序下料,单击"下推",选择"工序汇报",单击"确定"。修改下料工序汇报单的单据日期,核对合格数量,在数量页签下选择"汇报类型",在活动/日期页签下输入活动数量,保存,提交,审核,退出,如图 7-14 所示。

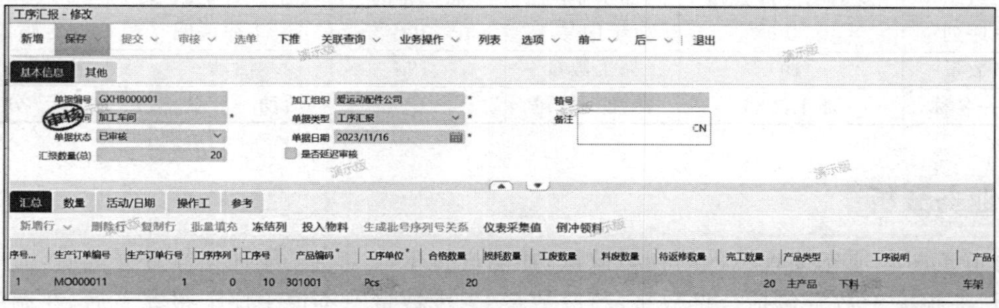

图 7-14　工序汇报

（7）第一道下料工序至第二道焊接工序的转移。勾选工序计划第一行 10 序下料,单击"下推",选择"工序转移单",转换规则选择"工序转出",单击"确定"。修改下料至焊接工序转移单的单据日期,核对转出工序、转入工序、转移数量,保存,提交,审核,退出。

（8）第二道焊接工序的工序汇报。勾选工序计划第二行 20 序焊接,单击"下推",选择"工序汇报",单击"确定"。修改工序汇报单据日期,填写合格数量为 19 个,工废数量为 1 个,在数量页签下选择"汇报类型",在活动/日期页签下输入活动数量,保存,提交,审核。

(9)报废不良品入库。在焊接工序汇报单单击"下推",选择"生产入库单",单击"确定"。修改单据日期、仓库,核对数量,保存,提交,审核,退出。

(10)打开生产领料单列表并查看倒冲生产领料单。系统会自动生成101001碳素铜管的倒冲领料单数量为1.5米,请去生产领料单列表查看,操作路径:"生产制造"→"生产管理"→"生产领料单列表",如果系统没有自动生成,可打开生产倒冲手工生成,操作路径:"生产制造"→"生产管理"→"生产倒冲"。生产组织选择"爱运动配件公司",来源单据选择"生产入库单",选择一下日期从"2023/11/1"至"2023/11/30",单击"刷新"按钮。勾选对应的生产入库单,核对本次倒冲数量,单击"生成"。

(11)第二道焊接工序至第三道喷漆工序的转移。勾选工序计划第二行20序焊接,单击"下推",选择"工序转移单",转换规则选择"工序转出",单击"确定"。修改单据日期,核对转出工序、转入工序、转移数量,保存,提交,审核,退出。

(12)第三道喷漆工序的工序汇报。勾选第三行30序喷漆,单击"下推",选择"工序汇报",单击"确定"。修改单据日期,核对合格数量,在数量页签下选择"汇报类型",在活动/日期页签下输入活动数量,保存,提交,审核,退出。

(13)关闭所有页签。

➡ 注意事项

首序下推时转换规则一定要选择"首序转入",把数量转入首序才能开工。非首序工序需要从前一道工序通过转移单转入数量后才能开工生产。

三、工序委外、检验、结算

📖 业务场景

车架的第四道工序丝印工序需要委托"南京斯丹达制造有限公司"进行加工,2023年11月19日,车架完成了前三道工序,爱运动配件公司将车架发送给委外供应商进行丝印工序的加工,供应商当日完成丝印工序,当日发回,第二天,配件公司安排相关人员进行委外工序的检验,检验全部合格,并与供应商进行了委外加工结算。

委外发出通过工序转移单记录,如表7-28所示。

表7-28 工序转移单(主组织→供应商)

单据编号	GXZYD00000004	转移类型	主组织→供应商	单据日期	2023/11/19
生产组织	爱运动配件公司	生产订单号	MO000011	产品编码	301001
规格型号	28英寸(碳素)	产品名称	车架	转出工作中心	喷漆组
转出工序号	30	转出作业	喷漆	供应商	南京斯丹达制造有限公司
转入工序号	40	转入作业	丝印	转移数量	19
采购价目表	南京斯丹达制造有限公司工序价目表			合格含税单价/元	5

注:转出加工组织和转入加工组织都为爱运动配件公司,转出加工车间和转入加工车间都为加工车间。

丝印委外加工后工序接收单如表7-29所示。

表 7-29　工序转移单（供应商→主组织）

单据编号	GXZYD00000005	转移类型	供应商→主组织	单据日期	2023/11/19
生产组织	爱运动配件公司	生产订单号	MO000011	产品编码	301001
规格型号	28英寸（碳素）	产品名称	车架	转出工作中心	丝印组
转出工序号	40	转出作业	丝印	转移数量	19
供应商	南京斯丹达制造有限公司		合格含税单价		5
采购价目表	南京斯丹达制造有限公司工序价目表				

注：转出加工组织和转入加工组织都为爱运动配件公司，转出加工车间和转入加工车间都为加工车间。

委外接收后需要检验，检验单如表 7-30 所示。

表 7-30　检验单

单据编号	SIPQC000001	单据类型	委外工序检验单	单据日期	2023/11/20
物料编码	301001	物料名称	车架	规格型号	28英寸（碳素）
质检状态	质检完成	检验结果	合格	检验数量	19
合格数	19	供应商	南京斯丹达制造有限公司		

业务分析

工序委外需要将在制品通过工序转移单（主组织→供应商）外发给供应商，委外价格从委外工序采购价目表中获取。当供应商加工完成后需要通过工序转移单（供应商→主组织）把加工后的在制品或产成品接收回公司，检验后通过工序加工结算单和供应商进行委外加工费用的结算。

业务实施

（1）打开工序计划列表。用"信息主管"账号登录系统，在爱运动配件公司组织下打开工序计划列表。操作路径："生产制造"→"车间管理"→"工序计划列表"。

（2）第四道丝印工序委外转出。勾选第三行 30 序喷漆，单击"下推"，选择"工序转移单"，转换规则选择"工序转出"，单击"确定"。修改工序转移单的单据日期，核对转出工序、转入工序、转移数量，选择供应商并核对从采购价目表自动带出的价格，保存，提交，审核，退出，如图 7-15 所示。

工序委外、检验

图 7-15　工序转移委外

（3）第四道丝印工序委外接收。勾选第四行 40 序丝印，单击"下推"，选择"工序转移单"，转换规则选择"工序转出"，单击"确定"。修改工序转移单的单据日期，核对转出工序、转移数量，保存，提交，审核，退出。

（4）丝印工序的检验单。在委外接收的工序转移单单击"下推"，选择"检验单"，单击"确定"。修改检验单的单据日期，核对检验数量、合格数量，保存，提交，审核，如图 7-16 所示。

图 7-16　检验单

（5）丝印工序的工序加工结算。操作路径："生产制造"→"车间管理"→"工序转移单委外接收列表"。勾选委外接收的工序转移单，单击"下推"，选择"工序加工结算单"，单击"确定"。修改结算日期，核对计价合格数量、合格含税单价，保存，提交，审核，退出，如表 7-31 所示。

工序加工
结算

表 7-31　工序加工结算单

结算日期	2023/11/20		生产组织	爱运动配件公司		单据编号		GXJGJSD000001
结算方类型	供应商		金额合计/元	84.07		税额合计/元		10.93
供应商				南京斯丹达制造有限公司				
产品编码	产品名称	工序号	作业	计价合格数量	合格含税单价	合格单价	金额/元	税率/%

产品编码	产品名称	工序号	作业	计价合格数量	合格含税单价	合格单价	金额/元	税率/%	税额/元	价税合计/元
301001	车架	40	丝印	19	5	4.424 779	84.07	13	10.93	95

（6）关闭所有页签。

注意事项

假如委外转移单无法下推检验单，这可能是工序控制码中的检验方式未选择为"质量检验"。需要修改工序控制码后重新下推检验单。

四、车间完工入库

业务场景

2023 年 11 月 20 日，根据工序计划，车架的四道工序均已完成，进行完工入库操作。车架的完工入库信息如表 7-32 所示。

表 7-32　车架的完工入库信息

日期	2023/11/20		入库组织	爱运动配件公司		生产组织		爱运动配件公司	
物料编码	物料名称	规格型号	入库类型	应收数量	实收数量	仓　库	完工	生产订单编号	
301001	车架	28英寸(碳素)	合格品入库	19	19	配件公司成品仓库	√	MO000011	

由于 301001 车架的领料方式是入库倒冲领料模式,车架完工入库后,系统会自动生成 101001 碳素铜管倒冲领料单如表 7-33 所示。

表 7-33　生产领料单

日期	2023/11/17	发料组织		爱运动配件公司	生产组织		爱运动配件公司	
生产订单编号	物料编码	物料名称	车间	规格型号	单位	申请数量	实发数量	仓库
MO000011	101001	碳素铜管	加工车间	φ5.2	米	28.5	28.5	配件公司原材料仓库

业务分析

在生产流程中,当工序计划推进至入库点所对应的特定工序时,需要启动生产入库操作流程。本业务中,丝印工序即为入库点,是车架从生产环节向库存环节过渡的关键节点。由于是入库倒冲领料,所以入库后系统会根据用料清单自动生成倒冲生产领料单。

业务实施

(1)生成生产入库单。用"信息主管"账号登录系统,在爱运动配件公司组织下打开工序转移单委外接收列表,操作路径:"生产制造"→"车间管理"→"工序转移单委外接收列表"。勾选工序转移单,单击"下推",选择"生产入库单",单击"确定"。修改生产入库单的日期,核对实收数量、入库类型、仓库,勾选"完工",保存,提交,审核,退出。

车间完工入库

(2)核对倒冲生产领料单。在爱运动配件公司组织下打开生产领料单列表,操作路径:"生产制造"→"生产管理"→"生产领料单列表"。查看系统自动生成的倒冲生产领料单。

(3)关闭所有页签。

【岗课赛证融通专题训练】

实操练习

(1)参考本项目任务一相关内容设置演练组织的排程模型、工序控制码、作业(上料、注塑、去毛刺)、工作中心、资源清单、物料 303001 遮泥板的工艺路线和车间调度汇报权限。

(2)新增工序汇报入库-普通生产类型的生产订单,在注塑车间生产 303001 遮泥板 100 个,选择对应工艺路线,审核生产订单,并生成工序计划。

项目七即测即评

(3)根据生产订单下推生产领料单,车间领料后进行工序转移、汇报、检验及生产入库。

跨组织业务云管理

知识目标

(1) 了解金蝶云星空跨组织业务的概念和作用;

(2) 理解并掌握设置内部结算客户、内部结算供应商的操作流程;

(3) 掌握设置组织价目表和组织间结算关系的步骤和方法;

(4) 掌握跨组织协同计划和跨组织集中计划的适用场景。

能力目标

(1) 能够熟练设置内部结算客户、内部结算供应商;

(2) 能够根据企业需求,合理设置组织间价目表和组织间结算关系;

(3) 能够进行跨组织采购、销售、领料、调拨和计划的业务操作。

素养目标

(1) 培养严谨的工作态度,确保跨组织业务设置的正确性和准确性;

(2) 增强团队协作意识,提高跨部门沟通与协作能力;

(3) 提升分析问题和解决问题的能力。

思维导图

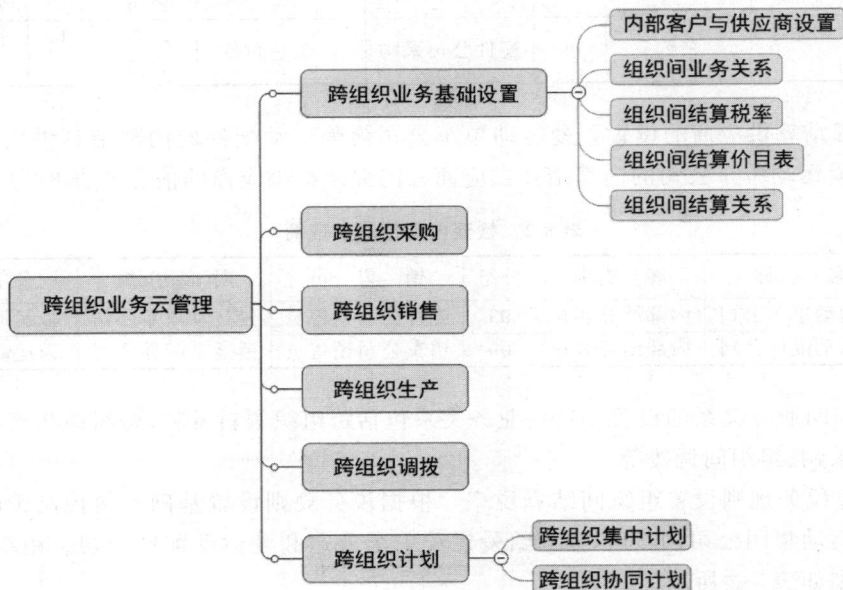

金蝶云星空通过搭建多组织应用架构,实现企业在不同层级、不同职能之间的数据隔离与业务协同。多组织应用架构作为企业级云服务解决方案的关键特性,其作用和意义在于突破单一组织的局限,实现企业内部资源的有效整合与协同运作。

任务一　跨组织业务基础设置

📚 任务导入

首先,需要明确的是任意两个业务组织之间的交易,并不一定会产生组织间结算。只有在两个独立核算的核算组织之间才需要内部结算、分别考核;同一个核算组织下的业务组织之间的交易,视为组织内部业务。

其次,在金蝶云星空中需要通过设置内部结算客户、供应商,配置组织间价目表和组织间结算关系等基础设置,为企业搭建了一个动态的多组织协作框架。

📚 业务场景

爱运动单车公司与爱运动配件公司作为集团内部紧密协作的两个组织,涉及跨组织的采购协同、集中销售、生产协作、物资调拨以及战略规划等跨组织业务活动。为确保这些业务环节能够高效、顺畅地在两大组织间展开,需要在 ERP 系统中构建完善的组织间业务及结算基础设置。包括内部客户与供应商设置、组织间业务关系、组织间结算税率、组织间结算价目表、组织间结算关系等。

(1)内部结算客户的设置。爱运动单车公司为爱运动配件的内部结算客户,爱运动配件公司为爱运动单车公司的内部结算客户。内部结算客户的信息如表 8-1 所示。

表 8-1　检查内部结算客户

代　码	名　称	供应商类别	分组	采购负责人员	付款条件	对应组织	分配组织
09001	爱运动配件公司	采购	09	单车公司采购	30 天后付款	爱运动配件公司	爱运动单车公司
09002	爱运动单车公司	采购	09	配件公司采购	30 天后付款	爱运动单车公司	爱运动配件公司

(2)内部结算供应商的设置。爱运动单车公司为爱运动配件的内部结算供应商,爱运动配件公司为爱运动单车公司的内部结算供应商。内部结算供应商的信息如表 8-2 所示。

表 8-2　检查内部结算供应商

代　码	名　称	客户类别	分组	销售员	对应组织	分配组织
09001	爱运动单车公司	内部结算客户	09	配件公司销售员	爱运动单车公司	爱运动配件公司
09002	爱运动配件公司	内部结算客户	09	单车公司销售员	爱运动配件公司	爱运动单车公司

(3)组织间业务关系的设置。这些业务关系包括跨组织领料发料、跨组织生产计划协同、跨组织销售采购、组织间调拨等。

(4)通过税务规则设置组织间结算税率。根据税务规则设置基础资料控制策略,税务规则需要由爱运动集团公司创建后,分配给爱运动单车公司和爱运动配件公司。组织间结算税率的税务规则如表 8-3 所示。

表 8-3 税务规则

编码	自动生成		税种制度	中国税制
生效日期	2023/10/1		失效日期	9999/12/31
名称	组织间结算税率			
决定性因素分类	决定性因素名称	运算符	值/范围	
业务类型	单据	范围	应付结算清单-物料,应付结算清单-费用,应付结算清单-资产,应收结算清单-物料,应收结算清单-费用,应收结算清单-资产,组织间结算价目表,组织间结算关系,组织间需求单	
结果	物料的税率			

（5）设置组织间结算价目表,当集团内一个核算组织为另一个核算组织供货时,供货组织需要提供组织间结算价目表用于组织间结算。爱运动配件公司为爱运动单车公司提供车架、车轮等配件或原材料,需要在系统中设置这些配件的组织间结算单价,爱运动配件公司的组织间结算价目表如表 8-4 所示。

表 8-4 爱运动配件公司的组织间结算价目表

单据编号	自动生成	核算组织	爱运动配件公司		价目表对象	物料
含税	√	名称	组织间结算价目表 1		币别	人民币
生效日期		2023/10/1		失效日期		2100/1/1
物料编码	物料名称	规格型号	含税单价	税率/%	生效日期	失效日期
301001	车架	28 英寸(碳素)	30	13	2023/10/1	2100/1/1
301002	车架	26 英寸(碳素)	29.5	13	2023/10/1	2100/1/1
301003	车架	28 英寸(合金)	27	13	2023/10/1	2100/1/1
301004	车架	26 英寸(合金)	26.5	13	2023/10/1	2100/1/1
302001	车轮	山地 28 英寸	68	13	2023/10/1	2100/1/1
302002	车轮	男式 28 英寸	65	13	2023/10/1	2100/1/1
302003	车轮	女式 26 英寸	57	13	2023/10/1	2100/1/1
101002	合金钢管	$\phi 5.2$	22	13	2023/10/1	2100/1/1

爱运动单车公司通过集中购买外购件并供应给爱运动配件公司,其同样作为供货方,需要提供这些外购件的组织间结算单价用于组织间结算。爱运动单车公司的组织间结算价目表如表 8-5 所示。

表 8-5 爱运动单车公司的组织间结算价目表

单据编号	自动生成	核算组织	爱运动单车公司		价目表对象	物料
含税	√	名称	组织间结算价目表 2		币别	人民币
生效日期		2023/10/1		失效日期		2100/1/1
物料编码	物料名称	规格型号	含税单价	税率/%	生效日期	失效日期
102001	钢圈	通勤 28 英寸(男式 28 英寸)	16	13	2023/10/1	2100/1/1
102002	钢圈	通勤 26 英寸(女式 26 英寸)	15	13	2023/10/1	2100/1/1
102003	钢圈	山地 28 英寸	14	13	2023/10/1	2100/1/1
102004	钢圈	山地 26 英寸	13	13	2023/10/1	2100/1/1
103001	轮胎	通勤 28 英寸	28	13	2023/10/1	2100/1/1
103002	轮胎	通勤 26 英寸	26	13	2023/10/1	2100/1/1
103003	轮胎	山地 28 英寸	27	13	2023/10/1	2100/1/1
103004	轮胎	山地 26 英寸	25	13	2023/10/1	2100/1/1
109001	钢条	$\phi 0.8 \times 32 cm$	0.15	13	2023/10/1	2100/1/1

（6）最后还需要设置组织结算关系，确认供货方、接收方和对应的组织间结算价目表，如表 8-6 所示。

表 8-6　组织间结算关系

会计核算体系			财务会计核算体系	
供货方（核算组织）	默认应收组织	接收方（核算组织）	默认应付组织	结算价目表名称
爱运动配件公司	爱运动配件公司	爱运动单车公司	爱运动单车公司	组织间结算价目表 1
爱运动单车公司	爱运动单车公司	爱运动配件公司	爱运动配件公司	组织间结算价目表 2

业务分析

在进行跨组织业务之前，需要进行相应的基础设置，这些基础设置归纳起来，主要有以下两个方面。①在系统管理层面，配置并确立组织间业务关系；②在基础资料设置层面，设置内部结算客户、内部结算供应商和组织间价目结算表，并配置组织间结算关系。

业务实施

（1）检查爱运动单车公司的内部结算客户和内部结算供应商信息。由于内部结算客户和内部结算供应商信息在前面设置基础资料时已经设置过了，这里只要检查信息的完整性和准确性即可。用"信息主管"账号登录系统，在爱运动单车公司组织下打开供应商列表。操作路径："基础管理"→"基础资料"→"供应商列表"，检查是否有名称为"爱运动配件公司"并且对应组织为"爱运动配件公司"的供应商信息；再打开客户列表，操作路径："基础管理"→"基础资料"→"客户列表"。检查是否有名称为"爱运动配件公司"、客户类别为"内部结算客户"、对应组织为"爱运动配件公司"的客户信息。

（2）检查爱运动配件公司的内部结算客户和内部结算供应商信息。用"信息主管"账号登录系统，在爱运动配件公司组织下打开供应商列表，检查是否有名称为"爱运动单车公司"并且对应组织为"爱运动单车公司"的供应商信息；再打开客户列表，检查是否有名称为"爱运动单车公司"、客户类别为"内部结算客户"、对应组织为"爱运动单车公司"的客户信息。

（3）设置组织间业务关系。组织间业务关系在前面系统管理时也已经设置，这里用 Administrator 账号登录系统进行检查即可，打开组织业务关系，操作路径："系统管理"→"组织机构"→"组织业务关系"。检查对应的组织间业务关系是否正确，如图 8-1 所示。

（4）打开税务规则列表。用"信息主管"账号登录系统，在爱运动集团组织下打开税务规则列表。操作路径："基础管理"→"基础资料"→"税务规则列表"。

（5）新增税务规则。单击"新增"，新增税务规则名称为"组织间结算税率"，生效日期为 "2023/10/1"，决定性因素分类为"业务类型"，决定性因素名称为"单据"运算符："范围"，值/范围："应付结算清单-物料、应付结算清单-费用、应付结算清单-资产、应收结算清单-物料、应收结算清单-费用、应收结算清单-资产、组织间结算价目表、组织间结算关系、组织间需求单"，在结果中选择"物料的税率"，保存，提交，审核，退出。

（6）分配税务规则。单击"业务操作"→"分配"，勾选分配的目标组织并勾选"分配后自动审核"，单击"确定"，进行分配。

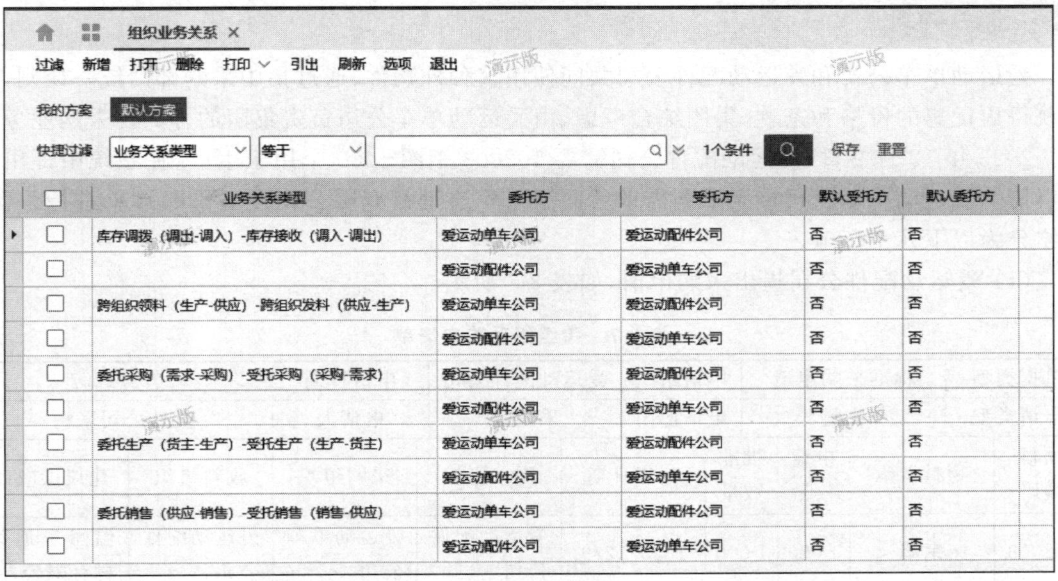

业务关系类型	委托方	受托方	默认受托方	默认委托方
库存调拨（调出-调入）-库存接收（调入-调出）	爱运动单车公司	爱运动配件公司	否	否
	爱运动配件公司	爱运动单车公司	否	否
跨组织领料（生产-供应）-跨组织发料（供应-生产）	爱运动单车公司	爱运动配件公司	否	否
	爱运动配件公司	爱运动单车公司	否	否
委托采购（需求-采购）-受托采购（采购-需求）	爱运动单车公司	爱运动配件公司	否	否
	爱运动配件公司	爱运动单车公司	否	否
委托生产（货主-生产）-受托生产（生产-货主）	爱运动单车公司	爱运动配件公司	否	否
	爱运动配件公司	爱运动单车公司	否	否
委托销售（供应-销售）-受托销售（销售-供应）	爱运动单车公司	爱运动配件公司	否	否
	爱运动配件公司	爱运动单车公司	否	否

图 8-1　组织业务关系列表

（7）新增爱运动单车公司的组织间结算价目表。用“信息主管”账号登录系统，在爱运动单车公司组织下打开组织间结算价目表，操作路径：“供应链”→“组织间结算”→“组织间结算价目表”。新增价目表，填入核算组织、名称、生效日期，勾选含税，填入物料编码、含税单价，保存，提交，审核，退出。

（8）新增爱运动配件公司的组织间结算价目表。切换组织为爱运动配件公司参照上一步骤新增爱运动配件公司下的组织间结算价目表。

（9）新增组织间结算关系。用“信息主管”账号登录系统，在爱运动集团组织下打开组织间结算关系，操作路径：“供应链”→“组织间结算”→“组织间结算关系”。选择会计核算体系、供货方、接收方、结算价目表，保存，提交，审核，退出。

（10）关闭所有页签。

任务二　跨组织采购

任务导入

集中采购业务由相关的多个组织共同完成，其体现了多组织之间的业务协同。集中采购业务包括申请、订单、收料入库、结算四个环节，分别由不同的业务组织处理，我们将这些业务组织定义为需求组织、采购组织、库存组织、结算组织。

需求组织是采购需求的提出者，通常情况下也是物料的所有者，即货主。采购组织是采购业务的执行者，由需求组织委托进行采购业务。库存组织是物料的保管者，由需求组织委托进行库存业务。结算组织是对外结算开票的主体，由需求组织委托与供应商进行结算。如果当前组织具有相应职能，则默认由当前组织处理业务，如果当前组织不具有相应的职能，则由委托的组织处理业务。

📚 **业务场景**

爱运动单车公司和爱运动配件公司共同使用多种外购件,通过集中采购部门统一谈判,可以获得更优惠的价格和条款,集团综合考虑,由爱运动单车公司负责集团的外购件采购业务。

2023年12月9日,爱运动配件公司需要102003钢圈1000个用于生产,在系统中提出采购申请。爱运动单车公司接到采购需求后向温州思迪钢材有限公司发送采购订单进行采购,具体分为以下几个环节。

(1)爱运动配件公司提出采购申请,如表8-7所示。

表8-7 跨组织采购申请单

单据类型	标准采购申请		申请组织	爱运动配件公司	申请日期		2023/12/7
申请类型	物料		申请部门	采购部	申请人		配件公司采购
物料编码	物料名称	申请数量	批准数量	到货日期	需求组织	采购组织	收料组织	建议供应商
102003	钢圈	1 000	1 000	2023/12/9	爱运动配件公司	爱运动单车公司	爱运动配件公司	温州思迪钢材有限公司

(2)爱运动单车公司根据配件公司的采购申请向温州思迪钢材有限公司下达采购订单,如表8-8所示。

表8-8 跨组织采购订单

单据类型	标准采购订单						
采购组织	爱运动单车公司		采购日期		2023/12/7		
采购部门	采购部		供应商		温州思迪钢材有限公司		
币别	人民币		采购员		单车公司采购		
价目表	温州思迪钢材有限公司价目表		付款条件		货到付款		
折扣表	不使用						
物料编码	物料名称	采购数量	采购单位	交货日期	含税单价	税率/%	税额	价税合计
102003	钢圈	1 000	Pcs	2023/12/9	35	13	4 026.55	35 000
需求组织	爱运动配件公司		收料组织		爱运动配件公司	结算组织		爱运动单车公司

(3)需求组织爱运动配件公司接收材料进行采购入库,如表8-9所示。

表8-9 跨组织采购入库单

单据类型	标准采购入库			
库存组织	爱运动配件公司		入库日期	2023/12/9
需求组织	爱运动配件公司		采购组织	爱运动单车公司
结算组织	爱运动单车公司		供应商	温州思迪钢材有限公司
采购部门	采购部		采购员	单车公司采购
币别	人民币		付款条件	货到付款
物料编码	物料名称	实收数量	库存单位	仓库	库存状态
102003	钢圈	1 000	Pcs	配件公司原材料仓库	可用

（4）爱运动单车公司与供应商温州思迪钢材有限公司进行采购结算，如表 8-10 所示。

表 8-10　应付单

单据类型	标准应付单		
采购组织	爱运动单车公司	业务日期	2023/12/9
付款组织	爱运动单车公司	结算组织	爱运动单车公司
采购部门	采购部	到期日	2023/12/9
币别	人民币	供应商	温州思迪钢材有限公司
价目表	温州思迪钢材有限公司价目表	付款条件	货到付款
物料编码	物料名称	计价数量	计价单位	含税单价	税率/%	税　额	不含税金额	价税合计
102003	钢圈	1 000	Pcs	35	13	4 026.55	30 973.45	35 000

（5）爱运动单车公司与爱运动配件公司进行内部结算。

业务分析

　　在之前的采购业务中，采购订单中的需求组织、采购组织、收料组织和结算组织均为同一组织。而本次业务中，需求组织和收料组织是爱运动配件公司，采购组织和结算组织是爱运动单车公司。爱运动配件公司提出采购需求，爱运动单车公司执行采购任务并与供应商进行结算，爱运动配件公司直接从供应商处接收货物，这样的集中采购、分散收货的运行方式提升了集团内部的协同效率，优化了资源配置。

　　爱运动单车公司与爱运动配件公司需要进行组织间内部结算。上述业务发生时，系统的组织间交易的逻辑可以理解为，爱运动单车公司先向供应商采购，然后再将采购的货物按照内部结算价格销售给爱运动配件公司。系统会根据跨组织采购入库单自动生成组织间库存调出单和组织间库存调入单，再通过组织间结算产生应收和应付结算清单。具体业务流程图如图 8-2 所示。

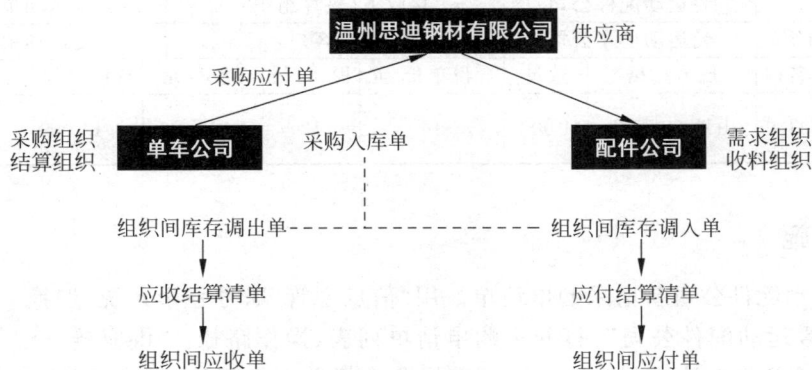

图 8-2　跨组织采购业务流程

组织间内部库存调入单可以通过查看系统内部单据完成，如表 8-11、表 8-12 所示。

表 8-11　组织间内部库存调入单（采购入库单）

单据类型	标准采购入库			
库存组织	爱运动配件公司		入库日期	2023/12/9
需求组织	爱运动配件公司		采购组织	爱运动配件公司
结算组织	爱运动配件公司		供应商	爱运动单车公司
物料编码	物料名称	实收数量	库存单位	仓　库	库存状态
102003	钢圈	1 000	Pcs	配件公司原材料仓库	可用

表 8-12　组织间内部库存调出单（销售出库单）

销售组织	爱运动单车公司		日期	2023/12/9
发货组织	爱运动配件公司		结算组织	爱运动单车公司
客户	爱运动配件公司			
产品代码	产品名称	产品规格	数量	仓　库	库存状态
102003	钢圈	山地 28 英寸	1 000	配件公司原材料仓库	可用

根据任务一设置的组织间结算价目表，在组织间结算后产生的应收结算清单和应付结算清单如表 8-13、表 8-14 所示。

表 8-13　应收结算清单

财务会计体系	财务会计核算体系		截止业务日期	2023/12/9				
应收应付类型	应收		核算组织	爱运动单车公司				
结算组织	爱运动单车公司		接收方（核算组织）	爱运动配件公司				
接收方（结算组织）	爱运动配件公司		对应客户	爱运动配件公司				
物料编码	物料名称	规　格	数量	含税单价/元	税率/%	税额/元	价税合计/元	仓　库
102003	钢圈	山地 28 英寸	1 000	14	13	1 610.62	14 000	配件公司原材料仓库

表 8-14　应付结算清单

财务会计体系	财务会计核算体系		截止业务日期	2023/12/9				
应收应付类型	应付		核算组织	爱运动配件公司				
结算组织	爱运动配件公司		接收方（核算组织）	爱运动单车公司				
接收方（结算组织）	爱运动单车公司		对应客户	爱运动单车公司				
物料编码	物料名称	规　格	数量	含税单价/元	税率/%	税额/元	价税合计/元	仓　库
102003	钢圈	山地 28 英寸	1 000	14	13	1 610.62	14 000	配件公司原材料仓库

■ 业务实施

（1）爱运动配件公司新增采购申请单。用"信息主管"账号登录系统，切换系统组织为"爱运动配件公司"，打开采购申请单列表，操作路径："供应链"→"采购管理"→"采购申请单列表"。单击"新增"，选择单据类型为"标准采购申请"、采购组织为"爱运动配件公司"，填入日期、申请部门、申请人、物料编码、申请数量、到货日期、建议供应商、需求组织、采购组织、收料组织，保存，提交，审核。

跨组织采购

（2）爱运动单车公司采购员用选单方式新增跨组织采购订单。切换系统组织为"爱运动单车公司"，打开采购订单，操作路径："供应链"→"采购管理"→"采购订单"。单击"选单"，选

择爱运动配件公司创建的采购申请单,修改采购订单的日期、采购员、采购组织、需求组织、收料组织、结算组织、检查数量、价格、交货日期等其他字段信息是否正确,保存,提交,审核。

（3）爱运动单车公司采购员通知配件公司仓管收料。从采购订单单击"下推"生成收料通知单,修改收料通知单的日期、预计到货日期,检查仓库、数量、采购组织、需求组织、收料组织、结算组织等其他字段信息是否正确,保存,提交,审核。

（4）爱运动配件公司进行跨组织采购入库。爱运动配件公司仓管员从收料通知单单击"下推",生成采购入库单,修改采购入库单的日期为 2023/12/9,预计到货日期为 2023/12/8。检查数量为 1 000、仓库为配件公司原材料仓、采购组织和结算组织为爱运动单车公司、需求组织和收料组织为爱运动配件公司,并查看其他字段信息是否正确,保存,提交,审核。

（5）爱运动单车公司财务核对与供应商的应付账款。在采购入库单单击"关联查询"→"下查",打开应付单,修改应付单的业务日期,检查到期日等其他字段信息是否正确,保存,提交,审核。

（6）通过单据下查核对内部交易采购入库。返回到跨组织采购入库单下查界面,打开生成的采购入库单（表 8-11）,核对供应商、收料组织、采购组织、需求组织、结算组织、日期、物料、数量、仓库,如图 8-3 所示。

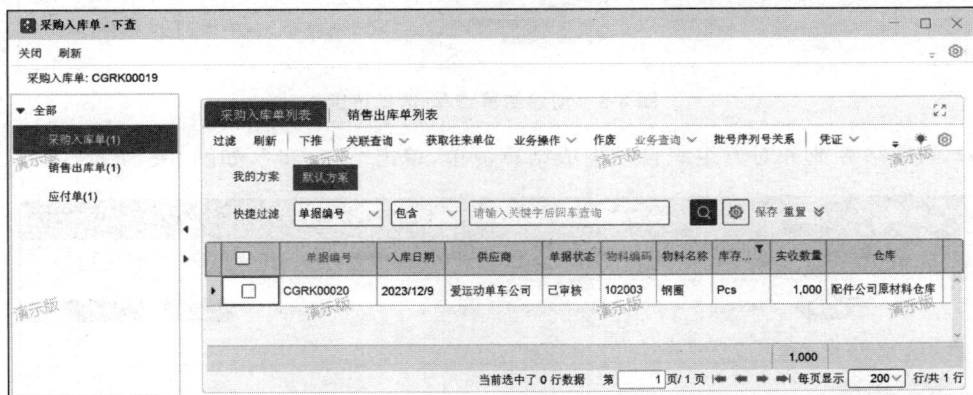

图 8-3　内部交易采购入库

（7）通过单据下查核对内部交易销售出库单。返回到跨组织采购入库单下查界面,打开生成的销售出库单,核对客户、销售组织、发货组织、结算组织、日期、物料、数量、仓库,如图 8-4 所示。

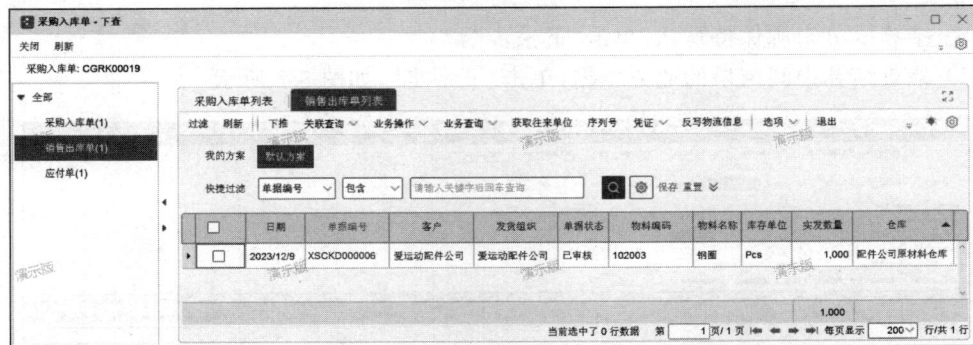

图 8-4　内部交易销售出库

（8）创建组织间结算清单。在"爱运动单车公司"下，打开创建结算清单，操作路径："供应链"→"组织间结算"→"创建结算清单"。核算组织设为"爱运动单车公司"，选择起始日期"2023/12/1"、截止日期"2023/12/31"，勾选创建应收结算清单-物料、创建应付结算清单-物料、选择单据类型"采购入库单"，其他保持默认，单击"下一步"，如图8-5所示。

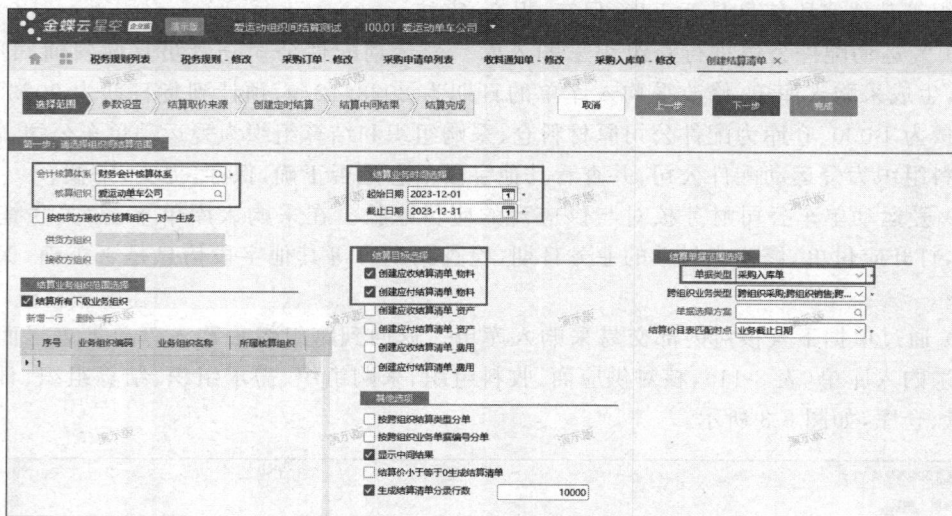

图8-5　创建结算清单-选择范围

（9）勾选结算业务对方组织自动生成结算清单，单击"下一步"，如图8-6所示。

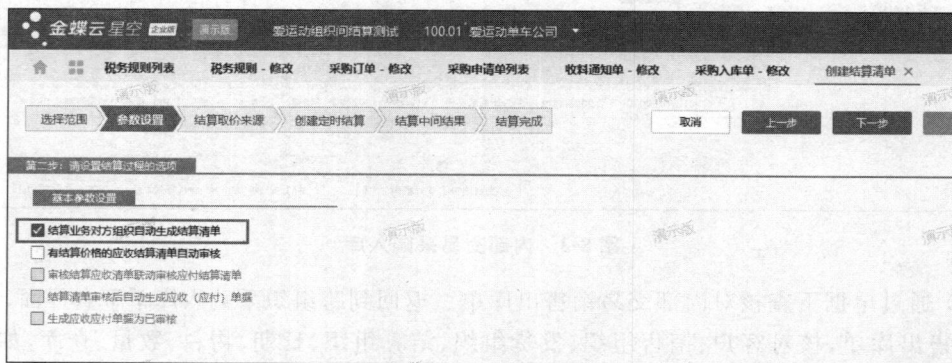

图8-6　创建结算清单-参数设置

（10）结算取价来源保持默认，单击"下一步"。

（11）检查结算中间结果的业务单据，单击"下一步"，如图8-7所示。

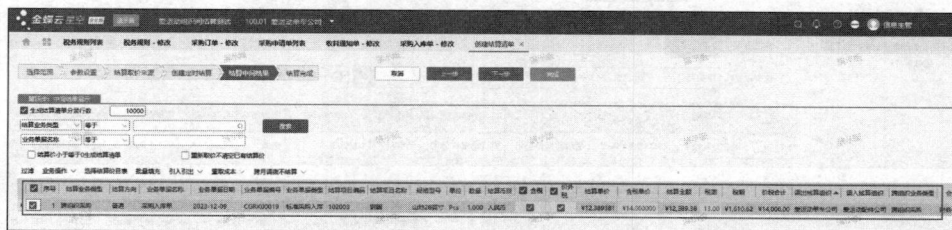

图8-7　创建结算清单-结算中间结果

（12）单击"应收结算清单"→"物料（列表）"→"应付结算清单"→"物料（列表）"，打开对应单据核对数据，先审核应收结算清单，再审核应付结算清单。

（13）关闭所有页签。

注意事项

（1）采购申请单中申请组织是爱运动配件公司时，如果采购组织选择不了爱运动单车公司，有可能是组织间业务关系设置不正确，请用 Administrator 账号登录系统，检查对应的组织间业务关系是否设置正确。

（2）采购入库单审核后没有自动产生组织间内部交易的销售出库单和采购入库单，有可能是没有产生组织间交易。请检查采购订单上的采购组织、需求组织、收料组织、结算组织是否正确。也有可能是爱运动单车公司和爱运动配件公司中没有对应组织的内部结算客户、内部结算供应商或者是内部结算供应商和内部结算客户中没有选择对应的组织。

（3）创建结算清单在结算中间结果步骤时明细行显示红色，有可能是该物料没有组织间结算价目表或者价目表生效日期不正确，也有可能是在组织间结算关系中没有选择对应的结算价目表。

上述注意事项均适用于本项目任务二至任务六。

任务三　跨组织销售

任务导入

跨组织销售业务涉及多个相关组织共同协作完成销售工作，展现了多组织间的业务协同效应。可以提高销售响应速度，实现销售分支机构与生产基地之间的紧密协作。

业务场景

爱运动单车公司接到无锡科技有限公司的自行车配件销售订单，301003 款车架，数量 20，含税单价 150 元，通过系统直接将订单信息传递给爱运动配件公司，由爱运动配件公司确保及时供货。具体分为以下几个环节。

（1）爱运动单车公司接到无锡科技有限公司的订单，综合考虑现有库存条件，请求由爱运动配件公司供货并配送，爱运动单车公司销售员在系统中制作的跨组织销售订单如表 8-15 所示。跨组织销售订单中的库存组织和货主是爱运动配件公司，销售组织和结算组织是爱运动单车公司。

表 8-15　跨组织销售订单

编码			XSDD＋姓名＋流水号				
销售组织		爱运动单车公司		日期		2023/12/10	
销售员		单车公司销售		客户		无锡智慧科技有限公司	
币别		人民币		收款条件		月结 30 天	
价目表			无锡智慧科技销售价目表				
产品代码	产品名称	产品规格	数量	税率/%	要货日期		含税单价
301003	车架	28 英寸（合金）	20	13	2023/12/11		150
库存组织	爱运动配件公司	结算组织	爱运动单车公司		货主		爱运动配件公司

（2）爱运动配件公司根据销售订单要求向无锡科技有限公司发出货物，跨组织销售出库单如表 8-16 所示。跨组织销售出库单中的销售组织和结算组织是爱运动单车公司，发货组织和货主是爱运动配件公司。

表 8-16　跨组织销售出库单

销售组织		爱运动单车公司		日期		2023/12/11
发货组织		爱运动配件公司		结算组织		爱运动单车公司
客户		无锡智慧科技有限公司				
产品代码	产品名称	产品规格	数量	仓库	库存组织	货　主
301003	车架	28 英寸（合金）	20	配件公司成品仓库	爱运动配件公司	爱运动配件公司

（3）爱运动单车公司与无锡科技有限公司进行应收结算，如表 8-17 所示。

表 8-17　应收单

结算组织		爱运动单车公司		业务日期		2023/12/11
销售员		单车公司销售		到期日		2024/1/30
币别		人民币		客户		无锡智慧科技有限公司
销售组织		爱运动单车公司		收款组织		爱运动单车公司
产品代码	产品名称	产品规格	数量	含税单价	税率/%	价税合计	税　额
301003	车架	28 英寸（合金）	20	150	13	3 000	345.13

（4）爱运动单车公司与爱运动配件公司进行内部结算。

业务分析

在跨组织销售业务上，当销售出库单或销售退货单的货主与结算组织属于不同的核算组织时，就会产生组织间结算。本次销售业务中，客户是无锡智慧科技有限公司，销售组织和结算组织是爱运动单车公司，货主和库存组织是爱运动配件公司，本业务的总体业务逻辑如图 8-8 所示。

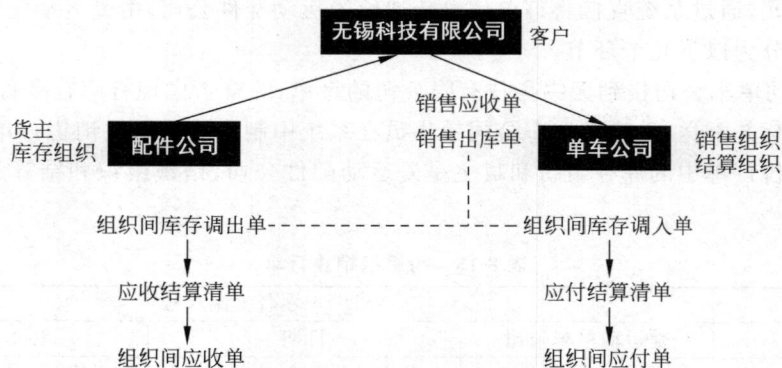

图 8-8　跨组织销售业务流程

由于销售出库单上的货主与结算组织不同，构成了跨组织业务，系统需要进行内部组织间结算，视同爱运动单车公司和爱运动配件公司之间发生购销业务。系统根据货主与结算组织不同的销售出库单，自动生成内部库存组织间的调出和调入单，组织间库存调入单和组织间库存调出单如表 8-18、表 8-19 所示。

表 8-18 组织间库存调入单（采购入库单）

单据类型	标准采购入库		
库存组织	爱运动配件公司	入库日期	2023/12/11
需求组织	爱运动单车公司	采购组织	爱运动单车公司
结算组织	爱运动单车公司	供应商	爱运动配件公司
物料编码	物料名称	规格型号	实收数量	库存单位	仓 库	库存状态
301003	车架	28英寸（合金）	20	Pcs	配件公司成品仓库	可用

表 8-19 组织间库存调出单（销售出库单）

销售组织	爱运动配件公司	日期	2023/12/11
发货组织	爱运动配件公司	结算组织	爱运动配件公司
客户	爱运动单车公司		
产品代码	产品名称	产品规格	数量	仓 库	库存状态
301003	车架	28英寸（合金）	20	配件公司成品仓库	可用

根据组织间库存调入调出单和组织间内部结算价格生成组织间结算清单，爱运动配件公司的应收结算清单和爱运动单车公司的应付结算清单如表 8-20、表 8-21 所示。

表 8-20 应收结算清单

财务会计体系	财务会计核算体系	截止业务日期	2023/12/11
应收应付类型	应收	核算组织	爱运动配件公司
结算组织	爱运动配件公司	接收方（核算组织）	爱运动单车公司
接收方（结算组织）	爱运动单车公司	对应客户	爱运动单车公司
物料编码	物料名称	规 格	数量	含税单价/元	税率/%	税额/元	价税合计/元	仓 库
301003	车架	28英寸（合金）	20	27	13	62.12	540	配件公司成品仓库

表 8-21 应付结算清单

财务会计体系	财务会计核算体系	截止业务日期	2023/12/11
应收应付类型	应付	核算组织	爱运动单车公司
结算组织	爱运动单车公司	接收方（核算组织）	爱运动配件公司
接收方（结算组织）	爱运动配件公司	对应客户	爱运动配件公司
物料编码	物料名称	规 格	数量	含税单价/元	税率/%	税额/元	价税合计/元	仓 库
301003	车架	28英寸（合金）	20	27	13	62.12	540	配件公司成品仓库

业务实施

（1）爱运动单车公司销售新增跨组织销售订单。用"信息主管"账号登录系统，切换系统组织为"爱运动单车公司"，打开销售订单，操作路径："供应链"→"销售管理"→"销售订单"。选择单据类型为"标准销售订单"，填入销售组织、日期，选择"客户"，核对自动带出的结算币别、价目表、收款条件、销售部门、销售员，填入物料编码、销售数量、库存组织、结算组织、货主，检查从价目表带出的含税单价，输入要货日期。其他保持默认，保存，提交，审核。

跨组织销售

（2）爱运动单车公司销售员通知爱运动配件公司仓管发货。从销售订单单击"下推"，生成发货通知单,修改发货通知单的日期,检查销售组织、发货组织、库存组织、货主、仓库、要货日期等其他字段信息是否正确,保存,提交,审核。

(3)爱运动配件公司仓管完成跨组织销售出库。从发货通知单单击"下推",生成销售出库单,修改销售出库单的日期,检查销售组织、发货组织、结算组织、库存组织、货主、仓库等其他字段信息是否正确,保存,提交,审核。

(4)爱运动单车公司核对外部应收账款。在跨组织销售出库单单击"关联查询"→"下查",打开应收单,修改应收单的业务日期,检查到期日等其他字段信息是否正确,保存,提交,审核。

(5)通过单据下查核对内部交易的采购入库单。返回到跨组织销售出库单下查界面,打开生成的内部交易采购入库单(表8-18),核对供应商、收料组织、采购组织、需求组织、结算组织、日期、物料、数量、仓库。

(6)通过单据下查核对内部交易销售出库单。返回到跨组织销售出库单下查界面,打开生成的内部交易销售出库单(表8-19),核对客户、销售组织、发货组织、结算组织、日期、物料、数量、仓库。

(7)创建结算清单。在"爱运动单车公司"下,打开创建结算清单,操作路径:"供应链"→"组织间结算"→"创建结算清单"。

(8)核算组织设为"爱运动单车公司",选择起始日期"2023/12/01"、截止日期"2023/12/31"、勾选创建"应收结算清单"→"物料",创建"应付结算清单"→"物料"、选择单据类型"销售出库单",其他保持默认单击下一步,如图8-9所示。

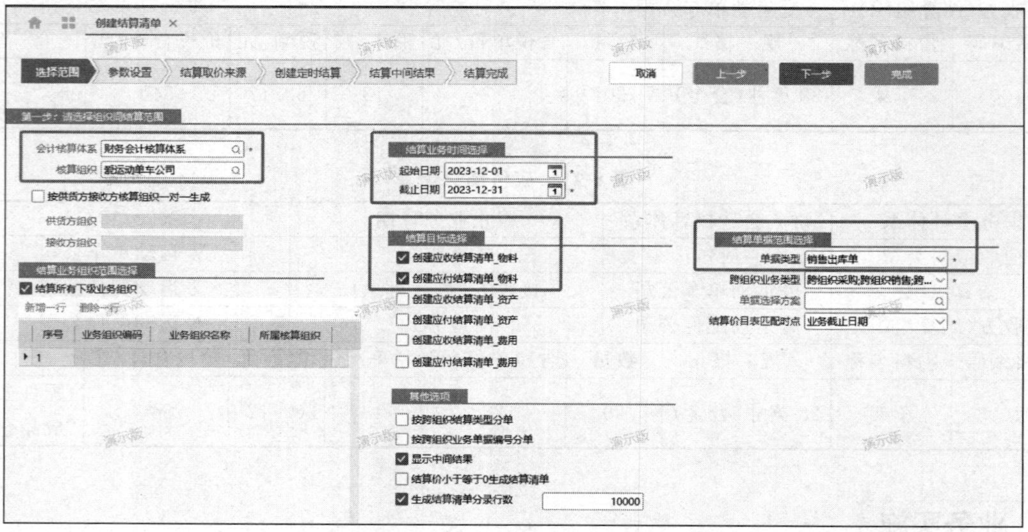

图8-9 创建结算清单-选择范围

(9)勾选"结算业务对方组织自动生成结算清单",单击"下一步"。

(10)结算取价来源保持默认,单击"下一步"。

(11)检查结算中间结果的业务单据,单击"下一步"。

(12)单击"应收结算清单"→"物料(列表)""应付结算清单"→"物料(列表)",打开对应单据核对数据,先审核应收结算清单,再审核应付结算清单。

(13)关闭所有页签。

任务四 跨组织生产

任务导入

跨组织生产协同是指不同组织之间在生产过程中相互协作、共享资源、共同完成任务的过程。这种协同方式有助于优化资源配置、提高生产效率、降低生产成本,并增强企业的市场竞争力。

生产业务涵盖生产计划、领料出库、生产加工、检验汇报及入库等核心环节,每一环节分别由不同的业务组织负责执行。我们将这些业务组织界定为计划组织、库存组织、生产组织、质量控制组织和入库组织。

计划组织是生产需求的发起者,负责制定生产计划并协调各参与组织的活动。库存组织负责管理原材料和成品库存,根据生产计划进行物料的发放和接收。生产组织是生产任务的实际执行者,负责领用材料、组织生产加工活动。质量控制组织负责对生产过程中的产品进行质量检测和控制,确保产品质量符合标准。入库组织则负责产品完成生产后的入库管理,包括成品的接收、存储和记录。

业务场景

爱运动单车公司需要生产车架,其原材料合金钢管由配件公司直接提供。2023 年 12 月 15 日,爱运动单车公司下达了 301003 车架的跨组织生产任务,并于之后完成。具体分为以下几个环节。

(1)爱运动单车公司生产管理部门下达车架的生产任务,要求生产车架的原材料由爱运动配件公司供应,生产订单信息如表 8-22 所示。

表 8-22 生产订单信息

生产组织	爱运动单车公司		单据类型	汇报入库-普通生产		
单据日期	2023/12/15		单据状态	创建后审核		
物料编码	物料名称	规格型号	生产车间	单位	数量	业务状态
301003	车架	28 英寸(合金)	加工车间	Pcs	15	计划确认

(2)爱运动配件公司根据生产领料单向爱运动单车公司供应原材料合金钢管。

(3)爱运动单车公司与爱运动配件公司进行内部结算。

业务分析

跨组织生产业务在开展前,需在物料清单中预先设定物料的发料组织、供应组织及货主等相关信息。在跨组织生产业务中,组织间结算的核心单据为跨组织生产领料单。跨组织生产领料后,组织间核算的业务逻辑图如图 8-10 所示。

由于跨组织生产领料单上的货主与生产组织不同,构成了跨组织业务,系统需要进行内部组织间结算,视同爱运动单车公司和爱运动配件公司之间发生购销业务。系统根据货主与生产组织不同的生产领料单,自动生成内部的分步式调出和调入单,如表 8-23、表 8-24 所示。

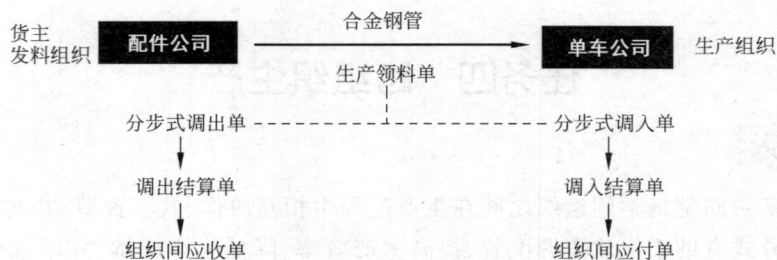

图 8-10　跨组织生产领料核算业务流程

表 8-23　标准分步式调出单

单据类型	标准分步式调出单		调拨类型	跨组织生产领料	
日期	2023/12/16		调拨方向	普通	
调出库存组织	爱运动配件公司		调入库存组织	爱运动配件公司	
在途归属			调出方		
物料代码	物料名称	规格	调出数量	调出仓库	调入仓库	调出货主	调入货主
101002	合金钢管	φ5.2	24	配件公司原材料仓库	配件公司原材料仓库	爱运动配件公司	爱运动单车公司

表 8-24　标准分步式调入单

单据类型	标准分步式调入单		调拨类型	跨组织生产领料	
日期	2023/12/16		调拨方向	普通	
调出库存组织	爱运动配件公司		调入库存组织	爱运动配件公司	
物料代码	物料名称	规格	调出数量	调出仓库	调入仓库	调出货主	调入货主
101002	合金钢管	φ5.2	24	配件公司原材料仓库	配件公司原材料仓库	爱运动配件公司	爱运动单车公司

　　根据组织间分步式调入调出单和组织间内部结算价格,通过组织间结算可以生成组织间应收和应付结算清单如表 8-25、表 8-26 所示。

表 8-25　应收结算清单——物料

财务会计体系	财务会计核算体系		截止业务日期		2023/12/16	
应收应付类型	应收		核算组织		爱运动配件公司	
结算组织	爱运动配件公司		接收方(核算组织)		爱运动单车公司	
接收方(结算组织)	爱运动单车公司		对应客户		爱运动单车公司	
物料编码	物料名称	规格	数量	含税单价/元	税率/%	税额/元	价税合计/元	仓库
101002	合金钢管	φ5.2	24	22	13	60.74	528	配件公司原材料仓库

表 8-26　应付结算清单——物料

财务会计体系	财务会计核算体系		截止业务日期		2023/12/16	
应收应付类型	应付		核算组织		爱运动单车公司	
结算组织	爱运动单车公司		接收方(核算组织)		爱运动配件公司	
接收方(结算组织)	爱运动配件公司		对应客户		爱运动配件公司	
物料编码	物料名称	规格	数量	含税单价/元	税率/%	税额/元	价税合计/元	仓库
101002	合金钢管	φ5.2	24	22	13	60.74	528	配件公司原材料仓库

业务实施

（1）修改物料清单相关属性。在组织"爱运动单车公司"下，打开物料清单列表，操作路径："生产制造"→"工程数据管理"→"物料清单列表"。修改301003 车架子件 101002 合金钢管的发料组织、供应组织、货主都为爱运动配件公司，如表 8-27 所示。

跨组织生产

表 8-27　物料清单

单据类型		物料清单		BOM 分类		标准 BOM
BOM 用途		通用		父项物料编码		301003
父项物料名称				车架		
子项编码	子项名称	分子	分母	发料方式	倒冲时机	生效日期
101002	合金钢管	1.6	1	直接倒冲	入库倒冲	2023/10/1
供应组织	爱运动配件公司	发料组织		爱运动配件公司	货主	爱运动配件公司

（2）新增跨组织生产订单，在"爱运动单车公司"下，打开生产订单，操作路径："生产制造"→"生产管理"→"生产订单"。选择单据类型为"汇报入库-普通生产"，修改单据日期，输入生产组织、物料编码、生产车间、数量、计划开工日期、计划完工日期、BOM 版本，保存，提交，审核。

（3）检查生产用料清单。在生产订单上单击"业务查询"→"用料清单查询"，核对用量、生产组织、供应组织、货主、发料组织、发料方式、倒冲时机后审核用料清单，如表 8-28 所示。

表 8-28　生产用料清单

产品编码		301003		产品名称		车架	规格型号	28 英寸（合金）
BOM 版本		301003_V1.0		生产车间		加工车间	生产订单编号	MO000012
生产订单状态		开工		生产组织		爱运动单车公司		
项次	物料编码	物料名称	规格型号	分子	分母	单位	标准用量	应发数量	发料方式	仓库
1	101002	合金钢管	φ5.2	1.6	1	米	24	24	直接倒冲-入库倒冲	配件公司原材料品仓库
	供应组织	爱运动配件公司		货主		爱运动配件公司		发料组织		爱运动配件公司

（4）生产汇报。生产订单"行执行"→"执行至开工"，然后单击"下推"，生成生产汇报单，修改单据日期，填入生产汇报类型，核对合格数量和车间，保存，提交，审核，如表 8-29 所示。

表 8-29　生产汇报单

生产组织		爱运动单车公司	单据类型		入库汇报	
单据日期		2023/12/16	单据状态		创建后审核	
物料编码	物料名称	规格型号	生产汇报类型	生产车间	合格数量	生产订单
301003	车架	28 英寸（合金）	正常生产	加工车间	15	MO000012

（5）生产入库。生产汇报单单击"下推"生成生产入库单，修改日期，核对实收数量和仓库，保存，提交，审核。301003 车架入库后，自动生成 101002 合金钢管倒冲领料单，如表 8-30 所示。

表 8-30 生产入库单

日期	2023/12/16	入库组织	爱运动单车公司		生产组织		爱运动单车公司	
物料编码	物料名称	规格型号	入库类型	实收数量	生产车间	仓 库	货 主	完工
301003	车架	28英寸（合金）	合格品入库	15	注塑车间	单车公司半成品仓库	爱运动单车公司	√

（6）检查跨组织生产领料单。切换组织为"爱运动配件公司"，操作路径："生产制造"→"生产管理"→"生产领料单"。核对发料组织、生产组织、仓库、数量、货主等信息，如表 8-31 所示。

表 8-31 生产领料单

日期	2023/12/16	发料组织	爱运动配件公司		生产组织		爱运动单车公司	
物料编码	物料名称	车 间	规格型号	单位	申请数量	实发数量	仓 库	货 主
101002	合金钢管	加工车间	φ5.2	米	24	24	配件公司原材料仓库	爱运动配件公司

（7）查询并检查分布式调出单。在生产领料单单击"关联查询"→"下查"，打开分布式调出单，核对调出库存组织、调入库存组织、调出货主、调入货主、日期、物料、数量、仓库。

（8）查询并检查分布式调入单。返回生产领料单下查界面，打开分布式调入单，核对调出库存组织、调入库存组织、调出货主、调入货主、日期、物料、数量、仓库。

（9）创建结算清单。在"爱运动配件公司"下，打开创建结算清单。操作路径："供应链"→"组织间结算"→"创建结算清单"，如图 8-11 所示。

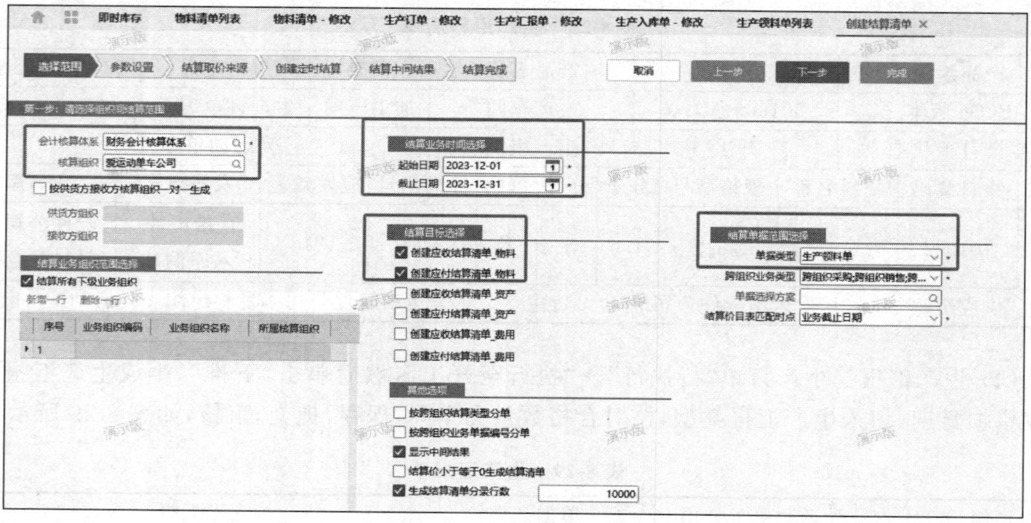

图 8-11 创建结算清单-选择范围

（10）将核算组织设为"爱运动单车公司"，选择起始日期"2023/12/1"、截止日期"2023/12/31"，勾选"创建应收结算清单-物料""创建应付结算清单-物料"，选择单据类型"生产领料单"，其他保持默认，单击"下一步"。

（11）勾选结算业务对方组织自动生成结算清单，单击"下一步"，结算取价来源保持默认，单击下一步，检查核算中间结果的业务单据，单击"下一步"。

（12）单击"应收结算清单"→"物料（列表）"，"应付结算清单"→"物料（列表）"，打开对应单据核对数据，然后先审核应收结算清单再审核应付结算清单。

（13）关闭所有页签。

任务五　跨组织调拨

任务导入

跨组织调拨是指将集团库存中的物品从一个组织转移到另一个组织，以满足不同组织的需求。跨组织调拨可以优化库存配置，确保各组织间的物资供应平衡，减少库存成本，提高资源利用率和运营效率。

业务场景

爱运动单车公司装配成品自行车的配件车架均由配件公司生产提供，为保障单车公司的生产高效运行，单车公司要求配件公司提前将部分车架调拨到单车公司半成品仓。

2023 年 12 月 20 日，配件公司通过跨组织调拨单将 302001 车架 100 个调拨到配件公司半成品仓，如表 8-32 所示。

表 8-32　跨组织调拨单

单据类型	标准调拨申请单		调出组织		爱运动配件公司	
调拨方向	普通		调入组织		爱运动单车公司	
调拨类型	跨组织调拨		申请日期		2023/12/20	
物料编码	产品名称	产品规格	申请数量	单位	调出仓库	调入仓库	调出货主	调入货主
301001	车架	28 英寸（碳素）	5	Pcs	配件公司成品仓库	单车公司半成品仓库	爱运动配件公司	爱运动单车公司

业务分析

跨组织调拨单的调出货主和调入货主分别是不同的核算组织，与跨组织生产领料类似，组织间核算的业务逻辑图如图 8-12 所示。

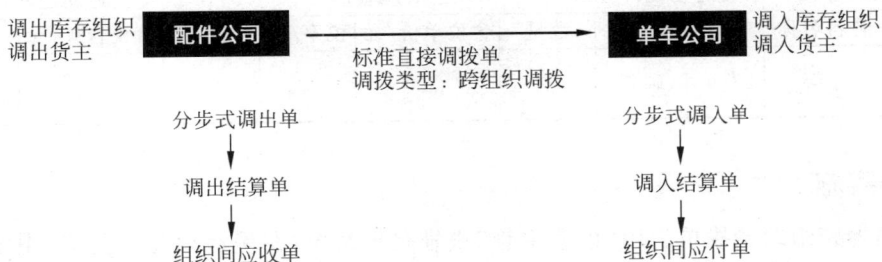

图 8-12　跨组织调拨业务流程

系统会根据跨组织调拨单自动生成分步式调出单和分步式调入单，如表 8-33、表 8-34 所示。

表 8-33　分步式调出单（配件）

单据类型	标准分步式调出单		调拨类型		跨组织调拨	
日期	2023/12/20		调拨方向		普通	
调出库存组织	爱运动配件公司		调入库存组织		爱运动单车公司	
在途归属			调出方			
物料代码	物料名称	规格	调出数量	调出仓库	调入仓库	调出货主	调入货主
301001	车架	28 英寸（碳素）	5	配件公司成品仓库	单车公司半成品仓库	爱运动配件公司	爱运动单车公司

表 8-34　分步式调入单（单车）

单据类型	标准分步式调入单		调拨类型		跨组织调拨	
日期	2023/12/20		调拨方向		普通	
调出库存组织	爱运动配件公司		调入库存组织		爱运动单车公司	
物料代码	物料名称	规格	调出数量	调出仓库	调入仓库	调出货主	调入货主
301001	车架	28 英寸（碳素）	5	配件公司成品仓库	单车公司半成品仓库	爱运动配件公司	爱运动单车公司

根据组织间分步式调入调出单和组织间内部结算价格，通过组织间结算可以生成组织间应收和应付结算清单，如表 8-35、表 8-36 所示。

表 8-35　应收结算清单——物料

财务会计体系	财务会计核算体系		截止业务日期			2023/12/20		
应收应付类型	应收		核算组织			爱运动配件公司		
结算组织	爱运动配件公司		接收方（核算组织）			爱运动单车公司		
接收方（结算组织）	爱运动单车公司		对应客户			爱运动单车公司		
物料编码	物料名称	规格	数量	含税单价/元	税率/%	税额/元	价税合计/元	仓库
301001	车架	28 英寸（碳素）	5	30	13	17.26	150	配件公司成品仓库

表 8-36　应付结算清单——物料

财务会计体系	财务会计核算体系		截止业务日期			2023/12/20		
应收应付类型	应付		核算组织			爱运动单车公司		
结算组织	爱运动单车公司		接收方（核算组织）			爱运动配件公司		
接收方（结算组织）	爱运动配件公司		对应客户			爱运动配件公司		
物料编码	物料名称	规格	数量	含税单价/元	税率/%	税额/元	价税合计/元	仓库
301001	车架	28 英寸（碳素）	5	30	13	17.26	150	配件公司成品仓库

业务实施

（1）新增跨组织调拨单。用"信息主管"账号登录系统，在爱运动配件公司组织下打开直接调拨单，操作路径："供应商"→"库存管理"→"直接调拨单"。选择单据类型，调拨类型为"跨组织调拨"，修改日期，选择调出组织、调入组织、输入物料编码、调拨数量、调出仓库、调入仓库、调出货主、调入货主，保存，提交，审核。

跨组织调拨

（2）查询并检查分步式调出单。在直接调拨单单击"关联查询"→"下查"，打开分步式调出单，核对调出库存组织、调入库存组织、调出货主、调入货主、日期、物料、数量、仓库。

（3）查询并检查分步式调入单。返回直接调拨单下查界面，打开分步式调入单，核对调出库存组织、调入库存组织、调出货主、调入货主、日期、物料、数量、仓库。

（4）创建结算清单。在"爱运动单车公司"下，打开创建结算清单，操作路径："供应链"→"组织间结算"→"创建结算清单"。

（5）设置核算组织为"爱运动配件公司"，选择起始日期、截止日期，勾选"创建应收结算清单-物料""创建应付结算清单-物料"，选择单据类型，其他保持默认，单击"下一步"，如图8-13所示。

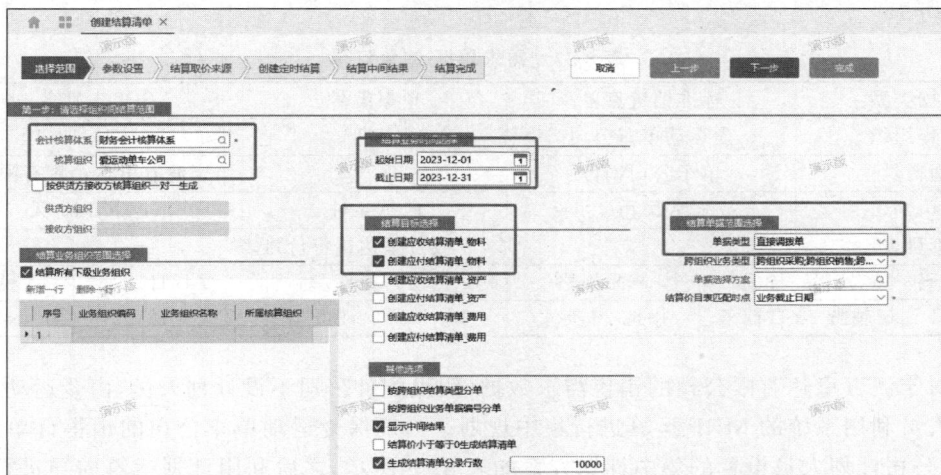

图8-13 创建结算清单-选择范围

（6）勾选"结算业务"→"对方组织"，自动生成结算清单，单击"下一步"。结算取价来源保持默认，单击"下一步"。检查系统查出来的业务单据，单击"下一步"。

（7）单击"创建应收结算清单"→"物料（列表）"→"创建应付结算清单"→"物料（列表）"，打开对应单据核对数据，先审核应收结算清单，再审核应付结算清单。

（8）关闭所有页签。

任务六 跨组织计划

任务导入

跨组织计划分跨组织集中计划和跨组织协同计划两种模式。

跨组织集中计划适用于集团接单、统一计划、多工厂协调生产的业务运作场景，通过集中计划可实现集团统筹考虑需求与供给，多组织统一计划，并跨组织投放计划。在集中计划模式下，需求组织与供应组织一起参与MRP运算。以需求组织为边界确定需求来源，同时以供应组织为边界确定库存和供给单据的范围，将产生的净需求生成计划订单，在计划订单上记录需求组织与供应组织。

协同计划适用于集团集中或分散接单，各工厂独立计划、协调生产的业务运作场景，通过协同计划可实现将需求与供应按组织隔离，各组织按次序独立计划，使内部需求通过组织间需求单传递。在协同计划模式下,一个需求组织的供应组织只有自身,进行 MRP 运算时不考虑其他关联业务组织的库存和供给单据,产生的毛需求生成组织间需求单。

一、跨组织集中计划

业务场景

为提高集团的统筹高效,集团综合考虑,由配件公司重点负责车架的加工制造环节,原材料采购、注塑件生产、产品组装和装配环节则由单车公司主要负责。

2023 年 12 月 10 日,爱运动单车公司接到宁波万里达销售有限公司,销售订单信息如表 8-37 所示。

表 8-37　需求单据-销售订单

单据类型	标准销售订单		单据编号		XSDD+姓名+02	
销售组织	爱运动单车公司		日期		2023/12/10	
销售员	单车公司销售		客户		宁波万里达销售有限公司	
币别	人民币		收款条件		月结 30 天	
价目表	宁波万里达销售价目表					
产品代码	产品名称	产品规格	数量	税率/%	要货日期	含税单价
402001	越野 28 自行车	山地 28 英寸	10	13	2023/12/25	580

针对宁波万里达有限公司的销售需求数据,假设配件公司不设计划人员,由爱运动单车公司计划人员利用系统的 MRP 运算进行集中规划。为确保爱运动单车公司的销售订单按时交货,单车公司计划人员设置的集中计划方案如表 8-38 所示,之后利用计划运算向导进行 MRP运算,计算出初步的采购计划订单和跨组织生产计划订单。

表 8-38　集中计划方案

创建组织	爱运动单车公司	使用组织	爱运动单车公司
方案编码	单车公司集中计划	方案名称	单车公司集中计划
计划展望期单位	日	计划展望期	360
计划方式	集中计划		
组织参数			
需求组织		供应组织	
爱运动单车公司		爱运动单车公司	
爱运动单车公司		爱运动配件公司	
运算范围			
标准销售订单	√	普通预测单	√
需求参数			
默认			
供给参数			
默认			
运算参数			
强制覆盖运算参数		√	
考虑损耗率		√	
预计可用运算量		6 个月	

续表

合并参数	
默认	
投放参数	
默认生产单据类型	汇报入库-普通生产
仓库参数	
全选仓库	
更多参数	
运算前自动维护低位码	√

业务分析

　　集中计划是指统筹考虑需求与供给，多组织统一集中计划，并跨组织投放计划。本业务中，产品对应的所有子项 BOM 中存在发料组织、供应组织、货主和生产组织不同的子项物料，由爱运动单车公司确定集中计划方案，计划运算后会集中产生爱运动单车公司和爱运动配件公司的各种计划订单。跨组织集中计划业务流程如图 8-14 所示。

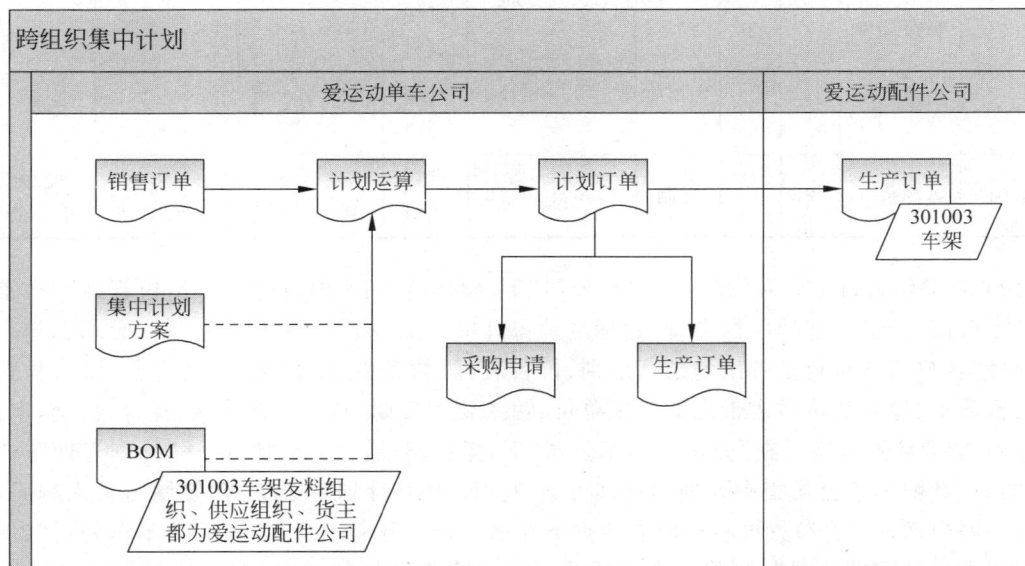

图 8-14　跨组织集中计划业务流程

业务实施

　　(1) 修改物料清单。在"爱运动单车公司"下，打开物料清单列表，操作路径："生产制造"→"工程数据管理"→"物料清单列表"。修改"402001 越野 28 自行车"的子件"301003 车架"的发料组织、供应组织、货主都为"爱运动配件公司"，重新选择子项 BOM 版本，如表 8-39 所示。

跨组织计划-集中计划

表 8-39　物料清单

单据类型			物料清单		BOM 分类		标准 BOM
BOM 用途			通用		父项物料编码		402001
父项物料名称				越野 28 自行车			

子项编码	子项名称	分子	分母	供应类型	子项 BOM 版本	发料方式	供应组织	发料组织	货　主
301003	车架	1	1	自制	301003_V1.0	直接领料	爱运动配件公司	爱运动配件公司	爱运动配件公司
302001	车轮	2	1	自制	302001_V1.0	直接领料	爱运动单车公司	爱运动单车公司	爱运动单车公司
201001	车把手	1	1			直接领料			
201002	车座	1	1			直接领料			
201003	链条	1	1			直接领料			
201004	脚蹬部件	2	1			直接领料			
201005	飞轮	1	1			直接领料			
303001	遮泥板	2	1	自制	303001_V1.0	直接领料	爱运动单车公司	爱运动单车公司	爱运动单车公司

（2）新增销售订单。在"爱运动单车公司"下，操作路径："供应链"→"销售管理"→"销售订单"。单击"新增"，选择单据类型为"标准销售订单"、销售组织为"爱运动单车公司"，填入日期，选择"客户"，核对自动带出的结算币别、价目表、收款条件、销售部门、销售员，填入物料编码、销售数量、检查从价目表带出的含税单价、输入要货日期，其他保持默认，保存，提交，审核。

（3）新增计划方案。在"爱运动单车公司"下，操作路径："生产制造"→"计划管理"→"计划方案"。新增单车公司集中计划的计划方案，打开 MRP 计划方案单击"复制"，填入编码、名称、计划展望期；组织参数页签在原有数据下新增一行：需求组织为"爱运动单车公司"、供应组织为"爱运动配件公司"，删除多余的数据行；运算范围只勾选"标准销售订单""普通预测单"；运算参数勾选"强制覆盖运算参数""考虑损耗率"，预计可用运算量 6 个月；投放参数默认生产单据类型为"汇报入库-普通生产"；仓库参数勾选"全选仓库"；更多参数勾选"运算前自动维护低位码"，保存，提交，审核。

（4）在爱运动单车公司组织下打开计划运算向导，操作路径："生产制造"→"计划管理"→"计划运算向导"，如图 8-15 所示。

（5）计划运算并检查计划订单。选择计划方案：单车公司集中计划、单选"销售订单"、单击"下一步"→"开始计算"；计算完成单击"计算日志查询"，展开计划订单信息单击"查看详细信息"，查看计划订单生成情况，其中 301003 车架的采购/生产组织和入库组织为爱运动配件公司，需求组织为爱运动单车公司，如表 8-40 所示。

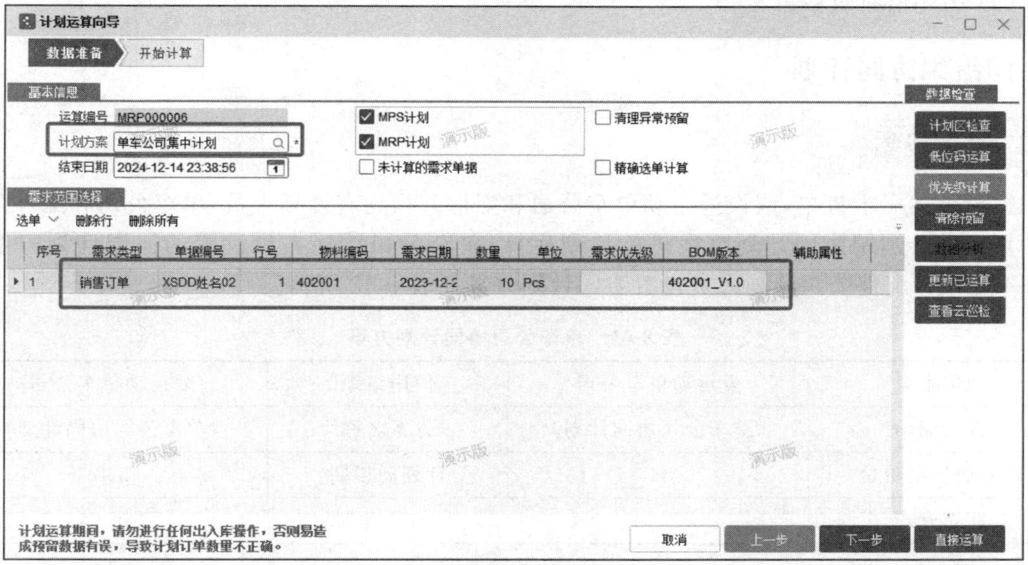

图 8-15 计划运算向导

表 8-40 单车公司计划订单

投放单据类型	物料编码	物料名称	单位	确认订单量	确认到货/完工日期	采购/生产组织	需求组织	入库组织
标准采购申请	109002	PA	千克	36.925	2023/12/20	爱运动单车公司	爱运动单车公司	爱运动单车公司
标准采购申请	109001	钢条	Pcs	640	2023/12/20	爱运动单车公司	爱运动单车公司	爱运动单车公司
标准采购申请	103003	轮胎	Pcs	20	2023/12/20	爱运动单车公司	爱运动单车公司	爱运动单车公司
标准采购申请	102003	钢圈	Pcs	20	2023/12/20	爱运动单车公司	爱运动单车公司	爱运动单车公司
汇报入库-普通生产	303001	遮泥板	Pcs	20	2023/12/20	爱运动单车公司	爱运动单车公司	爱运动单车公司
标准采购申请	201005	飞轮	Pcs	10	2023/12/20	爱运动单车公司	爱运动单车公司	爱运动单车公司
标准采购申请	201004	脚蹬部件	Pcs	20	2023/12/20	爱运动单车公司	爱运动单车公司	爱运动单车公司
标准采购申请	201003	链条	Pcs	10	2023/12/20	爱运动单车公司	爱运动单车公司	爱运动单车公司
标准采购申请	201002	车座	Pcs	10	2023/12/20	爱运动单车公司	爱运动单车公司	爱运动单车公司
标准采购申请	201001	车把手	Pcs	10	2023/12/20	爱运动单车公司	爱运动单车公司	爱运动单车公司
汇报入库-普通生产	302001	车轮	Pcs	20	2023/12/20	爱运动单车公司	爱运动单车公司	爱运动单车公司
汇报入库-普通生产	301003	车架	Pcs	10	2023/12/20	爱运动配件公司	爱运动单车公司	爱运动配件公司
汇报入库-普通生产	402001	越野28自行车	Pcs	10	2023/12/20	爱运动单车公司	爱运动单车公司	爱运动单车公司

（6）关闭所有页签。

二、跨组织协同计划

业务场景

　　针对上述需求订单，假设爱运动单车公司和配件公司均有计划人员，单车公司和配件公司的计划人员分别用协同计划方案进行计划运算，单车公司计划人员设置的协同计划方案如表 8-41 所示，配件公司计划人员设置协同计划方案如表 8-42 所示。

表 8-41　单车公司协同计划方案

创建组织	爱运动单车公司	使用组织	爱运动单车公司
方案编码	单车公司协同计划	方案名称	单车公司协同计划
计划展望期单位	日	计划展望期	360
计划方式	协同计划		
组织参数			
需求组织		供应组织	
爱运动单车公司		爱运动单车公司	
运算范围			
标准销售订单	√	普通预测单	√
需求参数			
默认			
供给参数			
默认			
运算参数			
强制覆盖运算参数		√	
考虑损耗率		√	
预计可用运算量		6 个月	
合并参数			
默认			
投放参数			
默认生产单据类型		汇报入库-普通生产	
仓库参数			
全选仓库			
更多参数			
运算前自动维护低位码		√	

表 8-42　配件公司协同计划方案

创建组织	爱运动配件公司	使用组织	爱运动配件公司
方案编码	配件公司协同计划	方案名称	配件公司协同计划
计划展望期单位	日	计划展望期	360
计划方式	协同计划		
组织参数			
需 求 组 织		供 应 组 织	
爱运动配件公司		爱运动配件公司	
运算范围			
组织间需求单		√	
需求参数			
默认			
供给参数			
默认			
运算参数			
强制覆盖运算参数		√	
考虑损耗率		√	
考虑预计入库数量和已分配数量		√	
预计可用运算量		6 个月	
运算时是否考虑需求优先级		×	
合并参数			
默认			
投放参数			
默认生产单据类型		汇报入库-普通生产	
仓库参数			
全选仓库			
更多参数			
运算前自动维护低位码		√	

业务分析

协同计划可实现需求与供应按组织隔离,各组织按次序独立计划,内部需求通过组织间需求单传递。本业务中,产品对应的所有子项 BOM 中存在发料组织、供应组织、货主和生产组织不同的子项物料。爱运动单车公司和爱运动配件公司需要确定各自的协同计划方案,首先,爱运动单车公司通过计划运算后会产生爱运动单车公司的各种计划订单,同时产生组织间需求单。其次,爱运动配件公司根据协同计划方案和组织间需求单完成计划运算,产生爱运动配件公司的各种计划订单。跨组织协同计划业务流程如图 8-16 所示。

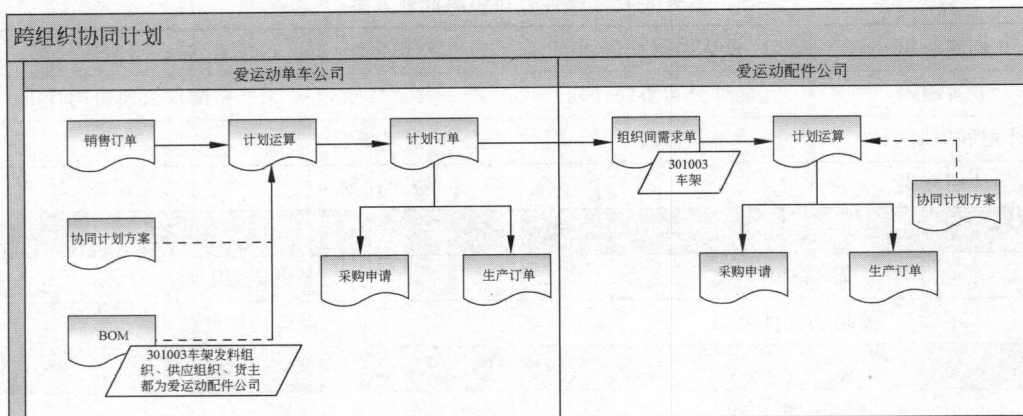

图 8-16　跨组织协同计划业务流程

业务实施

（1）创建爱运动单车公司的协同计划方案。在"爱运动单车公司"下，打开计划方案，操作路径："生产制造"→"计划管理"→"计划方案"。新增单车公司协同计划的计划方案，打开 MRP 计划方案单击"复制"，填入编码、名称、计划展望期、计划方式改为"协同计划"；需求组织和供应组织为"爱运动单车公司"，删除多余的数据行；运算范围只勾选"标准销售订单""普通预测单"；运算参数勾选"强制覆盖运算参数""只考虑考虑损耗率"，预计可用运算量 6 个月；投放参数默认生产单据类型设为"汇报入库-普通生产"；仓库参数勾选全选仓库，更多参数勾选"运算前自动维护低位码"，保存，提交，审核。

跨组织计划-协同计划

（2）在爱运动单车公司下打开计划运算向导。操作路径："生产制造"→"计划管理"→"计划运算向导"，如图 8-17 所示。

图 8-17　计划运算向导 1

（3）爱运动单车公司进行计划运算并查看运算结果。选择计划方案为"单车公司协同计划"、选单为"销售订单"，单击"下一步"→"开始计算"；计算完成后单击"计算日志查询"，展开计划订单信息单击"查看详细信息"，计划订单生成情况如表 8-43 所示。

表 8-43　单车公司计划订单

投放单据类型	物料编码	物料名称	单位	确认订单量	确认到货/完工日期	采购/生产组织	需求组织	入库组织
标准采购申请	109002	PA	千克	36.925	2023/12/20	爱运动单车公司	爱运动单车公司	爱运动单车公司
标准采购申请	109001	钢条	Pcs	640	2023/12/20	爱运动单车公司	爱运动单车公司	爱运动单车公司
标准采购申请	103003	轮胎	Pcs	20	2023/12/20	爱运动单车公司	爱运动单车公司	爱运动单车公司
标准采购申请	102003	钢圈	Pcs	20	2023/12/20	爱运动单车公司	爱运动单车公司	爱运动单车公司
汇报入库-普通生产	303001	遮泥板	Pcs	20	2023/12/20	爱运动单车公司	爱运动单车公司	爱运动单车公司
标准采购申请	201005	飞轮	Pcs	10	2023/12/20	爱运动单车公司	爱运动单车公司	爱运动单车公司
标准采购申请	201004	脚蹬部件	Pcs	20	2023/12/20	爱运动单车公司	爱运动单车公司	爱运动单车公司
标准采购申请	201003	链条	Pcs	10	2023/12/20	爱运动单车公司	爱运动单车公司	爱运动单车公司
标准采购申请	201002	车座	Pcs	10	2023/12/20	爱运动单车公司	爱运动单车公司	爱运动单车公司
标准采购申请	201001	车把手	Pcs	10	2023/12/20	爱运动单车公司	爱运动单车公司	爱运动单车公司
汇报入库-普通生产	302001	车轮	Pcs	20	2023/12/20	爱运动单车公司	爱运动单车公司	爱运动单车公司
汇报入库-普通生产	402001	越野28自行车	Pcs	10	2023/12/20	爱运动单车公司	爱运动单车公司	爱运动单车公司

（4）在爱运动单车公司组织下打开组织间需求单列表。操作路径："生产制造"→"计划管理"→"组织间需求单列表"。打开单据核对物料编码、BOM 版本、数量、需求发出组织、需求接收组织、入库组织、货主、需求日期、完工日期等信息（表 8-44）并提交审核。

表 8-44　组织间需求单

单据类型	组织间需求单	需求发出组织	爱运动单车公司
物料编码	301003	需求接收组织	爱运动配件公司
物料名称	车架	需求数量	10
规格型号	28 英寸（合金）	需量日期	2023/12/20
BOM 版本	301003_V1.0	确认到货/完工日期	2023/12/25
需求单据编号	XSDD 姓名 02	入库组织	爱运动配件公司
需求单据行号	1	货主	爱运动配件公司

（5）创建爱运动配件公司的协同计划方案。在"爱运动配件公司"下，打开计划方案，操作路径："生产制造"→"计划管理"→"计划方案"。新增配件公司协同计划的计划方案，打开MRP计划方案单击"复制"，填入编码、名称、计划展望期、计划方式改为"协同计划"；需求组织和供应组织为"爱运动配件公司"，删除多余的数据行；运算范围只勾选"组织间需求单"；运算参数勾选"强制覆盖运算参数""考虑损耗率""考虑预计入库数量和已分配数量"，预计可用运算量6个月、取消勾选"运算时是否考虑需求优先级"；投放参数默认生产单据类型：汇报入库-普通生产；仓库参数勾选全选仓库；更多参数勾选"运算前自动维护低位码"，保存，提交，审核。

（6）在爱运动配件公司组织下打开计划运算向导。操作路径："生产制造"→"计划管理"→"计划运算向导"，如图8-18所示。

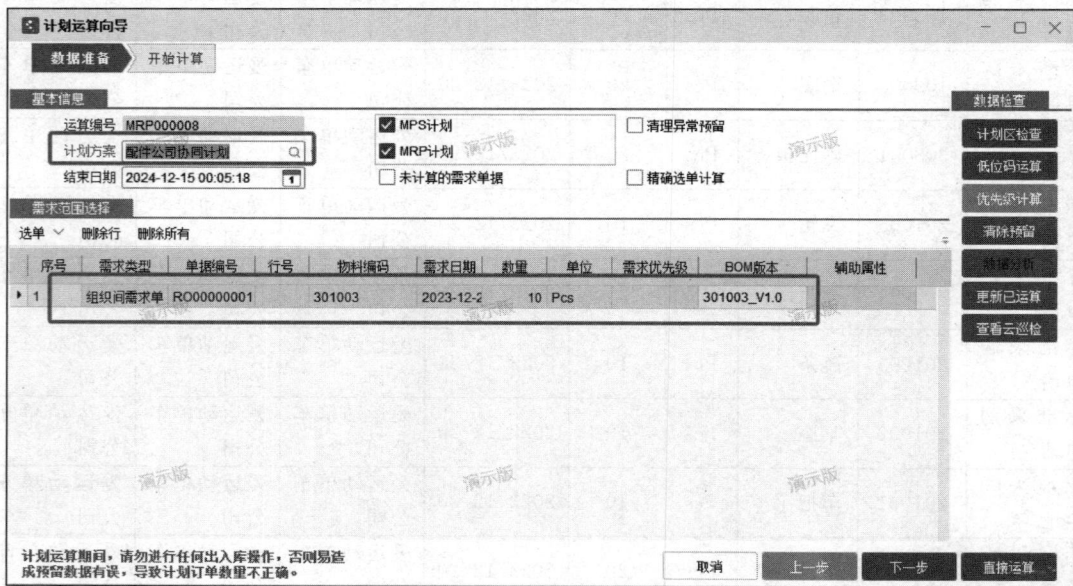

图8-18　计划运算向导2

（7）计划运算并查看计划订单。选择计划方案：配件公司协同计划、选单"组织间需求单"、单击"下一步"→"开始计算"；计算完成单击"计算日志查询"，展开计划订单信息单击"查看详细信息"，查看计划订单生成情况，如表8-45所示。

表8-45　配件公司计划订单

投放单据类型	物料编码	物料名称	单位	确认订单量	确认到货/完工日期	采购/生产组织	需求组织	入库组织
标准采购申请	101002	合金钢管	米	16	2023/12/21	爱运动配件公司	爱运动配件公司	爱运动配件公司
汇报入库-普通生产	301003	车架	Pcs	10	2023/12/21	爱运动配件公司	爱运动配件公司	爱运动配件公司

（8）关闭所有页签。

【岗课赛证融通专题训练】

实操练习

（1）将任务六的集中计划单进行投放，完成采购全流程业务、跨组织生产业务，以及组织间结算业务。

（2）根据任务七的协同计划单投放，完成采购全流程业务，完成跨组织生产业务，并完成组织间结算业务。

（3）将爱运动单车公司和演练组织设置互为内部供应商和客户。

（4）分配演练公司的税务规则，设置爱运动单车公司和演练公司的组织间业务关系、组织间结算价目表（价格自己定义）、组织间结算关系。

（5）12月1日，演练组织提出采购申请，申请购买 PA，申请数量 500，由爱运动单车公司统一采购，选择由宁波帕洛斯塑料有限公司为供应商，货物直接运抵演练组织，付款方式是月结 30 天，由爱运动单车公司统一支付，根据此项业务完成所有业务单据及组织间结算。

（6）12月2日，爱运动单车公司接到宁波万里达有限公司的销售订单，要求12月8日前供应 402001 越野 28 自行车 200 辆，由于单车公司库存不足，直接从演练组织发货，根据此项业务完成所有业务单据及组织间结算。

项目八
即测即评

项目九

审批流和工作流

知识目标

(1) 了解金蝶云星空审批流和工作流的基本概念及其在企业中的应用;

(2) 掌握审批流和工作流的设计原则和流程构建方法;

(3) 理解审批流和工作流配置的关键步骤和参数设置。

能力目标

(1) 能够独立设计符合企业需求的审批流和工作流流程;

(2) 能够熟练配置金蝶云星空系统中审批流和工作流的参数;

(3) 能够解决审批流和工作流运行过程中出现的问题,确保流程的顺畅执行。

素养目标

(1) 培养严谨细致的工作态度,确保流程设计的准确性和实用性;

(2) 提升跨部门沟通和协作能力,以支持审批流和工作流的顺利实施;

(3) 培养创新思维,不断寻求流程优化和效率提升的方法。

思维导图

```
                          ┌─── 采购订单审批流设置
            审批流和工作流 ──┤
                          └─── 生产订单工作流设置
```

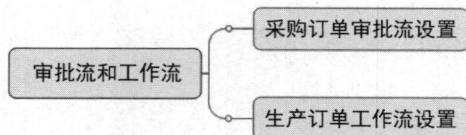

企业单据审批流程是企业内部管理的重要组成部分,通过合理配置审批权限和优化流程,企业能够更有效地调配资源,提升管理水平,其重要性体现在以下几个方面。

(1) 合规性。审批流程确保企业各项单据和交易活动遵循相关法律法规及企业内部规定,保障企业运营的合法性。

(2) 风险管理。通过审批流程,可以识别和减少潜在的财务风险和操作风险。

(3) 责任界定。审批流程中明确了每个环节的责任归属,确保了每一项决策都有相应的责任人,增强了责任意识。

(4) 信息共享。审批流程促进了信息在不同部门和层级间的流通,有助于提高透明度。

(5) 效率提升。通过审批流程,可以确保单据处理的效率,避免不必要的延误。

(6) 成本控制。审批流程有助于监控和控制成本,防止不必要的支出。

(7) 决策支持。审批流程为管理层提供了决策支持,确保决策基于充分和准确的信息。

任务一　审　批　流

任务导入

在金蝶云星空的使用过程中,设置审批流能让业务管控更加标准化,从而提高企业运营效率,确保业务合规性。

业务场景

为了防范风险,确保采购活动的合规性,提高采购效率和透明度。爱运动单车公司对采购订单配置审批流程,要求采购订单由制单人提交后,需由公司总务审批才生效。

信息主管在 ERP 的流程设计中心设计审批流并发布配置,然后新增采购订单如表 9-1 所示,测试采购订单审批流运行效果。

表 9-1　采购订单

单据类型	标准采购订单			单据编号	CGDD＋姓名＋99			
采购组织	爱运动单车公司			采购日期	2023/12/26			
采购部门	采购部			供应商	宁波帕洛斯塑料有限公司			
物料编码	物料名称	采购数量	采购单位	交货日期	含税单价	税率/%	税额	价税合计
109002	PA	10	千克	2023/12/28	23.2	13	26.69	232

业务分析

爱运动单车公司采购订单的审批流程图如图 9-1 所示。

图 9-1　审批流程

此审批流程为一级审批流。在系统中可快速复制现有的一级审批流模板,在模板上编辑采购订单的审批流后,进行发布、配置和启用,然后通过新增采购订单测试审批流的有效性。

业务实施

(1)绑定用户和员工。用 Administrator 账号登录系统,在"查询用户"中,将"单车公司总务"的用户账号与联系对象类型为"员工"的"单车公司总务"员工信息绑定,如图 9-2 所示。

(2)打开流程设计中心。用信息主管账号登录系统,在"爱运动单车公司"组织下打开"流程设计中心",单击"新增审批流",如图 9-3 所示。

(3)新建审批流。在新建审批流界面,录入编码:CGDD,名称:采购订单,入口单据:采购订单,模板:一级审批流,如图 9-4 所示。

(4)编辑终审节点。双击"终审节点",在基本信息中修改名称为"终审(单车总务)",如图 9-5 所示。

(5)编辑终审节点参与人。在参与人下选择用户"单车公司总务",然后单击左上方"保存"按钮,如图 9-6 所示。

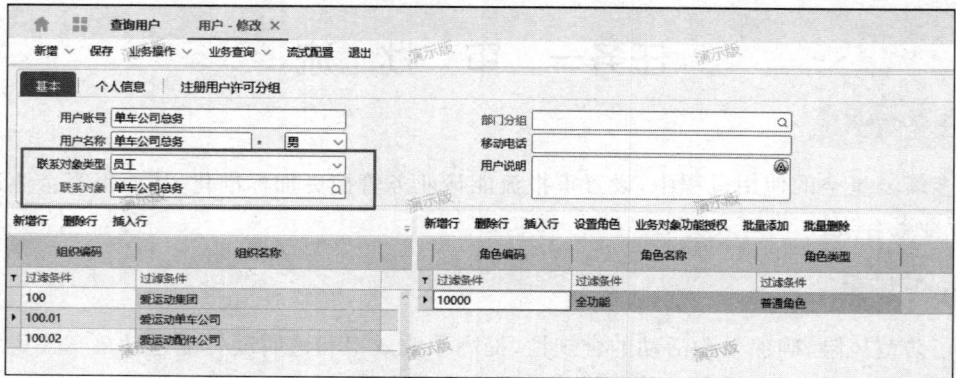

图 9-2　用户绑定员工

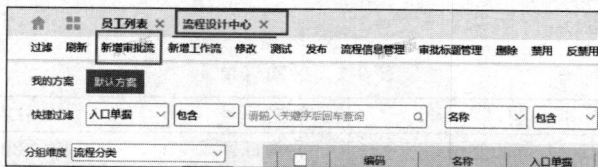

图 9-3　流程设计中心

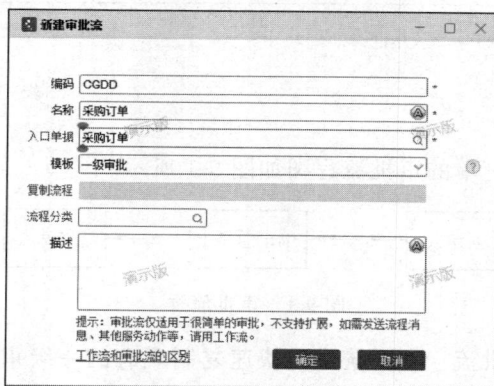

图 9-4　新增审批流

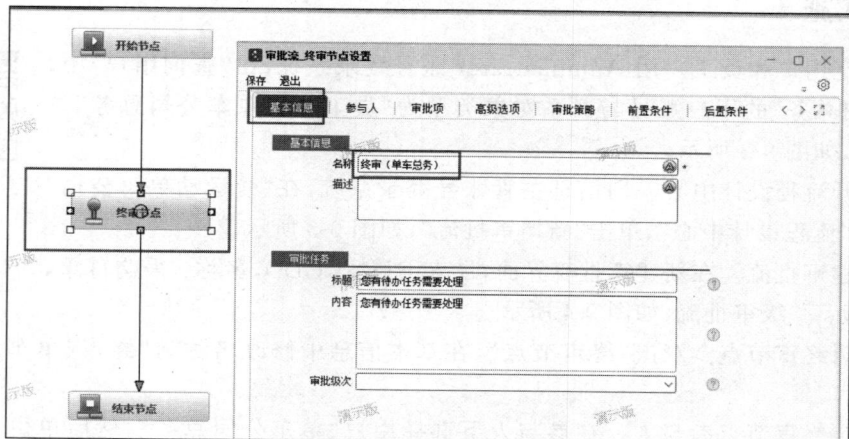

图 9-5　节点基本设置

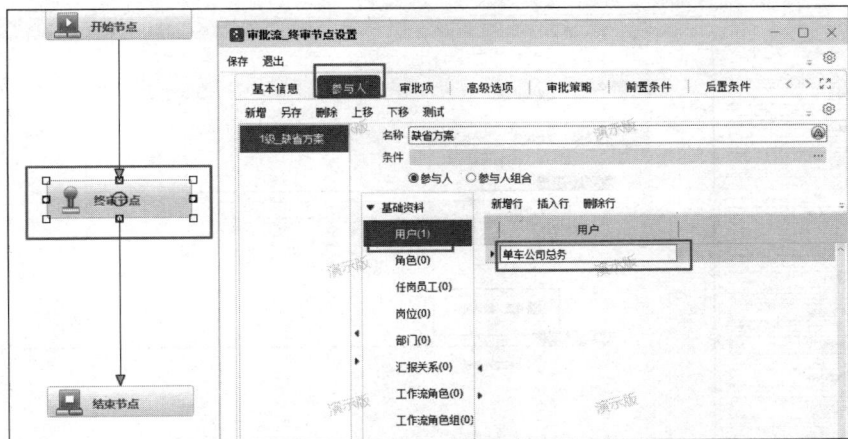

图 9-6 节点参与人设置

（6）保存审批流。单击流程设计界面左上方的"保存"按钮，下方会提示草稿保存成功，如图 9-7 所示。

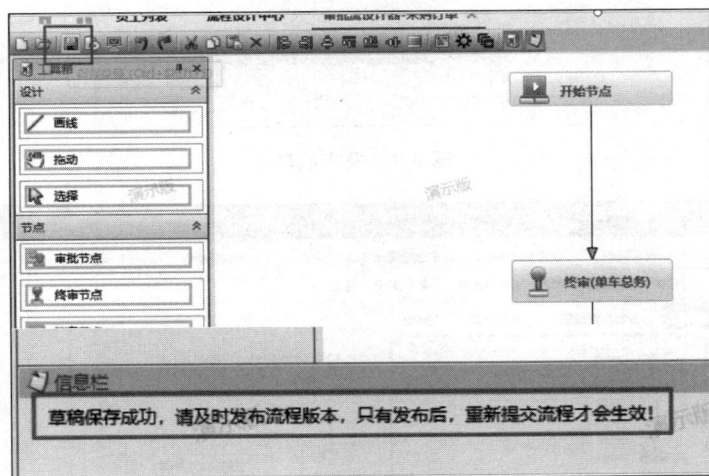

图 9-7 保存草稿

（7）发布审批流。保存后单击"保存"按钮旁边的"发布"按钮，在流程发布向导中勾选"设置为默认版本"，然后单击"下一步"和"完成"。在下方就会提示"发布成功！"，如图 9-8、图 9-9 所示。

（8）流程配置。在流程配置中心界面单击"新增"，录入编码：CGDD，名称：采购订单，单据：采购订单，组织：爱运动单车公司，流程类型：审批流，然后单击"新增行"，选择流程"采购订单"，版本默认选择最新的那一个，如图 9-10 所示。

（9）然后单击"保存"和"启用"，提示启用成功，如图 9-11 所示。

（10）新增采购订单。在组织爱运动单车公司采购订单如前文表 9-1 所示，保存并提交，系统会提示"审批流启动成功"，如图 9-12 所示。

（11）审核采购订单。继续单击"审核"，系统就会提示"当前用户不是待办任务的处理人"，单据状态为"审核中"，如图 9-13、图 9-14 所示。

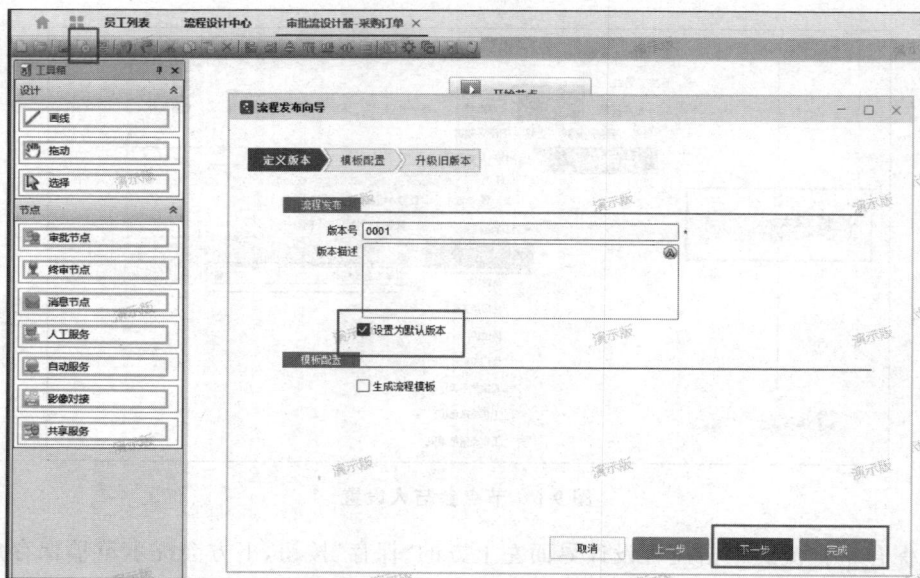

图 9-8　发布流程

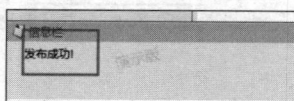

图 9-9　发布成功

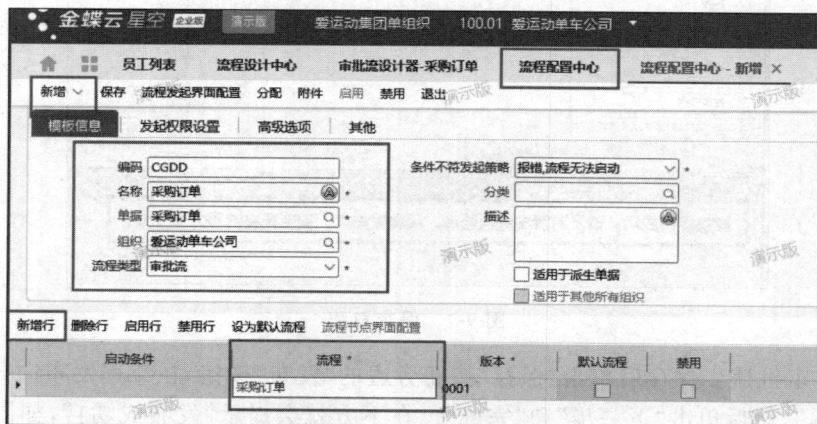

图 9-10　新增流程配置

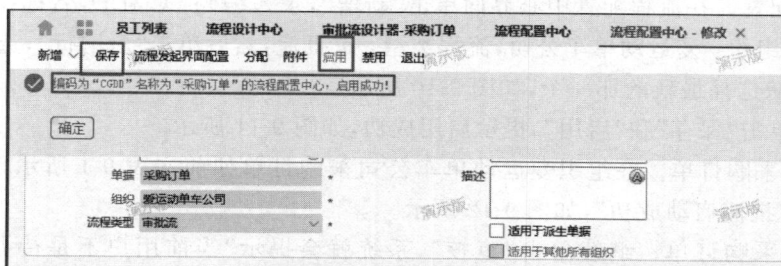

图 9-11　启用流程配置

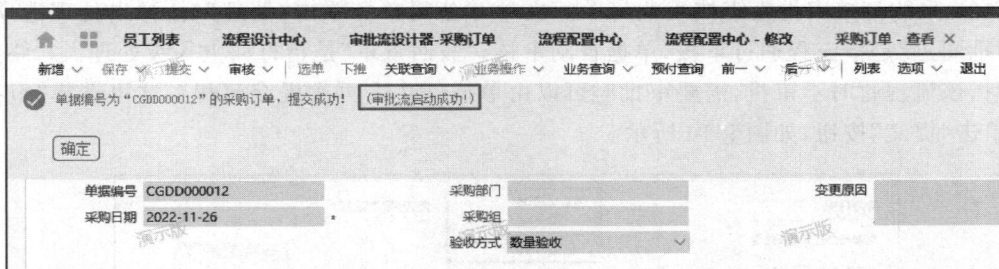

图 9-12　单据流程启动成功

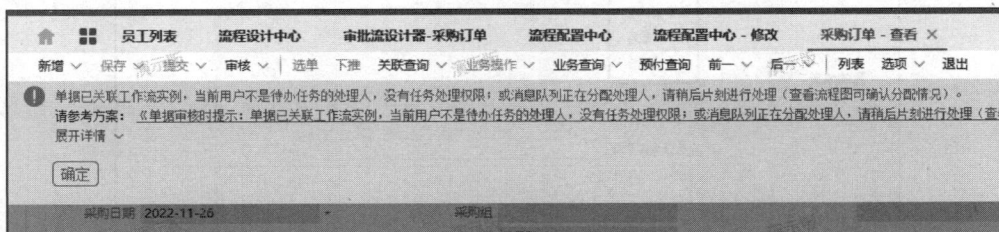

图 9-13　审核提示信息

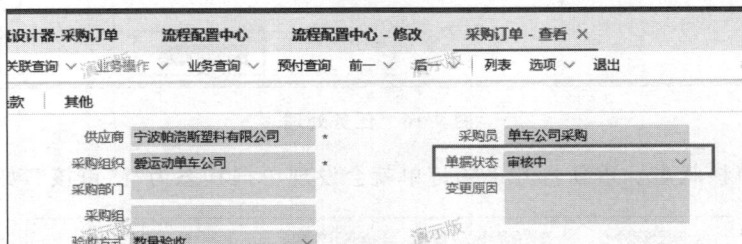

图 9-14　单据状态 1

（12）采购订单审批人登录。用"单车公司总务"账号登录系统,登录后会在首页的待处理任务中看到由"信息主管"提交的审批流程,如图 9-15 所示。

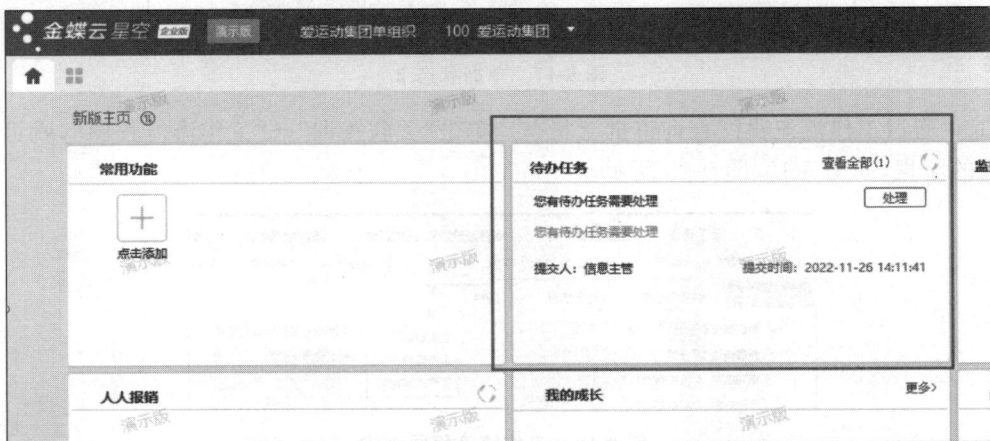

图 9-15　待处理任务

（13）采购订单审批人审核采购订单。在单车公司总务单击"处理"，会弹出处理选项，其中"审批同意"是指流程通过审核，单据自动审核，"驳回重审"是指打回上一级处理人，"终止流程"是指该流程暂时不审批，需要审批时可以由单据创建人再次提交流程。这里选择"审批同意"，单击"提交"按钮，如图 9-16 所示。

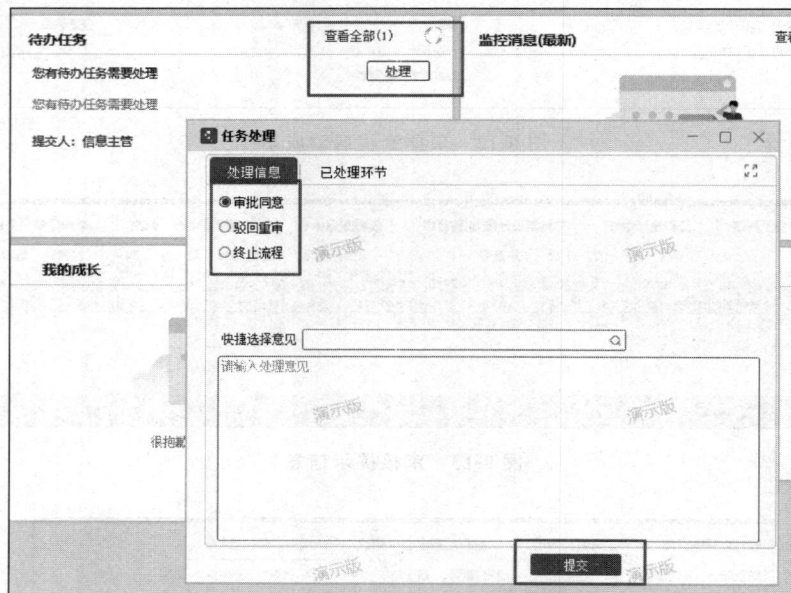

图 9-16 任务处理

（14）检查审核状态。重新打开采购订单就会发现单据状态为"已审核"，如图 9-17 所示。

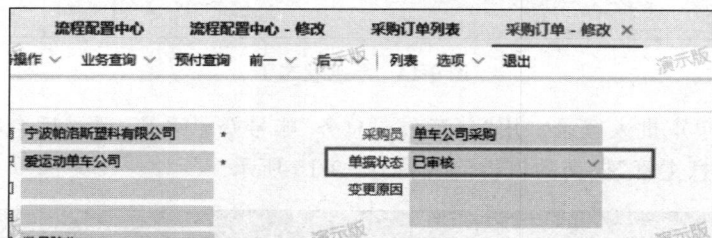

图 9-17 单据状态 2

（15）通过工作流流程图查询审批流状态。单击"关联查询"→"工作流流程图"，就可以看到审批的流程，如图 9-18、图 9-19 所示。

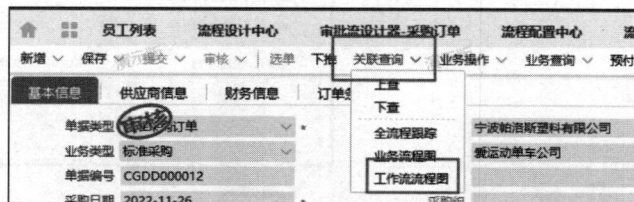

图 9-18 工作流流程图查询

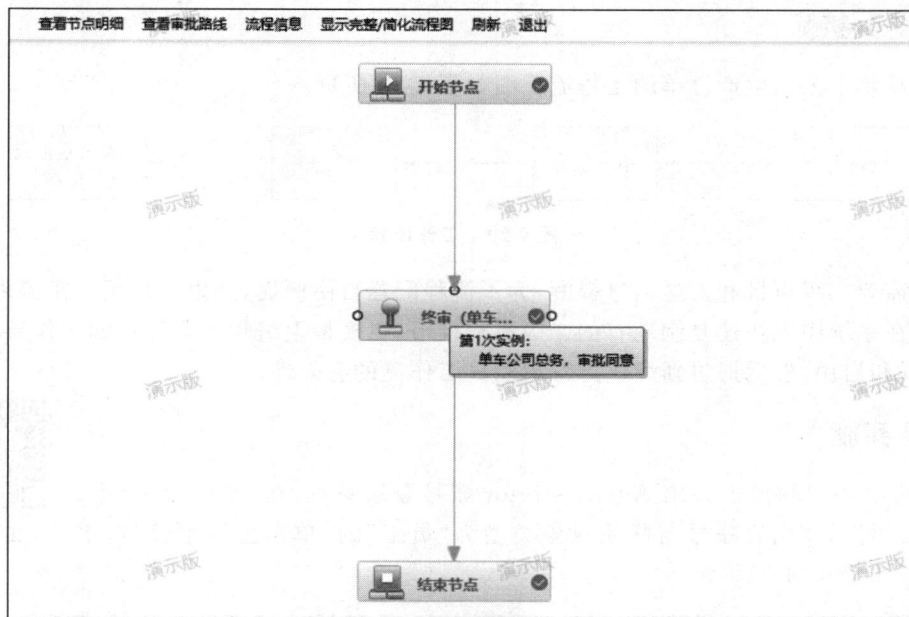

图 9-19　完结的审批流程图

任务二　工　作　流

任务导入

　　为满足复杂审批流程,在金蝶云星空中可以用工作流来实现对应功能。工作流本身不包含任务业务逻辑,其运行完全取决于设计,工作流除审批业务外还可以支持对其他业务场景的流程定义,业务扩展性更强。而审批流是在工作流的基础上针对审批业务封装的流程,流程本身具有一定的运行逻辑,包括无连线驳回等,且流程定义更为简单。相比较而言,工作流的功能效用大于审批流,因工作流本身也包含审批流的功能,这里建议使用工作流。

业务场景

　　为了防范风险,确保生产活动的合规性,提高生产效率和透明度。爱运动单车公司对生产订单配置了工作流流程,要求生产订单由规定制单人提交后需要"单车公司生管"和"单车公司总务"两人审批才生效,并在审批后需要发消息提醒流程发起人单据审批完成。

　　信息主管在 ERP 的流程设计中心设计工作流并发布配置,然后新增生产订单如表 9-2 所示,之后测试生产订单工作流的运行效果。

表 9-2　生产订单

生产组织		爱运动单车公司		单据类型		汇报入库-普通生产
单据日期		2023/12/26		单据状态		创建
物料编码	物料名称	规格型号	生产车间	单位	数量	业务状态
301001	车架	28 英寸(碳素)	加工车间	Pcs	10	计划确认

业务分析

爱运动单车公司生产订单的工作流程图如图 9-20 所示。

图 9-20　工作流程

因为需要二级审批和发送消息提醒，为了流程配置自由便捷，这里选择用工作流来完成流程设计。在系统中先快速复制现有的二级流程模板，在模板上编辑生产订单的工作流后，进行发布、配置和启用，然后通过新增生产订单测试工作流的有效性。

业务实施

（1）绑定用户和员工。用 Administrator 账号登录系统，在"查询用户"中，将"单车公司生管"用户账号与联系对象类型为"员工"的"单车公司生管"员工信息绑定，如图 9-21 所示。

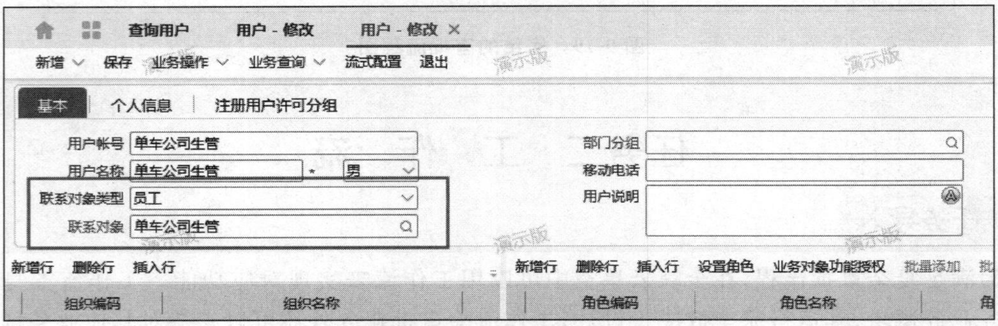

图 9-21　用户绑定员工

（2）打开流程设计中心。用信息主管账号登录系统，在"爱运动单车公司"组织下打开"流程设计中心"。单击"新增工作流"按钮，如图 9-22 所示。

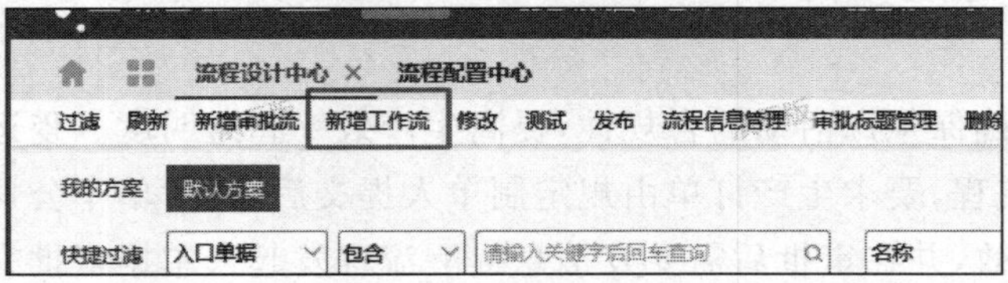

图 9-22　流程设计中心

（3）新建工作流。新建工作流编码：SCDD；名称：生产订单；入口单据：生产订单；模板：二级审批流；操作状态：单据状态，如图 9-23 所示。

（4）新增节点。在左边工具箱中，单击"节点"，拖动到图 9-24 中所示位置，一共需要拖进来两个节点，如图 9-24 所示。

（5）修改一级节点名称。双击"一级节点"，在基本信息中修改名称为"单车生管"，如图 9-25 所示。

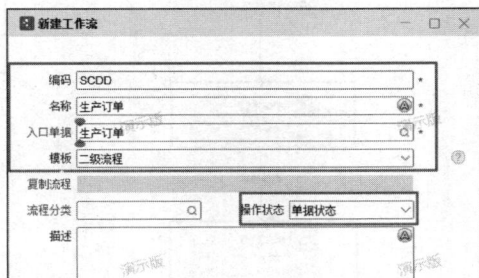

图 9-23　新增工作流

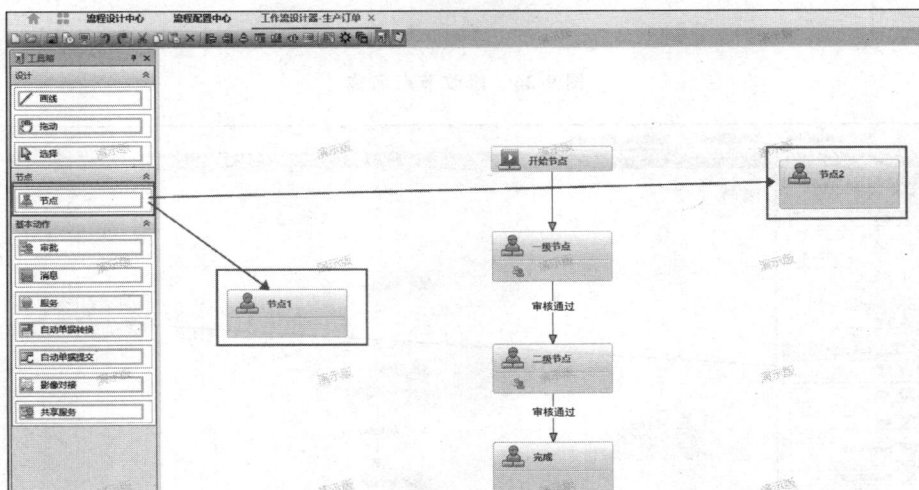

图 9-24　添加节点

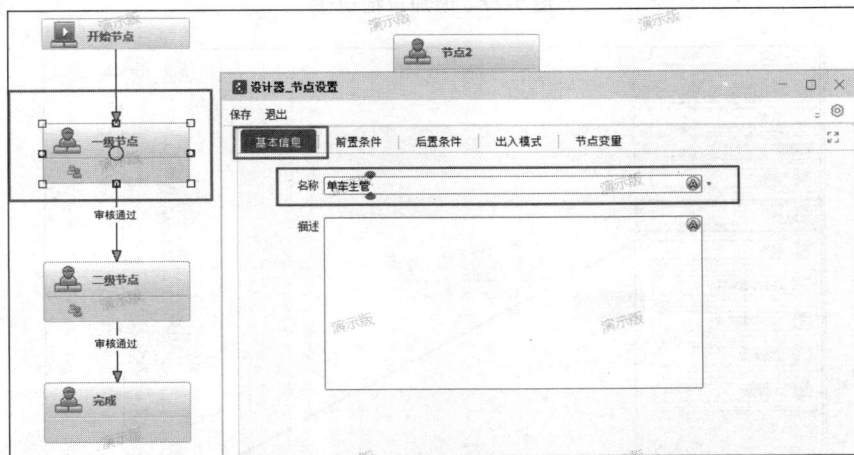

图 9-25　节点基本信息

（6）修改其他节点名称。将其他节点名称按照上述步骤一并修改，如图 9-26 所示。

（7）添加审批动作。在左侧工具箱中单击"审批"，并拖动到"发起人修改"节点中，如图 9-27 所示。

（8）添加消息动作。在左侧工具箱中单击"消息"，并拖动到"完成"节点中，如图 9-28 所示。

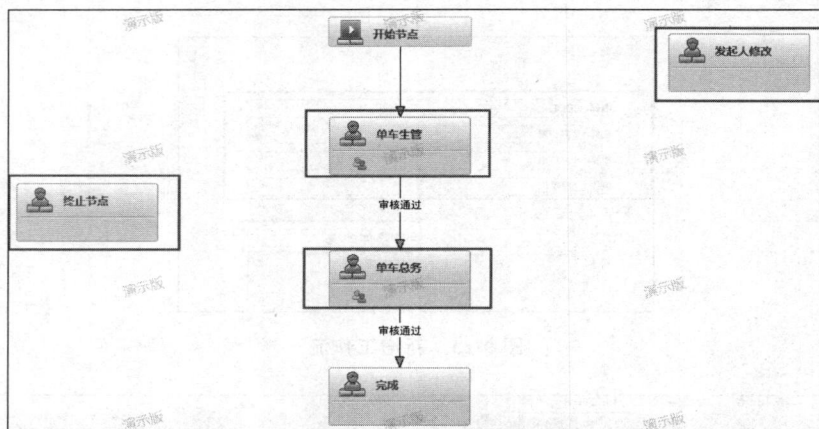

图 9-26 修改节点名称

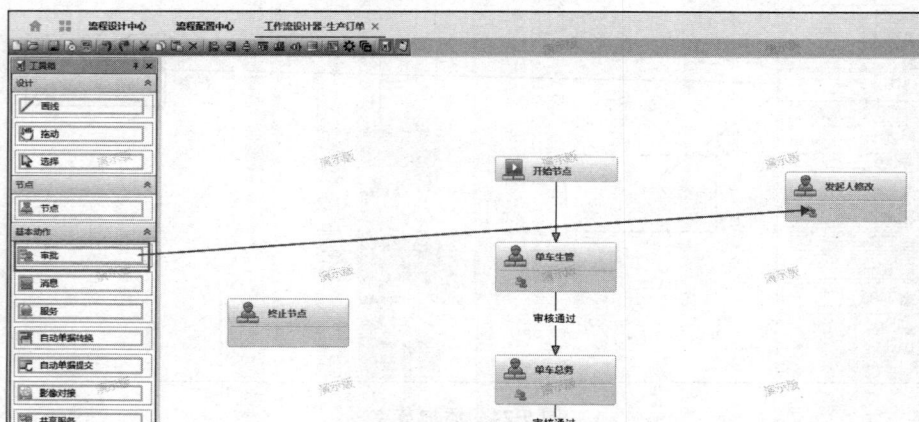

图 9-27 添加审批动作

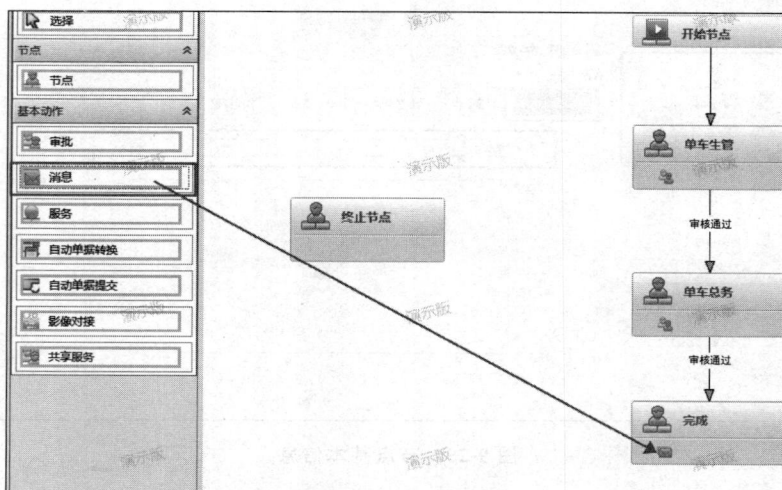

图 9-28 添加消息动作

（9）编辑第一道审批动作。单击"单车生管"节点上的"审批动作"图标，如图 9-29 所示。

（10）设置第一道审批动作参与人。在参与人界面选择用户"单车公司生管"，如图 9-30 所示。

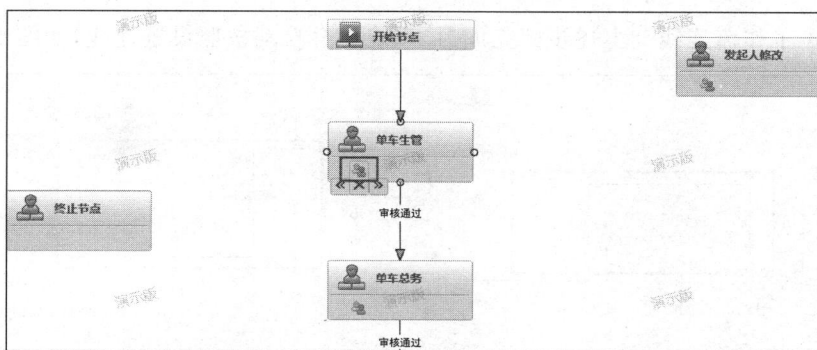

图 9-29　选择节点审批动作 1

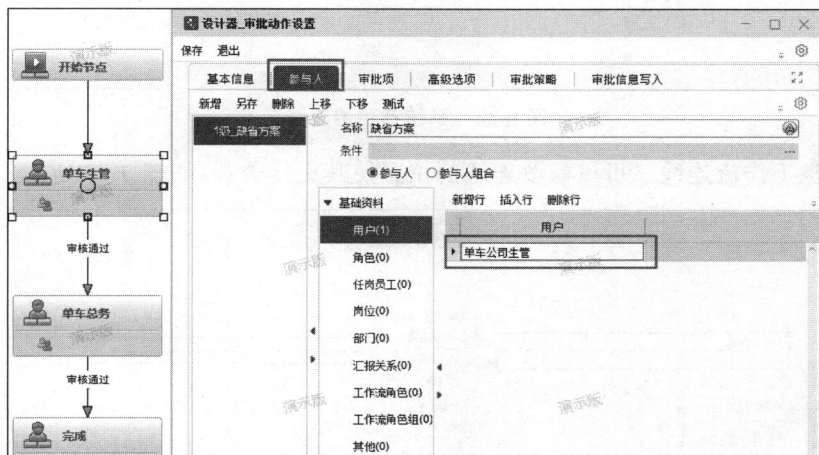

图 9-30　设置参与人 1

（11）设置第一道审批动作审批项。在审批项节点，选择"驳回重审"的表单操作为"反审核"，目标节点为"发起人修改"；选择"终止流程"的表单操作为"终止且反审核"；目标节点为"终止节点"，单击"保存"，如图 9-31 所示。

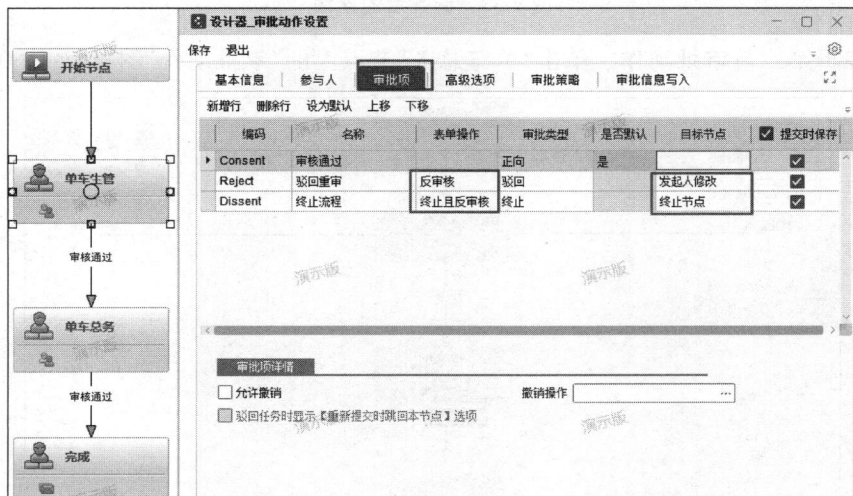

图 9-31　设置审批项 1

（12）预览工作流连线。上述步骤完成后，系统将会自动按照设置连线，如图 9-32 所示。

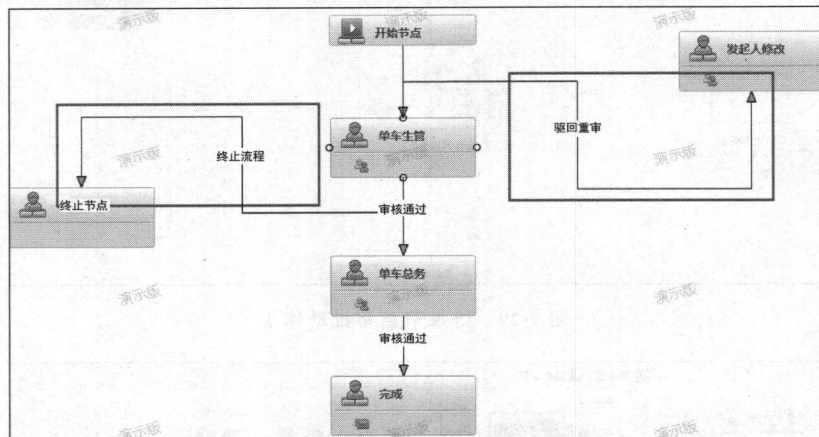

图 9-32　系统产生的连线

（13）调整工作流连线。可以修改连线的位置使其更佳美观，如图 9-33 所示。

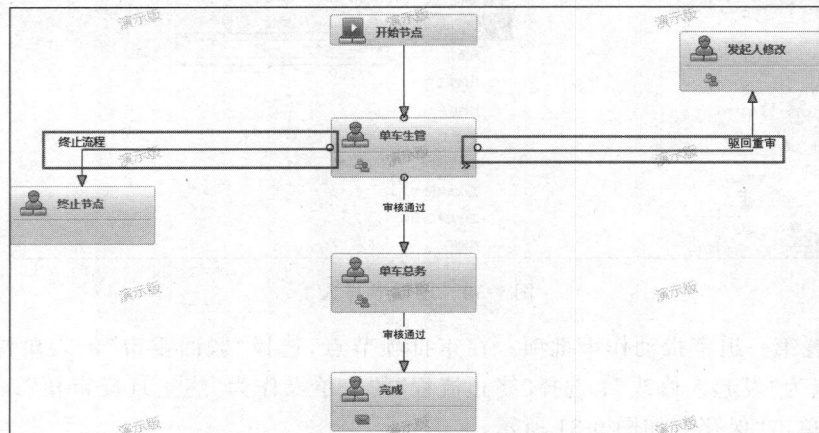

图 9-33　调整后的连线

（14）编辑第二道审批动作。单击"单车总务"节点上的"审批动作"图标，如图 9-34 所示。

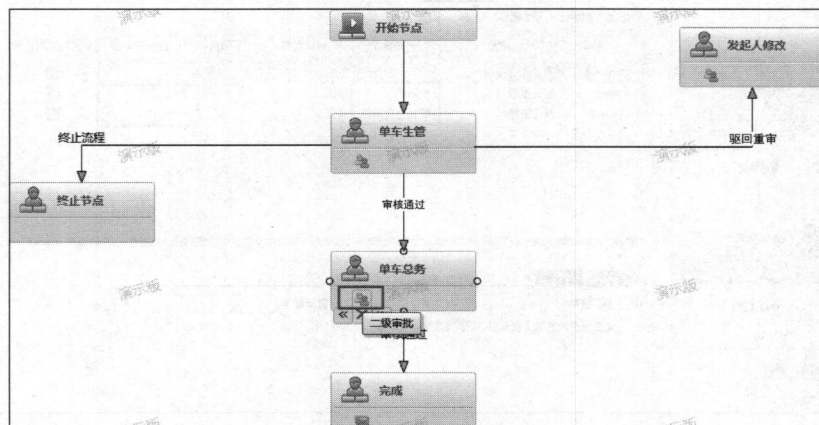

图 9-34　选择节点审批动作 2

（15）设置第二道审批动作参与人。在参与人界面选用户"单车公司总务"，如图 9-35 所示。

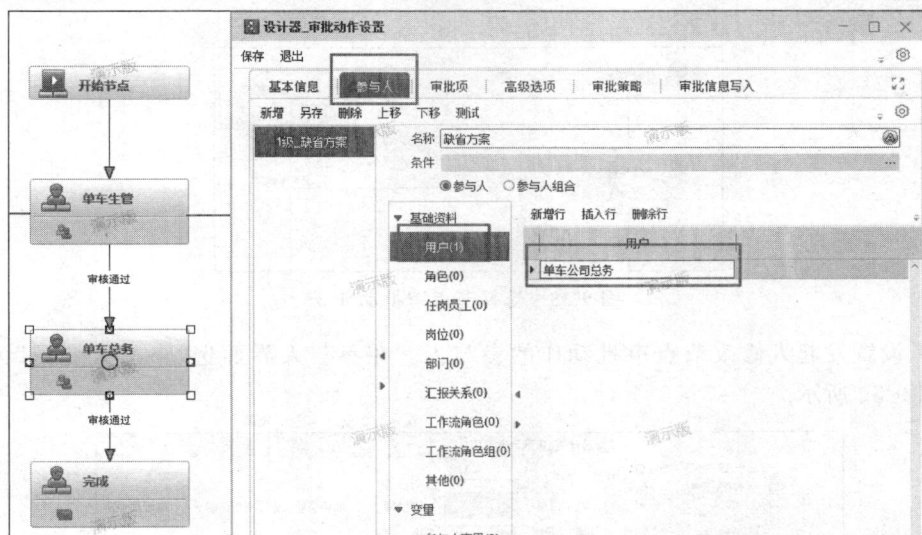

图 9-35　设置参与人 2

（16）设置第二道审批动作审批项。在审批项节点，选择"审核通过"的表单操作为"审核"；选择"驳回重审"的表单操作为"反审核"，目标节点为"发起人修改"；选择"终止流程"的表单操作为"终止且反审核"，目标节点为"终止节点"；单击"保存"，如图 9-36 所示。

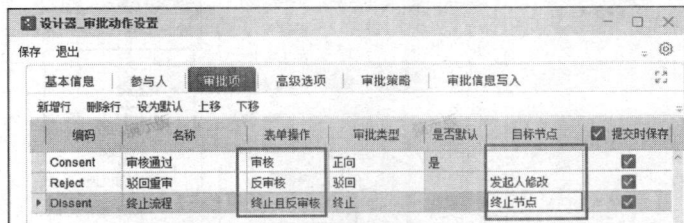

图 9-36　设置审批项 2

（17）调整审批流连线。拖动线条，使其更加美观，如图 9-37 所示。

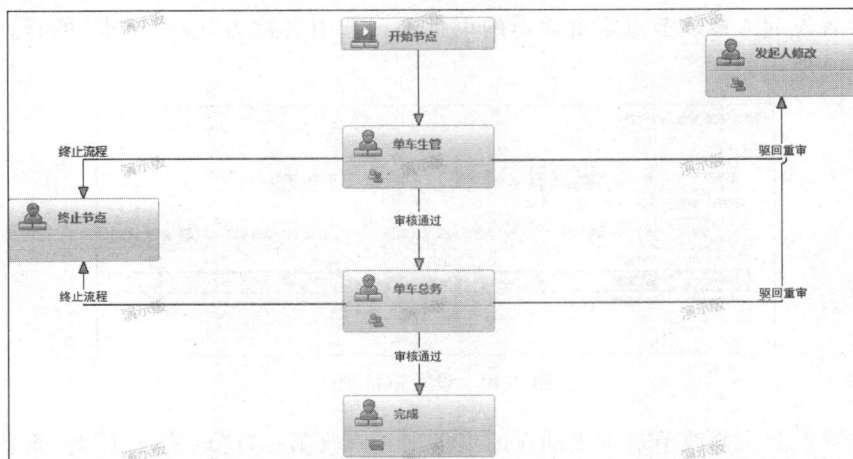

图 9-37　调整线条 1

（18）编辑发起人修改节点的审批动作。单击"发起人修改"节点上的"审批动作"图标，如图 9-38 所示。

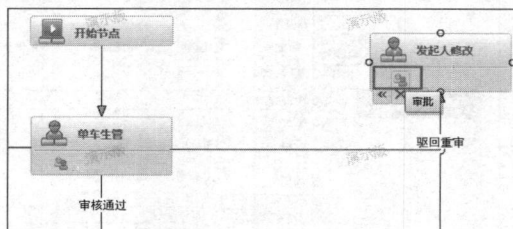

图 9-38　选择节点审批动作 3

（19）设置发起人修改节点审批动作的参与人。在参与人界面选"参与人变量"为"发起人"，如图 9-39 所示。

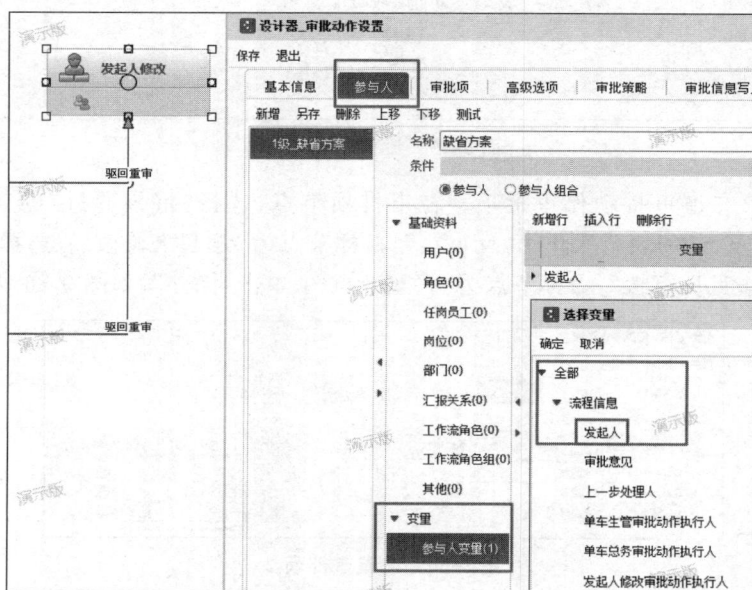

图 9-39　设置参与人 3

（20）设置发起人修改节点审批动作的审批项。选中名称为"驳回重审"的行，单击"删除行"，如图 9-40 所示。

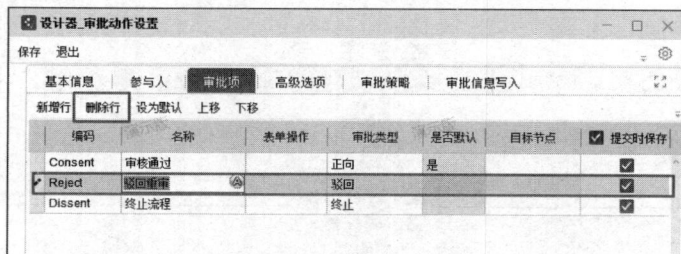

图 9-40　设置审批项 3

（21）设置发起人修改节点审批动作的审批项。修改第一行"审核通过"为"重新提交"，如图 9-41 所示。

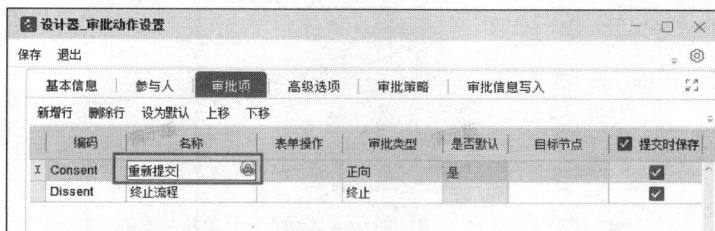

图 9-41　设置审批项 4

（22）设置发起人修改节点审批动作的审批项。选择"重新提交"的表单操作为"提交"，目标节点为"单车生管"；选择"终止流程"的表单操作为"终止且反审核"，目标节点为"终止节点"；单击"保存"，如图 9-42 所示。

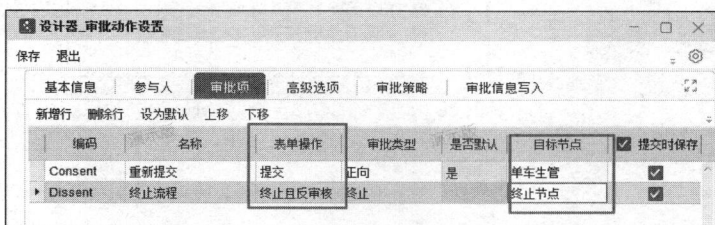

图 9-42　设置审批项 5

（23）调整审批流连线。拖动线条，使其更加美观，如图 9-43 所示。

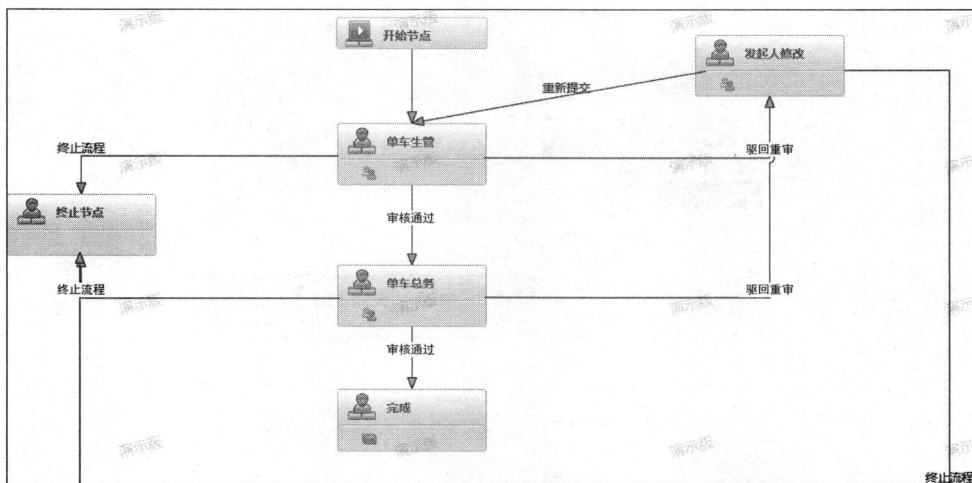

图 9-43　调整线条 2

（24）编辑完成节点的消息动作。单击完成节点的"消息"图标，如图 9-44 所示。

（25）完成节点的消息动作设置。在消息动作页签下，修改标题为"您的流程已经审批通过，请查看对应单据。"，内容修改为"您的流程已经审批通过，请查看对应单据{单据编号}。"，如图 9-45 所示。

（26）设置完成节点消息动作的接收人。接收人中选择"参与人变量"为"发起人"，如图 9-46 所示。

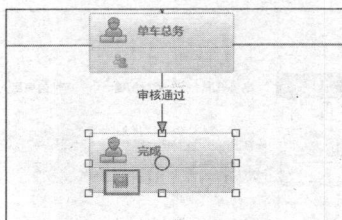

图 9-44　选择消息动作

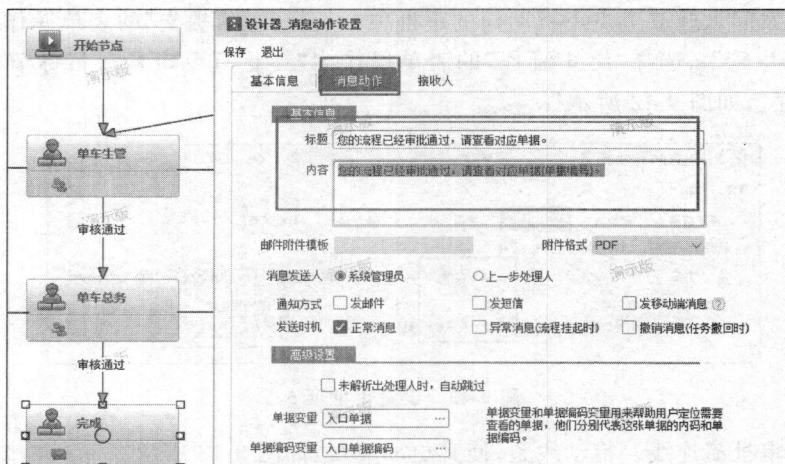

图 9-45　设置消息内容

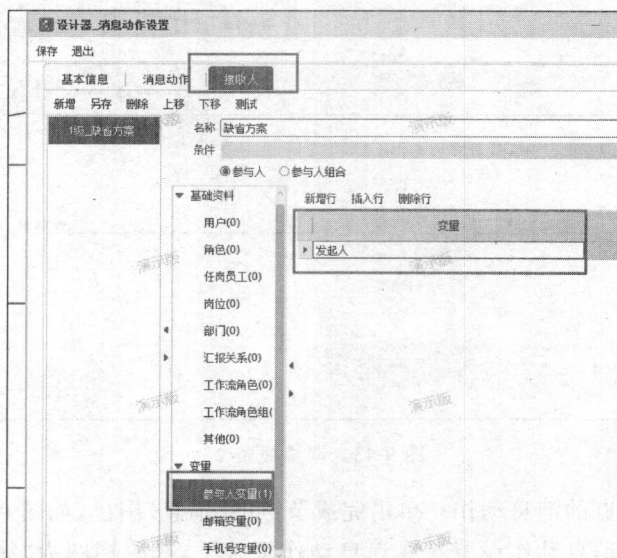

图 9-46　选择消息接收人

（27）保存工作流。单击"保存"按钮,保存设置完成的工作流,如图 9-47 所示。

（28）发布工作流。单击"发布"按钮进行流程发布,如图 9-48 所示。

（29）发布成功。系统会提示工作流发布成功消息,如图 9-49 所示。

图 9-47　保存工作流

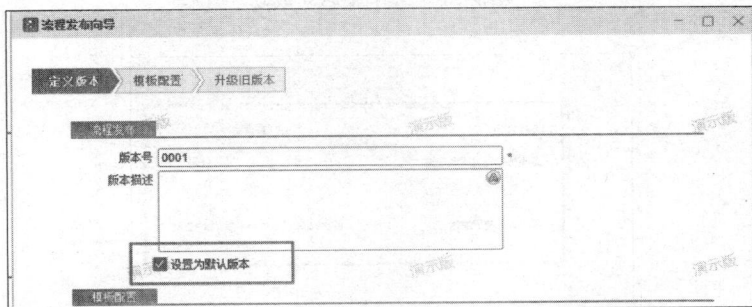

图 9-48　发布工作流

图 9-49　工作流发布成功

（30）生产订单工作流配置。在流程配置中心新增单据流配置数据，单击"新增"，编码：SCDD；名称：生产订单；单据：生产订单；组织：爱运动单车公司；流程类型：工作流，然后单击"新增行"，选择流程"生产订单"，版本默认选择最新的那一个，并保存启用配置，如图 9-50 所示。

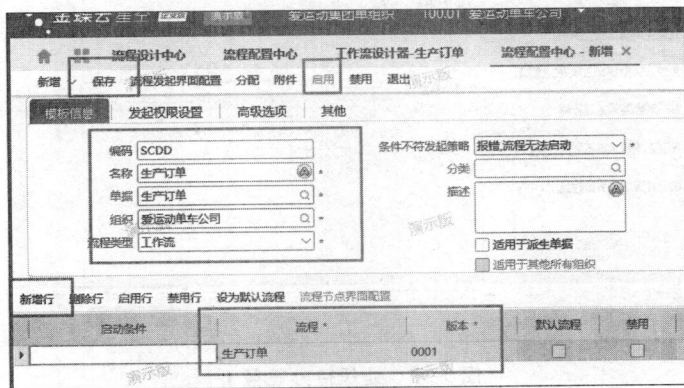

图 9-50　流程配置中心新增工作流配置并启用

（31）新增生产订单。在"爱运动单车公司"新增业务场景中表 9-2 所示的生产订单，保存并提交，系统会提示"工作流启动成功"，如图 9-51 所示。

（32）生产订单一级审批人待办任务界面。然后登录"单车公司生管"账号，登录后首页的待处理任务中就可以看到由"信息主管"提交的工作流，如图 9-52 所示。

（33）生产订单一级审批人审批处理。单击"处理"，选择"审批通过"，然后单击"提交"，流程就会继续往下走到"单车公司总务"节点，如图 9-53 所示。

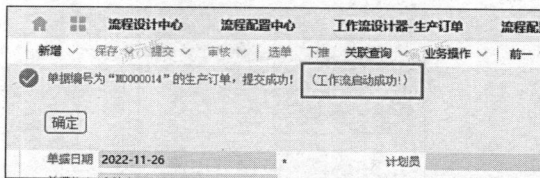

图 9-51　工作流启动成功

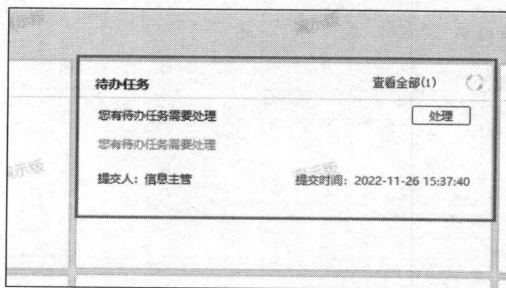

图 9-52　待办任务

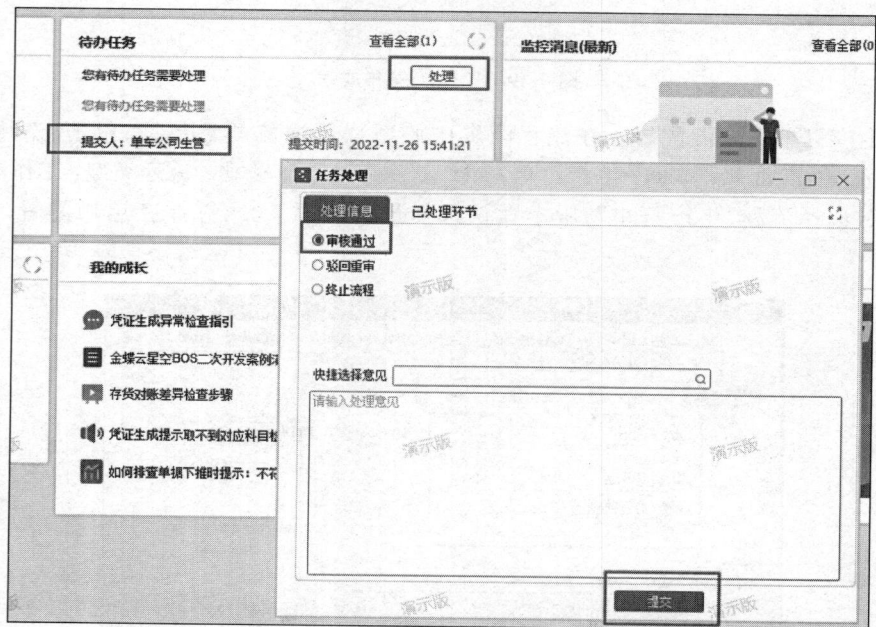

图 9-53　处理待办任务 1

（34）生产订单二级审批人审批处理。然后登录"单车公司总务"账号,登录后首页的待处理任务中就可以看到由"单车公司生管"提交的工作流,然后处理流程"审批通过",如图 9-54所示。

（35）消息中心查看审批消息。在单车公司总务审批后,信息主管(发起人)信息中心的流程消息中就可以看到流程审批完毕的消息提醒,如图 9-55 所示。

（36）消息中心查看审批消息。在这里可以快速进行"查看消息""查看单据""标记已读/未读"等操作,如图 9-56 所示。

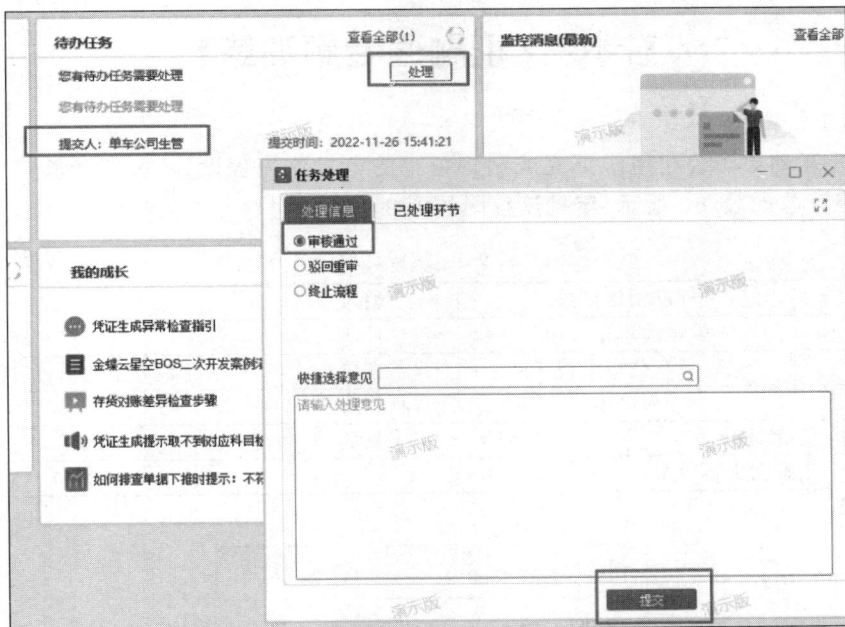

图 9-54　处理待办任务 2

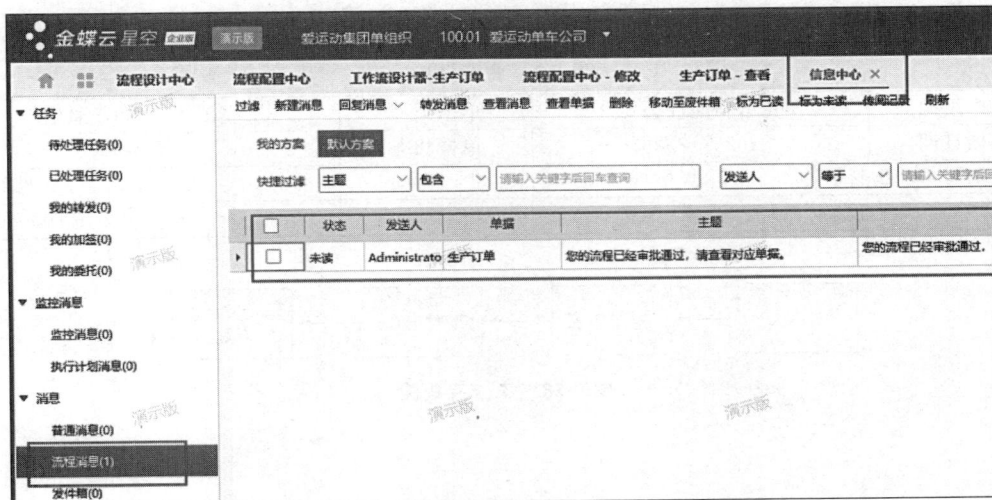

图 9-55　信息中心

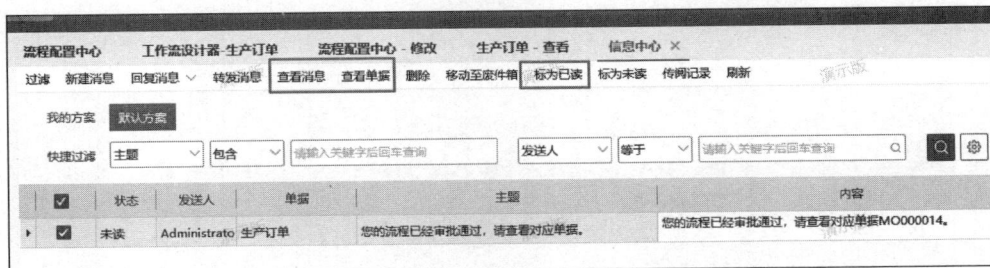

图 9-56　查看信息

【岗课赛证融通专题训练】

实操练习

(1) 在爱运动单车公司组织下完成销售订单的审批流流程设计、配置和验证练习,销售订单如表 9-3 所示,审批流程图如图 9-57 所示。

表 9-3　销售订单

单据类型	标准销售订单		编码		XSDD+姓名+99	
销售组织	爱运动单车公司		日期		2023/12/26	
销售员	单车公司销售		客户		宁波万里达销售有限公司	
币别	人民币		收款条件		月结 30 天	
产品代码	产品名称	产品规格	数量	税率/%	要货日期	含税单价
401002	通勤女士自行车	26 英寸	5	13	2023/12/30	1 500

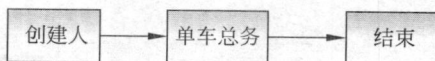

```
创建人 → 单车总务 → 结束
```

图 9-57　审批流程图

(2) 在爱运动配件公司组织下完成工序计划的工作流流程设计、配置和验证练习,生产订单如表 9-4 所示,工作流程图如图 9-58 所示。

表 9-4　生产订单

生产组织	爱运动配件公司		单据类型	工序汇报入库-普通生产		
单据日期	2023/12/26		单据状态	创建		
物料编码	物料名称	规格型号	生产车间	单位	数量	工艺路线
301001	车架	28 英寸(碳素)	加工车间	Pcs	5	RT000001

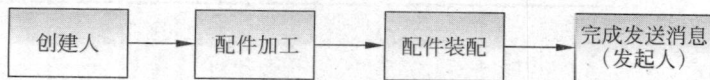

```
创建人 → 配件加工 → 配件装配 → 完成发送消息(发起人)
```

图 9-58　工作流程图

套 打 设 计

知识目标

(1) 了解金蝶云星空套打概念及其在企业中的应用价值;

(2) 掌握套打环境搭建的基本步骤和所需技术条件;

(3) 学习套打模板的设计原则和控件的使用方法。

能力目标

(1) 能够独立完成金蝶云星空套打环境的搭建和配置;

(2) 能够根据企业需求设计出符合要求的套打模板;

(3) 能够诊断和解决套打过程中出现的技术和操作问题。

素养目标

(1) 培养细致入微的观察力和精确的操作能力,确保套打质量和效率;

(2) 提升创新意识和设计能力,以适应不同业务场景下的套打需求。

思维导图

```
                    ┌─── 套打设计界面
         套打设计 ───┤
                    └─── 套打设计实战 ─── 生产领料单套打设计
```

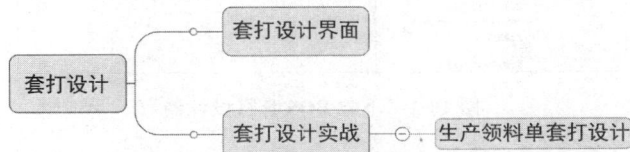

套打是指在使用打印机打印文档时,将预先设计好的格式或模板与实际需要打印的内容相结合的过程。在这个过程中,打印数据会按照预设的格式被准确地放置在打印纸张的指定位置上,从而实现数据的规范化和格式化输出。套打主要有以下作用。

(1) 提高工作效率。套打可以自动将数据库中的信息填充到预设的文档模板中,减少了手动输入和格式调整的时间,从而显著提高打印作业的效率。套打功能还支持批量打印,用户可以一次性打印大量文档,如发票、订单、报表等,节省时间和资源。

(2) 确保数据准确性。由于套打的数据直接从系统中提取,减少了人工操作可能导致的错误,确保了打印文档中的数据准确无误。

(3) 保持文档一致性。套打使用统一的模板,保证了所有打印文档的格式和布局一致,有助于维护企业形象和品牌的统一性,便于归档和后续管理。

任务一　套打设计界面

任务导入

在金蝶云星空中套打设计需要先下载套打设计器,搭建金蝶云星空套打设计器环境。

业务场景

进入下载中心下载安装 BOS 套打设计器,登录并熟悉界面。

业务实施

(1)从网页版或客户端中下载套打设计器。用"信息主管"账号登录系统,单击"信息主管"名称,然后单击"下载中心"→"BOS 套打设计器",如图 10-1 所示。

图 10-1　下载 BOS 套打设计器

(2)登录套打设计器。双击下载中心的 BOS 套打设计器,直接进入 BOS 套打设计器,如图 10-2 所示。首先进入的是选择业务系统的系统视图界面,只有选择正确的业务系统才能进行套打模板新增。比如需要新增销售订单的套打模板需要选择"供应链"→"销售管理"。

(3)套打设计器界面操作菜单区。套打设计器的上部分界面为操作菜单,有各种操作按钮,包括了新增模板、模板导入、属性、插入行、合并单元格、对齐等功能,如图 10-3 所示。

(4)套打设计器界面工作箱区域。套打设计器的左侧界面是工具箱,主要作用是使用各种控件来给模板增加对应的文字显示、字段取值、添加图片等功能,如图 10-4 所示。

(5)套打设计器界面套打设计区域。套打设计器的中间界面为具体的套打设计区域,可以输入问题、引用字段、拖动单元格、字段的大小位置等,如图 10-5 所示。

(6)套打设计器界面右侧界面。套打设计器的右侧界面为项目、导航树、数据源、属性区域。项目页签下可以看到对应单据下的所有套打模板;导航树页签可以快速选择某个单元格或者某一个数据行;数据源会显示当前单据中所有可以打印字段的值、属性等;在属性页签可以对当前套打模板进行命名,如图 10-6 所示。

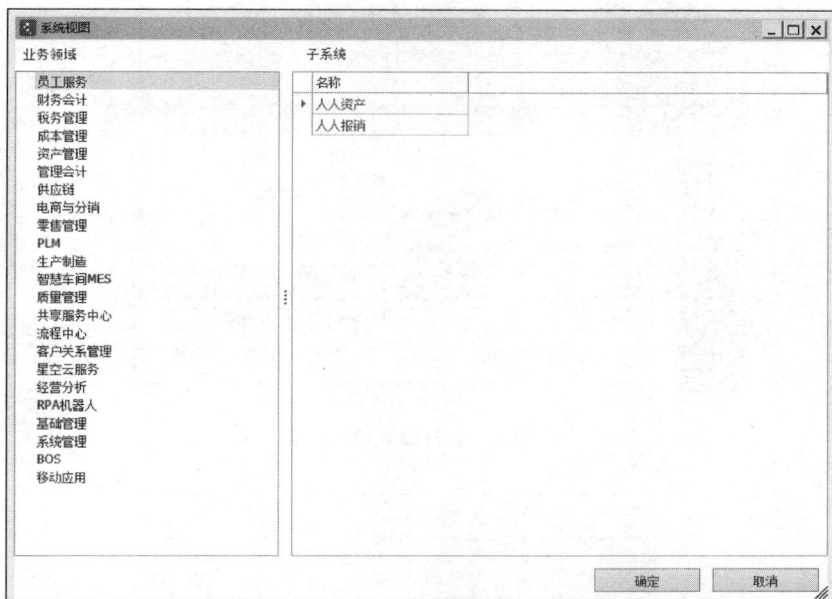

图 10-2　打开对应子系统

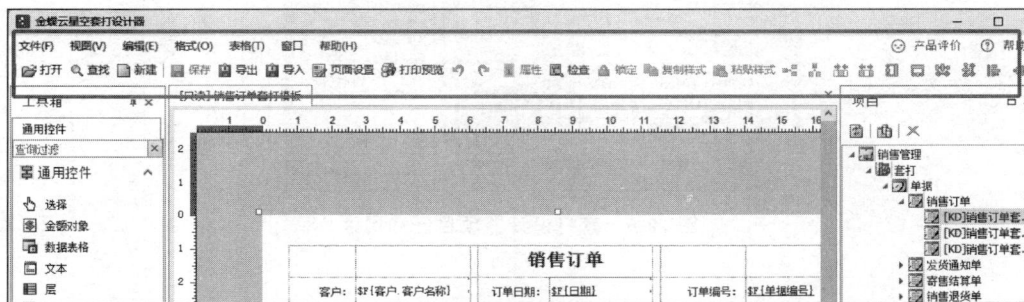

图 10-3　套打设计器菜单功能

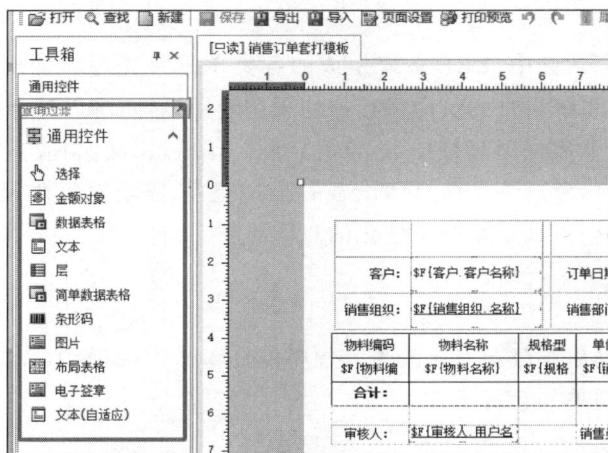

图 10-4　套打设计器通用控件功能

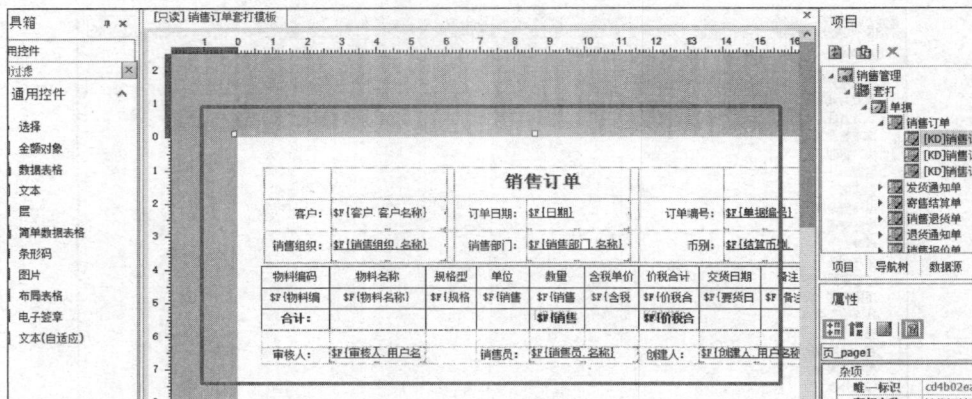

图 10-5　套打设计器设计区

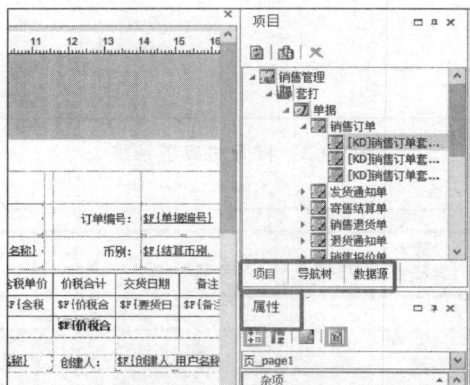

图 10-6　套打设计器项目区和属性

任务二　套打设计实战

任务导入

在企业的日常运营活动中,ERP 系统生成的各类单据常需打印输出,以便存档备查或作为沟通的依据。然而,系统自带的打印模板往往采用通用设计,难以契合企业的特定形象和业务流程需求。为此,企业需采用套打技术,量身定制打印模板,确保其与企业文化相契合,并顺应业务操作流程。同时,考虑到企业打印设备的实际配置,需要对纸张尺寸、纸张方向以及边距等参数进行细致调整,以满足企业个性化的打印需求。

业务场景

现需要设置爱运动单车公司专属的生产领料单打印样式,如图 10-7 所示。根据图上内容在系统中设计生产领料单的套打模板。

业务分析

在设计系统套打模板时,首先需要分析图中固定的字段和变动的字段取值的内容及位置

爱运动单车公司

生产领料单

单据编号：SOUT00000011　　出库日期：2022/11/17　　生产组织：爱运动单车公司

发料组织：爱运动单车公司　　货主：

序号	物料编码	物料名称	物料规格	单位	应发数量	实发数量	仓库	生产订单
1	201001	车把手		Pcs	10	10	单车公司原材料仓库	MO000010
2	201002	车座		Pcs	10	10	单车公司原材料仓库	MO000010
3	201003	链条		Pcs	10	10	单车公司原材料仓库	MO000010
4	201004	脚蹬部件		Pcs	20	20	单车公司原材料仓库	MO000010
5	201006	飞轮	单级飞轮	Pcs	10	10	单车公司原材料仓库	MO000010
6	301002	车架	26英寸（碳素）	Pcs	10	10	单车公司半成品仓库	MO000010
7	302003	车轮	女式26英寸	Pcs	20	20	单车公司半成品仓库	MO000010
8	303002	遮泥板	普通	Pcs	20	20	单车公司半成品仓库	MO000010

领料人：　信息主管　　审核人：　信息主管

图 10-7　套打效果图

分布，再确定哪些是系统单据头上的字段、哪些是单据体上的字段。对应单据体字段就需要放在数据表格中。经过和系统单据对比分析得出如图 10-8 所示系统的套打模板。

爱运动单车公司

生产领料单

单据编号：	$F{单据编号}	出库日期：	$F{日期}	生产组织：	$F{生产组织.名称}
发料组织：	$F{发料组织.名称}	货主：	$F{货主.名称}		

序号	物料编码	物料名称	物料规格	单位	应发数量	实发数量	仓库	生产订单
$F{序号}	$F{物料编码.编码}	$F{物料编码.名称}	$F{物料编码.规格型号}	$F{单位.编码}	$F{申请数量}	$F{实发数量}	$F{仓库.名称}	$F{生产订单编号}

领料人：　$F{创建人.用户名称}　　审核人：　$F{审核人.用户名称}

图 10-8　套打模板

业务实施

(1) 登录 BOS 套打设计器。打开 BOS 套打设计器，并用 Administrator 账号登录设计器。

套打设置

(2) 在系统视图中选择业务模块。在系统视图中依次打开“生产制造”→“生产管理”，单击“确定”。

(3) 在新建向导中选择业务领域和业务对象。在新建向导中依次打开“生产管理”→“单据”→“生产领料单”，然后在业务对象名称中填入“姓名-生产领料单”，单击“确定”，如图 10-9 所示。

(4) 进行页面设置。单击“页面设置”按钮，纸张选择“A5”，方向改为“横向”，上下左右边距都为“5”。单击“确定”，如图 10-10 所示。

(5) 布局表格设计。按照业务分析进行套打模板的设计，在左边工具箱里面选择“布局表格”在设计界面上鼠标拖动放置大致位置。用“插入行”插入一行，用“插入列”插入三列。拖动布局表格到合适位置，并且调整合适大小。然后选中整个布局表格单击“等行高”和“等列宽”。

(6) 第一行设计。合并第一行单元格，输入“爱运动单车公司”，然后右击“属性”调整字体大小格式。

(7) 第二行设计。合并第二行单元格，输入“生产领料单”，然后右击“属性”调整字体大小格式。

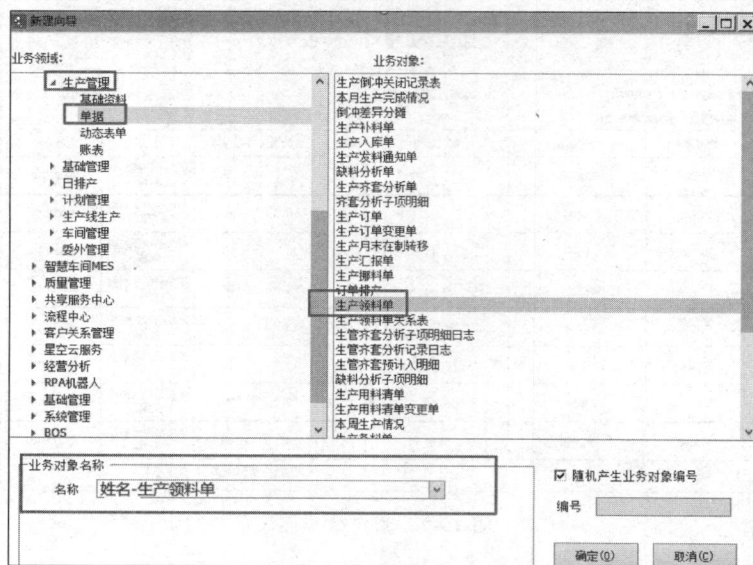

图 10-9　新建套打模板

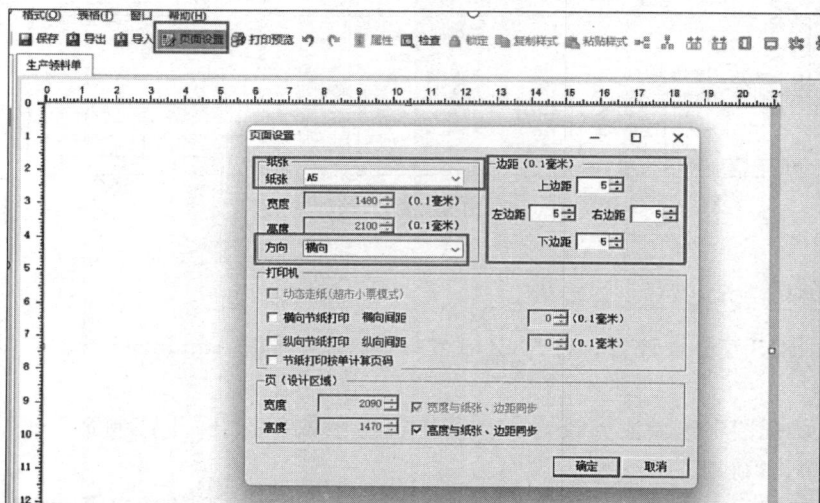

图 10-10　页面设置

（8）第三行、第四行设计。在第三行、第四行中，首先按照业务分析中的位置输入单据编号、出库日期、生产组织、发料组织、货主。然后在工具箱中选择文本控件，在对应单元格中用鼠标拖动放置文本控件。然后绑定数据源并选择对应字段，依次完成其他单元格的字段绑定。

（9）数据表格布局设计。在左边工具箱里面选择"数据表格"，在设计界面上用鼠标拖动放置到大致位置。用"插入列"插入六列，拖动布局表格到合适位置，并且调整合适大小。然后选中整个布局表格，单击"等行高"和"等列宽"，把数据表格和布局表格对齐。

（10）数据表格中非数据源内容设置。把序号、物料编码、物料名称、物料规格、单位、应发数量、实发数量、仓库、生产订单输入到数据表格的第一行（非数据行）中。调整适合的行高。把领料人、审核人输入数据表格的第三行（非数据行），调整适合的行高。

（11）数据表格中数据行的设置。从界面右边数据源拖动序号字段到数据表格的第二行（数据行）中。其他数据字段可以从数据源中拖动绑定，也可以右击数据行中的单元格"属性"绑定对应的字段，如图10-11所示。

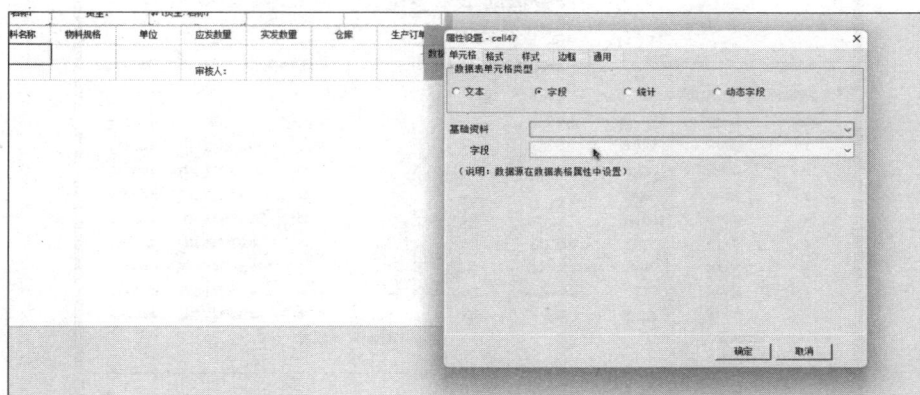

图 10-11　单元格属性

（12）数据表格中领料人和审核人的设置。在第三行领料人、审核人的右侧单元格添加工具箱中的文本控件，并绑定对应的字段值，如图10-12所示。

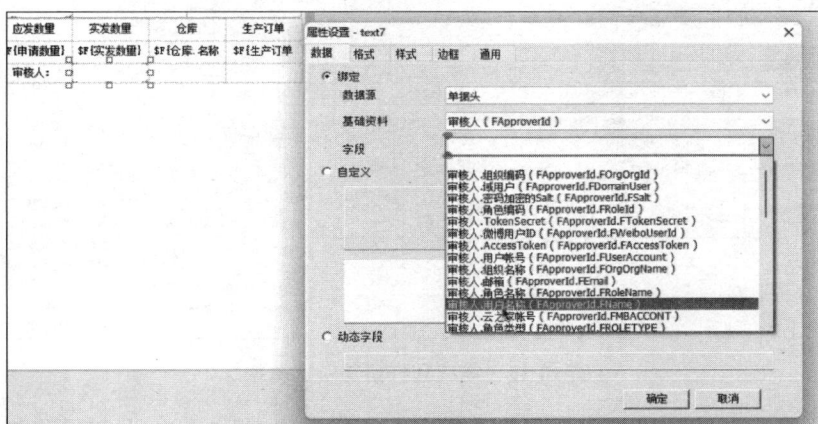

图 10-12　绑定字段

（13）套打模板打印设置。返回客户端，打开生产领料单。单击"选项"→"套打设置"，选择"使用套打模板打印"，根据单据类型的对应套打模板位置绑定创建的套打模板，保存，如图10-13所示。

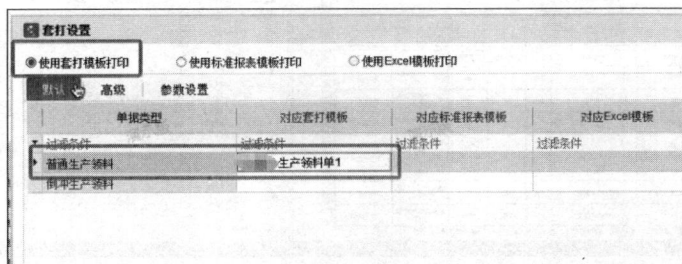

图 10-13　套打模板选择

（14）套打模板打印预览。再次单击“选项”→“预览”查看套打模板实际打印的样式，如图 10-14 所示。

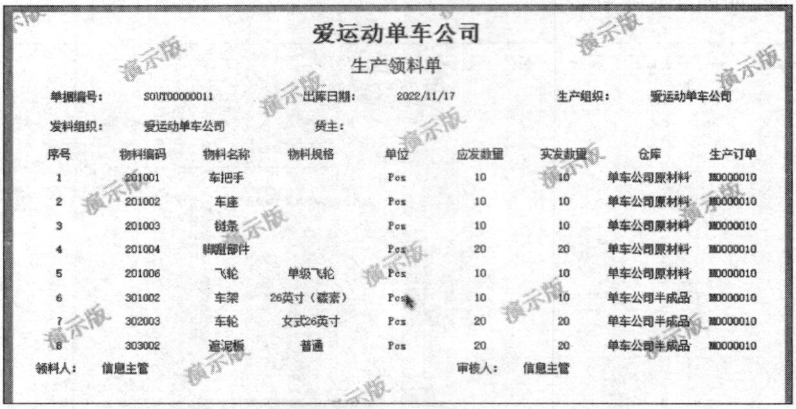

爱运动单车公司

生产领料单

单据编号：SOUT00000011　出库日期：2022/11/17　生产组织：爱运动单车公司

发料组织：爱运动单车公司　货主：

序号	物料编码	物料名称	物料规格	单位	应发数量	实发数量	仓库	生产订单
1	201001	车把手		Pcs	10	10	单车公司原材料	MO000010
2	201002	车座		Pcs	10	10	单车公司原材料	MO000010
3	201003	链条		Pcs	10	10	单车公司原材料	MO000010
4	201004	脚蹬部件		Pcs	20	20	单车公司原材料	MO000010
5	201006	飞轮	单级飞轮	Pcs	10	10	单车公司原材料	MO000010
6	301002	车架	26英寸（碳素）	Pcs	10	10	单车公司半成品	MO000010
7	302003	车轮	女式26英寸	Pcs	20	20	单车公司半成品	MO000010
8	303002	遮泥板	普通	Pcs	20	20	单车公司半成品	MO000010

领料人：信息主管　审核人：信息主管

图 10-14　套打效果预览

（15）在列表中预览套打。在列表中预览需要单击“选项”→“套打”→“连续套打预览所选单据”，如图 10-15 所示。

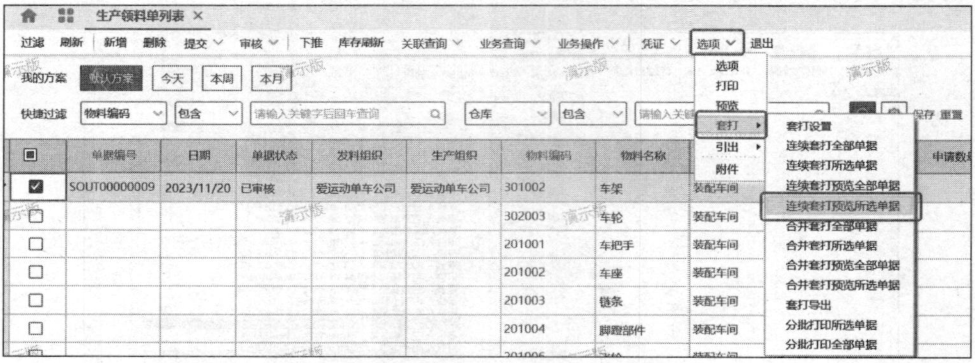

图 10-15　连续套打预览所选单据

（16）差异比较。将预览打印结果和业务分析中的模板对比，可以发现目前打印预览中没有表格框线、其中还有字段值显示不全的问题，如图 10-16 所示。

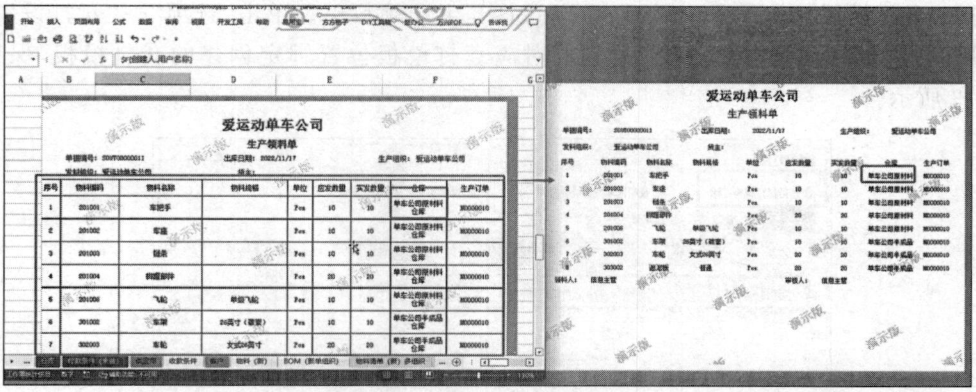

图 10-16　套打差异对比

（17）套打边框属性设置。在套打设计器中选择数据表格的第一行和第二行，右击"属性"→"通用"，单击"外边框"和"内部"，如图 10-17 所示。

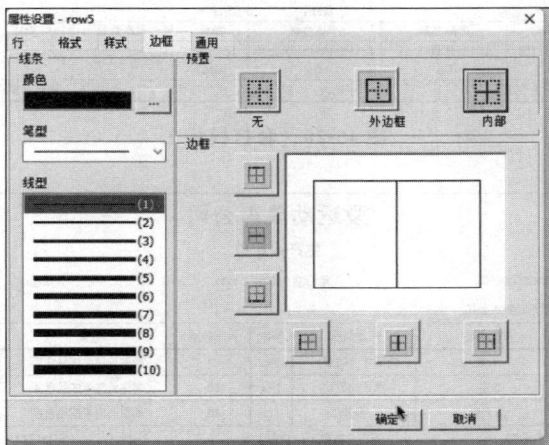

图 10-17 设置表格线条

（18）套打字段自动换行设置。对于有数据行字段值显示不下的，可以拖动列宽来调整字段打印宽度，或者右击"属性"→"样式"，勾选"自动换行"。

（19）不打印空行设置。数据行可以设置固定每页打印的行数和不打印空行，如图 10-18 所示。

（20）套打首行和末行锁定设置。设置数据表格的第一行和第三行每页出现，如图 10-19 所示。

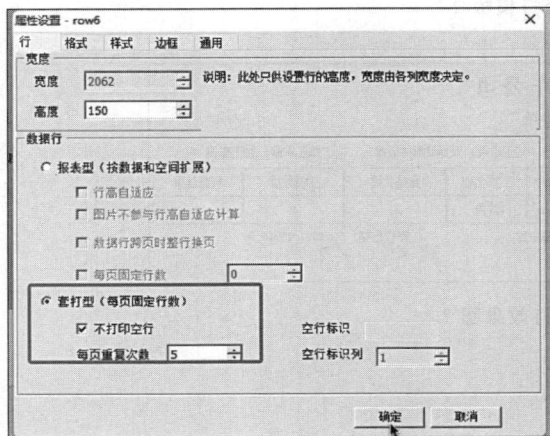

图 10-18 设置数据行

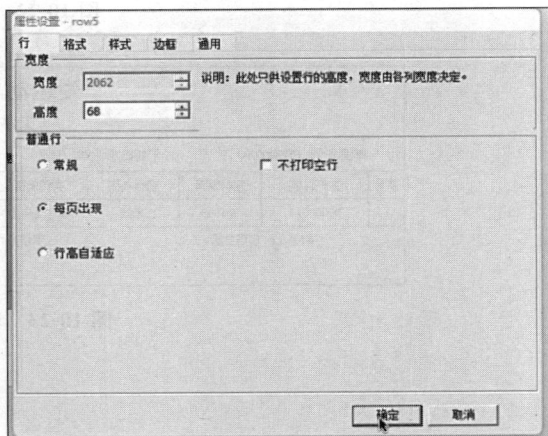

图 10-19 设置普通行每页出现

【岗课赛证融通专题训练】

实操练习

（1）参照图 10-20 在演练组织中设置生产入库单的套打格式，预览效果如图 10-21 所示。

项目十
即测即评

爱运动单车公司

生产入库单

单据编号：	$F{单据编号}		入库日期：	$F{日期}		入库组织：	$F{入库组织.名称}
生产组织：	$F{生产组织.名称}		备注：	$F{备注}			
序号	产品编码	产品名称	产品规格	单位	入库数量	仓库	生产订单
$F{序号}	$F{物料编码.编码}	$F{物料编码.名称}	$F{物料编码.规格型号}	$F{单位.编码}	$F{实收数量}	$F{仓库.名称}	$F{生产订单编号}
领料人：	$F{创建人.用户名称}		审核人：	$F{审核人.用户名称}		审核日期：	$F{审核日期}

图 10-20 套打模板 1

爱运动单车公司

生产入库单

单据编号：SCRK00000003		入库日期：2022/11/12		入库组织：爱运动单车公司

生产组织：爱运动单车公司　　　　　备注：

序号	产品编码	产品名称	产品规格	单位	入库数量	仓库	生产订单
1	301001	车架	28英寸（碳素）	Pcs	20	单车公司半成品仓库	MO000006
2	302002	车轮	男式28英寸	Pcs	40	单车公司半成品仓库	MO000007
3	303002	遮泥板	普通	Pcs	40	单车公司半成品仓库	MO000008
制单人：信息主管		审核人：信息主管		审核日期：2022-11-12 17:44:38

图 10-21 套打效果图 1

（2）参照图 10-22 在演练组织中设置工序汇报单的套打格式，预览效果如图 10-23 所示。

爱运动单车公司

工序汇报单

单据编号：	$F{单据编号}		汇报日期：	$F{单据日期}	加工组织：$F{加工组织.名称}		加工车间：$F{加工车间.名称}	
序号	生产订单	物料编码	物料名称	物料规格	单位	工序名称	合格数量	工废数量	料废数量
$F{序号}	$F{生产订单编号}	$F{产品编码.编码}	$F{产品编码.名称}	$F{产品编码.规格型号}	$F{单位.编码}	$F{作业.名称}	$F{合格数量}	$F{工废数量}	$F{料废数量}
领料人：	$F{创建人.用户名称}		审核人：	$F{审核人.用户名称}		审核日期：	$F{审核日期}	

图 10-22 套打模板 2

爱运动单车公司

工序汇报单

单据编号：GXHB000008		汇报日期：2022/11/19	加工组织：爱运动配件公司	加工车间：加工车间

序号	生产订单	物料编码	物料名称	物料规格	单位	工序名称	合格数量	工废数量	料废数量
1	MO000013	301003	车架	28英寸（合金）	Pcs	焊接	20	5	
制单人：信息主管		审核人：信息主管		审核日期：2022-11-19 15:34					

图 10-23 套打效果图 2

个性化设置

知识目标

（1）理解金蝶云星空个性化设置的适用场景；

（2）掌握个性化设置的具体方法。

能力目标

（1）能够独立完成金蝶云星空的主页和个性化设置，根据个人习惯定制系统；

（2）能够灵活运用快速搜索、列表和单据小功能，提升数据检索和处理效率。

素养目标

（1）培养个性化意识和创新思维，主动寻求提升工作效率的方法；

（2）强化自我学习和适应能力，快速掌握新工具和功能，以适应不断变化的工作环境。

思维导图

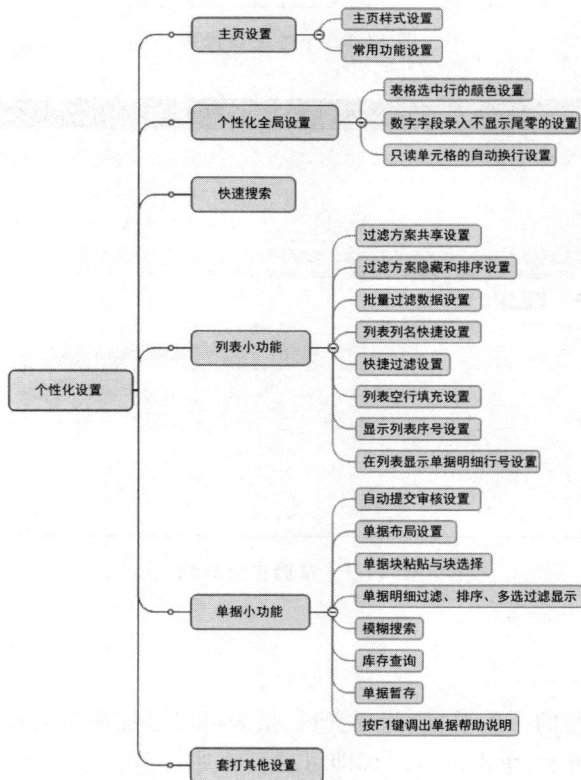

金蝶云星空的个性化设置是指用户可以根据自己的需求和偏好,对金蝶云星空客户端的主页和工作台进行自定义设置和调整。这种配置功能为用户提供了丰富的个性化选项,使用户能够根据自己的工作习惯和喜好来优化使用体验。

任务一　主页设置

一、主页样式设置

金蝶云星空的个性主页分为默认、预置主页(图 11-1)和精简主页,单击"用户头像"→"个性主页",可以进行三种主页样式的切换。精简主页界面如图 11-2 所示。

图 11-1　个性主页设置

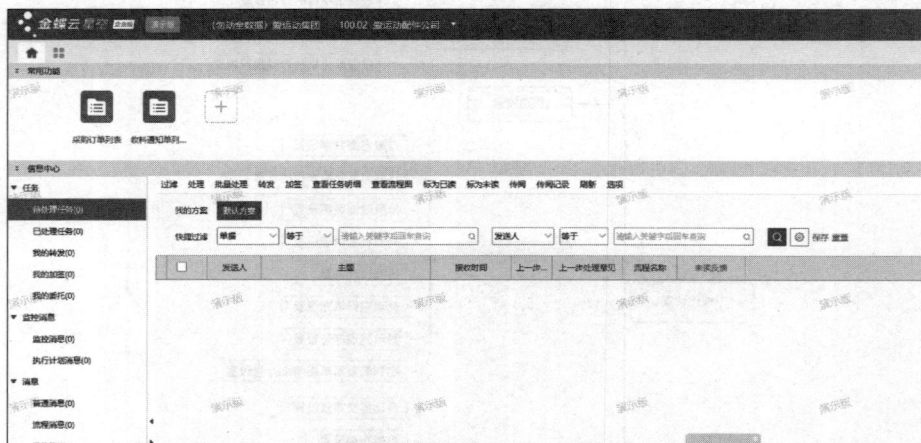

图 11-2　精简主页界面

二、常用功能设置

在精简主页下,常用的一些单据、基础资料、报表可以添加在主页常用功能栏,方便寻找并快速打开。如图 11-3 所示,单击加号图标即可进行添加。

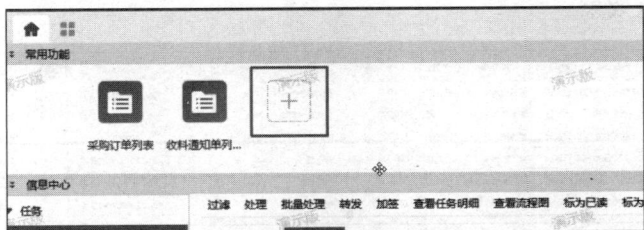

图 11-3　常用功能

在弹出菜单中，找到对应的单据、基础资料、报表等，单击后面的星号就可以直接添加到主页常用功能栏，如图 11-4 所示。

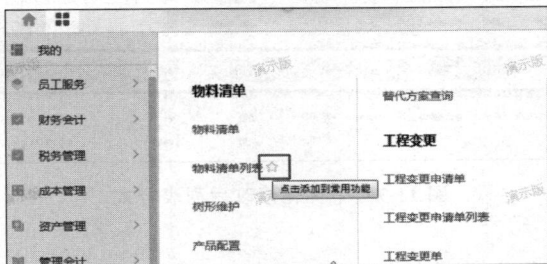

图 11-4　添加常用功能

任务二　个性化全局设置

金蝶云星空个性化配置一般会用到图 11-5 红框中的这几个设置，操作路径："我的设置"→"个性化全局设置"。

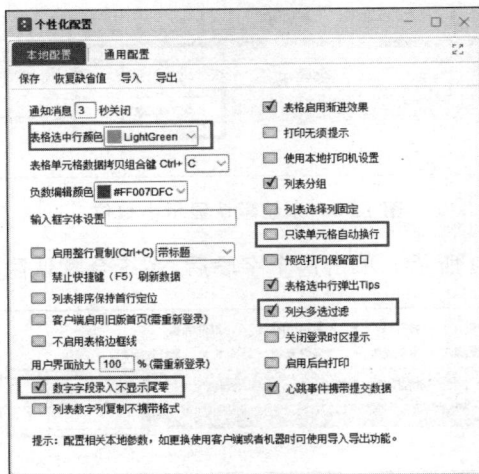

图 11-5　个性化配置

一、表格选中行的颜色设置

系统默认的颜色是浅灰色，不是很明显，可以更换一个更明显的颜色。图 11-6 是系统默认的表格选中行颜色效果。

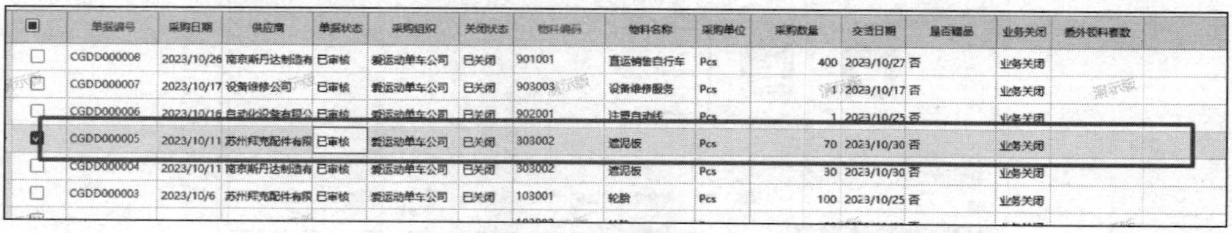

图 11-6　系统默认列表样式

图 11-7 是修改后表格选中行的颜色效果,更加明显了。

图 11-7　个性化修改后列表样式

二、数字字段录入不显示尾零的设置

通常,单据体的数量字段默认显示的是系统最大小数位数,如图 11-8 所示。这种显示方式容易让我们在输入整数时将数字录入到小数位之后,比如想输入数量 1,结果输入成了 0.00000000001,影响录入数据效率和准确率。这个时候就可以使用"数字字段录入不显示尾零"这个参数。

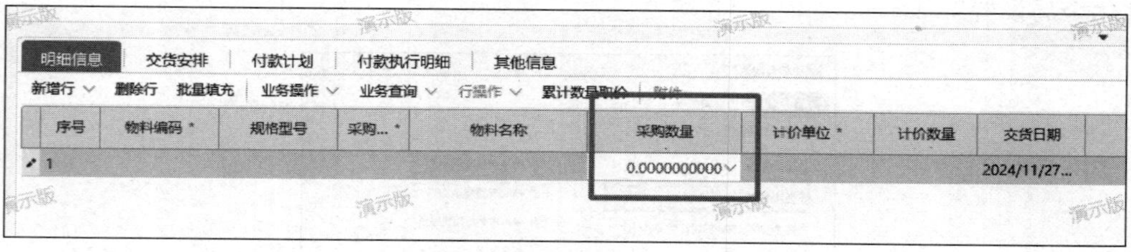

图 11-8　系统默认显示小数位

修改后的界面如图 11-9 所示。单击这个字段后,系统会默认隐藏所有小数点后的 0。

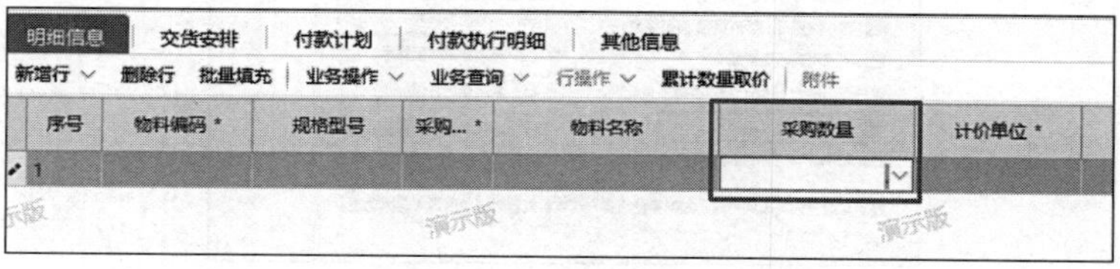

图 11-9　个性化设置后小数效果

三、只读单元格的自动换行设置

在系统默认状态下,列表中有些分行样式的字段内容会显示不全,如图 11-10 所示。

图 11-10　系统默认单元格显示样式

可以勾选"只读单元格自动换行"参数，修改后内容显示如图 11-11 所示。对比图 11-10效果很明显，所有内容都可以在框中显示出来。

单据编号	流程名称	流程模版	单据摘要	内容	流程实例编码	阅读
GXHB013740	工序汇报	工序汇报		你有工序汇报GXHB013740需要审批，入库点否，车间金工车间	GXHB013740_2022070715 4340	未读
GXHB013739	工序汇报	工序汇报		你有工序汇报GXHB013739需要审批，入库点否，车间金工车间	GXHB013739_2022070715 4240	未读
GXHB013738	工序汇报	工序汇报		你有工序汇报GXHB013738需要审批，入库点否，车间金工车间	GXHB013738_2022070715 4207	未读

图 11-11　个性化设置后单元格显示样式

任务三　快速搜索

对于有些不常用的单据、列表、报表，在菜单中可能需要寻找很久才能找到。在软件右上方有一个放大镜图标。单击后会出来如图 11-12 所示的搜索框。

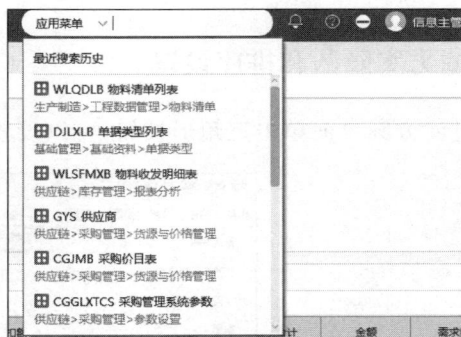

下方默认显示我们最近搜索过的信息如图 11-13 所示。

图 11-12　搜索功能　　　　　　　**图 11-13　最近搜索项目**

这里可以有两种搜索方式：第一种是输入拼音首字母，如"采购订单列表"可以输入"CGDDLB"快速搜索。第二种是直接输入文字搜索，如图 11-14 所示。

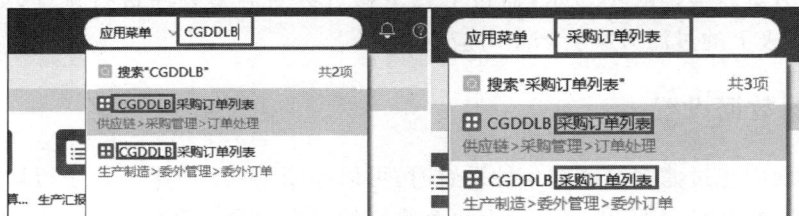

图 11-14　搜索方式

任务四　列表小功能

一、过滤方案共享设置

金蝶云星空的过滤功能在实际应用中非常灵活,可以根据不同的场景和需求选择合适的查询过滤方式。自己设置的过滤方案可以共享给有相同需求的同事,如图 11-15 所示。保存方案的同时可以选择共享给指定用户,然后选择需要的用户。注意:不要点共享所有用户。

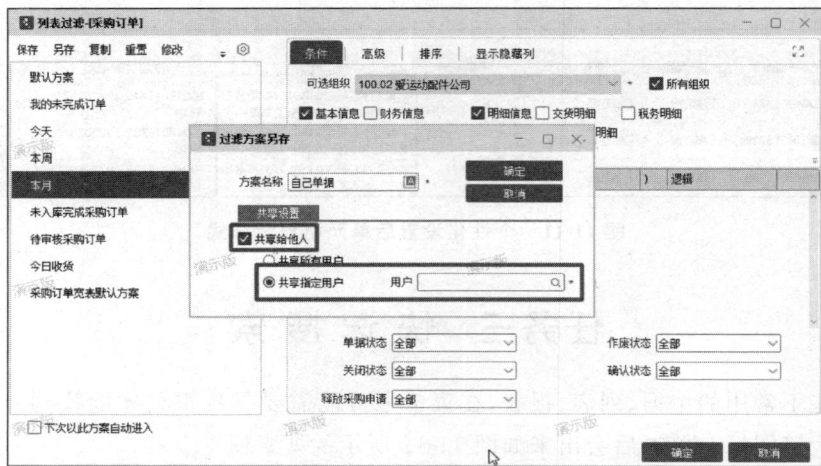

图 11-15　过滤方案共享

二、过滤方案隐藏和排序设置

在过滤方案界面单击三角形按钮,可以设置隐藏方案,如图 11-16 所示。

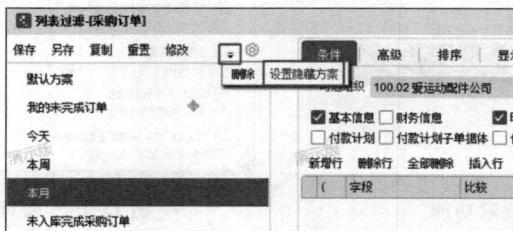

图 11-16　过滤方案隐藏

勾选上的方案就会隐藏不显示,通过上移下移可以对方案顺序进行调整,如图 11-17 所示,确定后在列表上的过滤方案会产生对应变化。

三、批量过滤数据设置

在过滤页面中想过滤多个物料条件设置时,可以如图 11-18 所示一行一行增加过滤条件,对于几个物料这样是可行的,但有几十上百个物料的时候就会很麻烦。

当物料较多时可以用到过滤条件里面的高级过滤功能,先在表格中一起复制一批物料编

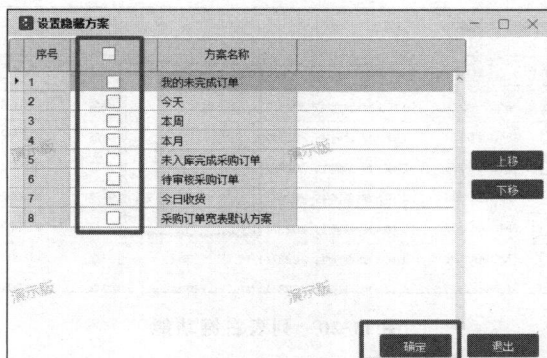

图 11-17　隐藏方案勾选

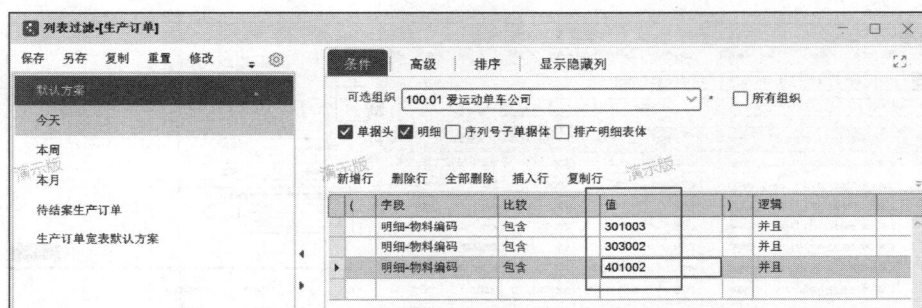

图 11-18　过滤条件页签界面

码,然后在"高级"里选择对应要过滤的字段,在表体单击鼠标右键选择"快粘贴",保存,这样就可以批量过滤物料,如图 11-19 所示。其他字段也可按相同方法操作。

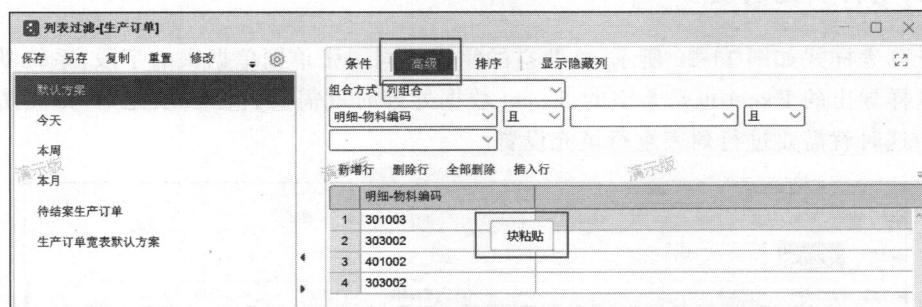

图 11-19　过滤高级页签界面

四、列表列名快捷设置

在任意字段名称处单击鼠标右键,就可以出现类似于 Excel 的设置选项。可以对字段进行排序、取消排序、自适应列宽,如图 11-20 所示。固定样式用法和 Excel 的冻结列功能一致。

五、快捷过滤设置

快捷过滤是金蝶云星空提供的一种方便、快速的数据筛选方式,通常在搜索框右边,功能

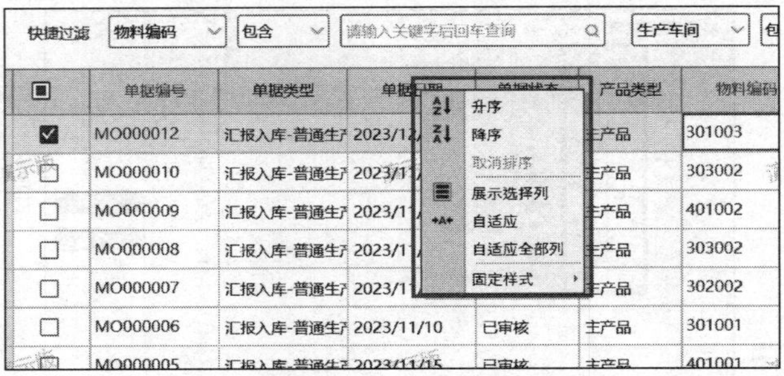

图 11-20　列表右键功能

和过滤类似。单击右边箭头可以添加多个字段条件,此处默认多个条件之间的关系是"并且"关系,如图 11-21 所示。

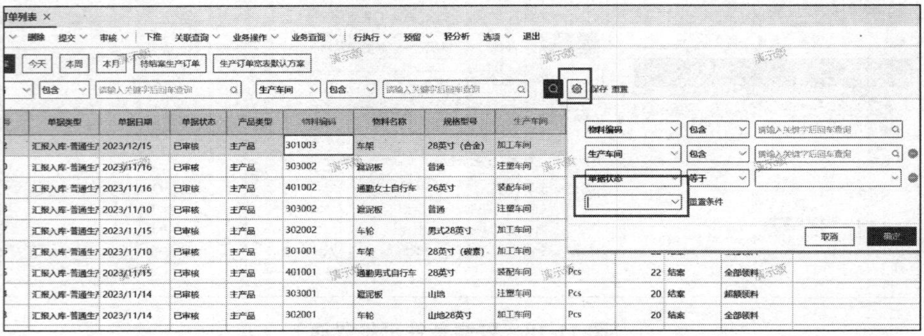

图 11-21　列表快捷过滤

六、列表空行填充设置

默认列表样式如图 11-22 所示,这些空的字段是同一张单据单据头的字段,系统默认显示一行。这样导出的 Excel 也是会空的,Excel 数据处理时就需要自己去填充,否则无法进行统计分析。这时就需要进行列表空行填充设置。

图 11-22　默认样式列表

单击选项,去掉"查询合并同一张单据的单据头项目"的勾选项如图 11-23 所示。保存后列表空字段部分就会填充上数据。

设置后效果如图 11-24 所示。

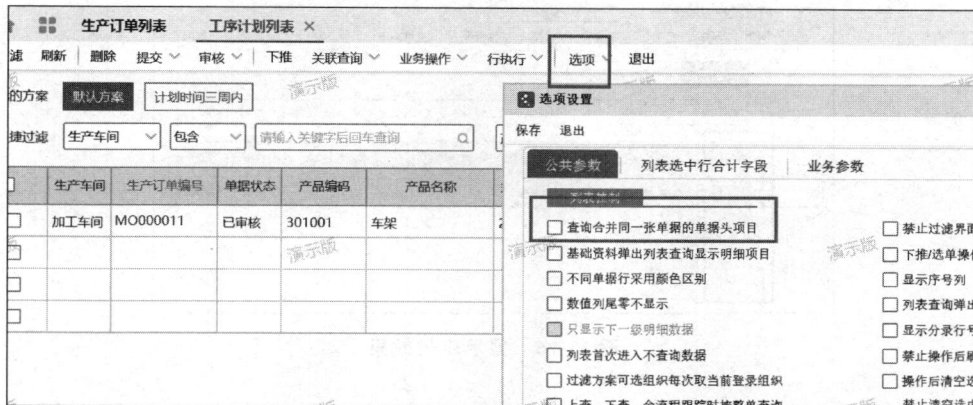

图 11-23　选项设置

图 11-24　列表空行填充效果

七、显示列表序号设置

在选项中勾选"显示序号列"就可以显示列表序号,如图 11-25 所示。

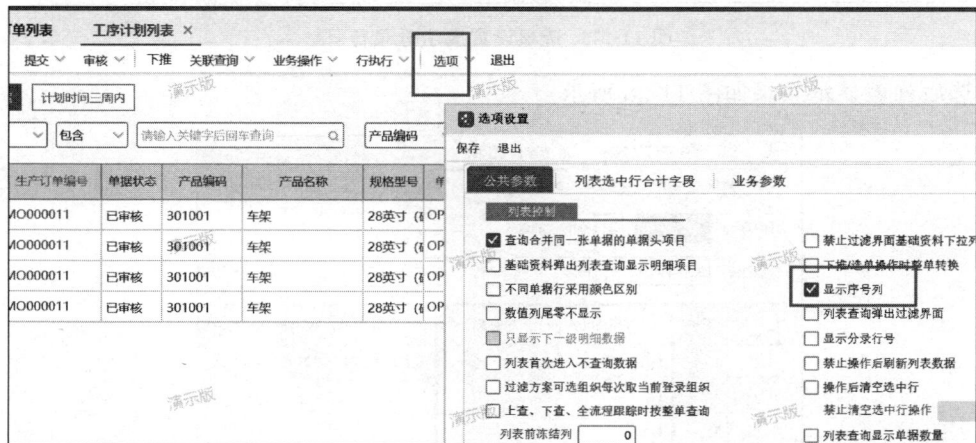

图 11-25　选项设置显示序号

设置效果如图 11-26 所示。

图 11-26　显示序号效果

八、在列表显示单据明细行号设置

在列表显示单据明细行号是指在单据列表中显示这一行在某张单据明细中的行号（有些单据可能有多行），如图 11-27 所示。

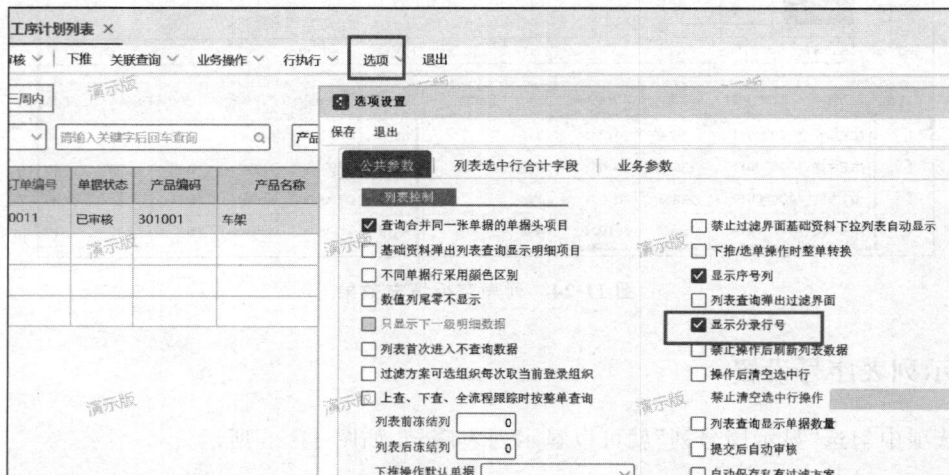

图 11-27　选项设置显示分录行号

勾选后列表显示效果如图 11-28 所示。

图 11-28　显示行号效果

任务五　单据小功能

一、自动提交审核设置

自动提交审核功能只对创建人、审核人都为自己的情况才有效。

在单据的选项中勾选"保存后自动提交"和"提交后自动审核",如图 11-29 所示,这样单据在单击"保存"后就会自动提交和审核。

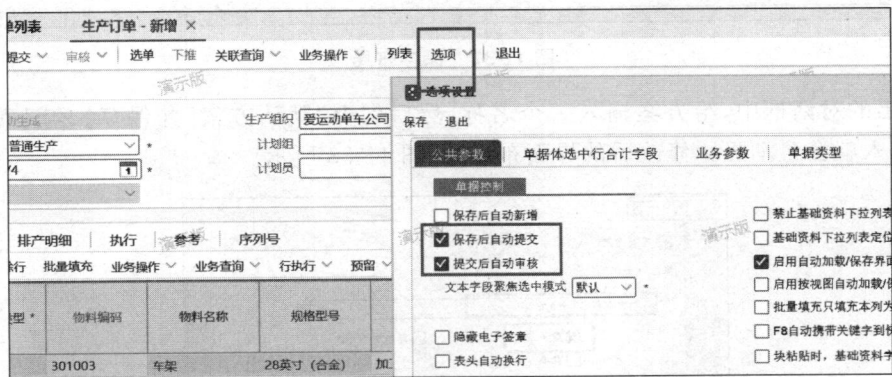

图 11-29　设置自动审核

二、单据布局设置

每一种单据都可对其字段布局进行个人设置,可以按照自己喜欢的样式拖动字段位置。在单据头空白处右击,选择"布局-编辑"进入界面布局编辑状态,如图 11-30 所示。

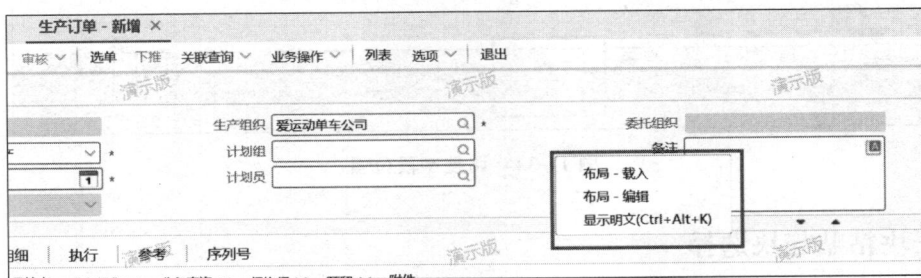

图 11-30　设置界面布局

编辑状态下就可以随意拖动字段位置,也可以调整它们的顺序,如图 11-31 所示。

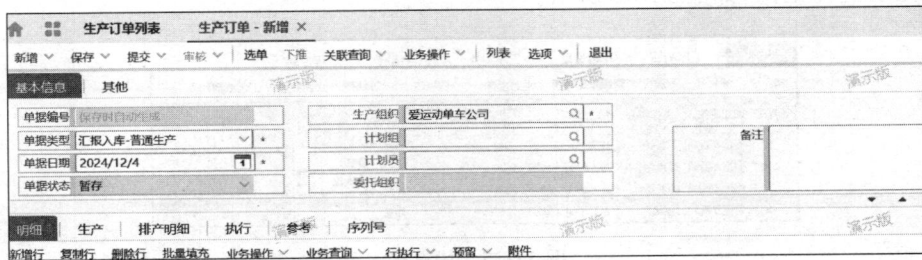

图 11-31　调整界面布局

修改后在空白处右击,选择"布局-保存"保存布局,如图 11-32 所示。

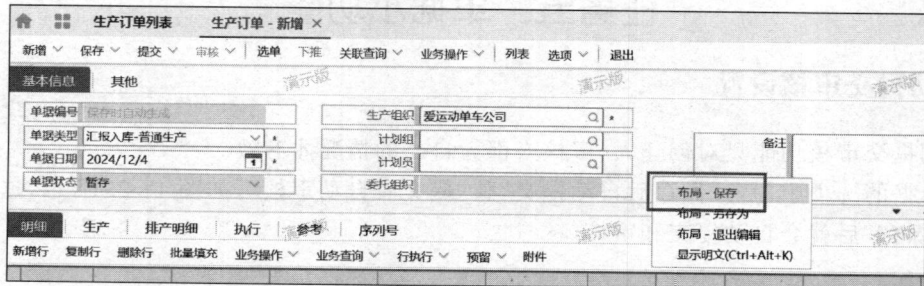

图 11-32　保存布局

在弹出的对话框中,给方案输入一个名称,然后勾上"默认方案"并保存。勾上默认方案后,下次进入就会自动显示修改后的界面布局,如图 11-33 所示。

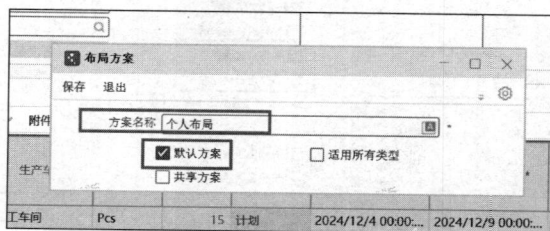

图 11-33　布局方案名称

单据体字段位置顺序和列表操作类似,拖动字段名称然后在任意字段中间,当有显示下图中上下箭头的时候就可以松开字段,字段就会留在箭头所在的位置上,如图 11-34 所示。

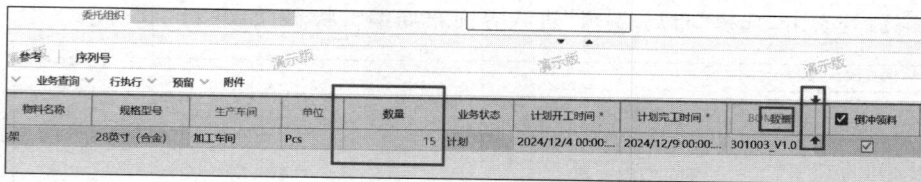

图 11-34　调整字段位置

三、单据块粘贴与块选择

在 ERP 中基本上所有表格类型的界面都有块选择功能,大部分的可以进行块粘贴。

(1)块选择。在表格中任意位置单击鼠标右键,在弹出的选项中单击"块选择",然后按住鼠标左键拖动选择范围,如图 11-35 所示。

图 11-35　块选择

操作效果如图 11-36 所示。

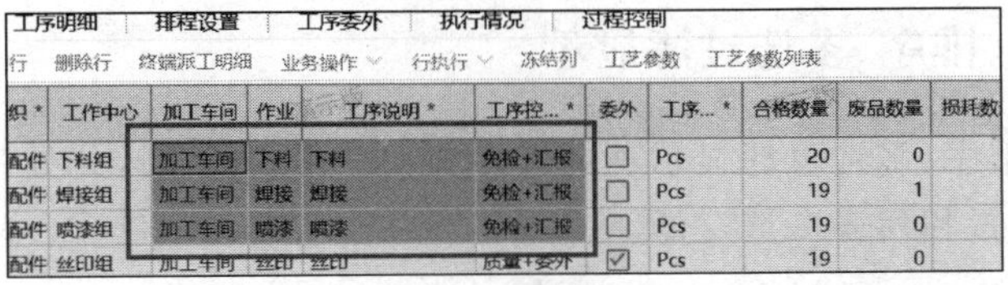

图 11-36 选择数据

选中后松开鼠标左键,然后按 Ctrl＋C 组合键,去打开的 Excel 文件中按 Ctrl＋V 组合键,就会把选择的数据复制过去,如图 11-37 所示。

（2）块粘贴。可以先从表格或者其他地方复制整块数据,如图 11-38 所示。

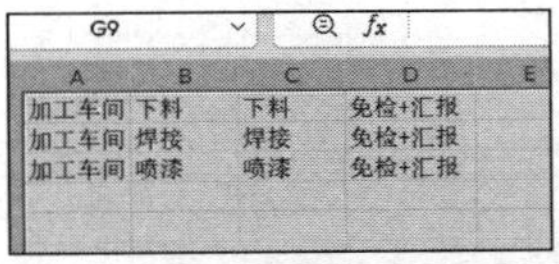

图 11-37 粘贴到 Excel

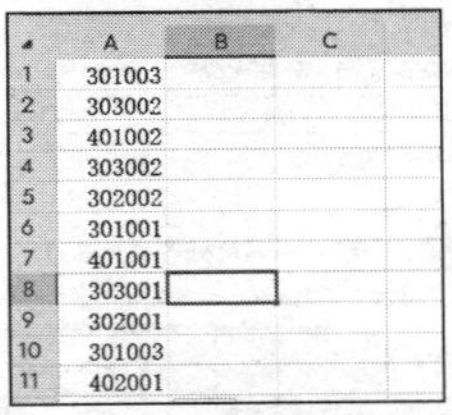

图 11-38 从 Excel 复制

然后在 ERP 表格对应字段中右击,选择"块粘贴",如图 11-39 所示。

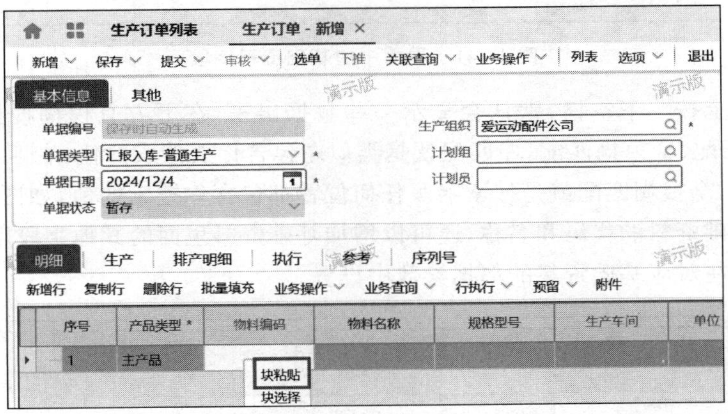

图 11-39 块粘贴

这时,数据就会全部粘贴过来,效果如图 11-40 所示。

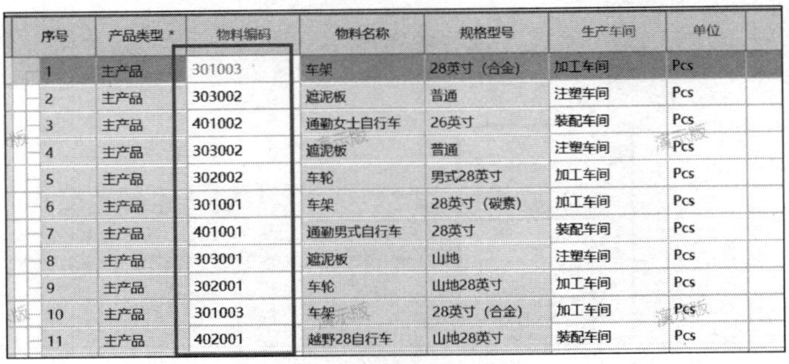

序号	产品类型 *	物料编码	物料名称	规格型号	生产车间	单位
1	主产品	301003	车架	28英寸（合金）	加工车间	Pcs
2	主产品	303002	遮泥板	普通	注塑车间	Pcs
3	主产品	401002	通勤女士自行车	26英寸	装配车间	Pcs
4	主产品	303002	遮泥板	普通	注塑车间	Pcs
5	主产品	302002	车轮	男式28英寸	加工车间	Pcs
6	主产品	301001	车架	28英寸（碳素）	加工车间	Pcs
7	主产品	401001	通勤男式自行车	28英寸	装配车间	Pcs
8	主产品	303001	遮泥板	山地	注塑车间	Pcs
9	主产品	302001	车轮	山地28英寸	加工车间	Pcs
10	主产品	301003	车架	28英寸（合金）	加工车间	Pcs
11	主产品	402001	越野28自行车	山地28英寸	装配车间	Pcs

图 11-40 块粘贴后数据

有些表格没有块粘贴,可以通过 BOS 配置开放快粘贴功能。(这里不展开 BOS 配置的描述)

四、单据明细过滤、排序、多选过滤显示

单据明细过滤、排序、多选过滤显示功能和单据列表操作相同,此处就不再重复。参看任务四列表列名快捷设置和列表多选过滤。

五、模糊搜索

模糊搜索只适用于带有放大镜符号的字段如图 11-41 所示。

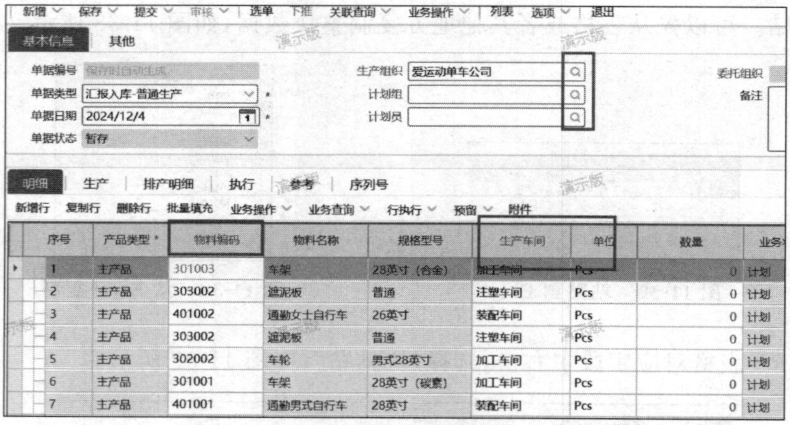

图 11-41　界面中的基础资料字段

在此类字段上按一下空格,默认会显示一些数据出来,在下方有模糊搜索匹配方式的选项:左匹配、右匹配、全模糊匹配,左匹配就是类似左包含你要搜索的值,右匹配就是类似右包含你要搜索的值,全模糊匹配就是搜索字段任何位置都包含你搜索的值,如图 11-42 所示。这里面默认包含基础资料的代码和名称,还可以增加基础资料里面的其他字段用来快速搜索,需要增加的话可以在对应基础资料的单据参数中设置。

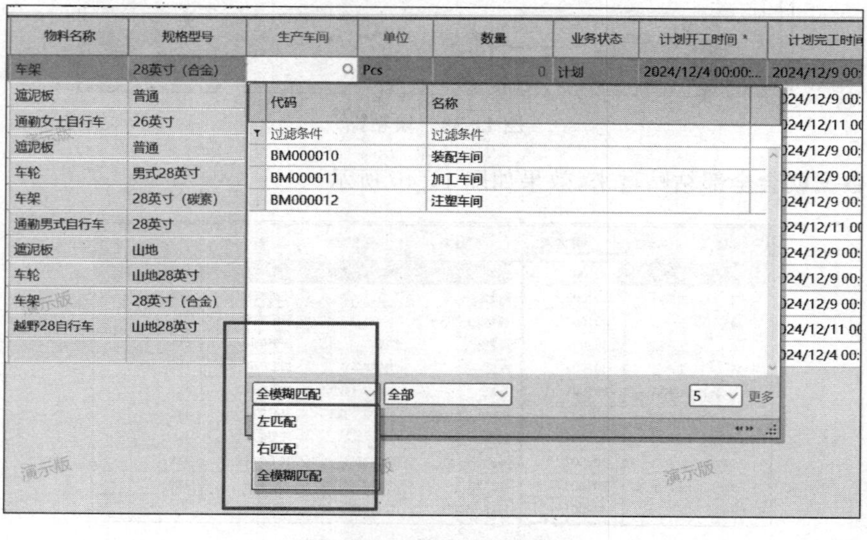

图 11-42　搜索匹配类型

在字段中直接输入文字就会弹出对应过滤出来的数据,然后可以双击某一个进行选择,如图 11-43 所示。

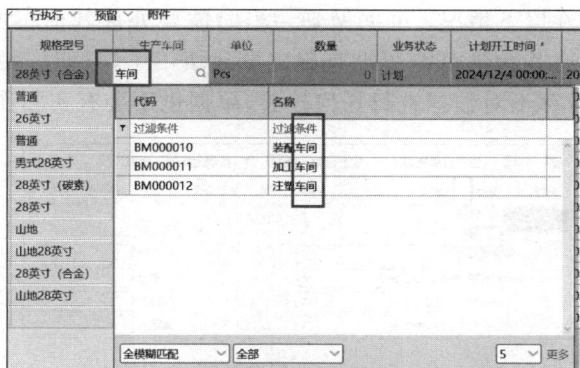

图 11-43　全模糊匹配效果

也可以单击放大镜按钮或者按 F8 键,弹出资料对话框,在对话框里面选择数据,然后单击"返回数据",双击选择数据行的空白字段处也可以返回数据,如图 11-44 所示。

图 11-44　按 F8 键选择数据

六、库存查询

对于库存单据和部分业务单据可以快捷查询此物料的库存数量,选择对应行之后,单击"业务查询"→"库存查询",就可以弹出对应物料的库存数据如图 11-45 所示。

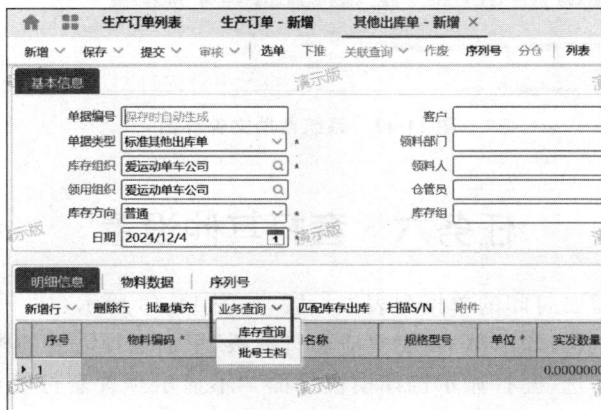

图 11-45　库存快捷查询

七、单据暂存

实际操作中可能存在以下情况：单据做到一半时需要处理其他事务，因为长时间未操作导致系统退出；或者是有些数据可能还没有确定导致填不了，只能先做一部分单据等。此时就可以使用暂存功能，暂存不对数据进行任何校验，单据也不会有实际作用，如图11-46所示。

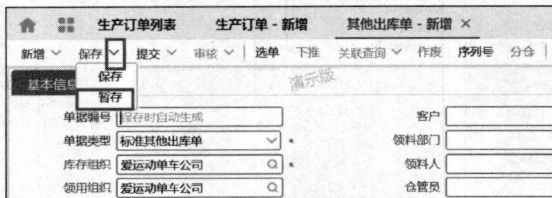

图11-46 暂存功能

当需要再次编辑的时候可以在列表中找到暂存的单据打开，继续未完成的编辑操作。也可以多次暂存，在最后一次确定编辑后再单击保存。保存后系统才会写入数据。

八、按 F1 键调出单据帮助说明

按 F1 键调出单据帮助说明需要在能上网的计算机上操作。帮助文件中会有对应的字段说明、操作说明等信息，也可以在左边导航栏中选择查看其他帮助信息，如图11-47所示。

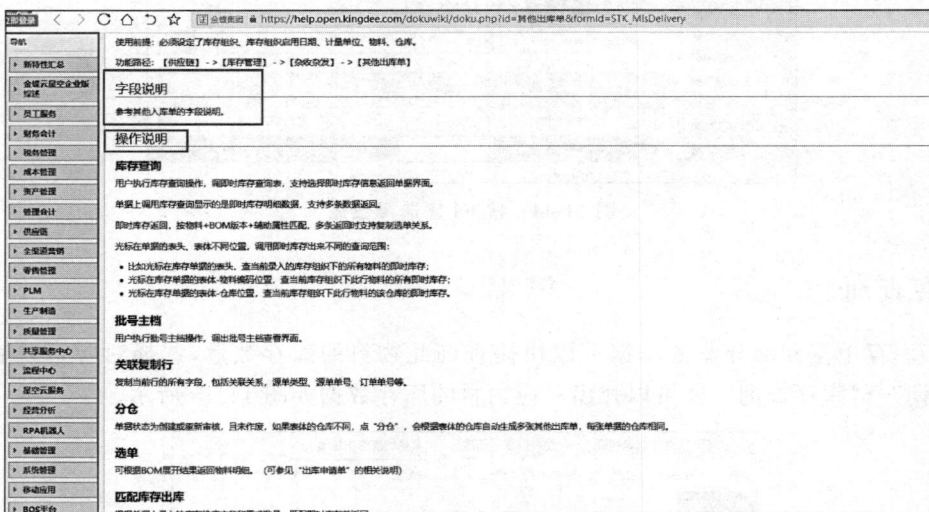

图11-47 系统帮助文件界面

任务六　套打其他设置

套打可以在所有需要打印的单据列表中设置，如图11-48所示。

选择"使用套打模板打印"，然后在"对应套打模板"里面选择需要的模板如图11-49所示。

在"参数设置"中勾选"套打显示选择模板界面""不显示预置套打模板"（系统自带的模板就会被隐藏），如图11-50所示。

图 11-48　套打设置

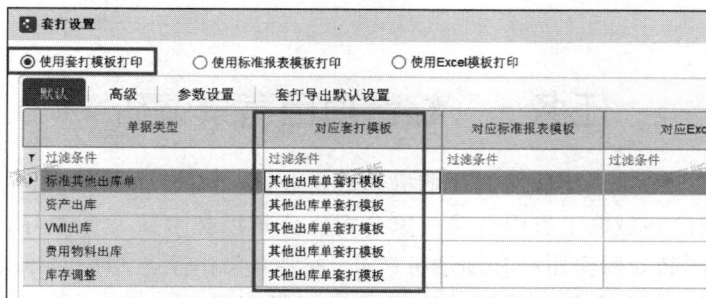

图 11-49　选择套打模板

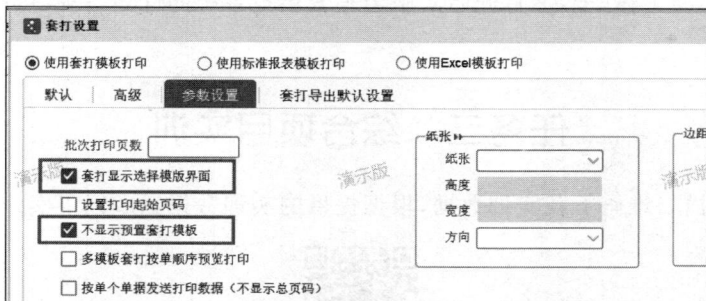

图 11-50　套打参数设置

　　勾选需要打印的单据，然后单击"连续套打预览所选单据"，如图 11-51 所示，查看预览界面后进行打印。

图 11-51　连续套打预览

综合实训项目

任务一　综合项目背景调研

宁波远景集团是一家集团性质的油烟机制造企业,坐落于宁波市镇海区,下属宁波方达油烟机有限公司和宁波超越电子有限公司两家公司。公司以技术研发为先导,以提高现代生活水准为目标,主要产品为厨房用品和油烟机产品,主要开发电子与塑胶技术合为一体的中、小型居家厨房油烟机,并承接客户委托的油烟机或塑料制品的 OEM & ODM 订单。公司于2023 年 10 月开始实施 ERP 项目,需要完成初始化数据准备(指基础数据整理)和系统初始化(指静态数据的录入)工作,于 12 月开始实施金蝶云星空系统的计划管理、供应链管理、生产管理等系统。

任务二　综合项目实训

实训前,请扫描二维码下载实训数据,根据提供的实训数据完成以下实训内容。

远景集团

一、系统管理

(1) 建立"远景集团"的金蝶云星空数据中心,启用多组织。

(2) 用 Administrator 账号登录系统,创建组织机构,设置组织间业务关系、基础资料控制类型和基础资料控制策略,参见实训数据中的表 1"组织机构"。

(3) 用 Administrator 账号登录系统,建立用户信息,其中一个用户姓名是实训学生自己的姓名,以下各业务操作均用这个用户登录系统完成,参见实训数据中的表 2"用户"。

二、基础资料维护

(1) 在组织远景集团下创建部门信息,分配给宁波方达油烟机有限公司和宁波超越电子有限公司两个组织,参见实训数据中的表 3"部门"。

（2）在组织远景集团下创建岗位信息，再分配给宁波方达油烟机有限公司和宁波超越电子有限公司两个组织，参见实训数据中的表4"岗位信息"。

（3）在对应组织下创新员工信息，参见实训数据中的表5"员工"。

（4）在对应组织下维护业务员信息，参见实训数据中的表6"业务员"。

（5）在组织远景集团下创建客户信息，再分配给宁波方达油烟机有限公司和宁波超越电子有限公司两个组织，参见实训数据中的表7"客户"。

（6）在组织远景集团下创建供应商信息，再分配给宁波方达油烟机有限公司和宁波超越电子有限公司两个组织，参见实训数据中的表8"供应商"。

（7）在对应组织下创建仓库信息，参见实训数据中的表9"仓库"。

（8）在组织远景集团下创建物料信息，再分配给宁波方达油烟机有限公司和宁波超越电子有限公司两个组织，参见实训数据中的表10"物料"。

三、工程数据维护

（1）在组织远景集团下创建物料清单信息，再分配给宁波方达油烟机有限公司和宁波超越电子有限公司两个组织，参见实训数据中的表11"物料清单"。

（2）在宁波方达油烟机有限公司和宁波超越电子有限公司下维护工作日历，在宁波方达油烟机有限公司下新增排程模型、作业、工序控制码、工作中心、工艺路线，在宁波方达油烟机有限公司下给自己账号授权车间调度汇报权限。参见实训数据中的表12"工艺路线"。

四、系统初始化

（1）启用库存管理系统，录入宁波方达油烟机有限公司和宁波超越电子有限公司的期初库存数据并结束初始化，参见实训数据中的表13"期初库存、存货"。

（2）启用所有组织存货管理系统，启用日期均为2023/12/1，在会计核算体系中把方达油烟机、电子两家公司加入核算范围，并新增方达油烟机、电子两家公司核算范围基础资料。参考已有的集团核算范围数据，在存货中引入期初库存并填写对应的成本单价后结束初始化，参见实训数据中的表13"期初库存、存货"。

（3）启用所有组织应收应付系统，启用日期均为2023/12/1，并结束初始化。

五、销售管理

参见实训数据中的表14"销售业务数据"模拟销售业务。

六、计划管理（数据参见实训数据中的表15"计划管理"）

（1）建立各组织下的计划方案。

（2）在"宁波方达油烟机有限公司"组织中根据"销售订单2"进行计划运算。

（3）在"宁波超越电子有限公司"组织中根据"组织间需求单"进行计划运算。

（4）审核并投放各组织下的计划订单，生成"采购申请单"和"生产订单"。

七、采购管理（数据参见实训数据中的表16"采购业务数据"）

（1）在各组织下根据采购计划订单生成采购订单。

（2）根据采购订单要求，完成采购收料和入库，注意填写采购员和仓管员信息。

八、生产管理（数据参见实训数据中的表 17"生产业务数据"）

（1）直接入库-普通生产业务。在"宁波超越电子有限公司"组织下，根据投放的生产订单，完成生产领料和生产入库。

（2）跨组织生产业务。在"宁波方达油烟机有限公司"组织下，根据投放的生产订单，完成跨组织生产领料和生产入库业务，在进行跨组织领料时需要提前将生产用料清单中 203、205 两个物料的发料组织改为电子公司。

（3）生产汇报-普通生产业务。在"宁波方达油烟机有限公司"组织下，新增"生产订单 4"，在生产用料审核时需要修改生产用料清单中 203、205 两个物料的发料组织和货主为方达油烟机公司，完成生产领料、生产汇报和生产入库业务。

（4）工序汇报入库生产业务。在"宁波方达油烟机有限公司"组织下，新增"生产订单 5"，在生产用料审核时需要修改生产用料清单中 203、205 两个物料的发料组织和货主为方达油烟机公司，生成"工序计划"，完成生产领料、工序汇报和生产入库业务。

九、组织间结算

根据前面跨组织生产领料业务进行跨组织结算业务，手工录入组织间结算价格。参见实训数据中的表 18"组织间结算"。

参 考 文 献

［1］陈屹林,2022 年中国云 ERP 行业：ERP 赋能企业管理信息化［R］,南京：头豹研究院,2022(9)：6-8.

［2］中华人民共和国国务院. 中华人民共和国国民经济和社会发展第十四个五年规划和 2035 年远景目标纲要［EB/OL］. (2021-03-13)［2025-1-25］. https://www. gov. cn/xinwen/2021-03/13/content_5592681. htm.

［3］国家发展改革委. "十四五"数字经济发展规划［EB/OL］. (2022-03-25)［2025-1-25］. https://www. ndrc. gov. cn/fggz/fzzlgh/gjjzxgh/202203/t20220325_1320207. html.

［4］金蝶云星空企业版 V8. 0 发版说明［EB/OL］. (2022-12-20)［2025-1-25］. https://vip. kingdee. com/school/detail/297327303313109248?topicId＝293757129515941376＆stageId＝2973685423142 93248＆productLineId＝1＆lang＝zh-CN＆islogin＝true.

［5］金蝶云产品手册［EB/OL］. https://help. open. kingdee. com/dokuwiki/doku. php.